중국문화와
덕치사상

– 중국 사회는 어떤 방향으로 나아갈까?

중국문화와 덕치사상

– 중국 사회는 어떤 방향으로 나아갈까?

오석산 지음

인간사랑

차례

추천사

필자는 저자 오석산 박사와 인연이 깊지 않다. 솔직히 말하면, 평생 단한 번 만난 사이이다. 필자가 영남대학교에 부임하기 전에 이미 대학원 과정을 마치고, 고향 연변에 돌아가 오랫동안 자신의 연구에 몰두했기 때문이다. 원래 연변대학교 교원이었는데, 필생의 학문 연구를 위해 안정된 직장도 포기했다고 한다. 그 말을 들으니 그동안 겪었을 신산이 절로 느껴졌다. 필자 역시 학문의 길을 걷는 사람들의 고초를 다소간 겪어보았다. 저자는 올해 영남대학교 정치외교학과 박사학위논문을 청구했고, 논문 발표회 때 처음 상면할 수 있었다.

이런 저간의 사정을 생각하면, 필자의 추천사는 무리이다. 굳이 구실을 찾는다면, 필자가 논문 심사위원 중 하나였다는 사실뿐이다. 필자의 전공은 한국정치사상이다. 지도교수이신 정준표 교수님이 이 점을 고려해 심사위원으로 위촉했다. 청구논문 초고는 볼륨도 충실하고 형식이 제대로 갖춰져 있었다. 최근 저자가 굳이 추천사를 부탁해 완성된 원고를 다시 읽을 수밖에 없었다. 그리고 이 연구가 매우 야심적이고 독창적이라는 사실에 거듭 깊이 감탄했다.

이 책은 표면상 덕치사상을 다루고 있다. 이에 관한 연구는 하늘의 별만큼 많다. 중국정치사상 중에서도 핵심 개념이기 때문이다. 그런 만큼 새로운 연구가 가능한 주제가 아니며, 레드 오션 중에서도 최악이다. 덕치에 관해 아직도 더 말할 것이 남았는가! 그러니 오 박사가 덕치를 연구주제로 삼은 것은 만용으로 오해받을 만한 일이다. 또 하나의 뻔하고 진부한 주장에 불과할 것이기 때문이다. 하지만 이 책은 그런 예단을 멋지게 넘어섰다.

덕치는 중국정치사상의 뼈와 살이다. 덕치는 "사회 전체를 대가족 같이 화목한 천하일가의 사회로 만드는 것"을 목적으로 삼는 정치이다. 그러나 그것은 너무나 진부한 것이기도 하다. 극히 지당한 말씀이기 때문이다. 그래서 그 자체로는 도무지 현실감이 느껴지지 않는다. 그동안의 연구도 그런 한계를 벗어나지 못해, 도덕적 교설의 공허한 울림에 그쳤다. 그런데 이 책은 이 난관을 훌륭하게 극복했다. 덕치를 가족의 역사와 연결시켰기 때문이다. 가족이란 무엇인가? 인간이 이 세계에서 가장 근원적인 따뜻함과 행복을 느끼고, 인간성을 발견하는 곳이다. 그것이 가능한 것은 어머니의 모성애가 그곳에 존재하기 때문이다. 이것은 만인이 직접 만지고, 냄새 맡고, 느낄 수 있는 자명한 사실이다. 그림자나 허상이란 아예 없다.

저자의 연구는 문화인류학의 연구를 활용해 인류 역사에서 나타난 가족의 형태와 특징, 그로부터 어떤 사회와 국가가 발생했는지를 검토했다.

그리고 가족의 단절로부터 국가가 탄생한 유럽과 달리, 중국의 국가가 가족의 확장으로부터 탄생된 사실을 역사적으로 추적했다. 물론 부락, 부족, 국가로 발전하는 매 단계는 단순한 가족적 모성애로 해결할 수 없는 사회적·정치적 단절이 존재한다. 중국문화는 예의제도를 창안함으로써 이를 해결했다. 덕치에 더해 예치사상이 나타난 것은 그 때문이다. 그러나 기본이념은 언제나 가족애에 기초했다. 공자의 인(仁) 사상이 그렇다. 인은 개인은 물론 국가 수준에서도 도달해야 할 최종 이념으로 제시되었다. 이상사회로 그린 대동사회도 인의 이념이 실현된 사회이다. 대동사회도 유토피아로 보면 실현할 수 없는 이상향이다. 그러나 가족 개념에서 보면 그저 이상향만은 아니다. 이제 덕이나 인, 대동사회 같고 안개 같고 메마른 개념에 생기가 돌지 않는가. 이 책의 개념들은 모두 살아있다.

그런데 이 책의 목적은 단순히 중국의 전통 정치사상에 대한 관심에서 비롯된 것은 아니다. 이 책의 부제가 "중국 사회는 어떤 방향으로 나아갈까?"이다. 중국의 미래를 탐구하고 길을 제시하려는 것, 그것이 이 책의 진정한 목적이다. 그러나 중국의 미래에 대한 단순한 지적 호기심도 아니다. 단순한 미래학이 아니라는 것이다. 저자는 중국이 지금 미래상을 놓고 깊은 고뇌에 빠졌다고 본다. 그런 점에서 이 연구는 중국의 현재에 대한 깊은 정치적 관심의 산물이다. 중국의 옛 학인들처럼 세상을 근심하는 것(憂世)이다.

캐나다의 정치철학자 대니얼 A. 벨(Daniel A. Bell)이 2015년 출간한 The China model은 이 논쟁을 촉발시켰다. 그 요점은 정치적 측면에서, 서구 민주주의가 아니라 중국의 전통적 현능정치(political meritocracy)가 중국정치의 미래상이라는 것이다. 이런 견해는 해묵은 것이다. 중체서용을 주장한 양무운동이 그랬고, 일본의 화혼양재나 한국의 동도서기론도 같은 맥락이다. 1960년대 이후 한국에서는 한국적 민주주의 혹은 민족적 민주주의론이 풍미했다. 중국의 경우 천안문사태와 최근의 홍콩시위는 중국의 미래상을 둘러싸고 발생한 심각한 분열이자 그것을 상징하는 사건들이다. 저자는 이 문제가 이미 5·4운동과 마르크스주의에 의해 제기된 것이라고 보고 있다. 5·4운동의 대안은 '민주와 과학'이었다. 모두 중국의 전통을 뿌리째 부정한 대안이었다. 그러나 중국은 절박한 생존의 문제에 긴박되어 이 문제를 깊이 성찰하지 못했다. 하지만 이제 존망의 위기에서 어느 정도에서 벗어나고, 공산당 집권 70주년을 맞는 2019년 현재 이 문제는 매우 절박한 과제로 등장하였다. 이 책의 결론은 "중국이 미래로 나아감에 있어서 반드시 자체 역사와 문화에 대해 체계적이고도 투철하게 이해하는 작업이 선행돼야 한다는 것"이다. 덕치사상을 연구하는 소이도 여기에 있는 것이다.

그런데 덕치사상이라는 고색창연한 개념이 어떻게 중국의 미래를 이끌 수 있는가? 이 책은 그 답을 인간과 문명의 본질에서 찾고 있다. 저자는 중국과 서구문명의 비밀이 모두 가족에서 비롯되었다고 본다. 그리고 가족의 차이는 농업문명과 유목문명의 차이에서 비롯되었고, 이에 의해 중국이 도덕주의 가치관과 인을 최고원칙으로 한 덕치사상을 확립했다면, 서양은 공리주의 가치관과 공정을 최고원칙으로 한 평등사상을 확립했다고 본다. 이처럼 "중국과 서방은 인간성과 인생의 의미에 관한 이해가 다르고 인간성과 인생을 바라보는 방법론에서 근본적인 차이가 존재한다"는 것이다. 그리고 이런 자각을 통해 "단순히 서방 문화의 시각으로 인간성과 인생의 의미를 바라보는 시야를 초월"할 수 있으며, 이 책의 보편적인 가치도 여기에서 찾을 수 있다고 보았다. 요컨대 중국은 중국의 길을 가야 한다는 것이다.

이런 주장은 다소 용감한 소리로 들린다. 결국 중화주의의 반복이 아닌가? 이런 의문에 대해 이 책은 제5장을 할애했다. 그 제목이 "중국문화와 인간의 본성에 관한 방법론"이다. 여기서 세계와 인간을 이해하기 위한 방법론을 세밀하게 검토했다. 그리고 전체론과 생성론을 옳은 방법론으로 보고, 실체(substance)를 이해하기 위한 최종 단계의 인식으로는 지적 직관(Intellektuelle Anschauung)을 제시했다. 지적 직관은 "형이상학적인 인간성을 파악함으로써 인생과 인류역사의 궁극적인 동력인(efficient cause)과 종국적인 목적인(final cause)을 인식하는 단계"이다. 이에 따르면, 중국 사회의 목적인은 인(仁)이다. 개인과 전체가 충분히 실현되면서도 완미한 조화를 이루는 경지이다. 중국 문명의 궁극적 목적은 바로 이 실체를 완전히 이해하고 실현하는 것이라는 뜻이다.

필자는 개인적으로 제5장을 가장 흥미 있게 읽었다. 현대 물리학과 생물학의 방법론, 그리고 아리스토텔레스의 4원인론이 사상과 문화, 철학의 관점에서 매우 생동감 있게 요해되었다. 무엇보다도 저자의 지적 고뇌와 삶에 대한 고투가 생생히 느껴졌다. "오직 시간의 차원에서 존재하는 흐름으로서 형이상학적인 인간성은 현상으로 파악할 수 있는 어떤 상(相)도 가지고 있지 않다"는 표현은 화엄사상을 방불케 한다. 세계와 인간에 대한 깊은 자각 없이는 나올 수 없는 생각이다. 저자가 "이상하게 생각될지 모르겠으나 이 책은 덕치사상이나 중국 역사와 문화를 체계적으로 연구하려는 시도에서 비롯된 결과물이 아니다. 이 책은 삶에 대한 고민으로 인하여 오랜 세월 인간성과 인생의 의미에 관한 사고에 집착할 수밖에 없었던 지극히 개인적인 사유에서 비롯된 결과물이다."라는 고백은 사실이다. 원래 방법론은 서론에 나오는 게 상례지만, 이 책에서는 결론으로 제시되었다. 방법론이 단순한 탐구방법이 아니라 저자의 세계관과 인생관을 응축하고 있기 때문일 것이다.

저자는 동서양의 사상은 물론이고 역사와 과학, 방법론을 넓고 깊게 섭렵했다. 그것을 현대 중국이 직면한 정신적·정치적 과제에 대한 치열한 문제의식 속에서 녹여냈다. 그 결과 덕치라는 낡은 사상을 매우 새롭고 강력한 개념으로 재창조했다. 단지 국가만이 아니라 문명, 그리고 개인의 삶의 관점에서도 재해석했다. 그러나 중국과 서구의 차이에 대한 강조는 다소 지나쳐 보인다. 사실 저자의 주요한 개념이나 연구 방법론은 서양의 지적 산물에 깊이 의존하고 있다. 서양 없이는 중국을 이해하기가 쉽지 않은 것이다. 그리고 저자의 지성에 뿌리내린 그 서양은 19세기 중엽 이래 중국 속에서 서식해 온 것이다. 5·4운동이 그렇고, 마르크스주의, 시장경제, 도시문화 등 현재 중국의 체제와 사상이 그렇다. 한국도 그렇다. 한국은 서구를 더 깊이 받아들였고, 더 깊이 연결되어 있다. 민주주의, 자유와 인권, 과학과 신 같은 서구문명이 창조한 위대한 유산 때문이다. 그러나 서구문명이 처음 한국에 도달했을 때, 위정척사파 같은 유교근본주의자들은 그것이 단순한 이적(夷狄)이 아니라 금수(禽獸)의 문명이라고 비난했다. 민주주의도 1948년 헌법에 명시했지만 실질적으로 수용된 것은 1987년부터였다.

인류의 모든 문명은 교차하고 섞이면서 발전해왔다. 반대의 경우는 소멸했다. 중국문명도 처음 황하 유역의 좁은 지역에서 시작된 것이다. 그것이 장구한 세월을 거치며 위대한 유산을 창조한 것은 '종족'에 갇히지 않고 '천하'로 자신을 넓혔기 때문이다. 그 덕분에 중국은 국가 자체가 하나의 문명으로 성장했다. 고대문명이 국가형태로 살아남은 유일한 경우이기도 하다. 중국은 문명의 화석이지만, 아직도 숨 쉬고 살아있는 생명체이다. 어떻게 그럴 수 있을까? 진시황을 도와 중국을 통일한 이사(李斯)의 말이 생각난다. "태산은 한 줌의 흙도 사양하지 않아 그 높이를 이룰 수 있었고, 바다는 작은 물줄기도 가리지 않아 그 깊이를 이룰 수 있었다"(泰山不讓土壤, 故能成其大 河海不擇細流, 故能就其深). 이 책의 출간을 다시 한 번 축하한다.

김영수(영남대학교 교수)

머리말

    2015년, 캐나다 출신의 정치철학자인 대니얼 A. 벨(Daniel A. Bell)이 미국에서 The China model: political meritocracy and the limits of democracy라는 책을 출간해 학계에서 뜨거운 논쟁을 일으켰다. 이 책은 2016년 9월 중국에서 『현능정치—어째서 상현제가 선거 민주제보다 중국에 더 적합한가(賢能政治—爲什麼尙賢制比選擧民主制更適合中國)』(吳萬偉 역, 中信出版集團)라는 제목으로 출간되고, 한국에서는 2017년 6월 『차이나 모델, 중국의 정치 지도자들은 왜 유능한가—대의민주주의의 덫과 현능정치의 도전』(김기협 역, 서해문집)이라는 제목으로 출간되었다.

    벨은 1991년 영국 옥스퍼드 대학교(University of Oxford)에서 철학박사 학위를 취득한 후 싱가포르, 홍콩, 중국 등 지역의 대학교들에서 교직을 맡았다. 중국 칭화대학교(清華大學校)에서 10년 동안 철학과 교수로 재직하였고 현재는 산둥대학교(山東大學校)에서 교수로 재직 중이다. 벨은 중

중국문화와 덕치사상

국에서 현능정치를 주창하는 핵심 인물 중의 한 사람으로서 중국 학계에서 찬반 논쟁이 끊이지 않고 있으나 그의 주장에 동조하는 사람들도 적지 않다.

벨이 주창하는 현능정치란 그 근원으로 보면 유가의 덕치사상에서 비롯된 것이다. 벨이 현능정치를 주창하기 전에 중국 학계와 정계에는 이미 현실 문제에 관한 반성으로부터 출발하여 서양식 법치에서 비롯되는 문제점들을 중국의 전통적인 덕치로 극복해야 한다는 사조가 나타나기 시작하였다. 그리하여 유가의 덕치사상이 재조명 받게 되고 법치와 덕치의 장단점을 체계적으로 파악하여 서로 간에 상호 보완할 수 있는 통합적인 방안 혹은 새로운 정치 모델을 탐색하는 시도가 나타나게 되었다.

비록 이러한 시도들이 현실의 정치 문제에 대한 고민으로부터 비롯되고 벨이 현능정치를 주창하는 목적도 현실의 정치 문제를 해결할 수 있는 대안을 제시하려는 것이지만, 본질적인 차원에서 보면 오늘날 중국에서 법치와 덕치의 관계에 관한 토론은 중국 사회가 도대체 어떤 방향으로 나아가야 하는가 하는 사회발전의 문제와 직결된다.

주지하다시피 '5·4운동(五四運動)'에서 강력한 사조로 등장한 '민주와 과학' 및 마르크스주의는 중국 사회에 커다란 격변을 가져다주었다. 생사존망의 위기에 직면하여 중국의 대부분 진보 인사들은 오직 서방에서 들여온 '민주와 과학' 또는 마르크스주의만이 중국을 구할 수 있다고 확신하였다. 하지만 이러한 확신은 중국 역사와 문화에 관한 체계적인 반성을 기초로 형성된 것이 아니었다.

그 옛날 '5·4운동' 때와 달리 오늘날 중국은 이미 생사존망의 위기에서 벗어났을 뿐만 아니라 부국강병의 목표도 상당한 정도 이룩하였다. 따라서 생사존망의 위기에서 벗어나는 것이 급선무로 되었던 '5·4운동' 때와 달리 중국 사회가 도대체 어디로 가야하는가 하는 문제를 해결하는 것이 절박한 시대적 과제로 등장하게 되었다.

오늘날 그 어떤 국가나 민족이든지 반드시 전통에 입각하여 미래로 나아가야 한다는 것은 기본 상식으로 되었다. 이는 중국이 미래로 나아감에 있어서 반드시 자체 역사와 문화에 대해 체계적이고도 투철하게 이해하는 작업이 선행돼야 한다는 것을 의미한다. 오늘날 중국에서 '국학열(國學熱)'이 만연하는 진풍경이 나타나게 된 것은 바로 이러한 시대적 배경과 밀접한 연관이 있다.

유가의 덕치사상은 한나라 때 한무제에 의하여 통치 이념으로 확립되면서부터 청나라 말까지 2천여 년간 줄곧 중국의 문화, 정치, 사회 각 방면에서 역사 발전을 주도하는 정통사상으로 자리 잡았다. 그러므로 덕치사상에 대한 이해는 중국의 역사와 문화를 파악하는 관건으로 된다.

한나라 초기, 치국의 근본 방침은 덕치가 아니라 "오랜 전란에 지친 백성을 쉬게 해야 한다."는 소위 무위(無爲)를 숭상하는 황로학(黃老學)이었다. 하지만 부국강병의 목표를 어느 정도 달성하게 됨에 따라 사회발전의 방향 문제를 해결하는 것이 절박한 시대적 과제로 대두하게 되었다. 그 결과 기원전 134년 한무제가 치국의 근본 방침에 관하여 자문을 구하는 책문(策問)을 내리게 되고 드디어 동중서(董仲舒)의 건의를 받아들여 덕치를 치국의 근본 방침으로 확립하게 되었다. 이는 한나라가 세워진 70년만의 일이다.

역사의 우연일지는 모르나 올해는 중국공산당 집권 70주년을 맞는 해이다. 오늘날 중국도 한무제 때와 마찬가지로 부국강병의 목표를 상당한

　　　　　　　　　　　　　중국문화와 덕치사상

정도 달성한 시점에 와있다. 결과적으로 사회발전의 방향 문제를 근본적으로 해결하는 것이 오늘날 중국이 반드시 해결해야 할 절박한 시대적 과제로 부상하게 되었다.

그 옛날 덕치가 한무제에 의하여 사회발전의 방향 문제를 해결하는 대안으로서 치국의 근본 방침으로 확립되었다면, 현재 중국은 덕치에 대한 철저한 반성을 기초로 사회발전의 방향 문제를 해결해야 할 시대적 과제를 떠안게 되었다. 오늘날 중국이 덕치사상을 체계적으로 투철하게 이해해야 할 근본적인 이유가 바로 여기에 있다.

덕치에 관한 철저한 이해가 시급히 해결해야 할 절박한 시대적 과제가 된 또 하나의 중요한 원인은 오늘날 중국이 직면한 국제관계이다.

존 킹 페어뱅크(John King Fairbank)는 '현대 중국학'의 창시자로서 미국의 가장 저명한 중국 문제 전문가이다. 1948년에 출간된 그의 저서 『미국과 중국』(The United States and China)은 닉슨(Richard Milhous Nixon) 대통령이 1972년 중국을 방문하여 양국 간 국교 정상화를 실현하는 데 중대한 영향을 미쳤다. 1966년 3월, 페어뱅크는 미국 상원의 외교관계위원회가 개최한 청문회에서 중국의 정치문화에 대하여 설명하면서, 중국 역사를 보면 중국은 줄곧 덕치라는 중국 특유의 이념을 정치활동을 주도하는 지도원칙으로 한다고 강조하였다. 그는 중국이 국내 정치든지 국제 정치든지를 막론하고 모두 덕치를 일관된 기본 논리로 한다고 지적하였다. 그럼에도 불구하고 페어뱅크는 덕치란 중국의 유가가 꾸며낸 허구로서 이는 한낱 신화에 불과한 이념이라고 보았다. 그의 말로 하면 유가가 '덕치신화(the myth of rule by virtue, 德治神話)'를 꾸며냈다는 것이다.

현재 중국은 국제무대에서 적극적인 활동을 펼치면서 국제적인 경제권 구축을 목표로 하는 '일대일로'(One Belt One Road, 一帶一路) 사업을 추진하는가 하면, 세계로 하여금 중국문화를 접하게 하고 중국문화가 주장하는 가치에 대하여 긍정적인 이해를 갖게 하려고 세계 각지에 공자학원(Confucius Institute, 孔子學院)을 세우는 사업을 추진하기도 한다. 하지만 중국문화가 주장하는 가치를 일관된 논리로 해석할 수 있는 이론체계의 부재로 인하여 국제사회의 오해를 받게 되는 경우가 늘 있다. 특히 서방 국가들은 페어뱅크와 마찬가지로 중국문화가 주장하는 가치들을 과학적 기초가 없는 전근대적(前近代的)인 관념이라고 보면서 중국의 주장을 진정한 의도를 포장하는 허위적인 미사여구에 불과하다고 여기는가하면 중국의 행위를 단순한 의식형태의 침투로 받아들이면서 반감을 나타내거나 반신반의(半信半疑)하는 태도를 보인다. 이리하여 중국문화가 주장하는 가치들에 관하여 일관된 논리로 해석할 수 있는 이론체계를 정립하는 것이 오늘날 중국의 대외관계와 직결되는 절박한 과제로 대두하게 되었다.

다른 한편 "지기지피, 백전백승(知己知彼, 百戰百勝)"이라고 '일대일로' 사업에 참여하는 국가든지, 아니면 관심을 갖고 지켜보는 국가든지, 아니면 의구심을 가지고 바라보는 국가든지를 막론하고 오늘날 국제사회는 대외 정책을 수립함에 있어서 단순히 서방의 시각으로 '일대일로' 사업의 정치적 의미를 이해하는 차원을 넘어 중국문화의 시각에서 '일대일로' 사업의 정치적 의미를 이해해야 할 과제에 직면하게 되었다.

결론적으로 오늘날 중국과 국제사회 모두 체계적으로 투철하게 덕치를 이해해야 할 과제를 떠안게 된 것이다.

덕치사상의 출현은 가국일체(家國一體)의 관념과 밀접한 연관이 있는

중국문화와 덕치사상

데 고대 중국에서 가국일체의 관념이 출현하고 확고한 이념으로 자리 잡을 수 있었던 것은 국가라는 정치조직이 본질적으로 가족과 동일한 구조와 원리를 가진 사회집단으로 형성되고 발전한 역사과정과 연관 있다. 그러므로 덕치사상에 대한 이해는 반드시 가족에 대한 이해를 기초로 해야 하며 덕치사상의 형성 과정과 발전 과정에 대해 이해하려면 반드시 가족의 발전 과정에 대한 이해가 선행돼야 한다. 이런 이유로 필자는 이 책에서 역사적 시각에서 가족의 형식과 내용 및 그 발전과정에 주목하여 덕치사상에 관한 근원적인 해석을 제시하는 데 역점을 두었다.

오늘날 가족이 인류 역사에서 어떻게 발전하여 왔는지를 알아보려면 주로 문화인류학의 연구 성과에 의존할 수밖에 없다. 그러므로 이 책에서는 먼저 문화인류학의 연구 성과와 이론을 기초로 가족 및 친척관계의 발전과정을 고찰하고, 이를 기초로 중국의 역사자료와 결부하여 덕치사상의 자연발생 과정 및 이론체계의 확립 과정에 관한 해석을 제시하는 방법을 구사하였다.

이리하여 단순히 사상관념과 정치제도의 차원에서 덕치사상을 이해하는 기존의 시각을 초월하여 문화관념, 정치제도, 사회구조 세 가지 차원에서 덕치사상을 체계적으로 파악함으로써 덕치사상의 의미와 발전과정을 이해하는 체계적인 틀을 제시할 수 있었다. 이 과정에서 중국과 서방의 정치사상이 정치의 본질과 목적에 대한 이해에서 나타나는 차이에 관하여 간략한 역사적 해석을 제시함으로써 덕치와 법치의 근원 및 본질에 관하여 과학적인 비교 방법으로 더 깊이 이해할 수 있는 기초를 마련하게 되었다.

덕치사상에 관한 기존의 연구를 보면 현실 정치의 시각에서 덕치의 의미, 덕치와 법치의 장단점 및 덕치와 법치 간의 관계를 바라보는 연구가 대부분으로 덕치사상의 역사적 근원에 관한 해석을 기초로 덕치사상을 체계적으로 파악한 연구는 전무하다. 이 책이 기존의 연구와 구별되는 가장 큰 특징은 가족의 형식과 내용 및 그 발전과정에 주목하여 덕치사상에 대한 근원적인 이해를 시도함으로써 덕치사상의 자연발생 과정을 밝혀내고 문화관념, 정치제도, 사회구조 세 가지 차원에서 덕치사상을 이해하는 체계적인 틀을 제시한 것이다.

앞에서 언급하였다시피 덕치사상은 2천여 년간 줄곧 중국의 문화, 정치, 사회 각 방면에서 역사 발전을 주도해온 정통사상이었다. 이런 이유로 인하여 이 책에서는 중국 역사를 파악함에 있어서 우선 덕치사상이 의미하는 사회문화 및 그 과제에 관하여 문화관념, 정치제도, 사회구조의 세 차원에서 이론적으로 파악하는데 주목하였다. 이리하여 중국 역사를 문화관념, 정치제도, 사회구조의 세 차원으로 나누어 체계적으로 바라보는 시각을 제시하고 이를 기초로 유가학설, 과거제도, 서민종족의 발전 과정을 고찰함으로써 중국 역사에 관한 체계적인 해석을 제시하게 되었다. 따라서 이 책은 중국문화를 파악하는 관건으로 덕치에 주목하고, 덕치를 파악하는 관건으로 가족에 주목함으로써 결과적으로 중국 역사와 문화를 바라보는 참신한 틀을 제시할 수 있었다.

이상하게 생각될지 모르겠으나 이 책은 덕치사상이나 중국 역사와 문화를 체계적으로 연구하려는 시도에서 비롯된 결과물이 아니다. 이 책은 삶에 대한 고민으로 인하여 오랜 세월 인간성과 인생의 의미에 관한 사고에 집착할 수밖에 없었던 지극히 개인적인 사유에서 비롯된 결과물이다.

인간성과 인생의 의미에 관한 탐구는 사회문화에 대한 공부와 사고로 이어질 수밖에 없었다. 그것은 사회문화에 대한 체계적이고도 깊이 있는 이해가 없이는 인간성과 인생의 의미에 대한 체계적이고도 투철한 이해가 있을 수 없기 때문이다. 반대로 인간성과 인생의 의미에 대한 체계적이고도 깊이 있는 이해가 없이는 사회문화에 대한 체계적이고도 투철한 이해 역시 불가능하여 결국에는 뿌리 없는 나무로 되어버리고 만다.

오랜 세월 인간성과 인생의 의미에 관한 사고, 또한 사회문화에 대한 공부와 사고로부터 중국과 서방은 인간성과 인생의 의미에 관한 이해가 다르고 인간성과 인생을 바라보는 방법론에서 근본적인 차이가 존재한다는 것을 알게 되었을 뿐만 아니라 중국문화가 인간성과 인생을 바라보는 방법론에 관하여 점점 더 깊은 이해를 가지게 되었다. 이 과정에서 중국 문화를 이해하는 새로운 틀을 형성하게 되었으며 그 결과 오늘날 이 책이 있게 되었다.

누구나 국가 전략과 정책에 관한 고민으로 인하여 중국문화가 인간성과 인생의 의미를 바라보는 시각을 이해할 필요가 있는 것이 아니며, 중국 문화에 흥미를 느낀다고 하여 반드시 중국문화가 인간성과 인생의 의미를 바라보는 시각을 이해해야 되는 것도 아니다. 하지만 우리 모두 인생을 살아가는 한 정도의 차이가 있을지라도 인간성과 인생의 의미에 관한 고민은 피해갈 수 없다. 중국문화가 인간성과 인생의 의미를 바라보는 시각에 대한 이해를 통하여 우리는 단순히 서방 문화의 시각으로 인간성과 인생의 의미를 바라보는 시야를 초월할 수 있으며 따라서 더 넓은 시야에서 인간성과 삶의 의미에 관하여 심사숙고할 수 있는 기반을 마련할 수 있게 된다. 이 책이 가지게 되는 가장 보편적인 가치가 아마도 여기에 있지 않을까 생각된다.

이 책은 저자의 박사학위 청구논문『가국일체(家國一體)와 유가(儒家)의 덕치사상(德治思想)』에 제5장 "중국문화와 인간의 본성에 관한 방법론"을 추가하여 만들어졌다. 저자는 1999년에 한국 영남대학교 정치외교학과에서 우철구 교수님을 지도교수로 모시고 공부할 수 있는 행운이 주어졌으나 개인적인 사정으로 인하여 2019년에야 비로소 정준표 교수님의 배려와 지도하에 박사학위 청구논문을 제출할 수 있게 되었다. 그리고 이제는 인간사랑 출판사 여국동 사장님의 배려와 권재우 편집장님의 노고로 책을 내게 되었다.

사실 이 책이 오늘날 세상에 나올 수 있게 된 제일 처음 계기는 그 옛날 박호성 박사님의 간곡한 권고였다. 비록 제 나름대로의 소견을 가지고 있었지만 먼 훗날 퇴직하게 되면 천천히 정리하여 글로 써보려는 막연한 생각만 있었지 글로 써낼 엄두조차 없었는데, 어느 날인가 스스로 생각하는 바를 글로 정리하는 것이 좋다고 하는 간곡한 권고를 거절할 수 없어 글로 정리해 보려고 결심하게 되었다. 그 결과 모호하고 두서없는 생각들을 글로 정리하는데 무려 7~8개월이란 시간이 걸렸다. 그것이 2001년의 일이니 지금으로부터 18년 전의 일이다. 그로부터 끌어안게 된 과제가 다시는 떨쳐버릴 수 없는 숙제로 되어 결과적으로 이 책이 세상에 나오게 되었다.

이렇듯 고마운 인연들로 하여 이 책이 세상에 나올 수 있게 되었는데 김영수 교수님의 추천사는 더구나 금상첨화(錦上添花)라 감사한 마음 어찌 말로 다 표현할 수 있겠는가!

제1장 선진(先秦)시대 유가(儒家)의 덕치(德治)사상

　덕치사상은 중국 역사에서 오랜 세월 정통사상으로 받들려온 전통적인 정치사상이다. 서방의 정치사상과 달리 중국의 덕치사상은 정치의 본질이 도덕적 교화이고 정치의 목적은 전체 사회를 대가족 같이 화목한 천하일가의 사회로 만드는 것이라고 주장한다. 이러한 덕치사상이 고대 중국에서 형성되고 한나라부터 청나라 말기까지 국가의 정통적인 정치사상으로 자리 잡을 수 있었던 것은 중국 특유의 가국일체(家國一體) 관념과 밀접한 연관이 있다.

　'가국일체'의 관념은 중국문화가 서방문화와 구별되는 중요한 특징 가운데 하나이다. 중국의 전통 관념은 국가란 모든 가족들이 통합되어 이루어진 정치적 실체로서 '국(國)'은 '가(家)'의 확대판이고 '가(家)'는 '국(國)'의 축소판이라고 주장한다. 그러므로 '가(家)'와 '국(國)'의 조직구조와 운영원리는 본질적으로 동일하다고 주장한다.

주지하다시피 핵가족, 가족집단, 종족집단 모두 그 구성원이 윤리관계에 따라 역할을 분담하고 도덕적 의무를 짊어지는 사회조직이므로 윤리도덕이 없으면 이런 사회집단들은 존속할 수 없으며 이런 사회집단들을 운영하고 관리하려면 윤리도덕을 떠날 수 없다.

'가국일체'의 관념에서 보면 '국정(國政)'은 '가정(家政)'의 연장과 확대이고 국가제도와 규범은 가내 윤리관계와 도덕규범의 승화이므로 국정운영 역시 도덕을 떠날 수 없으며 국가는 반드시 도덕을 중시해야 한다. 즉 가장이 가족을 다스림에 반드시 도덕을 강조해야 하듯이 군주가 나라를 다스림에 반드시 도덕을 중시해야 한다. 이것이 바로 고대 중국에서 정치의 도덕화(道德化)가 출현하게 된 원인이다.

결론적으로 '가(家)'와 '국(國)' 간의 이런 밀접한 연계는 고대 중국에서 '가(家)'를 모델로 하는 '가국일체'의 구조를 기초로 정치와 도덕이 통합되어 일체가 되는 결과를 가져왔다. 그리하여 정치의 기초와 운명이 도덕성에 달려 있다고 여기게 되고 정치는 반드시 도덕적 정당성을 가져야 한다는 것을 강조하게 되었는데 이러한 정치사상을 체계적인 이론으로 정립한 것이 바로 유가(儒家)의 덕치(德治)사상이다.

동서양을 막론하고 도덕과 정치가 이처럼 긴밀하게 결합되어 하나의 완벽한 이론체계를 형성한 것은 중국의 전통문화만이 갖고 있는 독특한 특징으로서 유가의 덕치사상에 대한 연구는 중국문화를 이해하는 관건일 뿐만 아니라 정치의 본질과 목적을 다시 한 번 숙고해보는 좋은 기회로 될 수 있다.

1. 덕치(德治)의 의미 및 역사적 배경

선진(先秦)시대의 문헌에 나오는 '덕(德)'의 기본적인 함의는 주로 두 가지로 나눌 수 있다.

하나는 '천도(天道)'와 연관되는 자연의 원리라는 의미로서 사물이 우주의 가장 근본적이고도 보편적인 법칙인 '도(道)'로부터 부여받아 선천적으로 고유하고 있는 특수한 법칙이나 속성을 가리킨다. 노자(老子)는 "도(道)가 낳고 덕(德)이 키우면 세상 만물은 각종 형태를 나타내고 환경은 이를 이루어지게 해준다. 따라서 천지만물은 도(道)를 받들지 아니하는 것이 없고 덕(德)을 귀히 여기지 않는 것이 없다."("道生之, 德蓄之, 物形之, 勢成之. 是以萬物莫不尊道而貴德.")[1]라고 말했는데 여기서 덕(德)은 바로 이런 자연적인 의미에서 쓰인 것이다. 관자(管子)도 도(道)가 구체적인 사물에서 표현되는 것이 덕(德)이라고 하여 "허무하고 무형인 것을 도(道)라고 하고 만물을 키우는 것을 덕(德)이라고 한다.…… 덕(德)이란 도(道)가 머무는 곳으로 사물은 이로 인하여 생장하게 된다."("虛無無形謂之道, 化育萬物謂之德,…… 德者, 道之舍, 物得以生生.")[2]라고 하였다.

덕(德)의 두 번째 함의는 '인도(人道)'와 연관되는 사회적인 도덕적 원칙이나 품성을 가리킨다. 덕(德)의 이런 함의는 주(周)나라 때 이미 유행되었으며 주나라 통치자들은 바로 이런 의미에서 덕(德)을 중요시하였다.

---

1 『老子·五十一章』.
2 『管子·心術上』.

『상서(尚書)』에는 "하늘은 맹신할 수 없는 것이니 우리는 오직 주문왕(周文王)의 덕(德)을 힘써 발양해야만 한다."("天不可信, 我道惟寧王德延."³)라고 하였는데 여기서 '덕(德)'은 도덕적 의미로 쓰인 것이다. 이 외에도『상서(尚書)』에는 "오직 왕이 속히 덕(德)을 공경하여 덕(德)을 행하는 것만이 천명(天命)이 영구하기를 하늘에 비는 것이다."("惟王其疾敬德, 王其德之用, 祈天永命."⁴)라는 등 구절들이 있다. 주나라의 통치자들은 정치권력을 획득하고 유지하는 근본은 덕행이라고 여겼는데 이는 사람들로 하여금 신(神)에 대해서는 점점 회의적인 태도를 가지게 하고 인간의 자각적인 노력에 대해서는 점점 긍정적인 태도를 가지게 함으로써 결과적으로 덕(德)의 함의는 점점 더 사람들의 생활과 연관되는 사회적 의미로 치우치게 되었다. 유가의 덕치사상에서 말하는 '덕(德)'이란 바로 이 두 번째 의미의 덕(德)이다.

선진시대의 문헌에 나오는 '치(治)'의 기본적인 함의도 두 가지로 나눌 수 있다.

하나는 수단이나 경로라는 의미로서 통치자의 관리행위, 관리방식 및 관리과정을 가리키는 '치(治)'이다.『논어(論語)』에 나오는 "무위(無爲)로 다스린 자는 아마 순(舜)이었을 것이다."("無爲而治者, 其舜也與?"⁵)라는 구절, 그리고『맹자(孟子)』에 나오는 "요(堯)와 순(舜)의 치세(治世)방도가 있다 할지라도 인정(仁政)에 의거하지 않으면 천하를 잘 다스릴 수 없다."

---

3   『尚書·君奭』.
4   『尚書·詔誥』.
5   『論語·衛靈公』.

("堯舜之道, 不以仁政, 不能平治天下."[6])라는 구절에서 나오는 '치(治)'가 바로 이런 의미이다.

다른 하나는 행위결과라는 의미로 '난(亂)'과 대비되는 관리효과를 의미하는 '치(治)'이다. 『논어(論語)』에 나오는 "순(舜)은 어진 신하가 다섯 사람이 있어 천하가 크게 다스려졌다."("舜有臣五人而天下大治."[7])라는 구절과 『맹자(孟子)』에 나오는 "천하에 사람이 살아 온 것이 오래 되었는데 한동안 잘 다스려지면 한동안 어지러워졌다."("天下之生久矣, 一治一亂."[8])라는 구절 및 『예기(禮記)』에 나오는 "성인이 남쪽을 향해 서니 천하가 크게 다스려졌다."("聖人南面而立, 而天下大治."[9])라는 구절의 '치(治)'가 바로 이런 의미이다.

이 책에서는 주로 '치(治)'의 첫 번째 함의, 즉 관리행위, 관리방식 및 관리과정을 지칭하는 용어로 '치(治)'를 사용한다.

문헌자료로 보면 선진시대에서 '덕치(德治)'라는 의미로 덕(德)과 치(治)를 가장 먼저 연결지어 논술한 것은 아마도 『상서(尙書)』에 나오는 "덕(德)으로 다스리면 천하가 잘 다스려지고 덕(德)으로 다스리지 않으면 천하는 어지러워진다."("德惟治, 否德亂."[10])라고 한 구절일 것이다.[11] 그 외 『좌전(左傳)』에도 "덕(德)으로 백성을 다스린다."("德以治民."[12])라는 구절이

---

6   『孟子 · 離婁上』.

7   『論語 · 泰伯』.

8   『孟子 · 滕文公下』.

9   『禮記 · 禮器』.

10 『尙書 · 太甲下』.

11 楊文霞, 『古代儒家德治論』(박사논문), 15쪽.

12 『左傳 · 僖公三十三年』.

있다.

하지만 역사를 살펴보면 덕치관념은 중국 역사에서 아주 오래전부터 전해 내려온 정치이념이다. 『상서(尙書)』에는 다음과 같은 글이 있다.

옛날에 요(堯)임금의 이름은 방훈(放勳)이라 하였다. 공경한 태도로 정사를 처리하고 검소했으며, 시비에 밝고 천하를 질서있게 다스렸으며, 사려 깊고 온화하면서도 너그러웠다. 성실하고 맡은바 일에 충실하면서도 잘 양보하여, 그 빛이 천하를 덮어 하늘과 땅 사이에 가득 찼다. 능히 큰 덕(德)을 밝히니 구족이 사이좋게 지내고, 구족이 화목하니 백관을 잘 살피고 격려하여, 백관이 사리에 밝아지고 천하 만방이 화목하게 지내게 되어, 백성은 착하고 서로 화목하게 되었다.(曰若稽古, 帝堯曰放勳, 欽明文思安安, 允恭克讓, 光被四表, 格於上下. 克明峻德, 以親九族. 九族旣睦, 平章百姓; 百姓昭明, 協和萬邦, 黎民於變時雍.[13])

이는 요(堯)의 덕(德)이 매우 고상함을 칭송하면서 요(堯)가 개인의 덕(德)에 의거하여 쌓은 정치적 업적을 서술한 것인데 문헌자료로 보면 요(堯)는 중국 역사에서 덕(德)으로 천하를 다스린 최고의 모범인물이다.

그 때문에 공자는 "요(堯)는 군주로서 얼마나 위대한가! 얼마나 숭고한가! 오직 하늘만이 가장 크고, 오직 요(堯)만이 하늘을 본받을 수 있다. 그 덕(德)은 얼마나 광대한가! 사람들은 무슨 말로 칭송했으면 좋을지 모

---

13 『尙書·堯典』.

중국문화와 덕치사상

른다. 그의 공적은 얼마나 거룩하고 그가 제정한 예의제도(禮儀制度)는 얼마나 찬란한가!"("大哉堯之爲君也! 巍巍乎! 唯天爲大, 唯堯則之. 蕩蕩乎! 民無能名焉. 巍巍乎! 其有成功也; 煥乎, 其有文章!"[14])라고 하면서 감탄을 금치 못하였다.

요(堯)의 이야기가 역사적으로 있었던 실제 사실이든지 후세의 사람들이 지어낸 전설이든지 불문하고 『상서(尙書)』등 중국 고대의 문헌자료들로부터 우리는 중국 역사에서 아주 오래전부터 덕치가 핵심적인 정치이념으로 받들리면서 전해 내려왔음을 알 수 있다.

중국 역사에서 덕치가 자각적인 반성을 거쳐 핵심적인 정치이념으로 뚜렷하게 부각되면서 체계화된 사상을 형성하게 된 것은 은(殷)나라 말 주나라 초이다.

『예기(禮記)』에 의하면 덕(德)을 중시하는 주나라와 달리 "은나라 사람들은 신을 높이 모셨는데 지배자들은 백성을 통솔하여 신을 섬기면서 귀신을 앞세우고 예(禮)는 뒤로하고, 벌(罰)을 앞세우고 상(賞)은 뒤로하여 존경심은 있으나 친근하지 않았다."("殷人尊神, 率民而事神, 先鬼而後禮, 先罰而後賞, 尊而不親."[15])고 한다. 은나라의 통치자들이 신을 높이 모시고 섬긴 가장 중요한 원인은 '군권천수(君權天授)'라는 믿음이 있었기 때문이다. 그러므로 붕괴의 위기에 직면하였음에도 불구하고 은나라의 마지막 군주 주왕(紂王)은 "내가 천자로 태어남에 명이 하늘에 달려 있지 않

---

14 『論語·泰伯』.
15 『禮記·表記』.

은가!"("嗚呼, 我生不有命在天!"[16])라고 하면서 자기를 망하게 하려해도 하늘의 명을 받고 있는 천자이니 망하지 않는다고 믿었다.

'군권천수(君權天授)'의 관념은 아주 오랜 옛적부터 전해 내려온 관념으로서 주나라가 이 관념에 근거하여 은나라에 천벌을 행한다고 하여 주무왕(周武王)이 은나라의 마지막 군주 주왕(紂王)을 정벌할 때 "나는 이제 일으키노니 오직 하늘의 뜻을 받들어 벌하노라."("今予發, 惟恭行天之罰."[17])라고 하였고, 더 거슬러 올라가 상(商)나라의 탕왕(湯王)이 하(夏)나라를 멸망시킬 때도 "하나라가 죄가 커 천명을 받들어 죽이려는 것이다."("有夏多罪, 天命殛之."[18])라고 하였는데 그 의미는 주무왕(周武王)의 말과 똑같다.

이처럼 '군권천수'의 관념은 역사적으로 줄곧 이어져 내려온 신념이지만 거듭되는 역사적 교훈은 주나라의 통치자들로 하여금 "하나라를 교훈으로 삼지 않을 수 없을 뿐더러 은나라를 교훈으로 삼지 않을 수도 없다."("不可不監於有夏, 亦不可不監於有殷."[19])는 신중한 태도를 갖고 천명과 정권교체 간의 관계에 대하여 깊이 반성하지 않을 수 없게 하였다.

논리적인 시각에서 볼 때 "군권천수는 본질적으로 그 자체의 역명제(逆命題)도 내포하고 있다. 즉 하늘은 군권을 수여할 수도 있고 그와 마찬가지로 군권을 취소할 수도 있다. 군권이 하늘의 수여에서 비롯됐다는 것은 단지 군권 자체의 절대성과 신성함을 보장했을 뿐이지 그 지속의 영구

---

16 『尚書·西伯戡黎』.

17 『尚書·牧誓』.

18 『尚書·湯誓』.

19 『尚書·詔誥』.

중국문화와 덕치사상

성을 보장해주는 것은 아니다."[20] 따라서 하늘이 수여한 군권을 영구히 확보하려면 언제나 하늘의 요구에 따라 군권을 행사해야 한다.

주나라의 통치자들은 역사적 경험에 근거하여 하나라와 은나라가 비록 처음에는 천명을 수여 받았으나 그것을 지속하지 못한 원인은 "덕(德)을 받들지 아니했기에 하늘로부터 받은 천명을 일찍이 잃게 된 것"("惟不敬厥德, 乃早墜厥命."[21])이라고 생각하였다. 이로부터 "하늘은 덕(德)을 밝히지 않는 자에게 천명을 내리지 않는다."("惟天不畀不明厥德."[22])는 결론을 얻게 되고 하나라를 멸망시킨 상나라 탕왕이나 은나라를 멸망시킨 주문왕(周文王)은 모두 "덕(德)을 밝혀 처벌할 때는 신중하게 한다."("明德愼罰."[23])는 원칙에 따라 은혜를 많이 베풀고 형벌을 조심스럽게 사용하였으므로 하늘의 신뢰를 받게 되어 결국 정권을 취득할 수 있었다고 생각하였다.

그러므로 주공(周公)은 "하늘은 맹신할 수 없는 것이니 우리는 오직 주문왕의 덕(德)을 힘써 발양해야만 주문왕이 받은 천명을 지속할 수 있다."("天不可信, 我道惟寧王德延, 天不庸釋於文王受命."[24])라고 하면서 "하늘은 친한 사람이 없어 오직 덕(德)이 있는 사람을 도와줄 뿐이고 민심은 일정하지 않아 오직 은혜를 베푸는 자를 따른다."("皇天無親, 惟德是輔; 民心無常, 惟惠之懷."[25])고 하였던 것이다.

총체적인 시각에서 보면 주나라 통치자들은 '군권천수'라는 천명관(天

20 董平,「儒家德治思想及其価値的現代闡釋」,『孔子硏究』, 2004年 第1期, 16–26쪽.
21 『尙書 · 詔誥』.
22 『尙書 · 多士』.
23 『尙書 · 康誥』.
24 『尙書 · 君奭』.
25 『尙書 · 蔡仲之命』.

命觀)의 틀을 벗어나지 못하였으나 역사의 교훈에 대한 반성의 결과 관심의 초점을 하늘로부터 인간으로 전환함으로써 천명을 맹신하기보다는 스스로의 노력으로 힘써 덕(德)을 베풀어 민심을 얻어야 이미 취득한 정권을 확고히 하고 지속할 수 있다는 결론을 얻게 되었다. 그리하여 덕(德)을 베푸는 것이 천명을 좌우하는 현실적인 수단으로 되고 민생에 대한 관심이 정치의 근본적인 대상으로 되면서 사회관계와 사회생활의 도덕화(道德化)를 실현하는 것이 정치의 근본 목적으로 되었다. 그 결과 정치적 목적과 도덕적 원칙이 일치되어 현실적으로는 도덕적 원칙에 따라 사회를 관리하는 것에 주목함으로써 현실생활에 대한 관심이 천명에 관한 종교적인 관심보다 우선시되었다.

결론적으로 주공을 대표로 하는 주나라 통치자들에 의하여 덕(德)은 치국안방(治國安邦)의 근본으로 되어 경덕보민(敬德保民)하여 이덕배천(以德配天)하는 덕치, 즉 덕을 숭상하여 백성을 잘 보살핌으로써 스스로의 덕으로 천명을 받들 수 있는 자격이 있음을 보여주는 정치를 실행해야 한다는 덕치사상이 크게 고양되면서 통치계층 특히 최고 통치자가 스스로의 도덕적 품성으로 하늘의 명을 받은 천명의 합법적인 대표임을 증명해야 한다는 결론에 이르게 되었다. 그리하여 군주의 도덕적 품성은 정치의 전제로서 전에 없이 강조되고 정치는 군주가 스스로의 덕성을 실천하는 영역으로 인지되었다.

상술한 바와 같이 주공을 대표로 하는 주나라의 통치자들에 의하여 덕치사상은 확고한 정치이념으로 확립되었는데 이는 현실 정치의 수요로부터 출발하여 자각적인 반성을 거친 결과였다. 이러한 덕치사상이 현실에서 관철되려면 반드시 구체적이고도 체계적인 제도로 체현되어야 하므로 주공은 예의제도(禮儀制度)를 특징으로 하는 종법적(宗法的)인 봉건제도(封建制度)를 창설하게 되었다.

주나라의 종법적인 봉건제도는 가족관계를 기초로 가족과 정권, 도덕과 정치가 일체로 통합된 체계적인 제도로서 가국일체의 관념을 현실 정치에서 의식적으로 체현한 최초의 정치체제이다. 종법적인 봉건제도를 수호하기 위하여 주공은 최고 통치자인 왕으로부터 최하층 관리들에 이르는 모든 정치조직 및 그 구성원이 지켜야 할 체계적인 행위규범과 상응한 전장제도(典章制度)를 제정하였는데 그것이 바로 주나라의 예의제도이다.

이로부터 알 수 있듯이 예의제도는 덕치사상이 현실 정치에서 체계적으로 구체화된 산물이며 도덕적 원칙과 정치적 제도가 하나로 통합된 통일체로서 현실에서 덕치는 예치(禮治)로 체현되어 실현된다. 즉 덕치사상은 예의제도의 내적 내용이고 예의제도는 덕치사상의 외적 형식이다.

그러므로 왕국유(王國維)는 예의제도에 관하여 다음과 같이 말하였다.

옛날의 국가라는 것은 정치적 기구일 뿐만 아니라 도덕적 기구이기도 하다. 천자(天子), 제후(諸侯), 대부(大夫), 사(士)로 하여금 각자 상응한 제도의식(制度儀式)을 받들게 하여, 친해야 할 사람을 친하고 존경해야 할 사람을 존경하며 현능한 사람을 숭배하는 원칙으로, 위로는 남녀의 구분이 밝혀지고 아래로는 민풍이 다스려지면 그것이 바로 치(治)이고 그 반대는 난(亂)이다. 그러므로 천자(天子), 제후(諸侯), 경(卿), 대부(大夫), 사(士)라는 것은 백성의 본보기이고, 제도의식(制度儀式)이라는 것은 도덕의 도구이다. 주나라 사람

들이 실행한 정치의 정수는 바로 여기에 있다.[26]

이러한 정치는 "그 목적이 상하 모두를 도덕의 틀 안에 넣어 천자(天子), 제후(諸侯), 경(卿), 대부(大夫), 사(士), 서민(庶民) 모두를 통합하여 하나의 도덕적 집단으로 만드는 것이다."[27]

결론적으로 덕치사상은 정치의 본질이 교화방식을 통하여 도덕적 질서를 건립하는 것이라고 본다. 그러므로 덕치사상이 주목하는 것은 인간의 내적 감정과 성품으로서 모든 사람들이 도덕 수양에 노력할 것을 주장한다. 특히 정치활동의 주체로서 최고 통치자와 통치계층은 반드시 자각적으로 자아수양에 힘써 백성의 본보기가 되어야만 백성을 통솔하여 도덕적인 사회질서를 확립할 수 있다고 주장한다. 따라서 덕치사상은 최고 통치자와 통치계층의 도덕적 품성이 정치활동의 성패와 직결되는 가장 관건적인 요소라고 본다.

2. 공자(孔子)의 덕치(德治)사상

중국의 춘추전국(春秋戰國)시대는 대동란의 시대이기도 하고 대변혁의 시대이기도 하다. 예의제도(禮儀制度)를 특징으로 하는 종법적(宗法

---

26 王國維, 「殷周制度論」, 『觀堂集林』卷十, 中華書局, 1959, 475쪽.
27 王國維, 「殷周制度論」, 『觀堂集林』卷十, 中華書局, 1959, 454쪽.

的)인 봉건제도(封建制度)가 뿌리째 흔들리는 소위 예붕악괴(禮崩樂壞)의 국면이 나타나면서 사상 영역에서는 '백화제방(百花齊放)', '백가쟁명(百家爭鳴)'의 국면이 출현하게 되었다. 그 와중에서 덕치사상을 주창하면서 이론적으로 체계화한 것이 유가학파인데 그 창시자가 바로 공자이다.

주공을 대표로 하는 주나라 통치자들은 천명을 수여받고 또 그것을 유지하려면 반드시 경덕보민(敬德保民)하여 이덕배천(以德配天)하는 덕치, 즉 덕을 숭상하여 백성을 잘 보살핌으로써 스스로의 덕으로 천명을 받들 수 있는 자격이 있음을 보여주는 정치를 실행해야 한다고 생각하였다. 다시 말하면 주나라 통치자들이 덕치를 실행하게 된 내적 동기는 그들의 통치적 지위를 유지하기 위함으로 덕치는 천명을 수여받고 유지하는 수단으로 가치를 가지게 된 것이다. 이러한 덕치사상은 근본적으로 천명관의 기초위에 수립되었으므로 천명관이 흔들리게 되면 덕치사상도 그 근거를 상실하게 마련이다.

중국 사상사에서 공자의 획기적인 공헌 중 하나가 바로 덕치의 근거를 종교적인 하늘로부터 현실의 사회생활로 전환시킨 것인데 공자는 덕치의 근거가 "외적인 천명에 있는 것이 아니라 인간 자체, 인간의 생명내부, 인간의 도덕적 감정, 한마디로 '인(仁)'에 있다."[28]고 주장하였다. 바로 이렇게 덕치의 근거를 인간의 내적 본질에서 찾았으므로 덕치사상을 이성적 사고의 기초위에 확립하게 되었다.

정치의 기본적인 기능은 사회 전반에 대한 체계적인 통제와 관리를 통

---

28 王傑·顧建軍, 「早期儒家"禮"文化內涵的嬗變」, 『哲學動態』, 2008年 第5期, 45-50
    쪽.

하여 모종의 질서를 확립하는 것이라고 할 수 있다. 따라서 어떻게 사회질서를 확립해야 하는가 하는 문제는 정치에서 해결해야 할 가장 기본적인 문제로 된다.

이 문제에 관하여 공자는 "정령(政令)으로 사람들을 인도하고 형벌로써 질서를 바로 잡는다면 사람들은 잘못을 면할 수 있지만 부끄러움을 모르게 되고, 도덕으로 사람들을 인도하고 예로써 질서를 바로 잡는다면 사람들은 부끄러운 마음이 생기면서 달갑게 질서를 지킨다."("道之以政, 齊之以刑, 民免而無恥; 道之以德, 齊之以禮, 有恥且格."[29])고 주장하였다. 정령(政令)과 형벌은 단지 사람들로 하여금 두려운 마음이 생기게 하여 감히 죄를 범하지 못하게 할 뿐이나 도덕과 예의규범(禮義規範)은 사람들로 하여금 부끄러운 마음이 생기게 하면서 양심에서 우러나와 진심으로 질서를 지키도록 하므로 응당 교화의 방식으로 사람들의 도덕의식을 제고하고 예의규범으로 사람들의 행위를 바로 잡아 사회질서를 확립해야 한다.

이는 공자가 추구하는 사회는 단순히 질서 있는 사회가 아니라 도덕적 선(善)을 지향하는 사회임을 의미한다. 이로부터 알 수 있듯이 공자는 정치의 목적이 교화의 방식을 통하여 예의규범으로 질서를 확립함으로써 도덕적인 사회를 건설하는 것이라고 생각하였다.

정치의 목적이 도덕적인 사회를 건설하는 것이라면 어떻게 정치를 펼쳐야 이러한 목적을 실현할 수 있는가? 이에 관하여 공자는 "정치란 바로 잡는 것이다. 그대가 솔선해서 바르게 한다면 누가 감히 바르지 않게 하

---

29 『論語·爲政』.

중국문화와 덕치사상

겠는가?"("政者, 正也. 子帥以正, 孰敢不正?"[30])라고 하면서 "그대가 착해지려고 하면 백성도 착해질 것이다. 군자의 덕은 바람이고 소인의 덕은 풀이라 풀 위로 바람이 불면 풀은 반드시 눕게 마련이다."("子欲善而民善矣. 君子之德風, 小人之德草, 草上之風必偃."[31])라고 하였다.

이렇듯 공자는 정치에서 가장 중요한 것은 통치자가 백성의 본보기가 되어 솔선수범하는 것이라고 주장하였다. 그러므로 공자는 "정치를 덕으로 하는 것을 북극성에 비유하면, 제자리에 머물러 있어도 모든 별들이 그를 에워싸고 도는 것과 같다."("爲政以德, 譬如北辰居其所而衆星拱之."[32])고 하면서 "만일 자신을 바르게 한다면 정치하는 데 무슨 어려움이 있겠는가? 자신을 바르게 할 수 없다면 어떻게 남을 바르게 할 수 있겠는가?" ("苟正其身矣, 於從政乎何有? 不能正其身, 如正人何?"[33])라고 하였다.

바로 정치의 관건은 통치자들의 도덕적 수양, 특히 최고 통치자의 도덕적 수양이라고 보았으므로 공자는 통치자들 특히 최고 통치자가 자신을 바르게 하면 사회질서는 자연히 바르게 된다고 주장하면서 "자기 자신이 바르면 명령하지 않아도 행해지고, 자신이 바르지 못하면 비록 명령한다 하더라도 따르지 않는다."("其身正, 不令而行; 其身不正, 雖令不從."[34])라고 하였다.

이러한 맥락에서 공자는 정치활동의 근본 원칙을 다음과 같이 논술하

---

30 『論語·顔淵』.
31 『論語·顔淵』.
32 『論語·爲政』.
33 『論語·子路』.
34 『論語·子路』.

였다.

　　윗사람이 노인을 존경하면 아랫사람은 더욱 효도를 지키게 되고, 윗사람이 자기보다 연상(年上)인 사람을 존중하면 아랫사람은 더욱 형님을 존중하게 되며, 윗사람이 베풀기를 좋아하면 아랫사람은 더욱 관후하게 되고, 윗사람이 현자를 가까이 하면 아랫사람도 친구를 가려서 사귀게 되며, 윗사람이 도덕 수양을 중히 여기면 아랫사람도 자기 잘못을 감추지 않게 되고, 윗사람이 탐욕스러운 것을 미워하면 아랫사람도 이익을 다투는 것을 부끄럽게 여기게 되며, 윗사람이 청렴하고 겸손하면 아랫사람도 절조(節操)를 지키지 않는 것을 부끄럽게 여기게 된다. 이것을 칠교(七敎)라고 한다. 칠교(七敎)는 백성을 다스리는 근본이다. 정치 교화의 원칙이 정해지면 백성을 다스리는 근본이 바르게 된다. 무릇 윗사람이란 백성의 본보기이다. 본보기가 바르면 무엇인들 바르게 되지 않겠는가?(上敬老則下益孝, 上尊齒則下益悌, 上樂施則下益寬, 上親賢則下擇友, 上好德則下不隱, 上惡貪則下恥爭, 上廉讓則下恥節, 此之謂七敎. 七敎者, 治民之本也. 政敎定, 則本正也. 凡上者, 民之表也, 表正則何物不正?[35])

　　공자는 정치활동에서 이러한 근본 원칙을 지키게 되면 "사방의 백성이 어린 자식들을 등에 업고 모여 올 것이다."("四方之民襁負其子而至矣."[36])

35　『孔子家語 · 王言解』.
36　『論語 · 子路』.

라고 하였다.

상술한 바와 같이 공자는 정치활동의 관건이 통치자가 스스로의 도덕적 품성으로 백성을 감화시켜 교화되게끔 하는 것이라고 생각하였으므로 통치자의 도덕적 품성이 정치활동의 성패와 직결된다고 주장하였다. 그러므로 공자는 고상한 도덕적 품성을 소유한 지도자의 유무는 국가의 흥망성쇠와 직접적인 연관이 있어 "그런 사람이 있으면 그 같은 정치도 행해지는 것이고, 그런 사람이 없으면 그 같은 정치도 사라지는 것이다.…… 그러므로 정치는 사람을 얻는데 달려 있다."("其人存, 則其政擧; 其人亡, 則其政息.…… 故爲政在於得人."[37])고 하였다.

공자의 상술한 관점들은 그 당시 정치에 관한 통상적인 관념과 커다란 차이가 있다. 『좌전(左傳)』에는 "정치로써 백성을 바르게 한다."("政以正民."[38])는 말이 있는데 이는 그 시대의 전통적인 관념을 대변한 것이라고 할 수 있다. 다시 말하면 정치란 백성을 다스려 복종하게 만드는 것이라고 생각하는 것이 그 시대의 통상적인 관념이었다.

하지만 공자는 이런 통상적인 관념과는 달리 정치에서 '바로 잡는다'는 '정(正)'이란

지도자 심신의 바름, 지도자 덕행의 바름을 가리킨다고 하였는데 공자가 보기에 정치의 요점은 집권자가 스스로의 도덕적 본보기 역할을 발휘하여 전체 사회의 '정(正)'을 실현하고 촉진하여야 한다

---

37 『孔子家語·哀公問政』.
38 『左傳·桓公二年』.

는 것이었다. 따라서 공자한테서 '정(正)'은 단순한 정치적 규범의 의미로부터 도덕적 덕행의 의미로 전환되었으며, 사회의 정당한 질서(정치질서를 포함하여)를 의미할 뿐만 아니라 천자로부터 사대부들이 덕행을 바르게 해야 한다는 것을 의미하기도 하였다. 공자는 '정(正)'의 중점을 '민(民)'으로부터 집권자 자신으로 바꿨는데 이는 고대 정치사상에서 중대한 변화이다.[39]

이렇듯 공자는 정치란 단순히 어떻게 하면 백성으로 하여금 복종하게끔 하겠는가를 추구하는 것이 아니라 지도자의 미덕으로 전체 사회를 교화하고 인도하는 활동이므로 정치활동의 성패는 지도자의 도덕적 품성과 직결된다고 생각하였다.

결론적으로 공자는 정치활동의 본질이 도덕적 교화이고, 정치활동의 목적은 도덕적 선(善)을 지향하는 사회를 건립하는 것이며, 정치활동의 관건은 지도자의 도덕적 품성이라고 주장하였다.

정치활동의 본질은 도덕적 교화이고 그 관건이 지도자의 미덕임은 모든 사람이 도덕수양에 노력해야함을 의미하며 특히 지도자는 도덕적 수양 방면에서 사람들의 본보기가 되어야함을 의미한다.

『논어(論語)』에는 공자와 자로(子路) 간의 다음과 같은 대화가 있다.

자로가 군자에 관하여 물으니 공자는 "자기를 수양하여 공경한 태도로 남을 대해야 한다."고 답하였다. 자로가 다시 "그렇게만 하면

---

39   陳來, 「論"道德的政治"」, 『天津社會科學』, 2010年 第1期, 23-27쪽.

됩니까?"고 물으니 공자는 "자기를 수양하여 주위의 사람들을 편안 케 해야 한다."고 답하였다. 자로가 또 다시 "그렇게만 하면 됩니까?" 고 물으니 공자는 "자기를 수양하여 백성을 편안케 해야 한다. 자기 를 수양하여 백성을 편안케 하는 것은 요순(堯舜)도 오히려 부족할 까봐 고심했느니라!"고 답하였다.(子路問君子, 子曰: "修己以敬." 曰: "如斯而已乎?" 曰: "修己以安人." 曰: "如斯而已乎?" 曰: "修己以安百 姓. 修己以安百姓, 堯舜其猶病諸!"[40])

상술한 바와 같이 도덕적 질서를 확립하여 백성으로 하여금 편안히 살아갈 수 있게 하는 관건은 최고 통치자를 비롯한 통치계층이 자아수양 에 노력하여 양호한 품성을 구비하였는지 여부에 달려 있다. 그러므로 통 치계층 특히 최고 통치자의 도덕적 수양은 덕치의 출발점으로 된다.

그렇다면 덕치에서 요구하는 도덕적 품성이란 어떤 것인가? 『예기(禮 記)』에 의하면 공자는 "옛사람들은 정치를 함에 있어서 사람을 사랑하는 것을 가장 큰 일로 삼았다."("古之爲政, 愛人爲大."[41])라고 말하였다. 다시 말하면 공자는 통치자의 도덕적 품성에서 가장 중요한 것은 사람들을 사 랑하는 덕성, 즉 인이라고 생각하였다. "뜻있는 선비와 어진 사람은 살기 위하여 인을 해치는 일이 없고, 오히려 자신의 목숨을 바쳐 인을 행할 뿐 이다."("志士仁人, 無求生以害仁, 有殺身以成仁."[42]라는 말에서 공자가 인을

---

40 『論語·憲問』.

41 『禮記·哀公問』.

42 『論語·衛靈公』.

얼마나 중요시했는지를 알고도 남음이 있다.

비록 공자가 말하는 인은 경우에 따라 여러 가지 의미를 나타내지만 기본적인 의미는 아주 분명하다. 『논어(論語)』에 의하면 "번지(樊遲)가 인에 관하여 물으니 공자는 '사람을 사랑하는 것이다.'라고 말하였다."("樊遲問仁, 子曰:'愛人.'"[43])고 한다. 또 『공자가어(孔子家語)』에서 공자는 "인이라 하는 것은 사람을 사랑하는 것보다 더 큰 것이 없다."("仁者莫大乎愛人."[44])라고 말하였다. 즉 인은 사람에 대한 사랑과 갈라놓을 수 없다.

그러면 어떻게 사람을 사랑해야 하는가? 공자는 "자기가 싫은 것은 남에게 강요하지 말라."("己所不欲, 勿施於人."[45]), 또한 "자기가 서고 싶으면 남도 세워 주고, 자기가 현달하고 싶으면 남도 현달하게 해줘야 한다."("己欲立而立人, 己欲達而達人."[46])라고 하였다. 여기에서 보면 공자가 말하는 사랑은 역지사지(易地思之)하여 남을 자기처럼 대해야 한다는 뜻을 함축하고 있다. 따라서 인이란 자기를 사랑하듯이 남을 사랑해야 한다는 의미라고 할 수도 있다. 그러므로 공자는 "어진 사람이 어려움은 남보다 먼저 하고, 보답은 남보다 뒤에 얻으면 참으로 어질다고 할 수 있는 것이다."("仁者先難而後獲, 可謂仁矣."[47])라고 말하였다.

그러나 상술한 의미로만 인을 이해하면 비록 인의 보편적인 특징을 파악하는 데는 도움이 되나 공자가 주장하는 인의 깊은 뜻과 너무 거리가

---

43 『論語 · 顔淵』.
44 『孔子家語 · 王言解』.
45 『論語 · 顔淵』.
46 『論語 · 雍也』.
47 『論語 · 雍也』.

멀다고 할 수 있다. 『논어(論語)』에서 공자는 "효제(孝悌)는 인을 실천하는 근본이다."("孝弟也者, 其爲仁之本與."[48])라고 하였는데 이는 인의 근본적인 의미가 가족 내 부모자식 간 및 형제들 간의 사랑이라는 것을 의미한다. 이런 사랑은 가족의 구성원 사이에서 가장 충분히 표현될 뿐만 아니라 가장 먼저 가족 내 구성원 사이에서 생겨나고 양성되는데 그 중에서 제일 중요한 것은 부모에 대한 사랑이다. 그러므로 공자는 "사랑하는 마음이 있어야 사람이라고 할 수 있으며 그 중에서도 부모에 대한 사랑이 첫째다."("仁者人也, 親親爲大."[49]라고 하였다. 다시 말하면 공자가 인을 가장 중히 여기고 인을 도덕수양의 핵심이라고 주장한 것은 그가 볼 때 도덕수양의 근본내용은 부모자식 간의 사랑과 같은 가족애를 더 깊이 더 넓게 즉 더 높은 경지로 닦아가는 것임을 의미한다.

공자가 말하는 도덕수양의 핵심이 가족애의 마음을 더 깊게 더 넓게 닦아가는 것이라면 오직 이러한 수양 방면에서 대중의 본보기가 될 수 있는 사람만이 지도자의 자격이 있다. 그러므로 공자는 "자신으로부터 백성을 생각할 줄 알고, 자신의 아들로부터 백성의 아들을 생각할 줄 알며, 자신의 부인으로부터 백성의 부인을 생각할 줄 알아야 한다. 군주가 만일 이 세 가지를 잘할 수 있다면 큰 교화가 천하를 덮을 것이다. 과거 태왕(太王)의 치국지도(治國之道)도 역시 이러했는데 나라가 크게 다스려졌다."("身以及身, 子以及子, 妃以及妃. 君以修此三者, 則大化憺乎天下矣. 昔太王

---

48 『論語 · 學而』.
49 『禮記 · 中庸』.

之道也如此, 國家順矣."⁵⁰)라고 하면서 천하를 다스릴 수 있는 도덕적 품성을 지닌 통치자는 자신의 가족을 사랑하듯이 천하 백성을 사랑해야 한다고 주장하였다.

공자는 이렇게 가족을 사랑하듯이 백성을 사랑하는 정치에서는 "윗사람이 아랫사람에 대해 친근하기를 수족처럼 대하고, 아랫사람이 윗사람에 대해 친근하기를 어린 자식이 자애로운 어머니를 대하듯이 한다. 윗사람과 아랫사람이 이처럼 친근하게 되면, 령을 내리면 복종하고 실행하면 행해지게 되며, 백성은 윗사람의 덕을 그리워하여, 가까이 있는 자는 달갑게 복종하고 멀리 있는 자는 찾아와 따를 것이니, 이것이 바로 정치의 극치이다."("上之親下也, 如手足之於腹心; 下之親上也, 如幼子之於慈母矣. 上下相親如此, 故令則從, 施則行, 民懷其德, 近者悅服, 遠者來附, 政之致也."⁵¹) 라고 하였다. 이로부터 알 수 있듯이 지도자의 자아수양이란 근본적으로는 백성의 부모가 될 수 있는 품성을 갖추기 위하여 몸과 마음을 닦아가는 것으로서 민지부모(民之父母)의 품성을 갖춰야만 진정으로 지도자의 자격이 있다고 할 수 있다.

도덕수양에서 추구하는 인의 덕성이 근본적으로 민지부모의 덕성을 의미함은 공자의 다음 말에서 분명히 드러난다.

군자가 일컫는 인이라는 것은 상당히 어려운 것이니라. 『시경(詩経)』에서 말하기를 "화락하고 공손한 군자는 백성의 부모라고 하였

---

50 『孔子家語 · 大婚解』.
51 『孔子家語 · 王言解』.

다." 화락하니 사람들을 가르쳐 스스로 노력하여 게을리 하지 않게 하고, 공손하니 사람들을 즐겁고 편안케 한다. 사람들로 하여금 즐겁고 게을리 하지 않게 하니, 예의가 있으면서도 친근하고, 위엄 있고 엄숙하면서도 편안하며, 효성스럽고 자애로우면서도 존경스럽다. 백성으로 하여금 아버지를 대하는 것 같은 존경심을 갖게 하고, 어머니를 대하는 것 같은 친근함을 가지게 한다. 이와 같은 후에야 백성의 부모가 될 수 있는 것이니, 지극한 덕이 없고서야 누가 능히 이처럼 할 수 있겠는가?(君子之所謂仁者其難乎!『詩』云: "凱弟君子, 民之父母." 凱以强敎之; 弟以說安之. 樂而毋荒, 有禮而親, 威莊而安, 孝慈而敬. 使民有父之尊, 有母之親. 如此而後可以爲民父母矣, 非至德其孰能如此乎?[52])

다시 말하면 공자가 말하는 인의 근본적인 의미는 효(孝)가 아니라 자식에 대한 부모의 사랑이다. 『효경(孝經)』에 의하면 공자는 "대저 효(孝)란 덕의 근본이요, 모든 교화는 이로부터 생겨나는 것이다."("夫孝德之本也, 敎之所由生也."[53])라고 말하였다. 이는 사람에게서 인의 덕성이 생겨나고 양성되는 과정으로 보면 효(孝)가 인의 근원으로 된다는 것으로 인의 근본적인 함의에 관한 규정은 아니다. 인의 근본적인 함의로 말하면 응당 인이란 자식에 대한 부모의 지극한 사랑을 의미하는 것이라고 해야 한다. 이러한 인의 덕성을 구비한 지도자만이 백성으로 하여금 아버지를 대하

---

52 『禮記·表記』.
53 『孝経·開宗明義』.

는 것 같은 존경심을 갖게 하고 어머니를 대하는 것 같은 친근함을 갖게 할 수 있다.

하지만 공자는 여기서 멈추지 않고 민지부모의 덕성이 보여주는 상술한 특징에서 더 나아가 민지부모에 함축된 깊은 의미를 "백성의 부모라 함은 반드시 예악(禮樂)의 근원에 통달하여 오지(五至)를 이루고 삼무(三無)를 행하여 널리 천하에 펼 수 있어야 한다. 사방에 쇠패한 조짐이 있으면 반드시 사전에 알아야 한다. 이를 백성의 부모라고 한다."("夫民之父母, 必達於禮樂之源, 以致五至, 而行三無, 以横於天下. 四方有敗, 必先知之. 此之謂民之父母."[54])라고 하였다. 이로부터 알 수 있듯이

> 공자가 말하는 '민지부모'는 철학적 두뇌가 있어야 하는 동시에 오지(五至)를 이루고 삼무(三無)를 행하는 완벽한 실천능력을 구비해야 한다. 그는 이 외에도 또 하나의 '필(必)'자를 사용하여 보충하여 말하였는데 '민지부모'라고 부를 수 있는 사람은 반드시 사전에 사방의 쇠패한 징조를 알 수 있는 사람이어야 한다고 하였다. 공자의 '민지부모'에 대한 해독으로부터…… 우리는 근근이 표면적인 사랑이나 경직된 존엄에 대한 느낌만 가지게 되는 것이 아니라 '민지부모'라는 이 칭호에는 두텁고도 무거운 문화의 힘, 원대한 이상에 대한 추구와 정확한 판단능력이 내포되어 있다는 느낌을 가지게 된다.[55]

---

54 『孔子家語·論禮』.
55 張豊乾, 「早期儒家與"民之父母"」, 『現代哲學』, 2008年 第1期, 109-116쪽.

결론적으로 공자는 정치활동의 관건은 지도자의 본보기 역할이므로 지도자는 자아수양에 힘써 사람들의 본보기가 되어야 하는데 그 수양이 민지부모의 자격을 구비한 경지에 이르러야만 참된 지도자라고 할 수 있다고 생각하였다.

부모가 자식들에 대한 부모의 책임을 짊어지지 않는다면 부모의 자격이 없듯이 지도자가 만일 백성에 대한 부모의 책임을 다하지 않는다면 근본적으로 민지부모의 자격이 없다. 따라서 민지부모의 자격이 있다는 것은 곧바로 백성에 대해 부모의 책임을 다함을 의미하며 이는 공자가 말하는 덕치란 통치자가 백성에 대한 부모로서의 책임을 기본 전제로 함을 의미한다. 즉 공자가 "가장 중요시한 것은 집권자가 민지부모로서 백성에 대한 윤리적인 책임이었다. 공자는 집권자에 대한 백성의 의무를 우선 위치에 놓지 않았다."[56]

부모의 책임이란 자식들을 잘 키우고 잘 가르쳐 화목한 가정에서 행복한 삶을 누리도록 최선을 다하는 것이라면 민지부모로서 지도자의 책임은 백성을 풍족하게 해주고 잘 가르쳐 가족 같이 화목한 사회에서 행복한 삶을 누리도록 최선을 다하는 것이라 할 수 있다. 바로 이러한 맥락에서 공자는 정치에서 가장 기본적인 것은 먼저 백성을 부유하게 하는 것이고 그 다음 중요한 것은 교육이라고 하였다.

"공자가 위나라에 갔을 때 염유가 마차를 몰았다. 공자가 '백성이 많기도 하구나!'라고 하니, 염유가 '이미 많으면 무엇을 더해야 합니까?'라고 물었다. 이에 공자는 '부유하게 해야 하니라.'라고 하였다. 염유가 또 '이미

---

56   陳來, 「論"道德的政治"」, 『天津社會科學』, 2010年 第1期, 23-27쪽.

부유해졌으면 무엇을 더해야 합니까?'라고 물으니, 공자는 '가르쳐야 하니라.'라고 답하였다."("子適衛, 冉有仆, 子曰: '庶矣哉!' 冉有曰: '既庶矣, 又何加焉?' 曰: '富之.' 曰: '既富矣, 又何加焉?' 曰: '敎之.'"[57])

이렇듯 공자는 백성이 풍족하게 살아갈 수 있는 경제기초가 마련돼야 도덕적 교화가 가능하여 모든 사람들이 가족 같이 화목하게 지내는 사회를 건설할 수 있다고 생각하였다. 여기에서 반드시 명기해야 할 것은 유가학설에서 통치자의 자아수양에 관한 요구와 백성의 도덕적 교화에 관한 요구는 서로 다르다는 것이다. 이에 관하여 서복관(徐復觀)은 다음과 같이 지적하였다.

> 공자와 맹자 및 선진시대 유가학자들이 자아수양 방면에서 제시한 표준, 즉 학술상에서 확립한 표준과 사람들을 다스리는 방면에서 제시한 표준, 즉 정치상에서 제시한 표준은 분명하게 구분된다. 자아수양의 학술상 표준은 언제나 자연적인 생명을 덕성을 향하여 끊임없이 제고하는 것으로서 절대로 자연적인 생명 위에 입각하지 않으며 절대로 자연적인 생명의 요구 위에 가치를 설정하지 않는다. 사람들을 다스리는 정치상의 표준은 당연히 덕성의 표준을 승인하나 이것은 다만 두 번째 자리를 차지하는 것으로서 반드시 인민들의 자연적인 생명의 욕구를 첫자리에 놓는다. 사람들을 다스리는 정치상의 가치는 우선 먼저 인민들의 자연적인 생명의 욕구 위에 설정하며 기타 가치들은 반드시 이 가치에 종속됨으로써 그 가치를

---

57 『論語 · 子路』.

갖는다.[58]

통치자의 자아수양과 백성에 대한 교화는 덕치의 두 축을 이루는데 통치자의 자아수양은 언제나 도덕적 원칙을 우선시하고 물질적 욕구는 뒤로해야 하며, 반대로 백성에 대한 교화는 언제나 물질적 욕구를 충족시키는 것을 우선시하고 도덕적 교화는 뒤로해야 한다는 것이 선진시대 유가학자들의 공통된 주장이다. 덕치에서 이 두 방면을 구분하는 것은 아주 중요한 바, 만일 서로 혼동하여 통치자에 관한 자아수양 표준으로 백성을 다스리게 되면 예의도덕으로 사람을 죽이는 비극을 초래할 수 있다. 그러므로 덕치는 반드시 백성의 삶의 욕구를 충족시킴을 도덕적 교화의 기초로 삼아야 한다.

풍족한 삶의 기반을 닦고 나아가 전체 사회를 가족 같이 화목하게 지내는 사회로 만든다는 것은 가족과 달리 서로 간에 혈연관계가 없거나 혹은 친척관계가 상당히 멀어 서로 간에 친근한 감정이 없는 사람들을 도덕적 교화를 통하여 서로 간에 가족처럼 친근하게 대하도록 만든다는 것을 의미한다. 그렇다면 사회구성원이 어떤 품성을 구비해야 서로 간에 가족처럼 친근하게 지낼 수 있으며 또 어떻게 해야 사회구성원으로 하여금 그러한 품성을 구비하게 할 수 있는가?

곽점초간(郭店楚簡) 『어총일(語叢一)』에서는 가족 내의 관계를 처리하는 방식과 가족 외의 관계를 처리하는 방식은 서로 다르다고 하여 "가문 내의 다스림은 감정이 의(義)를 덮고, 가문 밖의 다스림은 의가 감정을 자

---

58 徐複觀,「釋論語"民無信不立"」,『學術與政治之間』, 台北: 學生書局, 1985, 299쪽.

른다."("門內之治恩掩義, 門外之治義斬恩.")라고 하였다. 즉 가족 내의 관계 처리에서는 도덕원칙보다 감정이 우선시되고 주도적 역할을 하지만 가족 외의 관계 처리에서는 감정보다 도덕원칙이 우선시되고 주도적 역할을 한다는 것이다.

『논어(論語)』에는 이런 이야기가 있다. "엽공이 공자에게 '우리 마을에 바른 사람이 있는데 그의 아버지가 양을 훔치자 아들이 고발하였다.'라고 말하니, 공자는 '우리 마을의 바른 사람은 그와 다르다. 아버지는 자식을 위해서 숨겨주고 자식은 아버지를 위해 숨겨주는데, 바른 것은 그 속에 있다.'라고 말하였다."("葉公語孔子曰: '吾党有直躬者, 其父攘羊, 而子証之.' 孔子曰: '吾党之直者異於是. 父爲子隱, 子爲父隱, 直在其中矣.'"[59])

그런데 공자는 또 "군자는 세상의 일을 대함에 특별히 누구를 가까이 하지도 멀리하지도 않고 오로지 의를 따를 뿐이다."("君子之於天下也, 無適也, 無莫也, 義之與比.[60])라고 하였다.

얼핏 보면 앞말과 뒷말이 서로 모순되는 것 같지만 공자가 뜻하는 바는 바로 구체적인 처리 방식의 시각에서 볼 때 가족생활에서는 도덕원칙보다 감정을 우선시해야 되고 사회생활에서는 감정보다 도덕원칙을 우선시해야 된다는 것이다. 따라서 가족생활에서는 서로 사랑하고 배려하는 인의 덕성이 우선시되지만 사회생활에서는 시비(是非)를 올바르게 판단하고 원칙에 따라 일을 처리하는 의의 덕성이 우선시된다. 그것은 시비를 올바르게 판단하지 못하면 사회관계를 잘 처리할 수 없게 되어 사람들 간

---

59 『論語·子路』.

60 『論語·里仁』.

중국문화와 덕치사상

에 양호한 관계를 수립하는 것이 불가능하기 때문이다.

이렇듯 사회생활에서 의란 군자가 반드시 지켜야 할 더없이 소중한 원칙이므로 공자는 "군자는 의에 밝고, 소인은 이(利)에 밝다."("君子喩於義, 小人喩於利."[61])고 하면서 "의롭지 못한 부귀는 나에게 뜬 구름과 같다." ("不義而富且貴, 於我如浮雲."[62])라고 하였다. 이로부터 알 수 있듯이 공자가 말하는 의는 이(利)와 상반된 것으로 인생은 응당 도덕적인 정신생활에 대한 추구를 우선시하고 물질적인 향락은 뒤로해야 한다는 뜻을 갖고 있을 뿐만 아니라 더 나아가 삶의 진정한 가치는 의에 있으므로 사람은 살기 위하여 도덕적 의무를 거부해서는 안 되며 오직 도덕적 이상에 대한 추구에서만 인생의 가치를 실현할 수 있다는 뜻도 갖고 있다.

이처럼 의는 사회생활에서 응당 지켜야 할 원칙일 뿐만 아니라 진정한 삶의 가치를 실현하기 위하여 반드시 가야 할 길이다. 하지만 의는 일반적인 도덕원칙으로서 반드시 구체적인 형식으로 체현되어야만 현실에서 관철될 수 있는데 현실생활에서 의를 구체적인 방식으로 체현하는 것이 바로 예, 즉 예의제도이다. 그러므로 공자는 "군자는 의를 근본으로 하고, 예로써 행한다."("君子義以爲質, 禮以行之."[63])라고 하였다.

다시 말하면 의는 예의 추상적인 내적 내용이고 예는 의의 구체적인 외적 형식으로서 사회생활에서 예를 떠나 의를 관철할 수 없으며 예를 지키지 않으면 사회관계를 잘 처리할 수 없다. 바로 공자가 말한 바와 같이

---

61 『論語·里仁』.
62 『論語·述而』.
63 『論語·衛靈公』.

"공손하나 예가 없으면 피곤하게 되고, 신중하나 예가 없으면 위축되게 되며, 용감하나 예가 없으면 문란하게 되고, 정직하나 예가 없으면 야박하게 된다."("恭而無禮則勞, 愼而無禮則葸, 勇而無禮則亂, 直而無禮則絞."[64])

이로부터 알 수 있듯이 아무리 좋은 동기와 품성을 가졌다고 할지라도 예를 모르면 일을 제대로 처리할 수 없거나 심지어 잘못 만들 수도 있다. 그러므로 공자는 "지혜로 얻더라도 인으로 지킬 수 없으면 비록 얻더라도 반드시 잃는다. 지혜로 얻고 인으로써 지킨다고 하더라도 정중한 태도로 대하지 않는다면 백성이 존경하지 않는다. 지혜로 얻고 인으로 지키고 정중한 태도로 대해도 행동이 예에 맞지 않으면 완벽하다고 할 수 없다."("知及之, 仁不能守之, 雖得之, 必失之; 知及之, 仁能守之, 不莊以涖之, 則民不敬; 知及之, 仁能守之, 莊以涖之, 動之不以禮, 未善也."[65])라고 하면서 "글을 많이 배우고 예로써 단속해야 비로소 이치에 어긋나지 않게 된다."("博學於文, 約之以禮, 亦可以弗畔矣夫."[66])라고 충고하였다.

결론적으로 공자는 "예를 배우지 않으면 사회에 나가 설 수 없다."("不學禮, 無以立."[67])고 생각하였는데 이는 진정으로 도덕수양이 있는 사람으로 되려면 예를 배우고 지키는 것이 가장 기본적인 조건임을 의미한다.

이렇듯 예는 사회생활에서 입신하는 기본으로 되므로 공자는 "예가 아니면 보지 말고, 예가 아니면 듣지 말며, 예가 아니면 말하지 말고, 예가

---

64 『論語 · 泰伯』.
65 『論語 · 衛靈公』.
66 『論語 · 顏淵』.
67 『論語 · 季氏』.

아니면 움직이지 말라."("非禮勿視, 非禮勿聽, 非禮勿言, 非禮勿動."[68])고 하면서 일거일동을 예에 맞게 할 수 있도록 자아수양에 힘써야 한다고 강조하였다.

사람들이 일거일동을 예에 맞게 행동하는 습관이 몸에 배이게 되면 사회생활에서 지켜야 할 도덕관념들을 확고하게 수립하게 될 뿐만 아니라 사회관계를 능숙하게 처리하는 실천능력을 갖추게 됨으로써 서로 간에 양호한 사회관계를 확립할 수 있게 된다.

상술한 바와 같이 양호한 사회관계를 확립할 수 있는 도덕 품성의 양성에서 주관적인 자아수양과 객관적인 예의제도는 필수불가결한 두 축을 이룬다. 사람들은 예를 배우고 익히면서 자아수양에 노력함으로써 시비를 올바르게 판단하고 원칙에 따라 일을 처리하는 의의 덕성을 구비하게 될 뿐만 아니라 현실생활에서 예에 따라 행동하는 실천능력을 장악하게 되며 더 나아가 예가 몸에 배겨 습관적으로 일거일동을 예에 맞게 행동하게 되어 전체 사회는 자연스럽게 예의질서(禮義秩序)에 따라 운영되는 질서정연한 도덕적 사회로 된다. 이것이 바로 공자가 말한 "예로 나라를 다스린다."("爲國以禮."[69])는 것이다.

이렇듯 공자는 예가 없으면 나라를 다스릴 수 없다고 생각하였으므로 "예란 무엇인가? 일에 따라서 이를 다스리는 것이다. 군자는 일이 있으면 반드시 그 다스림이 있는데 나라를 다스림에 예가 없으면 비유컨대 소경이 안내자가 없는 것과 같아 어찌할지 몰라 어디로 갈 것인가? 이는 밤새

---

68 『論語 · 顔淵』.
69 『論語 · 先進』.

도록 캄캄한 방 속에서 물건을 찾는 것과 같은 것으로 촛불이 아니면 무엇을 볼 수 있겠는가?"("禮者何也? 卽事之治也. 君子有其事, 必有其治. 治國而無禮, 譬猶瞽之無相與? 倀倀其何之? 譬如終夜有求於幽室之中, 非燭何見?"[70])라고 하였다. 다시 말하면 예란 현실 사무를 처리하는 구체적인 방식으로서 예를 떠나 나라를 다스린다는 것은 공담에 불과하다.

예로 나라를 다스린다는 것은 모든 사람이 예에 따라 행동해야 한다는 것으로 바로 공자가 말한 "임금은 임금다워야 하고, 신하는 신하다워야 하며, 아버지는 아버지다워야 하고, 자식은 자식다워야 한다."("君君, 臣臣, 父父, 子子."[71])는 것이다. 이는 모든 사람이 각자의 신분에 따라 상응한 의무를 다해야 한다는 것을 의미함으로 지위고하를 막론하고 그 누구든 예에 규정된 의무를 지키지 않으면 안 된다.

"정공(定公)이 '임금이 신하를 부리고 신하가 임금을 섬김에 어찌 해야 하는가?'라고 묻자, 공자는 '임금은 신하를 부리기를 예로써 하고, 신하는 임금을 섬기기를 충성으로써 해야 한다.'라고 말하였다."("定公問: '君使臣, 臣事君, 如之何?' 孔子對曰: '君使臣以禮, 臣事君以忠.'"[72]) 반면에 공자는 만일 임금이 신하를 예로써 대하지 않는다면 신하는 임금을 섬기지 않아도 된다고 하여 "소위 대신이란 도(道)로써 임금을 섬기는 것이니 그렇게 하지 못하면 그만두는 것이다."("所謂大臣者, 以道事君, 不可則止."[73])라고 하였다.

---

70 『禮記·仲尼燕居』.
71 『論語·顏淵』.
72 『論語·八佾』.
73 『論語·先進』.

중국문화와 덕치사상

즉 예로 나라를 다스림에 우선시되는 것은 각자의 신분에 따른 의무로서 윗사람이나 아랫사람이나 우선 먼저 각자의 의무를 다해야 한다. 이와는 반대로 자신의 의무를 외면하고 다른 사람한테 의무를 다하라고 강요하는 것은 예에 어긋난다.

그러므로 공자는 "군자에게는 세 가지의 서(恕)가 있는데, 임금을 잘 섬기지 못하면서 아랫사람에게는 자기를 잘 섬기라고 요구하는 것은 서(恕)가 아니고, 부모에게 효도를 못하면서 자식에게는 효도하라고 요구하는 것은 서(恕)가 아니며, 형님을 공경하지 못하면서 동생에게는 공손하라고 요구하는 것은 서(恕)가 아니다. 선비가 이 세 가지 서(恕)의 근본에 밝다면 몸을 바르게 가졌다고 할 수 있다."("君子有三恕: 有君不能事, 有臣而求其使, 非恕也; 有親不能孝, 有子而求其報, 非恕也; 有兄不能敬, 有弟而求其順, 非恕也. 士能明於三恕之本, 則可謂端身矣."[74])라고 하였다.

위에서 말한 바와 같이 예로 나라를 다스린다는 것은 모든 사람들로 하여금 각자 신분에 따라 맡은바 의무를 충실히 이행하게 하는 방식으로 사회질서를 확립함을 의미한다. 이런 사회에서 사람들은 신분에 따라 차등적인 사회지위를 형성하게 되는데 공자는 이렇게 해야만 인을 실현할 수 있다고 생각하였다.

공자는 "옛날 정치를 하는 것은 사람을 사랑하는 것을 큰 것으로 삼았고, 사람을 사랑하는 것을 다스리는 방법은 예를 큰 것으로 한다."("古之爲政, 愛人爲大; 所以治愛人, 禮爲大."[75])라고 하였고, 『논어(論語)』에서 공

74　『孔子家語·三恕』.
75　『禮記·哀公問』.

자의 제자 유자(有子)는 "예의 효용은 조화를 가장 귀중하게 여긴다. 선왕(先王)이 세상을 다스린 원칙은 이를 아름답게 여겨 작은 일이나 큰일이나 모두 이에 따랐다. 행해지지 않을 때 단순히 조화를 위하여 조화를 이루려고 하면서 예로써 절제하지 않는다면 역시 행해질 수 없다."("禮之用, 和爲貴. 先王之道, 斯爲美. 小大由之. 有所不行, 知和而和, 不以禮節之, 亦不可行也."[76])라고 하였는데 이 역시 공자의 사상을 대변한다. 다시 말하면 공자는 반드시 예로써 사회질서를 확립해야만 화목한 사회를 실현할 수 있으며 예를 무시하면서 화목한 사회를 실현하려 한다면 아무리 동기가 좋아도 진정으로 화목한 사회를 실현할 수 없다고 생각하였다.

상술한 바와 같이 공자가 예를 극구 강조한 것은 등급서열로 차별화된 사회질서를 확립하려는 것이 아니라 모든 사람들로 하여금 각자 신분에 따라 도덕적 의무를 이행하는 사회질서를 확립함으로써 전체 사회를 하나의 대가족 같이 화목한 사회로 만들 수 있다고 생각했기 때문이다. 즉 공자가 주창한 예는 사람들 간의 외적인 이해관계에 대한 조정을 근본 목적으로 하는 것이 아니라 사회구성원으로 하여금 내심으로부터 서로 사랑하여 가족 같이 화목한 감정관계를 형성하는 것을 근본 목적으로 한다.

이에 관하여 백해(白奚)는 다음과 같이 지적하였다.

'예'는 최초의 창설자인 주공에게는 하나의 단순한 정치적 개념이었으나 공자가 인을 예에 끌어넣음으로써 '예'는 정치적인 '예'일

---

76 『論語·學而』.

뿐만 아니라 도덕적인 '예'로 되어 사람의 마음, 인간성 깊이 뿌리내린 풍부한 윤리도덕적인 함의를 가진 개념으로 변하였는데 이는 공자가 주공의 '예'에 대한 중대한 개조이다. '예'는 도덕적 함의가 부여됨으로써 외적인, 수동적인, 정치적인 속박으로부터 사람들의 내적인, 능동적인, 자각적인 도덕적 요구로 전환되었다. 인이 주입된 '예'는 그 적용 범위도 크게 확장되어 과거 귀족들에게만 적용되던 데로부터 전체 사회구성원에게 적용되었으며, 이리하여 더욱 보편적인 가치와 의의를 가지게 되었다. 총체적으로 공자가 인을 예에 끌어넣은 것은 '예'를 충실히 하고 보완한 것이기도 함과 동시에 '인'을 풍부히 하고 승화시킨 것이기도 하다. 공자는 오직 이러한 '예'에 대한 실천을 통해서만, 즉 '인'과 '예'의 결합을 통해서만 '천하가 인으로 돌아가는' 정치적 이상과 도덕적 이상을 실현할 수 있다고 생각하였다. '자기를 억제하고 예에 맞게 행동하여', '천하를 인으로 돌아가게 한다.'는 말에는 사회개혁을 단행하여 무도한 천하를 도(道)가 행해지는 천하로 개변시키려는 공자의 정치적 이상이 담겨져 있다.[77]

이렇듯 공자는 만일 사람마다 진정으로 '자기를 억제하고 예에 맞게 행동'하게 되면 세상은 사랑으로 넘쳐나는 아름다운 세계로 변하게 될 것이라고 굳게 믿었다. 바로 이러한 맥락에서 공자는 "자기를 억제하고 예에 맞게 행동하는 것을 인이라 한다. 자기를 억제하고 예에 맞게 행동하게 되면 천하가 인으로 돌아간다."("克己復禮爲仁. 一日克己復禮, 天下歸仁

---

77 白奚, 「援仁入禮 仁禮互動」, 『中國哲學史』, 2008年 第1期, 126-128쪽.

焉."[78])고 하였다.

공자는 유가의 창시자로서 사회역사의 본질에 대한 이성적인 인식을 기초로 덕치에 관한 체계적인 이론을 확립한 최초의 인물이다. 공자가 말하는 덕치는 도덕적 교화를 통하여 전체 사회구성원이 가족처럼 서로 사랑하고 서로 돕는 화목한 사회를 건설하는 것을 목적으로 한다. 덕치의 성패를 결정하는 가장 관건적인 요소는 지도자의 도덕적 품성이다. 오직 지도자가 민지부모의 덕성을 갖추어 백성의 본보기가 되어 솔선수범해야만 덕치가 실행될 수 있으며 궁극적으로 덕치의 목적이 달성될 수 있다.

그러므로 덕치에서 통치자와 피통치자의 관계는 단순한 지배와 복종의 권력관계가 아니라 본질적으로는 윗사람이 아랫사람을 자식처럼 사랑하고 보살피며 아랫사람이 윗사람을 부모처럼 존경하고 따르는 가족적인 윤리관계이다. 이런 가족적인 윤리관계에서는 더 높은 덕성을 구비한 사람일수록 더 존경받으며 더 높은 덕성을 구비한 사람이 더 높은 사회적 지위를 부여 받는 것이 응당하다고 본다. 이렇듯 덕치가 추구하는 사회질서는 전체 사회가 덕성에 따라 가족적인 윤리관계를 형성하는 것이므로 덕치는 가족적인 예의제도의 형식으로 체현되고 실현된다. 이상적인 예의질서에서 모든 사회구성원은 모두 예의제도가 규정한 도덕적 의무에 따라 본분을 지킴으로써 전체 사회는 서로 가족 같이 사랑하는 화목한 사회로 되어 덕치의 목적이 이루어지게 된다.

---

78 『論語·顔淵』.

3. 맹자(孟子)의 덕치(德治)사상

공자가 인, 의, 예를 핵심으로 하는 유가학설을 건립한 창시자라면 맹자는 성선설(性善說)을 기초로 유가학설을 체계적인 이론으로 정립한 최초의 인물이다.

맹자가 처한 시대는 제후들이 패권을 쟁탈하기에 급급하여 수단 방법을 가리지 않던 전국시대였다. 이러한 시대적 배경은 맹자로 하여금 늘 왕도정치(王道政治)와 패도정치(霸道政治)로 나누어 서로 비교하는 방식으로 정치를 논하게 하였는데 여기에서 말하는 왕도정치(王道政治)란 바로 덕치를 가리킨다. 덕치를 논함에 맹자가 공자와 구별되는 가장 큰 특징은 덕치의 궁극적인 근거를 형이상학적인 인간성에서 찾음으로써 성선설을 기초로 덕치의 당위성을 확립하고 나아가 역대 정권의 흥망성쇠에 대한 통찰로부터 민본주의(民本主義)를 기초로 덕치의 필연성을 확립한 것이라고 할 수 있다.

맹자는 "힘으로 하면서 어진 척하면 패자(霸者)로 되고,…… 덕으로 어진 정치를 베풀면 왕(王)이 된다.…… 힘으로 사람을 굴복시키는 것은 마음으로 복종하게 하는 것이 아니고,…… 덕으로 사람을 감복케 하면 마음속으로부터 달갑게 성심으로 따르게 한다."("以力假仁者霸,…… 以德行仁者王,…… 以力服人者, 非心服也,…… 以德服人者, 中心悅而誠服也."[79])라고 하면서 패도정치와 왕도정치의 본질적인 차이는 힘으로 복종하게

---

[79] 『孟子·公孫丑上』.

만드는가 아니면 덕으로 감복시켜 따르게 하는가에 있다고 보았다.

백성을 다스려 질서를 세우는 시각에서 보면 패도정치 역시 좋은 정치라고 할 수 있다. 하지만 맹자는 "좋은 정치는 좋은 가르침보다 백성의 마음을 얻지 못한다. 좋은 정치는 백성으로 하여금 그것을 두려워하게 하고, 좋은 가르침은 백성으로 하여금 그것을 사랑하게 한다. 좋은 정치는 백성의 재물을 얻고, 좋은 가르침은 백성의 마음을 얻는다."("善政, 不如善教之得民也. 善政民畏之, 善教民愛之; 善政得民財, 善教得民心."[80])라고 하면서 패도정치는 사회경제에 대한 관리를 통하여 부국강병(富國强兵)을 도모함을 그 목적으로 하나 왕도정치는 백성의 마음을 얻음으로써 모두가 한마음이 되어 화목하게 사는 사회를 건설함을 그 목적으로 한다고 생각하였다.

이로부터 알 수 있듯이 맹자는 공자와 마찬가지로 교화의 방식으로 마음속으로부터 감복케 하여 백성의 마음을 얻어야 나라가 진정으로 다스려질 수 있다고 생각하였다. 그러므로 맹자는 "선(善)으로써 사람들을 길러 준 연후에야 천하를 복종시킬 수 있다. 천하가 마음으로 복종하지 않는데도 왕으로 된 자는 있은 적 없다."("以善養人, 然後能服天下. 天下不心服而王者, 未之有也."[81])라고 하면서 오직 덕으로 나라를 다스리는 왕도정치만이 올바른 정치라고 주장하였다.

공자와 마찬가지로 맹자도 왕도정치의 관건은 통치자가 만민의 본보기가 되어 솔선수범하는 것이라고 주장하였다. 맹자는 "군주가 어질면 어질

---

80 『孟子 · 盡心上』.
81 『孟子 · 離婁下』.

지 않은 것이 없게 되고, 군주가 의로우면 의롭지 않은 것이 없게 되며, 군주가 바르게 되면 바르지 않는 것이 없게 된다. 군주가 바르게 되기만 하면 나라가 안정된다."("君仁莫不仁, 君義莫不義, 君正莫不正. 一正君而國定矣."[82])라고 하면서 군주가 도덕적 품성에서 백성의 본보기가 될 수 있는 자격이 부족한 경우에 관하여 "나는 자기를 굽히고 남을 바로 잡은 사람이 있다는 말을 들어본 적이 없다. 하물며 자기를 욕되게 하고 천하를 바르게 한다는 것이 가능할 수 있겠는가?"("吾未聞枉己而正人者也, 況辱己以正天下者乎?"[83])라고 하였다.

상술한 바와 같이 군주를 핵심으로 하는 통치자들이 백성의 본보기가 되어 솔선수범하는 것은 왕도정치의 성패를 좌우하는 관건으로 되므로 군주를 비롯한 통치자들의 자아수양은 왕도정치의 출발점으로 된다. 그러므로 맹자는 "군자의 지킴은 자기 몸을 닦음으로 하여 천하를 태평하게 한다."("君子之守, 修其身而天下平."[84])라고 하였다.

맹자는 스스로 진지하게 반성하면서 꾸준히 덕을 닦으면 세상 사람들의 마음을 얻게 되어 천하가 잘 다스려질 수 있다고 하여 "남을 사랑하는데 친해주지 아니하면 자기의 사랑하는 마음을 돌이켜보고, 남을 다스리는데 다스려지지 아니하면 자기의 지혜를 돌이켜보고, 예로써 대했는데 답례가 없으면 자기의 공경하는 태도를 돌이켜보라. 행하여도 얻지 못하는 것이 있으면 모두 돌이켜 자기에게서 찾으라. 그 몸을 바르게 하면 천

---

82 『孟子·離婁上』.
83 『孟子·萬章上』.
84 『孟子·盡心下』.

하가 돌아올 것이다.”(“愛人不親, 反其仁; 治人不治, 反其智; 禮人不答, 反其敬. 行有不得者, 皆反求諸己, 其身正而天下歸之.”[85])라고 하였다.

그렇다면 왕도정치에서 요구되는 도덕적 품성이란 어떤 것인가? 이에 관하여 맹자는 “요순(堯舜)의 치세방법이 있다고 할지라도 어진 정치가 없다면 천하를 고르게 다스릴 수 없다.”(“堯舜之道, 不以仁政, 不能平治天下.”[86])라고 하면서 왕도정치에서 필요한 도덕적 품성은 어진 마음, 즉 인의 덕성이라고 주장하였다.

맹자의 인에 관한 설명들을 살펴보면 “어진 사람은 남을 사랑한다.”(“仁者愛人.”[87]), “우(禹)는 천하에 물에 빠진 자가 있으면 자기가 빠진 것 같이 여기고, 직(稷)은 천하에 굶주린 자가 있으면 자기가 굶주리는 것 같이 여겼다.”(“禹思天下有溺者, 由己之溺之也. 稷思天下有饑者, 由己饑之也.”[88]), “인이란 부모를 사랑하는 것이다.”(“親親, 仁也.”[89]), “인의 실질은 부모를 섬기는 것이다.”(“仁之實, 事親是也.”[90]), “친족을 사랑하고서 사람들을 사랑한다.”(“親親而仁民.”[91]) 등등 구절들이 있는데, 이는 맹자가 말하는 인의 덕성이란 공자가 말한 바와 같이 사랑하는 마음을 의미하는 것으로서 자기를 사랑하듯이 다른 사람을 사랑하고, 가족을 사랑하듯이 남을 사랑하며, 나아가 가족애의 사랑을 더 깊이 더 넓게 닦아 모든 백성

---

85 『孟子·離婁上』.
86 『孟子·離婁上』.
87 『孟子·離婁下』.
88 『孟子·離婁下』.
89 『孟子·盡心上』.
90 『孟子·離婁上』.
91 『孟子·盡心上』.

을 가족처럼 사랑하는 것임을 의미한다.

맹자는 어진 마음을 닦아 "집안 어른을 섬기듯이 남의 집 어른들을 섬기고, 집안 자식을 사랑하듯이 남의 집 자식들을 사랑한다면 천하를 손바닥 위에서 다루듯이 할 수 있다."("老吾老, 以及人之老; 幼吾幼, 以及人之幼. 天下可運於掌."[92])고 생각하였다.

바로 이렇게 맹자도 공자와 마찬가지로 천하를 다스릴 수 있는 덕성을 지닌 통치자는 자기의 가족을 사랑하듯이 백성을 사랑한다고 생각하였으므로 통치자의 자아수양이란 근본적으로 백성의 부모가 될 수 있는 품성을 갖추기 위하여 몸과 마음을 닦아가는 것이며 오직 민지부모의 덕성을 구비해야만 통치자로서 진정한 자격이 있다고 주장하였다.

맹자는 "부엌에는 살찐 고기가 있고, 마구간에는 살찐 말이 있는데, 백성은 주린 기색이 있고, 들판에는 굶어 죽은 송장이 있다면, 이것은 짐승들을 이끌고서 사람을 잡아먹는 것이다. 짐승들이 서로 잡아먹는 것도 사람들은 싫어한다. 백성의 부모로서 정치를 실행함이 짐승들을 이끌고서 사람을 잡아먹는 걸 면하지 못한다면 어찌 백성의 부모 노릇한다고 할 수 있는가?"("庖有肥肉, 廐有肥馬, 民有饑色, 野有餓莩, 此率獸而食人也. 獸相食, 且人惡之. 爲民父母, 行政不免於率獸而食人. 惡在其爲民父母也?"[93]) 라고 질타하면서 현명한 군주는 반드시 가족들의 마음을 자세히 살펴 일을 처리하는 자상한 가장처럼 백성의 마음을 자세히 살펴 매사를 처리해야 한다고 주장하였다.

---

92 『孟子·梁惠王上』.

93 『孟子·梁惠王上』.

임금이 현명한 사람을 기용하려고 할 때 부득이하면 낮은 신분의 사람을 높은 신분의 사람보다 더 높은 자리에 앉히고, 관계가 소원한 사람을 종친보다 더 중용해야 하니 어찌 신중하지 않을 수 있겠는가? 좌우 모두 현명하다고 말해도 불가하고, 여러 대부들이 모두 현명하다고 말해도 불가하며, 나라 사람들이 모두 현명하다고 말하면 그때 살펴보고 현명하다고 보이면 등용하는 것이다. 좌우 모두 불가하다 말해도 듣지 말고, 여러 대부들이 모두 불가하다 말해도 듣지 말며, 나라 사람들이 모두 불가하다 말하면 그때 살펴보고 불가함이 보이면 버리는 것이다. 좌우 모두 죽여야 한다고 말해도 듣지 말고, 여러 대부들이 모두 죽여야 한다고 말해도 듣지 말며, 나라 사람들이 모두 죽여야 한다고 말하면 그때 살펴보아 죽여야 한다면 죽이는 것이다. 그러므로 나라 사람들이 죽인 것이라 말한다. 이와 같이 해야만 백성의 부모라 할 수 있다.(國君進賢, 如不得已, 將使卑逾尊, 疏逾戚, 可不愼與? 左右皆曰賢, 未可也; 諸大夫皆曰賢, 未可也; 國人皆曰賢, 然後察之; 見賢焉, 然後用之. 左右皆曰不可, 勿聽; 諸大夫皆曰不可, 勿聽; 國人皆曰不可, 然後察之; 見不可焉, 然後去之. 左右皆曰可殺, 勿聽; 諸大夫皆曰可殺, 勿聽; 國人皆曰可殺, 然後察之; 見可殺焉, 然後殺之. 故曰, 國人殺之也. 如此, 然後可以爲民父母.[94])

맹자는 통치자가 왕도정치를 펼치려면 반드시 삶의 이치에 따라 백성

---

94   『孟子·梁惠王下』.

을 다스려야 한다고 주장하였다. 맹자는 "백성이 살아가는 이치는 일정한 생업이 있으면 일정한 마음이 있고, 일정한 생업이 없으면 일정한 마음이 없다."("民之爲道也, 有恒産者有恒心, 無恒産者無恒心."[95])고 하면서 다음과 같이 말하였다.

일정한 생업이 없으면서도 변함없는 마음을 가진다는 것은 오로지 선비만이 가능하다. 백성의 경우에는 일정한 생업이 없게 되면 그로 인하여 변함없는 마음을 유지할 수 없게 된다. 변함없는 마음을 유지할 수 없게 되면 방탕하고 편벽하게 되며, 사악하고 사치스러워져 하지 못하는 일이 없게 된다. 이렇게 범죄에 빠진 후에 따라가서 형벌로 다스리는 것은 백성을 음해하는 짓이다. 어찌 어진 사람이 군주의 자리에 있으면서 백성을 음해하는 짓을 할 수 있단 말인가? 그러므로 현명한 군주는 백성에게 생업을 마련해 주어, 반드시 위로는 넉넉히 부모님을 모시도록 하고, 아래로는 처자식을 넉넉히 부양할 수 있도록 하여, 풍년이 들면 내내 배불리 먹을 수 있고, 흉년이 들어도 죽음을 면할 수 있게 한다. 이런 후에 착하게 살라기에 백성이 쉽게 따랐다. 오늘날 백성에게 생업을 마련해 준다는 것이, 위로는 부모님을 섬기기에 부족하고, 아래로는 처자식을 부양하기에 부족하여, 풍년에는 내내 고생하고 흉년에는 죽음을 면치 못한다. 이렇듯 죽음에서 헤어나는 것조차 충분치 못할까 두려운데, 무슨 여가가 있어 예의(禮義)를 추구하겠는가? 임금께서 바르게 행하

---

95 『孟子·滕文公上』.

기를 원한다면 어찌 근본으로 돌아가지 않는가? 5무의 택지에 뽕나무를 심는다면 오순의 노인이 비단옷을 입을 수 있을 것이며, 닭, 돼지, 개와 같은 가축들을 키움에 시기를 놓치지 않는다면 칠순의 노인이 고기를 먹을 수 있을 것이며, 백무의 밭에 농사철을 놓치지 않게 해준다면 여덟 식구의 가구가 굶주리지 않을 것이다. 그런 다음에 학교 교육을 엄하게 하여 효도와 공경의 도의를 거듭 가르친다면 반백이 된 노인이 길에서 짐을 지거나 이고 다니지 않을 것이다. 노인들이 비단옷을 입고 고기를 먹으며, 백성이 굶주리지 않고 따뜻하게 사는데도 불구하고 왕이 아닌 자는 있어본 적이 없다.(無恒産而有恒心者, 惟士爲能. 若民, 則無恒産, 因無恒心. 苟無恒心, 放辟邪侈, 無不爲已. 及陷於罪, 然後從而刑之, 是罔民也. 焉有仁人在位, 罔民而可爲也? 是故明君制民之産, 必使仰足以事父母, 俯足以畜妻子, 樂歲終身飽, 凶年免於死亡. 然後驅而之善, 故民之從之也輕. 今也制民之産, 仰不足以事父母, 俯不足以畜妻子, 樂歲終身苦, 凶年不免於死亡. 此惟救死而恐不瞻, 奚暇治禮義哉? 王欲行之, 則盍反其本矣. 五畝之宅, 樹之以桑, 五十者可以衣帛矣; 雞豚狗彘之畜, 無失其時, 七十者可以食肉矣; 百畝之田, 勿奪其時, 八口之家可以無饑矣; 謹庠序之敎, 申之以孝悌之義, 頒白者不負戴於道路矣. 老者衣帛食肉, 黎民不饑不寒, 然而不王者, 未之有也.[96])

상술한 바와 같이 맹자는 삶의 이치에 따르면 경제적 보장은 삶의 기

---

96 『孟子·梁惠王上』.

초가 된다고 보았다.

　나아가 맹자는 삶의 이치에 따르면 인간의 삶에서 도덕적 교양이 필수라고 하여 "인간의 이치는 배부르게 먹고 따뜻하게 입으며 편안히 거주하더라도 교양이 없다면 금수와 다를 바 없다."("人之有道也, 飽食, 暖衣, 逸居而無敎, 則近於禽獸."[97])라고 하였다. 그러므로 맹자는 "상(庠), 서(序), 학(學), 교(校)를 세워 가르친다. 상(庠)은 사람을 기른다는 것이고, 교(校)라는 것은 가르친다는 것이며, 서(序)는 활쏘기를 익힌다는 것이다. 하나라 때는 교(校)라고 하였고, 은나라 때는 서(序)라고 하였으며, 주나라 때는 상(庠)이라고 하였지만 학(學)은 삼대가 이름을 함께 하였는데 이는 모두 인륜을 밝히려는 것이었다. 인륜이 위에서 밝게 되면 백성은 아래에서 친하게 되는 것이다."("設爲庠序學校以敎之. 庠者, 養也; 校者, 敎也; 序者, 射也. 夏曰校, 殷曰序, 周曰庠; 學則三代共之, 皆所以明人倫也. 人倫明於上, 小民親於下."[98])라고 하면서 교육의 중요성에 대하여 거듭 강조하였다.

　맹자도 공자와 마찬가지로 사회관계를 처리함에 있어서 가족 내의 관계를 처리하는 방식과 가족 외의 관계를 처리하는 방식은 서로 다르다고 하여 "책선(責善)은 친구지간의 도(道)이다. 부자간에 책선(責善)하게 되면 감정을 크게 해친다."("責善, 朋友之道也; 父子責善, 賊恩之大者."[99])라고 하였다.

　비록 구체적인 처리 방식에서는 차이가 있다고 하지만 맹자는 모든 인

97　『孟子・滕文公上』.
98　『孟子・滕文公上』.
99　『孟子・離婁下』.

간관계는 근본적으로 도덕적 원칙에 따라 처리해야 올바른 사회질서를 확립할 수 있다고 강조하여 다음과 같이 말하였다.

> 신하된 자들이 이익을 생각하며 그 군주를 섬기고, 자식된 자들이 이익을 생각하며 그 아버지를 섬기고, 동생된 자들이 이익을 생각하며 그 형을 섬기게 되면 군신, 부자, 형제가 마침내 인의(仁義)를 저버리고 이익만 생각하면서 서로를 대할 것이니 이렇게 하고서 망하지 않은 적이 없다.…… 신하된 자들이 인의를 생각하며 그 임금을 섬기고, 자식된 자들이 인의를 생각하며 그 부모를 섬기고, 동생된 자들이 인의를 생각하며 그 형을 섬기면, 군신, 부자, 형제가 이익을 버리고 인의를 생각하며 서로를 대할 것이니, 이렇게 하고서 왕이 아닌 자 있은 적 없다.(爲人臣者懷利以事其君, 爲人子者懷利以事其父, 爲人弟者懷利以事其兄, 是君臣, 父子, 兄弟終去仁義, 懷利以相接, 然而不亡者, 未之有也.…… 爲人臣者懷仁義以事其君, 爲人子者懷仁義以事其父, 爲人弟者懷仁義以事其兄, 是君臣, 父子, 兄弟去利, 懷仁義以相接也. 然而不王者, 未之有也.[100])

이처럼 맹자는 인간의 삶에서 도덕원칙의 중요성을 강조하여 늘 인과 의를 함께 붙여 인의라고 말하면서 의의 지위를 극구 끌어 올려 "대인이라 함은 말이 반드시 믿음성이 있어야 하는 것이 아니고, 행동이 반드시 결과를 봐야 하는 것도 아니며, 오직 의만 따를 뿐이다."("大人者, 言不必

---

100 『孟子 · 告子下』.

信, 行不必果, 惟義所在."[101])라고 역설하였다.

맹자가 이렇듯 의를 치켜세운 것은 의를 단순히 "이(利)"와 상반된 것으로 사회생활에서 반드시 지켜야 할 도덕원칙으로 생각한 것이 아니라 진정한 인간성의 실현을 위하여 반드시 가야 할 길이라고 생각했기 때문이다. 맹자의 이런 태도는 "삶도 내가 원하는 것이고, 의도 내가 원하는 것이지만, 이 두 가지를 모두 얻을 수 없다면 삶을 포기하고 의를 택할 것이다."("生, 亦我所欲也, 義, 亦我所欲也; 二者不可得兼, 舍生而取義者也."[102])라는 말에서 분명하게 드러난다.

맹자가 인, 의, 예의 관계에 대하여 언급한 논술들을 살펴보면 "인이란 사람이다. 인과 사람을 합하여 말하면 도(道)이다."("仁也者, 人也. 合而言之, 道也."[103]), "대저 인이란 하늘이 내린 가장 소중한 것으로, 사람이 편안히 머물 수 있는 집이다."("夫仁, 天之尊爵, 人之安宅也."[104]), "인은 사람의 편안한 집이고, 의는 사람의 바른 길이다."("仁, 人之安宅也; 義, 人之正路也."[105]), "인은 사람의 마음이요, 의는 사람의 길이다."("仁, 人心也; 義, 人路也."[106]), "몸 둘 곳은 어디에 있는가? 인이다. 길은 어디에 있는가? 의이다. 인에 몸 두고 의를 따르면 대인의 일이 갖춰진 것이다."("居惡在? 仁是也. 路惡在? 義是也. 居仁由義, 大人之事備矣."[107]), "의는 길이고, 예는 문이다.

---

101 『孟子·離婁下』.
102 『孟子·告子上』.
103 『孟子·盡心下』.
104 『孟子·公孫丑上』.
105 『孟子·離婁上』.
106 『孟子·告子上』.
107 『孟子·盡心上』.

오직 군자만이 그 길로 해서 그 문으로 드나들 수 있다."("夫義, 路也; 禮, 門也. 惟君子能由是路, 出入是門也."[108]) 등등 구절들이 있다.

이로부터 알 수 있듯이 맹자가 보기에 인은 인간의 삶에서 안신입명 (安身立命)의 궁극적인 근거가 되는 것이고, 의는 인간의 삶에서 반드시 지켜야 할 원칙이며, 예는 이러한 원칙을 실현하는 구체적인 제도규범이다. 즉 인은 의의 원칙의 지도하에 예의 제도규범을 통하여 현실에서 실현된다.

맹자는 인과 의는 서로 분리될 수 없다고 여겼을 뿐만 아니라 의는 인간으로서 모든 사람의 마음속에 존재하는 공통된 특성이라고 생각하였다. 맹자의 이런 관점은 다음과 같은 말에서 분명히 드러난다. "입은 맛에 대하여 같은 기호가 있고, 귀는 소리에 대하여 같은 청각이 있으며, 눈은 색깔에 대하여 같은 미감이 있다. 마음에 있어서만 유독 같은 바가 없겠는가? 마음에 있어서 같은 바는 무엇이겠는가? 이(理)라고 하고 의라고 하는 것이다. 성인은 우리 마음속의 같은 바를 먼저 터득한 것일 뿐이다. 따라서 이(理)와 의가 내 마음을 흡족하게 하는 것은 여러 가지 육식이 우리 입을 즐겁게 하는 것과 마찬가지다."("口之於味也, 有同耆焉; 耳之於聲也, 有同聽焉; 目之於色也, 有同美焉. 至於心, 獨無所同然乎? 心之所同然者何也? 謂理也, 義也. 聖人先得我心之所同然耳. 故理義之悅我心, 猶芻豢之悅我口."[109])

이로부터 알 수 있듯이 맹자는 의가 사회생활에 관한 객관적인 도덕원

---

108 『孟子·萬章下』.
109 『孟子·告子上』.

칙이면서 모든 사람이 마음속으로부터 자연스럽게 당연한 것으로 받아들이는 보편적인 원칙으로 될 수 있는 것은 바로 인간의 마음속에 이런 공통성이 존재하고 있기 때문이라고 생각했다. 다시 말하면 맹자는 객관적인 도덕원칙이 모든 사람이 진심으로 받아들이는 내적인 신념으로 될 수 있는 것은 인간의 마음속에 내적 근거가 존재하기 때문이라고 생각하였는데 맹자의 이런 관점은 그가 성선설이라는 특유의 인성론을 갖고 있었기에 가능했다.

맹자는 인간의 본성을 물에 비유하여 "인성의 선(善)함은 물이 아래로 흐르는 것과 같다. 사람은 선(善)하지 않은 것이 없고 물은 아래로 흐르지 않는 것이 없다."("人性之善也, 猶水之就下也. 人無有不善, 水無有不下."[110])고 하면서 "그 본래의 마음은 선(善)을 행할 수 있으니 선(善)하다고 하는 것이다. 선(善)하지 않게 되는 것은 본바탕의 탓이 아니다."("乃若其情, 則可以爲善矣, 乃所謂善也. 若夫爲不善, 非才之罪也."[111])라고 주장하였다.

이렇듯 맹자는 인간이 타고난 본성은 선(善)한 것이고 악(惡)한 성품은 생활 속에서 형성된 후천적인 것이라고 생각하였으므로 "사람이 배우지 아니하고서도 할 수 있는 것을 양능(良能)이라 하고, 헤아려보지 않고서도 아는 것을 양지(良知)라고 한다. 두세 살짜리 어린 아이들이 그 부모를 사랑할 줄 모르는 이가 없고, 자라나게 되면 그 형을 공경할 줄 모르는 이가 없다. 부모를 사랑하는 것은 인이고, 자기보다 나이가 많은 사람을 공경하는 것은 의이니, 이는 다름이 아니라 온 천하에 공통되기 때문이다."

---

110 『孟子·告子上』.
111 『孟子·告子上』.

("人之所不學而能者, 其良能也; 所不慮而知者, 其良知也. 孩提之童, 無不知愛 其親也; 及其長也, 無不知敬其兄也. 親親仁也, 敬長義也, 無他, 達之天下 也."[112])라고 하였다.

인간의 본성에 관한 구체적인 내용으로 맹자는 다음과 같은 4단설(四 端說)을 제시하였다. "측은하게 여기는 마음은 인의 단서이고, 부끄러워하 고 미워하는 마음은 의의 단서이며, 사양하는 마음은 예의 단서이고, 옳 고 그른 것을 가리는 마음은 지(智)의 단서이다. 사람들이 이 네 가지 단 서를 지니고 있는 것은 그들이 사지를 가진 것과 마찬가지다."("惻隱之心, 仁之端也; 羞惡之心, 義之端也; 辭讓之心, 禮之端也; 是非之心, 智之端也. 人 之有是四端也, 猶其有四體也."[113])

이처럼 인간은 태어날 때부터 선천적으로 네 가지 단서를 구비하고 있 으므로 맹자는 "인의예지(仁義禮智)는 밖으로부터 나한테 스며든 것이 아니라 내가 본래 지니고 있는 것인데, 다만 이를 생각지 못했을 뿐이다. 그러므로 '구하면 얻을 것이요, 버리면 잃을 것이다.'고 하는 것이니, 서로 간의 차이가 배가 되기도 하고, 다섯 배가 되기도 하여 헤아릴 수 없게 되 는 것은 그 재질을 다 발휘하지 못했기 때문이다."("仁義禮智, 非由外鑠我 也, 我固有之也, 弗思耳矣. 故曰: '求則得之, 舍則失之.' 相倍蓰而無算者, 不能 盡其才者也."[114])라고 하였다.

이로부터 알 수 있듯이 맹자는 인과 의의 근거가 인간의 마음속에 있

---

112 『孟子 · 盡心上』.
113 『孟子 · 公孫丑上』.
114 『孟子 · 告子上』.

중국문화와 덕치사상

다고 보았을 뿐만 아니라 예와 시비를 구분하는 능력으로서 지의 근거도 마음속에 있다고 생각하였다. 즉 인의예지(仁義禮智)는 모든 인간이 갖고 있는 근본적인 본성에서 비롯된 것으로 무릇 인간이라면 모두 이러한 잠재능력을 본성으로 갖고 있다는 것이다.

그러므로 맹자는 "성인도 나와 같은 사람이다."("聖人, 與我同類者."[115])라고 하면서 성인 또는 군자가 보통 사람들과 다른 것은 단지 이러한 본성이 마음속 깊숙이 확고하게 자리 잡고 고양된 것뿐이므로 "군자의 본성이라는 것은 인의예지(仁義禮智)가 마음속 깊이 뿌리 내린 것이다."("君子所性, 仁義禮智根於心."[116])라고 하였다.

상술한 바와 같이 맹자는 인간의 도덕적 품성은 내적인 인간성에 근거를 두고 있다고 생각하였다. 하지만 맹자는 인간만이 고유한 이런 도덕적 본성은 너무도 미약하여 "사람이 금수와 다른 이유는 아주 미미하다."("人之所以異於禽獸者幾希."[117])고 지적하였다.

그럼에도 불구하고 인간은 어쨌든 선천적인 도덕능력을 고유하고 있으므로 맹자는 "만물이 모두 나에게 갖추어져 있으니, 스스로 돌이켜보는데 성심을 다한다면 즐거움이 이보다 더 클 수 없고, 서(恕)를 힘써 행하면 인을 구함이 이보다 더 가까울 수 없다."("萬物皆備於我矣. 反身而誠, 樂莫大焉. 强恕而行, 求仁莫近焉."[118])고 낙관하면서 "잘 기르기만 하면 자라지 못하는 사물이 없고, 잘 기르지 못한다면 사라지지 않는 사물이 없다.

---

115 『孟子·告子上』.
116 『孟子·盡心上』.
117 『孟子·離婁下』.
118 『孟子·盡心上』.

공자는 '붙잡으면 간직되고, 버리면 없어진다. 시도 때도 없이 나가고 들어오니 그 거처도 알 바 없다.'라고 하였는데, 이는 오직 마음을 일컫는 것이 아니겠는가?"("苟得其養, 無物不長; 苟失其養, 無物不消. 孔子曰: '操則存, 舍則亡; 出入無時, 莫知其鄕.' 惟心之謂與?"[119])라고 하였다.

그러므로 맹자는 삶에서 가장 중요한 것은 이런 내적인 잠재능력을 소중히 지키고 잘 키우는 것이라고 하여 "오곡은 종자 중에 아름다운 것이나, 만약 여물지 아니하면 피만도 못하다. 인이라는 것도 역시 숙성에 달려 있다."("五穀者, 種之美者也; 苟爲不熟, 不如荑稗. 夫仁, 亦在乎熟之而已矣."[120])라고 충고하였다.

맹자는 인간이 자기의 본성을 지키면서 끊임없이 키운다면 성인군자로 될 수 있지만, 자기의 본성을 지키고 키우지 못한다면 나중에는 본성까지 상실하여 잔악무도한 악마로 될 수 있다고 생각하였다. 그러므로 맹자는 "무릇 나에게 갖추어져 있는 네 가지 단서를 모두 확장하여 가득 차게 할 줄 알면 마치 불이 타오르기 시작하고, 샘이 솟아나기 시작하는 것과 같다. 만일 확장하여 가득 차게 할 수 있다면 족히 천하도 보존할 수 있고, 확장하여 가득 차게 하지 않으면 부모를 섬기기에도 부족하게 된다."("凡有四端於我者, 知皆擴而充之矣, 若火之始然, 泉之始達. 苟能充之, 足以保四海; 苟不充之, 不足以事父母."[121])고 역설하였다.

바로 이런 맥락에서 맹자는 그 누구보다도 후천적인 도덕수양을 강조

---

119 『孟子·告子上』.
120 『孟子·告子上』.
121 『孟子·公孫丑上』.

하여 "그 마음을 다하는 자는 그 본성을 알고, 그 본성을 알면 하늘을 알게 된다. 그 마음을 보존하여 그 본성을 기르면 하늘을 섬길 수 있다."("盡其心者, 知其性也. 知其性, 則知天矣. 存其心, 養其性, 所以事天也."[122])고 하면서 "군자가 보통 사람들과 다른 것은 그 마음둠인데, 군자는 인을 마음에 담아 두고, 예를 마음에 담아 둔다."("君子所以異於人者, 以其存心也. 君子以仁存心, 以禮存心."[123])라고 하였다.

그뿐만 아니라 맹자는 "순(舜)도 사람이요, 나도 사람이다."("舜, 人也; 我, 亦人也."[124]), "요순(堯舜)의 도(道)는 효도하고 공경하는 것뿐이다. 그대가 요(堯)의 옷을 입고, 요(堯)의 말씀을 외우며, 요(堯)의 행실을 행한다면 바로 요(堯)이다."("堯舜之道, 孝弟而已矣. 子服堯之服, 誦堯之言, 行堯之行, 是堯而已矣."[125])라고 하면서 "사람은 누구나 요순(堯舜)과 같은 성인이될 수 있다."("人皆可以爲堯舜."[126])고 격려의 말을 아끼지 않았다.

이로부터 알 수 있듯이 맹자는 인간의 진정한 본성은 인의도덕(仁義道德)이므로 모든 사람들은 요순(堯舜)으로 될 수 있는 잠재능력을 갖고 있을 뿐만 아니라 자아수양을 통하여 요순(堯舜)으로 되는 것이 인간성의 근본적인 요구이므로 모든 사람은 응당 요순(堯舜)을 본보기로 몸과 마음을 닦으면서 자아수양에 힘써야 한다고 생각하였다.

즉 맹자는 예의제도를 단순히 사회질서를 확립하는 수단으로만 보지

---

122 『孟子·盡心上』.
123 『孟子·離婁下』.
124 『孟子·離婁下』.
125 『孟子·告子下』.
126 『孟子·告子下』.

않고 예의제도의 실질은 인간성을 실현하는 것이라고 생각하였다. 맹자가 보기에 인간의 삶에서 인은 안신입명의 궁극적인 근거이고, 의는 반드시 지켜야 할 삶의 원칙이며, 지는 안신입명의 궁극적인 근거와 삶의 원칙에 관한 자각이고, 예는 반드시 따라야 할 구체적인 행위방식이었다. 그러므로 맹자는 "대저 인이란 하늘이 내린 가장 소중한 것으로, 사람이 편안히 머물 수 있는 집이다."("夫仁, 天之尊爵, 人之安宅也."[127]), "인은 사람의 마음이요, 의는 사람의 길이다."("仁, 人心也; 義, 人路也."[128]), "의는 길이고, 예는 문이다. 오직 군자만이 그 길로 해서 그 문으로 드나들 수 있는 것이다."("夫義, 路也; 禮, 門也. 惟君子能由是路, 出入是門也."[129])고 하였다.

결론적으로 맹자는 도덕생활을 인간의 본성을 근본적으로 실현하는 과정으로 보았으며 덕치는 단순히 가족처럼 화목한 사회를 건설함을 목표로 하는 것이 아니라 인간성에 부합되는 사회를 건설함을 목표로 하는 것으로서 덕치는 인간성의 실현을 근본 목적으로 한다고 생각하였다.

상술한 바와 같이 맹자는 성선설을 기초로 덕치의 당위성을 주장하였을 뿐만 아니라 더 나아가 역대 정권의 흥망성쇠에 대한 통찰을 기초로 덕치의 필연성을 주장하였다.

역사적 교훈에 기초하여 맹자는 "걸(桀)과 주(紂)가 천하를 잃은 것은 백성을 잃었기 때문이다. 백성을 잃은 것은 백성의 마음을 잃었기 때문이다. 천하를 얻는데 도(道)가 있으니 백성을 얻게 되면 곧 천하를 얻게 된

---

127 『孟子·公孫丑上』.
128 『孟子·告子上』.
129 『孟子·萬章下』.

다. 백성을 얻는데 도(道)가 있으니 그 마음을 얻게 되면 백성을 얻게 된다."("桀紂之失天下也; 失其民也; 失其民者, 失其心也. 得天下有道: 得其民, 斯得天下矣; 得其民有道: 得其心, 斯得民矣."[130])는 결론을 얻게 되었다.

맹자는 민심의 향배가 정권의 흥망성쇠를 좌우하므로 "도(道)를 얻은 사람은 도와주는 이가 많고, 도(道)를 잃은 사람은 도와주는 사람이 적다. 돕는 사람이 적어 극치에 이르면 친척도 배반하고, 돕는 사람이 많아 극치에 이르면 천하가 순종한다."("得道者多助, 失道者寡助. 寡助之至, 親戚畔之. 多助之至, 天下順之."[131])고 하면서 나라의 근본은 백성이라는 민본관념(民本觀念)을 극구 고취하여 "백성이 귀중하고, 사직은 그 다음이며, 임금은 가벼운 존재다."("民爲貴, 社稷次之, 君爲輕."[132])라는 전대미문의 명언을 남겼다.

"공자 이전의 고대 사상들을 보면 비록 민본관념의 맹아가 있었으나 이런 사상이 크게 완성된 것은 맹자의 학설에 이르러서야 비로소 찾아볼 수 있었다. 옛 학설들은 본래 '천명'으로 정권의 교체를 해석하였다. 무릇 정권을 취득한자는 모두 '하늘로부터 명을 받은 것'으로 보았다. 하지만 맹자는 직접 '민심'으로 '천명'을 해석하였다."[133]

맹자는 민심의 향배가 정권의 흥망성쇠를 좌우하며 역사적 경험을 살펴보면 민심을 얻는 방도는 왕도정치 외에 다른 길이 없다고 생각하였다. 그러므로 맹자는 "하(夏), 상(商), 주(周) 삼대가 천하를 얻은 것은 어진

---

130 『孟子·離婁上』.

131 『孟子·公孫丑下』.

132 『孟子·盡心下』.

133 勞思光, 『新編中國哲學史·一卷』, 桂林: 廣西師範大學出版社, 2005, 131쪽.

정치를 베풀었기 때문이고 천하를 잃은 것은 어진 정치를 베풀지 않았기 때문이다. 나라의 흥폐존망의 원인도 역시 이런 것이다. 천자가 어질지 못하면 사해를 보존하지 못하게 되고, 제후가 어질지 못하면 사직을 보전하지 못하게 되며, 경대부가 어질지 못하면 종묘를 보전할 수 없게 되고, 선비와 서민들이 어질지 못하면 자신의 사지를 보존할 수 없게 된다."("三代之得天下也以仁, 其失天下也以不仁. 國之所以廢興存亡者亦然. 天子不仁, 不保四海; 諸侯不仁, 不保社稷; 卿大夫不仁, 不保宗廟; 士庶人不仁, 不保四體."[134])고 하면서 "군주가 백성의 즐거움을 즐거워하면 백성 역시 군주의 즐거움을 즐거워하고, 군주가 백성의 근심을 염려하면 백성 역시 군주의 근심을 걱정한다. 천하의 백성과 즐거움을 함께 하고 근심을 함께 하면서 왕이 아닌 자 있은 적 없다."("樂民之樂者, 民亦樂其樂; 憂民之憂者, 民亦憂其憂. 樂以天下, 憂以天下, 然而不王者, 未之有也."[135])라고 역설하였다.

한마디로 "백성을 보호해 왕이 되는 것은 그 누구도 막을 수 없다."("保民而王, 莫之能禦也."[136])는 것이며 "어진 사람에게는 대적할 자가 없다."("仁者無敵."[137])는 것이다.

상술한 바와 같이 맹자는 흥망성쇠를 결정하는 근본은 백성이고 백성의 마음을 얻는 길은 왕도정치를 베푸는 길밖에 없으므로 "어질면 영화롭게 되고, 어질지 못하면 욕보게 된다. 욕됨을 싫어하면서 어질지 못함은 습한 곳을 싫어하면서 낮은 곳에 사는 것과 마찬가지다. 만일 욕보는 것

---

134 『孟子 · 離婁上』.
135 『孟子 · 梁惠王下』.·
136 『孟子 · 梁惠王上』.
137 『孟子 · 梁惠王上』.

중국문화와 덕치사상

을 싫어한다면, 덕을 귀중하게 여기고 선비를 존중하여, 현자를 벼슬자리에 앉히고, 유능한 자한테 직책을 맡겨야 한다."("仁則榮, 不仁則辱. 今惡辱而居不仁, 是猶惡濕而居下也. 如惡之, 莫如貴德而尊士, 賢者在位, 能者在職."[138])고 충고하였다. 이로부터 알 수 있듯이 맹자는 민심을 얻는 방도는 왕도정치를 실행하는 길밖에 없고 왕도정치를 실행함에 있어서 관건은 바로 덕을 중히 여기고 현자를 존중하는 것이라고 생각하였다.

맹자는 "정치를 함에 선왕(先王)의 도(道)를 따르지 않으면 지혜롭다고 할 수 있는가? 그러므로 오직 어진 사람만이 높은 지위에 있는 것이 마땅하다. 어질지 못하면서 높은 지위에 있으면, 이는 그 악(惡)을 여러 사람들에게 뿌리는 것이다."("爲政不因先王之道, 可謂智乎? 是以惟仁者宜在高位. 不仁而在高位, 是播其惡於衆也."[139])라고 하면서 출신에 관계없이 걸출한 덕성을 지닌 현자가 높은 지위에 있어야 한다고 하여 "순(舜)은 밭에서 농사하다 등용되었고, 부설(傅說)은 성을 판축하다 천거되었으며, 교격(膠隔)은 어물과 소금을 다루다 천거되었고, 관이오(管夷吾)는 옥에 갇혀있다 천거되었으며, 손숙오(孫叔敖)는 바닷가에서 천거되었고, 백리해(百裏奚)는 시장에서 등용되었다."("舜發於畎畝之中, 傅說舉於版築之間, 膠隔舉於魚塩之中, 管夷吾舉於士, 孫叔敖舉於海, 百裏奚舉於市."[140])고 역설하였다.

그뿐만 아니라 맹자는 더 나아가 군주라 할지라도 왕도정치를 베풀 수

---

138 『孟子·公孫丑上』.

139 『孟子·離婁上』.

140 『孟子·告子下』.

없다면 통치자의 자격이 없다고 하여 "임금에게 큰 잘못이 있으면 간언하고, 간언을 반복하는데도 듣지 않으면 바꾸는 것이다."("君有大過則諫, 反復之而不聽, 則易位."[141])라고 하였다.

『맹자(孟子)』에는 다음과 같은 이야기가 있다. "제선왕(齊宣王)이 '탕(湯)이 걸(桀)을 쫓아내고 무왕(武王)이 주(紂)를 정벌했다는데 그런 일이 있는가?'고 묻자, 맹자가 '전해 내려오는 글이 있다.'고 답했다. 이에 제선왕(齊宣王)이 '신하가 자기의 임금을 살해해도 괜찮은가?'라고 하니, 맹자는 '인을 해치는 자를 도적이라고 하고, 의를 해치는 자를 잔인한 자라고 한다. 도적과 잔인한 자는 일개 필부라고 한다. 일개 필부인 주(紂)를 죽였다는 말은 들었어도 임금을 살해했다는 말은 듣지 못했다.'라고 말하였다."("齊宣王問曰: '湯放桀, 武王伐紂, 有諸?' 對曰: '於傳有之.' 曰: '臣弑其君, 可乎?' 曰: '賊仁者謂之賊, 賊義者謂之殘. 殘賊之人, 謂之一夫. 聞誅一夫紂矣, 未聞弑君也.'"[142]) 이렇게 맹자는 심지어 제선왕(齊宣王)의 면전에서 자기주장을 펼치면서 바로 면박을 주기까지 하였다.

결론적으로 천하를 얻으려면 민심을 얻어야 하고 민심을 얻으려면 왕도정치를 베풀어야 하며 왕도정치를 베풀려면 덕을 숭상하고 현자를 존중하는 원칙을 따라야 한다.

---

141 『孟子·萬章下』.
142 『孟子·梁惠王下』.

중국문화와 덕치사상

4. 순자(荀子)의 덕치(德治)사상

　『논어(論語)』와 『맹자(孟子)』는 『도덕경(道德経)』이나 『장자(莊子)』 등 초기의 저서들과 마찬가지로 일화나 경구의 서술 양식을 취했으므로 유가사상을 체계적으로 설득력 있게 전달해주는데 부족한 면이 적지 않다. 이와는 달리 순자는 유가사상의 발전사에서 최초로 자기가 직접 쓴 체계적인 논문으로 자신의 사상을 명료하게 서술하는 본보기를 보여주었다.

　순자도 공자나 맹자와 마찬가지로 정치의 본질이 도덕적 교화라고 생각하였다. 하지만 순자는 맹자와 반대로 인간의 본성이 악하다는 성악설(性惡說)을 주장하였기에 외적인 제도가 인간의 본성에 대한 절제를 중요시하게 되고 더 나아가 제도의 제정자와 실행자로서의 통치자 역할을 강조하게 됨으로써 그의 사상은 다분히 권위주의 색채를 띠게 되었다.

　순자는 정치를 실행함에 세 가지 단계가 있다고 보았는데 그 중에서 가장 기본적인 것은 도덕적 교화라고 생각하였다.

　　일에 임하고 백성을 대할 때는 도의에 따라 신축성 있게 대응하고, 관대하게 넓게 용납하며, 공경한 자세로 인도하는 것이 정치의 시작이다. 그런 다음에 온건하게 관찰하고 결단하는 것으로 보충하는 것이 정치의 중간 단계이다. 그런 다음에 임용하고 파면하며 벌을 주고 상을 내리는 것이 정치의 끝이다. 그러므로 첫해에는 시작 단계를 실행하고 세 번째 해에는 마지막 단계를 실행한다. 마지막 단계를 처음 단계로 하면 정령이 시행되지 않고 상하가 서로 원망하면

서 미워하게 되어 난(亂)이 이로부터 일어나게 된다. 『서경(書經)』에
는 "아무리 옳은 형벌과 옳은 사형이라 할지라도 곧바로 집행하지
말라. 오직 너는 아직 정사를 바로잡지 못하였다고 말하라."라고 하
였다. 이는 우선 먼저 교화를 실행해야 한다는 말이다.(臨事接民, 而
以義變応, 寬裕而多容, 恭敬以先之, 政之始也. 然後中和察斷以輔之,
政之隆也. 然後進退誅賞之, 政之終也. 故一年與之始, 三年與之終.
用其終爲始, 則政令不行, 而上下怨疾, 亂所以自作也. 書曰: '義刑義殺,
勿庸以卽, 女惟曰: 未有順事.' 言先教也.[143])

더 나아가 순자는 정치활동에서 교화를 기본으로 하지 않아 초래하게
되는 폐단에 관하여 다음과 같이 지적하였다.

무릇 사람의 행동이란 포상 받기 위한 것이면 손해를 보게 될 때
그만두게 된다. 그러므로 포상이나 형벌 또는 권모술수는 사람들로
하여금 모든 힘을 다하게 하면서 목숨까지 바치게 할 수는 없다. 지
금의 군주들은 아래 백성을 대함에 예의(禮義)와 충성과 신의는 없
고, 대체로 포상이나 형벌 또는 권모술수로 아랫사람들을 통제하여
그들이 일한 효과를 얻으려고만 한다. 큰 도적이 이르렀을 때 그들로
하여금 위험한 성을 지키게 한다면 반드시 배반할 것이고, 적을 만
나 싸우게 되면 반드시 패배할 것이며, 힘들고 번거로운 일을 시키
면 반드시 도망해 모두 다 흩어지고 말 것이니 아랫사람들이 반대

---

143 『荀子·致士』.

로 윗사람을 제압하게 된다. 그러므로 포상이나 형벌 또는 권모술수의 방식은 품팔이꾼으로 하여금 힘을 팔게 하는 방식으로서 대중을 단합하여 나라를 아름답게 만들 수 없기에 옛날 사람들은 부끄럽게 여겨 입에 담지도 않았다.(凡人之動也, 爲賞慶爲之, 則見害傷焉止矣. 故賞慶, 刑罰, 執詐, 不足以盡人之力, 致人之死. 爲人主上者也, 其所以接下之百姓者, 無禮義忠信, 焉慮率用賞慶, 刑罰, 執詐, 除阨其下, 獲其功用而已矣. 大寇則至, 使之持危城則必畔, 遇敵處戰則必北, 勞苦煩辱則必奔, 霍焉離耳, 下反制其上. 故賞慶, 刑罰, 執詐之爲道者, 傭徒鬻賣之道也, 不足以合大衆, 美國家, 故古之人羞而不道也.[144])

그러므로 순자는 "가르치지 않고 형벌로 다스리면, 형벌만 번거로워질 뿐 사악함을 이겨낼 수 없다."("不敎而誅, 則刑繁而邪不勝."[145])고 충고하면서 백성에 대한 교화는 통치자의 의무라고 하여 공자의 이야기를 빌어 "그 백성을 가르치지 않고 그 옥사를 듣는 것은 죄 없는 사람을 죽이는 것이다."("不敎其民而聽其獄, 殺不辜也."[146])라고 하였다.

그럼에도 불구하고 순자는 교화가 만능은 아니라고 하여 "요(堯)와 순(舜)은 천하에서 가장 교화를 잘한다고 하지만 괴벽한 자를 교화시킬 수는 없다."("堯, 舜者, 天下之善敎化者也, 不能使嵬瑣化."[147])라고 하였다. 순자는 요(堯)의 아들 단주(丹朱)나 순(舜)의 이복동생 상(象)과 같은 사람들

---

144 『荀子·議兵』.
145 『荀子·富國』.
146 『荀子·宥坐』.
147 『荀子·正論』.

은 교화가 먹혀들지 않는 자들이므로 이런 사람들은 오로지 형벌로 다스릴 수밖에 없다고 하여 "가르치기만 하고 형벌로 다스리지 않으면, 간악한 백성은 뉘우치지 않는다."("教而不誅, 則奸民不懲."[148])고 하였다. 이와 같이 순자는 공자나 맹자와 마찬가지로 교화를 우선시하고 형벌은 뒤로 하는 "덕주형보(德主刑輔)"의 덕치사상을 주장하였다.

순자도 덕치의 관건은 군주가 자아수양에 힘써 백성의 본보기가 되는 것이라고 주장하였다.

> 나라를 위하는 도리는 무엇인가? 몸을 닦는다는 소리는 들었어도 나라를 위한다는 소리는 들어본 적이 없다. 군주란 백성의 의표요 백성은 그 그림자라 의표가 바르면 그 그림자도 바르게 된다. 군주가 대야라면 백성은 물과 같아 대야가 둥글면 그 안의 물도 원형을 이루게 되고, 군주가 사발이라면 사발이 모가 나니 그 안의 물도 모가 나게 된다.…… 그러므로 몸을 닦는다는 소리는 들었어도 나라를 위한다는 소리는 들어본 적이 없다고 말하는 것이다.(請問爲國? 曰聞修身, 未嘗聞爲國也. 君者儀也, 民者景也, 儀正而景正. 君者盤也, 民者水也, 盤圓而水圓. 君者盂也, 盂方而水方.…… 故曰: 聞修身, 未嘗聞爲國也.[149])

순자는 "군주란 백성의 근원이다. 근원이 맑으면 흐름도 맑고, 근원이

---

148 『荀子·富國』.
149 『荀子·君道』.

중국문화와 덕치사상

탁하면 흐름도 탁해진다."("君者, 民之原也; 原淸則流淸, 原濁則流濁."[150])라
는 말로 군주의 본보기 역할을 강조하면서 다음과 같이 논술하였다.

군주란 다스림의 근원이다.…… 근원이 맑으면 흐름도 맑고, 근
원이 탁하면 흐름도 탁해진다. 따라서 윗사람이 예의를 좋아하고,
현명한 사람을 존중하고 능력 있는 사람을 등용하며 이익을 탐하
는 마음이 없으면, 아랫사람들도 지극히 서로 사양하게 되며 충성스
럽고 신의가 있게 되어, 조심스럽게 신하의 직분을 다할 것이다. 이
렇게 된다면 비록 미천한 백성이라 할지라도, 부절을 맞추어 보거나
계약서를 분별하기를 기다리지 않고도 신용을 지키게 되고, 제비뽑
기를 하지 않고도 공정해지게 되며, 저울로 무게 달기를 하지 않고
도 공평해지게 되고, 말이나 되나 평미레를 쓰지 않고도 균일해지
게 된다. 그러므로 상을 내리지 않아도 백성이 노력하게 되고, 벌을
주지 않아도 백성이 복종하게 되어, 관리들이 수고하지 않아도 일은
잘 다스려지고, 정령이 번거롭지 않아도 풍속은 아름다워진다. 백성
은 군주의 법을 따르지 않음이 없고, 군주의 뜻을 받들지 않음이 없
으면서, 군주의 일에 힘쓰지 않음이 없으나 안락하게 느낄 것이
다.(君子者, 治之原也.…… 原淸則流淸, 原濁則流濁. 故上好禮義, 尙
賢使能, 無貪利之心, 則下亦將綦辭讓, 致忠信, 而謹於臣子矣. 如是則
雖在小民, 不待合符節, 別契券而信, 不待探籌投鉤而公, 不待衝石稱
縣而平, 不待鬥斛敦槪而嘖. 故賞不用而民勸, 罰不用而民服, 有司不

---

150 『荀子·君道』.

勞而事治, 政令不煩而俗美. 百姓莫敢不順上之法, 象上之志, 而勸上
之事, 而安樂之矣.)[151]

상술한 바와 같이 덕치의 관건은 통치자의 본보기 역할이므로 통치자
의 품성은 덕치의 성패와 직결되는데 순자는 고상한 품성이 가져다주는
정치적 효과에 관하여 다음과 같이 묘사하였다.

몸가짐이 공경하고 마음은 충성되고 신의가 있으며, 예의를 따르
고 사람들을 사랑하는 마음이 있다면, 천하를 횡행하다 비록 사방
오랑캐 땅에서 곤경에 빠진다 하더라도, 그를 존귀하게 여기지 않는
사람이 없을 것이다. 힘들고 고생스러운 일에는 앞장서고, 여유롭고
즐거운 일은 사양할 줄 알며, 정직하고 성근하며 성실하고 신의를
지키며, 예의를 엄수하고 사리에 밝다면, 천하를 횡행하다 비록 사
방 오랑캐 땅에서 곤경에 빠진다 하더라도 그를 신임하지 않을 사
람이 없을 것이다.(體恭敬而心忠信, 術禮義而情愛人; 橫行天下, 雖困
四夷, 人莫不貴. 勞苦之事則爭先, 饒樂之事則能讓, 端慤誠信, 拘守而
詳; 橫行天下, 雖困四夷, 人莫不任.[152])

더 나아가 순자는 도덕적 품성이 민지부모의 경지에 이르게 되는 경우
에 관하여 다음과 같이 묘사하였다.

---

151 『荀子·君道』.
152 『荀子·修身』.

군주가 아랫사람 대하기를 마치 갓난아기를 아끼듯 하여, 정령이나 제도로 백성을 대함에 있어서, 이치에 어긋나는 것이 털끝만큼이라도 있게 되면, 비록 고아나 자식이 없는 노인이나 홀아비나 과부라 할지라도 절대로 그들에게 강요하지 않는다. 그러므로 아랫사람들이 윗사람을 친근히 대하는 모습이 부모를 대하는 것처럼 즐거워하게 되어, 그들을 죽일 수는 있을지언정 따르지 못하게 할 수는 없게 된다.(上之於下, 如保赤子, 政令制度, 所以接下之人百姓, 有不理者如豪末, 則雖孤獨鰥寡必不加焉. 故下之親上, 歡如父母, 可殺而不可使不順.[153])

이렇듯 순자는 인간의 도덕수양이 사람들을 "죽일 수는 있을지언정 따르지 못하게 할 수는 없는" 경지에까지 이를 수 있다고 여겼는데 이러한 경지에 이르게 된다면 본보기의 힘은 무궁무진하여 혼란한 세상을 바로 잡아 올바른 질서를 확립하는 것은 단지 시간문제로 될 뿐이다.

그러므로 순자는 다음과 같이 말하였다.

나라를 다스리는 자로서, 백성의 힘을 얻는 자는 부유해지고, 백성이 목숨 걸고 싸우는 바를 얻는 자는 강해지며, 백성의 칭송을 얻는 자는 영예롭게 된다. 이 세 가지를 얻게 되면 천하가 돌아오게 되고, 이 세 가지를 잃게 되면 천하가 떠나버린다. 천하가 돌아오게 되

---

153 『荀子·王霸』.

는 것을 왕이라고 하고, 천하가 떠나버리는 것을 망한다고 한다. 탕(湯)과 무(武)는 이러한 도(道)를 따르고 이러한 원칙을 행하여, 천하의 공통된 복리를 흥기시키고 천하의 공통된 해를 제거함으로써, 천하가 그들에게 돌아왔다.(用國者, 得百姓之力者富, 得百姓之死者强, 得百姓之譽者榮. 三得者具而天下歸之, 三得者亡而天下去之. 天下歸之之謂王, 天下去之之謂亡. 湯, 武者, 循其道, 行其義, 興天下同利, 除天下同害, 天下歸之.[154])

상술한 바와 같이 순자도 맹자와 마찬가지로 나라의 근본은 백성이고 민심의 향배가 정권의 흥망성쇠를 결정하며 민심을 얻으면 덕치를 실행해야 하고 덕치를 실행하는 관건은 통치자가 자아수양에 노력하여 만민의 본보기가 될 수 있는 민지부모의 품성을 갖추어 백성을 근본으로 삼아 덕을 숭상하고 현자를 존중하는 정치를 베푸는 것이라고 생각하였다.

순자의 이러한 사상은 "군주는 배요, 서민은 물이다. 물은 배를 띄우기도 하지만 배를 뒤집어엎기도 한다."("君者, 舟也; 庶人者, 水也. 水則載舟, 水則覆舟."[155]), "군주는 백성을 사랑하여 편안하게 되고, 선비를 좋아하여 영예롭게 되며, 이 두 가지 중 하나도 갖고 있지 않으면 망하게 된다."("君人者, 愛民而安, 好士而榮, 兩者亡一焉而亡."[156]), "현자를 존중하고 덕을 숭상하면 천하가 다스려진다."("尙賢推德天下治."[157]) 등등 구절들에서 분명

---

154 『荀子·王霸』.
155 『荀子·王制』.
156 『荀子·强國』.
157 『荀子·成相』.

　　　　　　　　　　　　　　　　　　중국문화와 덕치사상

하게 드러난다.

공자나 맹자와 마찬가지로 순자도 덕치를 실행함에 있어 경제적 보장과 도덕적 교화가 우선해야 된다고 주장하여 "부유하지 않으면 백성의 마음을 기르지 못하고, 가르치지 않으면 백성의 본성을 다스리지 못한다. 그러므로 집집마다 5무의 택지와 백무의 밭에서 생업에 종사하게 하면서, 때를 놓치게 하지 않는 것이 부유해지게 하는 방법이다. 나라에 대학을 세우고, 지방에 학교를 세워서, 여섯 가지 예를 닦게 하고, 일곱 가지 가르침을 밝히는 것이, 백성을 이끌어가는 방법이다."("不富, 無以養民情, 不敎, 無以理民性. 故家五畝宅, 百畝田, 務其業, 而勿奪其時, 所以富之也. 立大學, 設庠序, 修六禮, 明七敎, 所以道之也."[158])라고 하였다.

상술한 경제적 보장과 도덕적 교화를 기초로 도덕적인 사회질서를 확립하는 과정에서 인, 의, 예의 관계에 관하여 순자는 다음과 같이 논술하였다.

인은 사랑하는 것이기에 서로 친하게 되는 것이고, 의는 도리이기에 행할 수 있으며, 예는 절도이기에 성공할 수 있다. 인에는 안거하는 곳이 있고, 의에는 드나드는 문이 있다. 인이 응당 그 안거할 곳에 있지 않다면 인이 아니다. 의가 응당 그가 드나드는 문으로 드나들지 않는다면 의가 아니다.…… 군자는 의로 인을 다룬 다음에야 비로소 인을 이루게 되고, 예로 의를 행한 다음에야 비로소 의를 이루게 되며, 예를 제정하되 근본을 돌이켜 말단을 완성해야 비로

---

158 『荀子·大略』.

소 예를 이루게 된다. 인, 의, 예 세 가지를 모두 통달한 다음에야 비로소 정도(正道)를 이루는 것이다.(仁, 愛也, 故親; 義, 理也, 故行; 禮, 節也, 故成. 仁有裏, 義有門; 仁, 非其裏而處之, 非仁也; 義, 非其門而由之, 非義也.…… 君子處仁以義, 然後仁也; 行義以禮, 然後義也; 制禮反本成末, 然後禮也. 三者皆通, 然後道也.[159])

이렇듯 순자는 인, 의, 예의 관계에서 의는 인과 예를 잇는 중간 고리로서 체계적인 사회질서를 확립함에 있어서 사회전반을 규제하고 통합하는 지도원칙의 역할을 담당한다고 하여 "의라는 것은 안으로는 사람을 절제하고, 밖으로는 만물을 절제하며, 위로는 군주를 편안하게 하고, 아래로는 백성을 조화롭게 한다. 안과 밖, 위와 아래 모두를 절제하는 것이 의의 본질이다."("夫義者, 內節於人, 而外節於萬物者也; 上安於主, 而下調於民者也; 內外上下節者, 義之情也."[160])라고 하였다.

다시 말하면 체계적인 사회질서를 확립하려면 반드시 의로 사회전반을 인도하고 규제해야 하므로 순자는 "집에 들어와서 효도하고 밖에 나가서 공손한 것은 사람의 작은 행실이다. 윗사람에게 순종하고 아랫사람에게 돈독하게 하는 것은 사람의 보통 행실이다. 도(道)를 따르고 군주를 따르지 않고, 의를 따르고 아버지를 따르지 않는 것은 사람의 큰 행실이다."("入孝出弟, 人之小行也; 上順下篤, 人之中行也; 從道不從君, 從義不從父, 人

---

159 『荀子 · 大略』.
160 『荀子 · 强國』.

之大行也."[161]라고 하면서 인간은 모든 영역에서 근본적으로는 의를 따라야 한다고 주장하였다.

그러나 순자는 이익에 대한 추구를 무조건 부정해야 되는 것은 아니라고 하면서 의와 이(利)의 관계에 관하여 다음과 같이 논술하였다.

> 의와 이(利)는 사람들이 둘 다 갖고 있는 바다. 비록 요(堯)나 순
> (舜)이라 할지라도 백성이 이익을 바라는 욕심을 없애지는 못한다.
> 그러나 그 이익을 탐하는 욕심이 그 의를 좋아하는 마음을 이기지
> 못하게 한다. 비록 걸(桀)이나 주(紂)라고 할지라도 백성이 의를 좋
> 아하는 마음을 없애지는 못한다. 그러나 그 의를 좋아하는 마음이
> 그 이익을 탐하는 욕심을 이기게 할 수는 없다. 그러므로 의가 이익
> 을 이기면 치세이고, 이익이 의를 이기면 난세이다.(義與利者, 人之
> 所兩有也. 雖堯舜不能去民之欲利; 然而能使其欲利不克其好義也.
> 雖桀紂不能去民之好義; 然而能使其好義不勝其欲利也. 故義勝利者
> 爲治世, 利克義者爲亂世.[162])

상술한 바와 같이 순자는 의와 이익 간의 관계를 처리함에 있어서 "의
리를 앞세우고 이익을 뒤로 하는 자는 영예롭게 되고, 이익을 앞세우고 의
리를 뒤로 하는 자는 욕을 보게 된다."("先義而後利者榮, 先利而後義者

---

161 『荀子·子道』.
162 『荀子·大略』.

辱."[163]고 주장하였다.

이뿐만 아니라 순자는 더 나아가 의와 삶의 가치 간에 연관이 있다고 보았다. 순자는 "물과 불에는 기(氣)가 있어도 생명은 없고, 풀과 나무는 생명이 있어도 지각은 없으며, 새와 짐승은 지각이 있어도 의가 없다. 인간에게는 기(氣), 생명, 지각 또 의도 있다. 그러므로 천하에서 가장 존귀한 것이다."("水火有氣而無生, 草木有生而無知, 禽獸有知而無義. 人有氣, 有生, 有知, 亦且有義, 故最爲天下貴也."[164])라고 하면서 인간이 기타 존재에 비하여 존귀한 것은 인간의 삶이 의를 따르기 때문이라고 생각하였다. 이와 같이 순자도 맹자와 마찬가지로 인간의 삶에서 의의 가치를 아주 중요시하였다.

하지만 순자는 맹자와 반대로 "사람의 본성은 악한 것이요, 그 착한 것은 인위적인 것이다."("人之性惡, 其善者僞也."[165])라고 하면서 성악설을 주장하였다.

순자는 "배워서 될 수도 없고, 노력해서 될 수도 없는 것으로 인간에 갖추어져 있는 것을 본성이라 한다."("不可學, 不可事, 而在人者, 謂之性."[166])고 하면서 "무릇 사람이란 공통점이 있다. 배가 고프면 먹고 싶고, 추우면 따뜻하게 하고 싶고, 피곤하면 쉬고 싶고, 이득을 좋아하고 손해를 싫어하는 것은, 사람이 태어나면서부터 갖고 있는 것으로, 배우지 않고도 아는 것이다. 이것은 우(禹)나 걸(桀)도 다 마찬가지다."("凡人有所一同: 饑

---

163 『荀子·榮辱』.
164 『荀子·王制』.
165 『荀子·性惡』.
166 『荀子·性惡』.

而欲食, 寒而欲暖, 勞而欲息, 好利而惡害, 是人之所生而有也, 是無待而然者也, 是禹桀之所同也."[167]라고 하였다.

이로부터 알 수 있듯이 순자는 인간이 태어날 때부터 갖고 있는 생리적 충동 및 이득을 추구하고 손해를 싫어하는 자발적인 욕구들을 인간의 본성이라고 생각했다. 이러한 욕구들은 단순히 기본적인 만족을 얻는 것에 그치지 않고 언제나 최대한으로 욕구를 충족시키려는 경향을 갖고 있어 순자는 "사람의 성질이란 눈은 가장 아름다운 것을 보고 싶어 하고, 귀는 가장 감미로운 소리를 듣기 좋아하며, 입은 가장 맛있는 음식을 먹고 싶어 하고, 코는 가장 좋은 냄새를 맡고 싶어 하며, 마음은 가장 안일하기를 추구한다. 이 다섯 가지는 인간의 성질이 피면할 수 없는 것이다." ("夫人之情, 目欲纂色, 耳欲纂聲, 口欲纂味, 鼻欲纂臭, 心欲纂佚. 此五者, 人情之所以不免也."[168])라고 하였다.

바로 이렇게 인간의 본성은 욕구를 최대한으로 충족시키려는 경향이 있으므로 어울려 살게 되면 서로 충돌하면서 다투게 된다고 하여 순자는 "사람의 본성은 태어날 때부터 이익을 좋아하는 마음이 있어, 이에 따라 쟁탈이 발생하고 사양함이 없게 된다.…… 그러기에 사람의 타고난 본성에 따라 방종하여, 사람의 정욕을 따르게 되면, 반드시 쟁탈이 일어나고,…… 궁극적으로는 폭란으로 가게 된다."("今人之性, 生而有好利焉, 順是, 故爭奪生而辭讓亡焉;…… 然則從人之性, 順人之情, 必出於爭奪,…… 而

---

167 『荀子 · 榮辱』.
168 『荀子 · 王霸』.

歸於暴."[169])고 하였다.

그러나 순자는 또 인간은 사회적인 존재로서 "인간의 삶이란 무리를 지어 살지 않을 수 없다."("人之生不能無群."[170])고 생각하였다. 즉 인간은 각자 자기의 욕구를 충족시키려 하므로 서로 다투게 되지만 인간은 또 반드시 무리를 지어 살아야 한다. 따라서 인류사회에는 서로 간의 충돌을 극복할 수 있는 제도가 필수로 된다.

바로 이런 맥락에서 순자는 "사람은 태어날 때부터 욕망을 갖고 있다. 욕망이 만족을 얻지 못하면 추구하지 않을 수 없는데, 추구함에 있어서 표준과 제한이 없다면, 다투지 않을 수 없다. 다투게 되면 혼란하게 되고, 혼란하게 되면 곤경에 빠지게 된다."("人生而有欲, 欲而不得, 則不能無求; 求而無度量分界, 則不能不爭; 爭則亂, 亂則窮."[171])고 하면서 옛 성인들은 이리하여 사람들을 구분하여 각자 본분에 따라 살게 했다고 주장하였다.

이로부터 알 수 있듯이 순자는 사람의 욕구 그 자체가 반드시 충돌을 일으키는 것은 아니라고 생각했다.

나라를 다스리는 얘기를 하면서 욕망을 제거해야 한다고 주장하는 자들은 욕망을 인도할 방도가 없어 사람들의 욕망 때문에 곤혹스러워하는 자들이다. 나라를 다스리는 얘기를 하면서 욕망을 줄여야 한다고 주장하는 자들은 욕망을 절제할 방도가 없어 사람들의 다욕 때문에 곤혹스러워하는 자들이다. 욕망이 있는 것과 욕망

---

169 『荀子·性惡』.
170 『荀子·富國』.
171 『荀子·禮論』.

이 없는 것은 전혀 다른 종류로서 생(生)과 사(死)의 차이이지 나라의 다스림이나 어지러움의 원인이 아니다. 욕망이 많고 적은 것도 전혀 다른 종류로서 사람들의 성질로 정해진 것이지, 나라의 다스림이나 어지러움의 원인이 아니다. 욕망이란 바라는 것을 얻을 수 있을 때를 기다려 생겨나는 것이 아니나, 추구할 때는 가능하다고 생각해서 추구하는 것이다. 욕망이 바라는 것을 얻을 수 있을 때를 기다려 생겨나지 않는 것은 하늘에서 부여받았기 때문이다. 추구할 때 가능하다고 생각해서 추구하는 것은 마음에서 비롯된 것이다.……그러므로 세상이 다스려지고 어지러워지는 것은 마음이 옳다고 시인하는 바에 달려 있는 것이지, 사람들의 성질에서 비롯된 욕망의 많고 적음과는 상관없다.(凡語治而待去欲者, 無以道欲而困於有欲者也. 凡語治而待寡欲者, 無以節欲而困於多欲者也. 有欲無欲, 異類也, 生死也, 非治亂也. 欲之多寡, 異類也, 情之數也, 非治亂也. 欲不待可得, 而求者從所可. 欲不待可得, 所受乎天也; 求者從所可, 所受乎心也.……故治亂在於心之所可, 亡於情之所欲.[172])

상술한 바와 같이 순자는 욕망이 많고 적음은 인간의 본성에서 비롯된 자연적인 현상이므로 이를 탓할 것이 아니고 관건은 사람들의 마음이 욕망을 절제할 수 있는지 여부에 달려 있다고 보았다.

바로 이런 맥락에서 순자는 옛 성인들이 사람들로 하여금 욕망을 절제하도록 하려고 예의제도를 만들어 사람들을 구분하여 각자 본분에 따

---

172 『荀子·正名』.

라 살게 했다고 하면서 "사람의 도리라는 것은 모든 것에 대하여 분별하지 않는 것이 없다."("人道莫不有辨."[173])고 주장하였다.

옛 임금들은 예의를 제정하여 사람들을 나누어 귀하고 천한 등급이 있게 하고, 어른과 아이의 차별이 있게 하며, 지혜 있는 이와 어리석은 자 그리고 능력 있는 자와 능력 없는 자의 분별이 있게 함으로써, 모든 사람들로 하여금 일을 맡게 하면서 각자 합당한 일을 얻게 하였다. 그런 뒤에 녹으로 받는 곡식의 많고 적음이 그들의 지위와 일에 어울리게 하였는데, 이것이 바로 여러 사람들이 모여 살면서 하나로 조화되는 도(道)이다.(故先王案爲之制禮義以分之, 使有貴賤之等, 長幼之差, 知愚能不能之分, 皆使人載其事, 而各得其宜. 然後使穀祿多少厚薄之稱, 是夫群居和一之道也.[174])

순자는 이렇게 모든 사람들을 합당하게 구분하면 "군주와 신하, 윗사람과 아랫사람, 귀한 이와 천한 이, 어른과 아이, 서민들에 이르기까지, 예를 최고의 표준으로 삼지 않는 이가 없게 된다. 그런 후에 모두 내심으로 반성하면서 삼가 본분을 지키게 되는데, 이는 모든 성왕들이 똑같이 실행한 것으로, 예의법도(禮義法度)의 관건이다."("君臣上下, 貴賤長幼, 至於庶人, 莫不以是爲隆正. 然後皆內自省以謹於分, 是百王之所以同也, 而禮法之樞

---

173 『荀子·非相』.
174 『荀子·榮辱』.

중국문화와 덕치사상

要也."[175])라고 역설하였다.

이로부터 알 수 있듯이 순자가 보기에 "예가 생겨난 것은 현인으로부터 서민들에 이르는 사람들을 위한 것이지, 성인으로 되기 위한 것은 아니다."("禮之生, 爲賢人以下至庶民也, 非爲成聖也."[176]) 다시 말하면 예의제도는 모든 사람의 악한 본성을 적당하게 절제함으로써 조화롭게 살아가는 사회질서를 확립하려는 것이지 사람들을 성인으로 만들기 위한 것은 아니다.

결론적으로 순자는 "사람의 본성은 악하기 때문에, 반드시 성왕의 다스림이 있고 예의의 교화가 있은 연후에야 모두 다스려지게 되고 착하게 된다."("今人之性惡, 必將待聖王之治, 禮義之化, 然後皆出於治, 合於善也."[177])라고 하면서 성왕이 나타나 예의제도로 교화를 실행해야 사람들은 비로소 자기의 욕구를 절제할 수 있어 서로 다투지 않고 어울려 살아 갈 수 있다고 주장하였다.

그런데 인간의 본성이 악하다면 이런 악한 본성을 절제하는 예의제도는 어떻게 인간 세상에 나타나게 되었는가? 이에 대하여 순자는 "무릇 예의라는 것은, 성인의 인위(人爲)에서 생겨난 것이지, 사람의 본성에서 생겨난 것이 아니다."("凡禮義者, 是生於聖人之僞, 非故生於人之性也."[178])라고 하면서 "요(堯)와 우(禹) 및 군자가 귀한 것은, 능히 본성을 변화시키고 작위(作爲)를 일으킬 수 있기 때문인데, 작위(作爲)를 일으켜 예의가 생겨난

---

175 『荀子·王霸』.
176 『荀子·大略』.
177 『荀子·性惡』.
178 『荀子·性惡』.

것이다."("凡所貴堯禹, 君子者, 能化性, 能起僞, 僞起而生禮義."[179])라고 주장
하였다.

즉 순자가 보기에 예의제도는 인간의 본성에서 비롯된 것이 아니라 성
인이라는 특이한 사람들이 인위적인 노력으로 만들어 낸 것이었다. 그러
므로 순자는 "성인은 인간의 본성을 변화시켜 작위(作爲)를 일으키고, 작
위(作爲)가 일으켜져 예의가 생겨나는 것이며, 예의가 생겨나서 법도가
만들어진다. 그러기에 예의법도라는 것은 성인이 만들어 낸 것이다. 그러
므로 성인이 여러 사람들과 같아 여러 사람들과 차이가 없는 것은 본성
이고, 여러 사람들과 달라 뛰어난 것은 작위(作爲)이다."("聖人化性而起僞,
僞起而生禮義, 禮義生而制法度; 然則禮義法度者, 是聖人之所生也. 故聖人之
所以同於衆, 其不異於衆者, 性也; 所以異而過衆者, 僞也."[180])라고 하였다.

하지만 성인의 본성과 보통 사람들의 본성이 동일하다면 성인은 어찌
하여 스스로 본성을 변화시켜 인위(人爲)를 일으킬 수 있는가? 만일 성인
이 인위(人爲)를 일으킬 수 있는 능력이 인간에게 본래 내재된 것이라면
보통 사람들도 이러한 능력을 잠재적으로 갖고 있다고 해야 할 것이고,
만일 성인이 인위(人爲)를 일으킬 수 있는 능력이 본래는 인간에게 내재
된 것이 아니라면 성인은 어떻게 이러한 능력을 부여받았는가? 이 문제에
관하여 순자는 아무런 해석도 하지 않았다.

어쨌든 간에 인간은 악한 본성을 갖고 있어 서로 어울려 살아가려면
인간의 욕구를 절제할 수 있는 예의제도가 있어야 한다. 오직 본성을 초

---

179 『荀子·性惡』.
180 『荀子·性惡』.

월하여 특이한 인위(人爲)를 일으킬 수 있는 성인만이 스스로 예의제도를 만들어낼 수 있고 또 진심으로 좋아하여 자각적으로 실천할 수 있는 반면에 보통 사람들은 스스로 인위(人爲)를 일으킬 수 없으므로 반드시 성인이 제정한 예를 배우고 익혀 스스로의 욕구를 절제하기에 노력해야 한다.

그러므로 인간사회에는 반드시 예의제도를 가르치고 독려하는 스승이 있어야 한다. 순자는 "사람에게 스승과 법도가 없으면 본성을 높이게 되고, 스승과 법도가 있으면 노력을 높이게 된다."("人無師法, 則隆性矣; 有師法, 則隆積矣."[181])고 하였는데 그 뜻인즉 만일 사람들에게 스승과 예의 법도가 없으면 본성을 방종하게 되고 반대로 사람들에게 스승과 예의법도가 있으면 교육을 받게 되어 배움을 통하여 바른 길로 나아갈 수 있다는 것이다.

사람에게 스승이 없어 법도를 모르게 되면, 지혜가 있으면 반드시 도둑이 될 것이고, 용맹이 있으면 반드시 강도가 될 것이며, 재능이 있으면 반드시 난을 일으킬 것이고, 관찰을 잘하면 반드시 괴이한 논조를 펼칠 것이며, 말재주가 좋으면 반드시 궤변을 늘어놓을 것이다. 사람에게 스승이 있어 법도를 알게 되면, 지혜가 있으면 빠르게 사리에 통달하게 될 것이고, 용맹이 있으면 빠르게 위엄이 서게 될 것이며, 재능이 있으면 빠르게 성공하게 될 것이고, 관찰을 잘하면 빠르게 사리를 깨우칠 것이며, 말재주가 좋으면 빠르게 시비를

---

181 『荀子·儒效』.

가릴 것이다. 그러므로 스승이 있어 법도를 알게 되는 것은 사람들에게 큰 보물이 되고, 스승이 없어 법도를 모르는 것은 사람들에게 큰 재앙이 된다.(人無師無法而知, 則必爲盜; 勇, 則必爲賊; 雲能, 則必爲亂; 察, 則必爲怪; 辯, 則必爲誕. 人有師有法而知, 則速通; 勇, 則速威; 雲能, 則速成; 察, 則速盡; 辯, 則速論. 故有師法者, 人之大宝也; 無師法者, 人之大殃也.[182])

이렇듯 순자는 스승과 예의법도를 아주 중요시하여 "타고난 성정대로 내맡기면 형제간에도 다투고, 예의의 교화를 받게 되면 나라 안의 누구에게도 사양한다."("順情性則弟兄爭矣, 化禮義則讓乎國人矣."[183])고 하면서 "스승의 가르침에 교화되고 학문을 쌓아 예의를 따르는 자를 군자라 하고, 성정에 내맡겨 제멋대로 방자하게 놀면서 예의를 어기는 자를 소인이라 한다."("化師法, 積文學, 道禮義者爲君子; 縱性情, 安恣睢, 而違禮義者爲小人."[184])라고 역설하였다.

한걸음 더 나아가 순자는 예의법도와 스승의 관계에 관하여 "예란 몸을 바르게 하는 것이고, 스승이란 예를 바르게 하는 사람이다."("禮, 所以正身也; 師, 所以正禮也."[185])라고 하면서 스승의 역할을 더욱 중요시하였다.

순자는 "법은 홀로 설 수 없고, 관례는 스스로 행해질 수 없기에, 그 사람을 얻으면 존속하고, 그 사람을 잃으면 없어지는 것이다. 법은 다스림의

---

182 『荀子·儒效』.
183 『荀子·性惡』.
184 『荀子·性惡』.
185 『荀子·修身』.

시작이고, 군자는 법의 근원이다. 따라서 군자가 있으면 법이 비록 미비할지라도 족히 두루 미치게 할 수가 있지만, 군자가 없으면 법이 비록 갖춰졌다고 할지라도, 먼저하고 뒤에 하는 순서를 잃게 되어, 상황의 변화에 대처할 수 없게 되므로, 어지러워지기 십상이다."("法不能獨立, 類不能自行; 得其人則存, 失其人則亡. 法者, 治之端也; 君子者, 法之原也. 故有君子, 則法雖省, 足以遍矣; 無君子, 則法雖具, 失先後之施, 不能応事之變, 足以亂矣."[186])라고 하면서 "좋은 법이 있어도 어지러워지는 일이 있으나, 군자가 있으면서도 어지러워진다는 말은 예로부터 들어본 적이 없다."("有良法而亂者, 有之矣, 有君子而亂者, 自古及今, 未嘗聞也."[187])고 하였다.

바로 이런 이유에서 순자는 "나라가 흥성하려 할 때는 반드시 스승을 귀중히 여기고 가르치는 사람을 존중한다. 스승을 귀중히 여기고 가르치는 사람을 존중하면 법도가 잘 지켜진다. 나라가 쇠하려 할 때는 반드시 스승을 천하게 여기고 가르치는 사람을 가벼이 여긴다. 스승을 천하게 여기고 가르치는 사람을 가벼이 여기면 곧 사람들이 방자하게 된다. 사람들이 방자하게 되면 법도가 무너진다."("國將興, 必貴師而重傅, 貴師而重傅, 則法度存. 國將衰, 必賤師而輕傅; 賤師而輕傅, 則人有快; 人有快則法度壞."[188])라고 하면서 스승의 중요성을 극구 강조하였다.

덕치의 관건은 통치자가 백성에게 본보기를 보여주는 것이다. 이는 바로 통치자가 반드시 스스로의 언행으로 솔선수범하는 스승의 역할을 해

---

186 『荀子·君道』.
187 『荀子·王制』.
188 『荀子·大略』.

야 한다는 것을 의미한다. 순자는 도덕적 스승으로서 통치자의 권위를 도덕적 권위라고 하면서 권위의 종류를 세 가지로 구분하여 다음과 같이 논술하였다.

위엄에는 세 가지가 있다. 도덕의 위엄이라는 것이 있고, 사납게 살피는 위엄이 있으며, 미쳐 날뛰는 위엄이 있다. 이 세 가지 위엄을 깊이 살피지 아니할 수 없다. 예악(禮樂)을 닦고, 명분 도의에 밝으며, 시책(施策)이 때에 알맞고, 사랑하고 이롭게 하려는 마음이 밖에 드러난다. 이렇게 된다면 백성이 상제처럼 귀하게 여기고, 하늘처럼 높이면서, 부모처럼 친근히 대하고, 신명처럼 두려워하게 된다. 따라서 포상하지 않아도 백성이 납득되어 복종하게 되고, 형벌을 사용하지 않아도 위엄이 행해진다. 대저 이러한 것을 도덕의 위엄이라고 이른다.(威有三: 有道德之威者, 有暴察之威者, 有狂妄之威者. 此三威者, 不可不孰察也. 禮義則修, 分義則明, 擧錯則時, 愛利則形. 如是, 百姓貴之如帝, 高之如天, 親之如父母, 畏之如神明. 故賞不用而民勸, 罰不用而威行, 夫是之謂道德之威.[189])

이로부터 알 수 있듯이 순자는 덕치에서 통치자의 권위란 본질적으로는 도덕적 권위를 말하며 도덕적 권위는 참다운 스승으로서의 권위이기에 예의법도를 바르게 할 수 있어 백성을 바른 길로 이끌 수 있다고 생각했다.

---

189 『荀子·强國』.

다시 말하면 도덕적 교화의 방식을 기본으로 나라를 다스리는 덕치에서는 제도보다 통치자의 도덕적 품성이 더 중요하여 관건적인 역할을 하므로 제도가 미비한 데가 있어도 통치자가 본보기 역할을 충분히 하게 되면 능히 제도의 단점을 보완할 수 있다. 반대로 아무리 제도가 완벽하다 할지라도 통치자가 본보기 역할을 제대로 하지 못하면 덕치의 근간이 무너지기 마련이므로 제도적 장치로는 도덕적 품성의 결함에서 비롯되는 이런 문제를 극복할 수 없다. 한마디로 "군주가 현명하면 그 나라는 잘 다스려지고, 군주가 무능하면 그 나라는 어지러워진다."("君賢者其國治, 君不能者其國亂."[190]).

결론적으로 덕치를 구성하는 요소를 크게 제도와 사람으로 구분한다면 사람은 제도의 단점을 보완할 수 있으나 제도는 사람의 단점을 보완할 수 없으므로 사람이 제도보다 더 관건적인 역할을 한다.

순자는 예의제도에서 사람들을 구분하는 기본원칙에 관하여 "덕을 논하여 차례를 정하고, 능력을 헤아려 관직을 내려, 모든 사람들로 하여금 그 할일을 맡게 하고 각자 모두 합당한 소임을 얻게 한다."("論德而定次, 量能而授官, 皆使人載其事而各得其所宜."[191])고 하면서 도덕적 품성은 사회 지위의 고하를 구분하는 기본적인 표준이라고 주장하였다.

그러므로 순자는 "비록 왕공이나 사대부의 자손일지라도, 예의를 따를 수 없으면, 서민으로 돌아가게 한다. 비록 서민의 자손일지라도, 학문을 쌓고 행실이 올바르며 예의를 따를 수 있다면, 경(卿)이나 상(相) 또는

---

190 『荀子·議兵』.
191 『荀子·君道』.

사대부(士大夫)로 삼는다."("雖王公士大夫之子孫也, 不能屬於禮義, 則歸之庶人. 雖庶人之子孫也, 積文學, 正身行, 能屬於禮義, 則歸之卿相士大夫."[192])고 하면서 사람의 덕성에 따라 사회지위를 부여하고 사회지위가 상하로 유동할 수 있게 하는 것이 예의제도의 본질이라고 주장하였다.

> 어진 사람을 존중하고 능력 있는 사람을 등용하며, 귀천의 차등을 두고, 친소(親疏)를 구분하며, 장유(長幼)의 순서가 있게 하는 것이 선왕의 도(道)이다. 그런 까닭에 어진 사람을 존중하고 능력 있는 사람을 등용하면 군주는 존귀해지고 아랫사람들은 편안해지게 되며, 귀천의 차등이 있게 되면 명령이 행해지고 멈추지 않게 되며, 친소(親疏)의 구분이 있게 되면 은혜가 행해지고 어긋나는 일이 없게 되며, 장유(長幼)의 순서가 있게 되면 일이 빨리 이루어져 휴식할 수 있게 된다. 그러므로 어진 사람이란 이러한 것들을 사랑하는 사람이고, 의로운 사람이란 이러한 것들을 구분하는 사람이다.(尙賢, 使能, 等貴賤, 分親疏, 序長幼, 此先王之道也. 故尙賢使能, 則主尊下安; 貴賤有等, 則令行而不流; 親疏有分, 則施行而不悖; 長幼有序, 則事業捷成而有所休. 故仁者, 仁此者也; 義者, 分此者也.[193])

이로부터 알 수 있듯이 순자는 예의제도의 목적이 불평등한 등급차별의 사회를 만들려는 것이 아니라 사람들의 도덕적 품성을 기초로 윤리적

---

192 『荀子·王制』.
193 『荀子·君子』.

중국문화와 덕치사상

인 사회질서를 확립함으로써 인의도덕을 실현하는 화목한 사회를 만드는 것이라고 생각했다. 이는 "옛날의 성왕들은 분별하여 나누고 차등을 둠으로써 장려 혹은 벌을 받게, 풍족 혹은 궁핍하게, 안락 혹은 수고롭게 하였다. 그것은 일부러 지나치게 안락하거나 지나치게 화려한 것을 만들어내려는 것이 아니라, 그것으로 인덕(仁德)을 밝히는 제도로 삼아, 인의질서를 관철하기 위해서였다."("古者先王分割而等異之也, 故使或美, 或惡, 或厚, 或薄, 或逸樂, 或劬勞, 非特以爲淫泰, 誇麗之聲, 將以明仁之文, 通仁之順也."[194])라는 순자의 말에서 분명히 드러난다.

다시 말하면 순자는 도덕적 품성의 차이에 따라 차등적인 사회지위를 부여하는 것은 유가가 추구하는 최고의 가치인 인을 실현하는 구체적인 방식으로서 덕치는 오직 모든 사람들이 명분에 따라 본분을 지키는 예의제도를 통해서만 실현될 수 있다고 생각했다.

상술한 바와 같이 사람들은 예의제도로 스스로의 욕구를 절제해야만 화목하게 서로 어울려 살아갈 수 있다. 하지만 순자는 인간의 욕구에 대한 예의제도의 절제 기능은 단순히 욕구를 억압하는 것이 아니라 인간의 욕구를 인도하고 규제함으로써 욕구를 키우고 충족시키는 역할을 한다고 생각하였다.

바로 이런 맥락에서 순자는 예의제도의 목적은 "예의를 제정하여 사람들의 명분을 구분 짓고, 사람들의 욕망을 조절하고 만족시킴으로써, 욕망이 물자로 하여 만족을 얻지 못하는 일이 없게 하고, 물자가 욕망으로 하여 고갈되는 일이 없도록 하여, 양자 서로 버티면서 자라게 하려는 것

---

194 『荀子 · 富國』.

이다.”("制禮義以分之, 以養人之求, 使欲不必窮於物, 物不必屈於欲, 兩者相持
而長."[195])라고 하였다.

이렇게 예의제도의 목적은 사회질서를 확립하기 위한 것이면서도 사회
생활 중에서 사람들의 욕구를 충족시키기기 위한 것이므로 순자는 “예란
사람의 마음에 순응하는 것을 근본으로 한다. 따라서 예경(禮経)에는 없
어도 사람의 마음에 순응하는 것이라면 모두 예이다.”("禮以順人心爲本,
故亡於禮経而順於人心者, 皆禮也."[196])라고 하였다.

이로부터 알 수 있듯이 예의제도는 인간의 욕구를 억압하고 제거하는
것이 아니라 사회생활 속에서 인간의 욕구를 충족시키기 위하여 욕구를
인도하고 규제하는 올바른 품성을 양성하도록 하는 것이다. 그러므로 순
자는 “사람은 마음을 오로지 예의에 쏟아 부으면 예의와 성정 양쪽 모두
얻게 되고, 마음을 오로지 성정에 쏟아 부으면 예의와 성정 양쪽 모두 잃
게 된다.”("人一之於禮義兩得之矣, 一之於情性則兩喪之矣."[197])고 하면서 예
는 바로 입신의 기본이라고 하였다.

이러한 예의 중요성에 대하여 순자는 “사람은 생명보다 더 귀한 것이
없고 편안함보다 더 즐거운 것이 없는데, 삶을 기르고 안락하게 하는 데
는 예의보다 더 큰 것이 없다. 사람들이 생명을 귀하게 알고 편안함을 즐
겁게 여기면서도 예의를 버린다면, 이는 오래 살고자 하면서 목을 베는
것과 같아 어리석음이 이보다 더 큰 것이 없다.”("人莫貴乎生, 莫樂乎安; 所
以養生安樂者, 莫大乎禮義. 人知貴生樂安而棄禮義, 辟之是猶欲壽而刎頸也,

---

195 『荀子 · 禮論』.
196 『荀子 · 大略』.
197 『荀子 · 禮論』.

중국문화와 덕치사상

愚莫大焉."[198])고 하면서 "예란 사람들이 밟고 나가는 길이다. 밟고 나가는 길을 잃으면 반드시 걸려 넘어지고 깊은 곳에 떨어지거나 물에 빠지게 된다. 잃은 것은 미세하지만 그로 인한 혼란은 큰 것이 바로 예이다."("禮者, 人之所履也, 失所履, 必顚蹶陷溺. 所失微而其爲亂大者, 禮也."[199])라고 역설하였다.

이렇듯 예는 인간이 사회에서 살아가는데 반드시 필요한 수단일 뿐만 아니라 더욱이 인간이 추구하는 바람직한 삶을 이룩하는 올바른 길이므로 순자는 비록 맹자와 반대로 예의는 인간의 본성에서 비롯된 것이 아니라고 주장하면서도 "사람의 본성이란 본래 예의가 없으므로 애써 배워 그것을 지니기를 바라는 것이다. 본성은 예의를 알지 못하기에 사려를 통하여 알려고 하는 것이다."("今人之性, 固無禮義, 故强學而求有之也; 性不知禮義, 故思慮而求知之也."[200])라고 하였을 뿐만 아니라 더 나아가 어떤 사람이든 힘써 예를 배우고 익히면 모두 성인 같은 삶을 살아갈 수 있다고 하여 "우(禹)가 존경받는 까닭은, 그가 인의법도(仁義法度)를 행하였기 때문이다. 그렇다면 인의법도는 알 수 있고 행할 수 있는 이치가 있는 것으로서, 길거리 사람이라 할지라도 모두 인의법도를 알 수 있는 자질이 있고, 모두 인의법도를 행할 수 있는 능력이 있으므로, 그들도 모두 우(禹)처럼 될 수 있는 것이 분명하다."("凡禹之所以爲禹者, 以其爲仁義法正也. 然則仁義法正有可知可能之理, 然而塗之人也, 皆有可以知仁義法正之質, 皆有可以

---

198 『荀子·强國』.
199 『荀子·大略』.
200 『荀子·性惡』.

能仁義法正之具, 然則其可以爲禹明矣."[201])고 하였다.

결론적으로 인간은 선천적인 욕구를 갖고 있을 뿐만 아니라 무리지어 살아가려는 수요도 갖고 있는데 예의제도는 바로 인간이 무리지어 살면서 각자의 욕구도 충족시킬 수 있는 수단이다. 그러므로 순자는 "사람은 예가 없으면 살아갈 수 없고, 일에 예가 없으면 성취할 수 없으며, 나라에 예가 없으면 편안할 수 없다."("人無禮則不生, 事無禮則不成, 國家無禮則不寧."[202])고 하였으며 "예란 정치를 인도하는 지도원칙이다. 예에 따라 정치를 하지 않으면 정령이 행해질 수 없다."("禮者, 政之挽也; 爲政不以禮, 政不行矣."[203])고 하면서 심지어 "예는 인간 도리의 궁극적 표준"("禮者, 人道之極也."[204])이라고 예의제도를 극구 치켜세웠다.

5. 공자, 맹자, 순자의 공통점과 차이점

공자와 맹자와 순자는 선진시대 유가학파의 대표 인물들로서 이들은 모두 정치의 본질이 도덕적 교화라고 주장하면서 덕치사상을 주창하였다.

덕치의 관건은 통치자의 도덕적 품성으로서 통치자는 응당 자아수양

---

201 『荀子·性惡』.
202 『荀子·修身』.
203 『荀子·大略』.
204 『荀子·禮論』.

중국문화와 덕치사상

에 노력하여 만민의 본보기가 될 수 있는 민지부모의 품성을 갖춰 솔선수범하면서 백성을 근본으로 삼아 덕을 숭상하고 현자를 존중하는 정치를 베풀어야 한다.

경제적 보장과 도덕적 교화는 덕치의 기초를 구성하는 두 가지 기본 내용이다. 덕치는 우선 먼저 풍족한 가족생활을 영위할 수 있는 경제적 보장을 제공하고 이를 기초로 충분한 도덕적 교화를 받을 수 있는 교육을 실행해야 만이 화목한 대가족 같은 사회를 건설하는 기초를 마련할 수 있다.

인은 덕치가 추구하는 최고의 가치이고, 의는 인의 실현을 목적으로 사회구성원의 품성과 언행 및 사회관계와 생활방식 전반을 체계적으로 지도하는 일반원칙이며, 예는 의를 사회생활에서 구체적으로 체현하는 제도규범으로서 덕치는 현실에서 예치(禮治)로 구현된다.

예의제도는 사람들을 구분하여 명분을 밝히고 각자 본분을 지키게 하는 방식, 즉 사람들을 구분하여 서로 다른 역할을 할당하고 각자 스스로의 역할에 상응하는 도덕적 의무를 짊어지게 하는 방식으로 사회질서를 확립한다. 예의제도는 덕을 숭상하고 현자를 존중하는 원칙을 지도원칙으로 하여 도덕적 품성의 차이에 따라 차등적인 사회지위를 부여하는 방식으로 인의도덕을 실현하는 윤리적인 사회질서를 확립함으로써 모든 사람이 가족처럼 서로 화목하게 지내는 조화로운 사회를 건설하는 것을 목적으로 한다.

한마디로 덕치란 민지부모의 덕성을 구비한 지도자의 솔선수범하는 본보기 역할을 핵심으로 교화의 방식으로 윤리적인 사회질서를 확립함으로써 전체 사회를 화목한 대가족 같은 사회로 건설하는 것이라고 할 수 있다.

공자와 맹자와 순자 간에는 상술한 공통점들이 존재하는가 하면 서로 간에 차이들도 존재하는데 단순히 계승발전 과정에서의 차이들만 존재하는 것이 아니라 원칙적인 대립들도 존재한다. 그 대표적인 것이 바로 맹자의 성선설과 순자의 성악설 간의 대립이라고 할 수 있다.

맹자는 인간의 본성이 선하다고 하면서 인간은 선천적으로 도덕적인 인간성을 갖고 있다고 주장한 반면에 순자는 인간의 본성이 악하다고 하면서 인간은 선천적으로 이기적인 인간성을 갖고 있다고 주장하였다.

맹자와 순자가 인간성에 관련하여 보여주는 대립은 단순히 인간성의 성질에 관한 대립만이 아니다. 오히려 이보다 더욱 중요한 것은 양자 간에 인간성을 파악하는 차원이 완전히 판이한 것이라 할 수 있는데 맹자가 형이상학적인 차원에서 인간의 본성을 찾았다면 순자는 경험적인 차원에서 인간의 본성을 찾았다고 할 수 있다.

다시 말하면 맹자가 주장하는 선(善)한 인간성은 형이상학적 차원의 인간성이고 순자가 주장하는 악(惡)한 인간성은 경험적 차원의 인간성이다. 따라서 맹자가 주장하는 인간성은 마음속 깊은 곳에 숨겨져 있는 잠재능력의 특징을 갖고 있다면 순자가 주장하는 인간성은 마음속에 구체적인 충동으로 드러나는 특징을 갖고 있다.

마음속 깊이 숨겨져 있는 형이상학적 인간성은 잠재능력의 특징을 갖고 있으므로 미미하고 모호하여 스스로 인지하기 어려우나 이는 외부환경과 무관한 절대적인 인간성이라면, 마음속에 드러나는 경험적인 인간성은 생동하고 구체적이어서 쉽게 감지되나 이는 외부환경의 영향에 따라 수시로 변화하는 상대적인 인간성이라고 할 수 있다.

형이상학적인 인간성은 솔선수범하는 본보기로부터 마음속 깊은 감동을 느껴 스스로 우러나오고 자각적인 자아수양으로 지키고 키워야 성장하는 도덕적 감정의 특징을 갖고 있다면, 경험적인 인간성은 외부의 자극으로부터 반사적으로 일어나고 상황에 따라 변화하는 자발적 충동의 특징을 갖고 있다.

맹자는 인간의 진정한 본성은 형이상학적인 인간성이라고 보았기에 인간의 삶이란 근본적으로는 형이상학적인 인간성을 실현하는 활동이라고 생각하게 되었다. 따라서 자아수양의 중요성을 극구 강조하면서 모든 사람은 요순(堯舜)으로 될 수 있는 잠재능력을 갖고 있을 뿐만 아니라 자아수양을 통하여 요순(堯舜)으로 되는 것은 인간성의 근본적인 요구이므로 모든 사람은 응당 요순(堯舜)을 본보기로 자아수양에 힘써야 한다고 역설하였으며 예의제도를 단순히 사회질서를 확립하는 수단으로만 보지 않고 근본적으로는 형이상학적인 인간성을 실현하는 방식이라고 주장하였다.

이와는 반대로 순자는 인간의 본성이 경험적인 인간성이라고 보았기에 인간의 삶이란 사회생활 속에서 경험적인 욕구를 충족시키는 활동이라고 생각하게 되었다. 따라서 사람들의 욕구를 절제할 필요성을 역설하면서 예의제도가 인간의 욕구를 절제함으로써 사회질서를 확립하는 기능과 예의제도의 제정자와 실행자로서의 정치적 권위의 중요성을 강조하게 되었으며 맹자가 적극적인 자아수양을 극력 주창한 것과는 대조적으로 정치적 권위의 역할을 두드러지게 부각하게 되었다.

맹자와 순자 간의 이런 차이가 반드시 서로 간의 배타적인 대립과 부정을 의미하는 것은 아니다. 순자가 형이상학적인 인간성의 존재를 무시하였다면 맹자는 경험적인 욕구의 존재를 당연한 것으로 생각하였는데 다만 인간의 진정한 본성은 형이상학적인 인간성이라고 보았을 뿐이다.

맹자의 시각에서 보면 인간은 서로 다른 두 가지 차원의 욕구를 갖고 있다고 할 수 있는데 하나는 형이상학적 차원의 욕구라고 할 수 있고 다른 하나는 경험적 차원의 욕구라고 할 수 있다. 비록 두 가지 차원의 욕구 모두 인간의 필수적인 욕구이지만 인간의 근본적인 본성은 형이상학적인 인간성이므로 인간의 삶은 형이상학적인 인간성의 실현을 근본목적으로 해야 하며 경험적인 욕구의 만족에 대한 추구는 형이상학적인 인간성의 규제를 받아야 한다.

그러므로 사회제도는 응당 형이상학적인 인간성의 실현을 근본목적으로 하면서 경험적인 욕구에 대한 절제를 필수기능으로 해야 한다. 즉 형이상학적 차원에서 보면 사회제도는 반드시 근본적인 인간성을 실현하는 방식으로 역할을 해야 하고 경험적인 차원에서 보면 사회제도는 반드시 인간의 욕구를 절제하는 수단으로 역할을 해야 한다. 바로 이러하기에 맹자는 형이상학적인 차원에서 예의제도를 인간성을 실현하는 방식으로 본 것이고 순자는 경험적인 차원에서 예의제도를 인간의 욕구를 절제하는 수단으로 본 것이다.

이와 마찬가지로 덕치에서 통치자의 역할도 형이상학적 인간성의 차원과 경험적 욕구의 차원으로 나누어서 볼 수 있다. 형이상학적 인간성의 차원에서 보면 통치자는 응당 사람들을 자각적인 자아수양으로 이끄는 도덕적 본보기의 역할을 해야 하고, 경험적인 욕구의 차원에서 보면 통치자는 반드시 사람들의 욕구를 절제하는 정치적 권위의 역할을 해야 한다.

그러므로 덕치에서 통치자의 도덕적 본보기의 역할과 정치적 권위의

중국문화와 덕치사상

역할은 동전의 양면과 같이 분리될 수 없게 되는데 인간성의 차원에서 볼 때 인간의 근본적인 본성은 형이상학적인 인간성이므로 통치자는 반드시 사람들을 자각적인 자아수양으로 이끄는 도덕적 본보기의 역할을 근본으로 하고 정치적 권위의 역할은 보조적인 수단으로 삼아야 한다.

하지만 현실의 차원에서 보면 사회의 안정기에는 사람들을 자각적인 자아수양으로 이끄는 도덕적 본보기의 역할이 중요하게 부각되면서 정치적 권위의 역할은 솔선수범하는 본보기 역할에서 비롯된 부차적인 현상으로 보이지만 사회의 혼란기와 전환기에는 외부환경과 밀접한 연관이 있는 경험적인 욕구들이 난무하고 팽창하면서 사람들로 하여금 걷잡을 수 없게 하므로 정치적 권위의 역할이 중요하게 부각되면서 덕치는 다분히 권위주의 특징을 나타내게 된다.

맹자와 순자 간의 인간성에 관한 차이는 더 나아가 역사과정에 관한 이해에서 차이를 초래하게 된다.

순자의 시각에서 보면 인간의 삶이란 사회생활 속에서 인간의 경험적인 욕구를 충족시키는 활동이므로 인류가 추구하는 것은 조화롭게 각자의 경험적인 욕구를 충족시킬 수 있는 사회질서이다. 따라서 이러한 사회질서를 확립하게 되면 사회는 모종의 평형 상태에 진입하면서 치세가 된다. 반대로 사회질서가 무너져 평형 상태가 파괴되면 난세가 나타나게 된다. 그러므로 역사는 치세와 난세가 거듭 반복되면서 인간의 욕구를 더 높은 수준에서 더 합리하게 충족시키는 방향으로 나아간다고 할 수 있다.

하지만 인간의 본성이 경험적 차원의 이기적인 욕구라면 아무리 훌륭한 치세라 할지라도 인류사회는 예의제도로 기강을 삼아 욕구를 절제하는 조화로운 사회로 될 수 있으나 모든 사람이 각자 자기의 소가족 이익을 중심으로 하는 소강사회(小康社會) 수준을 벗어나지 못하게 된다. 즉 인류역사는 끝까지 소강사회(小康社會)의 수준에서 치세와 난세를 거듭 하면서 반복적으로 순환하는 양상을 나타내게 된다.

이와는 반대로 맹자의 시각에서 보면 인간의 삶이란 근본적으로 사회 생활 속에서 형이상학적인 인간성을 실현하는 활동이므로 인류가 추구 하는 것은 형이상학적인 인간성을 실현하는 생활방식이다. 따라서 이러 한 생활방식을 확립하게 되면 형이상학적인 인간성을 지키고 키우게 되 면서 인간의 마음은 점점 도덕심으로 충만하게 되므로 스스로 경험적인 욕구들을 절제하게 되어 서로 간에 사랑하고 양보하는 치세가 나타나게 된다. 반대로 이러한 생활방식이 무너져 형이상학적인 인간성을 지키고 키울 수 없게 되면 인간의 마음에는 온갖 경험적인 욕구들이 난무하게 되므로 점점 절제하기 어렵게 되고 궁극적으로는 방종하게 되면서 서로 간에 다투는 난세가 나타나게 된다. 그러므로 역사는 치세와 난세가 거듭 반복되면서 점점 더 높은 수준에서 형이상학적인 인간성을 실현하는 방 향으로 나아간다고 할 수 있다.

그 결과 사람들의 도덕적 경지가 점점 높아져 궁극적으로는 요순(堯 舜)을 본보기로 서로 간에 남의 부모를 제 부모처럼 모시고 남의 자식을 제 자식처럼 사랑하게 되므로 사회는 각자 자기의 소가족 이익을 중심으 로 하는 소강사회(小康社會) 수준을 초월하여 천하일가의 대동사회로 나 아가게 된다.

상술한 바와 같이 맹자와 순자 간의 차이가 반드시 서로 간의 배타적 인 대립과 부정을 의미하는 것은 아니다. 만일 우리가 맹자처럼 인간이 형이상학적 차원의 욕구와 경험적 차원의 욕구라는 두 가지 차원의 욕구

중국문화와 덕치사상

를 갖고 있다고 가정한다면 비록 두 가지 차원의 욕구 모두 인간의 필수적인 욕구이지만 인간의 근본적인 본성은 형이상학적인 인간성이므로 인간의 삶은 형이상학적인 인간성의 실현을 근본목적으로 하게 되면서 경험적인 욕구의 만족에 대한 추구는 형이상학적인 인간성의 규제를 받게 되어 인류역사는 비록 표면상에서 경험적인 욕구를 충족시키기 위하여 진행되는 양상을 나타내나 본질적으로는 형이상학적인 인간성의 실현을 근본논리로 하게 된다.

그러므로 경험적인 욕구의 시각에서 보면 인류역사는 치세와 난세가 거듭되면서 순환하는 양상을 나타내지만 형이상학적인 인간성의 시각에서 보면 인류역사는 치세와 난세가 거듭되면서 인간의 도덕적 경지가 끊임없이 높아져 모든 사람들이 요순(堯舜)을 본보기로 서로 간에 남의 부모를 제 부모처럼 모시고 남의 자식을 제 자식처럼 사랑하는 천하일가(天下一家)의 대동사회(大同社會)로 나아가게 되므로 역사의 진행과정은 부정(否定)의 부정(否定)이라는 변증법(辨証法)을 근본법칙으로 나선식(螺旋式) 상승운동을 전개하는 양상을 나타내게 된다.

결론적으로 공자와 맹자와 순자는 선진시대 유가의 대표 인물들로서 덕치사상을 체계적인 이론으로 확립함에 있어서 획기적인 공헌을 하였는데 공자와 맹자 및 순자 간의 관계가 계승발전의 관계라면 맹자와 순자 간의 관계는 서로 대립하면서도 상호 보완하는 관계라고 할 수 있다. 그러므로 총체적으로 공자와 맹자와 순자의 사상을 파악해야만 덕치사상의 전면모를 이해할 수 있다.

그렇다면 중국 역사에서 이렇게 독특한 덕치사상이 생겨나게 된 원인은 무엇인가? 덕치사상의 출현은 가국일체의 관념과 밀접한 연관이 있는데 고대 중국에서 가국일체의 관념이 출현하고 확고한 이념으로 자리 잡을 수 있었던 것은 국가라는 정치조직이 본질적으로 가족과 동일한 구조와 원리를 가진 사회집단으로 형성되고 발전한 역사과정과 관련 있다.

인류역사를 돌이켜 보면 혈연관계를 기초로 가족집단(家族集團) 혹은 종족집단(宗族集團)을 형성하는 것은 동서양을 막론하고 문명사회로 가는 과정에서 모든 고대 민족들이 보여주는 보편적인 특징이다. 그러나 고대문명의 출현 및 발전 과정에서 중국처럼 종족집단과 정치권력이 동일한 구조형식을 보여주는 사례는 아주 희소하다. 이에 관하여 장광직(張光直)은 다음과 같이 지적하였다.

중국의 고대문명과 국가 기원에 관하여 연구할 때 늘 다음과 같은 하나의 법칙이 등장하는데 그것은 고대왕국의 문명형성 과정에서 혈연관계는 점차 지연관계로 대체되어 정치적이고 지연적인 단체가 차지하는 비중이 친척관계가 차지하는 비중보다 점점 더 커지고 강해져 친척관계는 점점 쇠퇴해 진다는 것이다. 이는 외국의 고대사로부터 얻은 경험을 근거로 한 결론인데 이런 관점으로 중국의 구체적인 역사 사실을 고찰하는 것은 아주 합리적인 듯하지만 틀린 것이다. 그것은 고대 중국을 보면 문명과 국가의 기원 및 전환 단계에서 혈연관계가 지연관계에 의하여 대체되지 않았을 뿐더러 반대로 더욱 강화되었기 때문이다. 즉 친척관계와 정치적 관계가 더욱 긴밀히 결합되었다.[205]

---

205 [美]張光直, 『中國靑銅時代(二集)』, 北京: 生活·讀書·新知三聯书店, 1990, 118쪽.

　　　　　　　　　　　중국문화와 덕치사상

한마디로 중국은 혈연관계의 역할이 고대 국가의 형성과정에서 쇠퇴해지면서 소실된 것이 아니라 오히려 강화되면서 정치와 긴밀하게 결합되어 가국일체(家國一體)의 구조를 형성하였다. 이리하여 '가(家)'를 모델로 하는 가국일체의 구조를 기초로 정치와 도덕이 통합되어 일체가 됨으로써 정치의 기초와 운명이 도덕성에 달려 있으며 정치는 반드시 도덕적 정당성을 가져야 한다는 것을 강조하는 덕치사상이 출현하게 되었다.

주지하다시피 인류 역사에서 국가는 오랜 세월 지난 후에야 생겨난 사회조직이다. 국가가 출현하기 전의 모든 인류사회는 가족을 중심으로 하고 가족으로부터 파생된 친척관계를 주요 사회관계로 하는 사회였다. 다시 말하면 중국 고대 국가의 형성과정에서 '가(家)'를 모델로 하는 가국일체의 구조는 가족을 중심으로 하고 가족으로부터 파생된 친척관계를 주요 사회관계로 하는 사회로부터 출현하였으며 덕치사상은 바로 이런 '가(家)'를 모델로 하는 가국일체의 구조로 인하여 출현하게 되었다.

그러므로 덕치사상에 대한 이해는 반드시 가족 및 가족으로부터 파생된 친척관계에 대한 이해를 기초로 해야 하고 덕치사상의 형성 과정과 발전 과정에 대하여 이해하려면 반드시 가족 및 가족으로부터 파생된 친척관계의 발전 과정에 대한 이해가 선행돼야 하는데 친척관계는 가족으로부터 파생되었으므로 근본적으로는 가족 및 그 발전 과정에 대한 이해가 관건으로 되는 것이다.

결론적으로 덕치사상의 함의와 발전 과정을 파악하려면 우선 역사적 시각에서 가족의 형식과 내용 및 그 발전 과정을 파악함으로써 가족과 친척관계의 본질을 파악하는 것에 초점을 맞추어야 한다.

오늘날 가족이 인류 역사에서 어떻게 발전하여 왔는지를 알아보려면 주요하게는 문화인류학의 연구 성과에 의존할 수밖에 없다. 그러므로 우리는 문화인류학의 연구 성과를 이용하여 가족 및 친척관계의 발전 과정을 고찰하고, 이를 기초로 중국의 역사자료와 결부하여 우선 덕치사상의 자연발생적인 형성 과정을 밝혀내고 나아가 덕치사상이 체계적인 이론으로 성장하여 가는 과정에 관하여 서술할 것이다.

중국문화와 덕치사상

제2장 가족의 발전과정

동물학의 분류로 볼 때 인류는 영장류에 속한다. 하지만 인류와 기타 영장류 간 외관상 커다란 차이는 19세기까지 인류만이 사고할 줄 알고 도구를 제작하여 사용할 줄 알며 문화를 갖고 있는 유일한 존재라고 생각하게 하였다.

과학의 발달로 인하여 오늘날 우리는 유인원뿐만 아니라 기타 동물들도 사고능력이 있으며 도구를 제작하여 사용할 줄 알며 그들 나름의 문화도 갖고 있음을 알게 되었다. 인류와 유인원 간 경계선은 점점 더 모호해 보이는데 인류가 가지고 있는 독특한 언어 외에 인류와 영장류 간 구별은 정도의 차이이지 본질적인 차이가 아닌 것 같은 느낌마저 준다.

바로 이런 이유로 말미암아 영장류를 연구하는 어떤 학자들은 인류에 관한 정의를 재정립하면서 "인류에 관한 고전적인 정의는 점점 포기되고 있으며 현재 비교적 정확한 인류에 관한 정의는 '인류는 오랜 시간 직립 보행할 수 있고 복잡한 도구를 제작하여 사용할 줄 알며 불(火)을 이용할 줄 알고 가정이 있는 영장류 종(種)이다.'라고 해야 할 것이다."[1]고 하였다. 이로부터 알 수 있듯이 인류와 기타 영장류 간 근본적인 차이는 인류만이 갖고 있는 독특한 언어 외에 하나 더 있는데 그것은 바로 인류만이 갖고 있는 독특한 가정이다.

인류역사에서 국가 혹은 정부 등 정치조직들은 오랜 세월이 흐른 뒤에 생겨난 것으로 그 전에는 생산생활 공동체(生産生活 共同體)로서의 가족 및 가족으로부터 파생된 친척관계가 사회생활에서 중요한 역할을 담당하였다. 그러므로 인류문명의 근원을 탐구하는 인류학 연구에서 가족 및 친척관계에 대한 연구는 아주 중요한 지위를 차지하는 데 심지어 "인류학은 친척관계에 대한 관심에서부터 비롯되었으며 친척관계에 관한 인류학은 인류학의 왕관(王冠) 영역으로 간주된다."[2]고 이야기할 정도이다.

그러나 인류학의 가족 및 친척관계에 관한 연구에서 학자들마다 사용하는 용어가 서로 간에 차이가 있는 경우가 종종 있다. 그러므로 먼저 이 책에서 사용하는 약간의 용어들에 관하여 정리해야 할 필요가 있다.

핵가족(核家族, core family): 이 책에서 핵가족은 함께 생활하는 한 쌍의 부부와 그 미혼자녀들로 구성된 가족을 가리키며 여기에는 모계사회의 주요 혼인형식인 대우혼(對偶婚)을 기초로 형성된 가족도 포함된다.

---

1   張鵬·[日]渡邊邦夫, 『靈長類的社會進化』, 廣州: 中山大學出版社, 2009, 32쪽.
2   蔡華, 「不可抗拒的反例—納人親屬制度的意義, 兼回應C.列維·斯特勞斯」, 『雲南社會科學』, 2008年 第5期, 67-72쪽.

가족 공동체(family commune): 이 책에서 가족 공동체는 가까운 혈연관계를 갖고 있는 여러 쌍의 배우자들과 그들의 자녀들로 구성된 생산생활 공동체(生産生活 共同體)를 가리킨다. 가족 공동체는 농업사회에서 존재하는 데 모계친척관계로 구성된 모계가족 공동체(母系家族 共同體)와 부계친척관계로 구성된 부계가족 공동체(父系家族 共同體)로 나뉜다. 가족 공동체 구성원은 하나의 비교적 큰 건물에 함께 거주하거나 가까이에 있는 여러 건물들에 나누어 거주하기도 한다.

종족(宗族): 동일(同一) 남성을 시조로 하는 부계친척들로 구성된 혈연집단을 가리킨다.

가족(家族): 특히 명기할 것은 이 책에서 가족은 두 가지 의미로 사용된다. 하나는 보통 말하는 오복(五服)에 드는 구족(九族)과 같은 의미로 이런 의미의 가족에는 고조로부터 증조·할아버지·아버지·자기·아들·손자·증손·현손까지의 직계친을 중심으로 하여 방계친으로 고조의 4대손 되는 형제·종형제·재종형제·삼종형제들이 포함된다. 다른 하나는 상기 의미의 가족을 포함하여 핵가족, 가족 공동체, 종족 및 혼인관계나 가까운 혈연관계를 기초로 함께 거주하는 기타 생활공동체(生活共同體)들을 총체적으로 지칭하는 용어로 사용된다.

가정(家庭): 이 책에서 가정은 혼인관계 혹은 가까운 혈연관계를 기초로 함께 거주하는 생활공동체(生活共同體)를 가리킨다.

1. 수렵채집사회의 핵가족과 친척관계

최초의 인류사회는 일정한 지역범위 내에서 계절의 변화에 따라 이동하면서 식물(食物)자원을 취득하는 방식으로 생계를 영위하는 수렵채집사회이다.

수렵채집사회에서 사회를 구성하는 기본적인 생활공동체를 인류학에서는 밴드(band)라고 하는데, 밴드란 보통 몇 개 혹은 수십 개의 핵가족들이 이런 저런 친척관계를 연결고리로 함께 생활하는 공동체이다. 밴드는 숙영지 부근의 식물자원이 부족하게 되면 새로운 숙영지로 이동하기에 비록 이동하는 회수나 거리에서 서로 간에 차이가 있다 할지라도 조만간 다른 곳으로 이동하게 됨으로 밴드의 생활은 유동성을 특징으로 한다.

"최근의 고고학 발굴에 의하면 만일 어느 한 지역의 식물용(食物用) 동식물자원이 극히 풍부하면 비록 식물 채집자들이 완전히 수렵과 채집 활동에 의존하여 생활을 유지한다고 할지라도 일 년 내내 촌락에 거주할 가능성도 있다."[3] 하지만 이런 촌락은 아주 희소한 예외일 뿐으로 일반적인 경우 정착생활이 농업사회의 대표적 특징인 것처럼 유랑생활은 수렵채집사회의 대표적 특징으로 된다. 생계방식으로 보면 수렵채집사회는 "이용하는 범위가 비교적 넓고 수단이 비교적 선진적인 외에 식물을 취득

---

3   [美]Leften Stavros Stavrianos, 『遠古以來的人類生命線』, 吳象嬰·屠笛·馬曉光 역. 北京: 中國社會科學出版社, 1992, 22쪽.

하는 방식은 기타 동물과 원칙적인 구별이 없다."[4]고 할 수 있다.

오늘날 구석기시대 수렵채집사회에 관한 인류학의 이해는 주로 현대의 수렵채집사회에 대한 연구에 기초한 것이다. 그렇다면 단지 구석기시대 인류의 조상들도 대자연에 의존하는 수렵채집생활을 했다고 그 때의 수렵채집사회와 오늘날의 수렵채집사회가 같다고 가정해도 괜찮은가?

"인류학자들은 그런 가정을 할 수 있다고 생각하는 데 그것은 오늘날의 모든 식물채집사회가 북극에 있든지 아마존 강변에 있든지, 호주의 사막지역에 있든지 아프리카의 남부에 있든지 모두 거의 비슷하기 때문이다."[5] 비록 처한 환경조건은 천양지차이지만 모든 수렵채집사회는 놀라울 정도로 비슷한 방식으로 운영되는 공통점이 있다. 이로부터 알 수 있듯이 "식물채집자들의 생활 중에 존재하는 하나의 결정적인 요소는 그들이 처한 지리적 환경과 시대가 어떠하든지 그들이 선택할 수 있는 범위가 아주 제한적이다."[6]

구석기시대의 수렵채집사회와 오늘날의 수렵채집사회 간 중요한 차이는 오늘날의 수렵채집사회가 사막이나 밀림 속 혹은 북극의 극한지대 같이 극히 어려운 생존환경으로 밀려나 아주 힘든 상황에서 생존을 유지하고 있다면, 구석기시대 조상들은 아마도 지금보다 훨씬 더 좋은 생존환경을 선택할 수 있었을 것이다.

그러므로 오늘날의 수렵채집사회는 구석기시대 수렵채집사회의 대표

---

4   童恩正, 『文化人類學』, 上海: 上海人民出版社, 1989, 83쪽.
5   [美]Leften Stavros Stavrianos, 『遠古以來的人類生命線』, 26쪽.
6   [美]Leften Stavros Stavrianos, 『遠古以來的人類生命線』, 26쪽.

적 모델이라고 할 수 없다. 이들은 극히 불리한 생존환경에서 살아남아 현재 가장 어려운 상황에서 힘들게 버티고 있으며 그 전망이 아주 암담한 사회라고 할 수 있다. 그렇기 때문에 사람들은 늘 수렵채집사회의 생활이 아주 힘들 것이며 생존하기 위해서는 고된 노동을 면치 못할 것이라고 생각한다.

하지만 이런 상상과 달리 "자세한 연구에서 이미 표명된 바와 같이 수렵채집사회의 생활은 결코 철학자 토머스 홉스가 350년 전에 단언한 것처럼 '고독, 빈곤, 비천, 야만, 결핍'으로 얼룩진 것이 아니다. 반대로 수렵채집자들의 일상 음식은 상당히 균형 잡히고 풍족하며…… 그들은 충분한 여가시간을 갖고 집중적으로 가정들 간의 연계, 사회생활과 정신 방면의 발전에 이용한다."[7] 그러므로 살린스(Marshall Sahlins)는 수렵채집사회를 '원초적 풍요사회'라고 불렀다.

예를 들면 아프리카 남부 사막에서 생활하는 산족(San) 혹은 부시먼(Bushmen)이라고도 하는 수렵채집사회의 사람들은 매주 수렵채집활동에 소모하는 시간이 15시간 내지 20시간 정도밖에 안되며 기타 시간은 휴식을 취하거나 유희를 하거나 한담하거나 함께 담배를 피우거나 서로 치장해주거나 근처에 있는 다른 숙영지들을 방문하는데 이용한다.

"부시먼 남성들은 결혼하여 가정의 의무를 부담하기 전에는 일할 필요가 없다. 그러므로 건장한 청소년들이 주변의 다른 숙영지들을 방문하거나 혼자 빈들거리며 세월을 보내는 광경을 늘 볼 수 있다. 대다수 사람

---

7 [美]William A. Haviland, 『文化人類學(第十版)』, 瞿鐵鵬·張鈺 역. 上海: 社會科學出版社, 2006, 170쪽.

들은 50세가 넘으면 '퇴직'하므로 그들이 적극적으로 수렵활동에 종사하는 시간은 상당히 짧다. 바꾸어 말하면 그 어느 때라도 공동의 식품창고를 위하여 아무런 공헌도 하지 않는 40%의 부시먼들이 있다."[8]

연구에 의하면 부시먼들은 잠을 자는 시간 외의 약 3분의 2 정도의 시간을 다른 밴드의 친척이나 친구들을 방문하거나 방문객들을 접대하는데 이용한다고 한다. 그러므로 "어느 한 관찰자는 '그들은 풍부한 심미적 경험을 소유하고 있으며 극히 인정미 넘치는 생활을 누리는데 이런 생활은 노동과 애정, 의식(儀式)과 유희 간에 사람들로 하여금 부러울 정도로 균형을 이루게 한다.'고 결론지었다."[9]

기타 사회와 비교할 때 수렵채집사회에서 남녀 간의 노동 분업은 일반적으로 그리 엄격하지 않으며 남녀의 사회지위 또한 대부분의 경우 비슷하다. 수렵채집사회에서 남녀 간 지위 차이는 육식이 일상생활에서 차지하는 비중과 관련 있는데, 육식이 일상생활에서 차지하는 비중이 중요하지 않은 경우 남녀 간에 평등하다면 "오직 육식만 먹는 에스키모인의 사회에서는 부녀들이 성욕의 도구로 되어 그녀들은 거의 자기들의 운명을 좌우할 수 없다."[10]고 한다. 단 이런 사례는 수렵채집사회에서 보기 힘든 예외적 현상에 속한다.

남녀의 성별차이를 떠나 총체적으로 수렵채집사회의 사회관계를 살펴보면 모든 수렵채집사회는 영장류 동물사회에서 늘 볼 수 있는 대립과 경

---

8   [美]Leften Stavros Stavrianos, 『遠古以來的人類生命線』, 45쪽.

9   [美]Leften Stavros Stavrianos, 『遠古以來的人類生命線』, 30쪽.

10   [美]Leften Stavros Stavrianos, 『遠古以來的人類生命線』, 38쪽.

쟁의 관계와 반대로 밴드의 구성원 간에 협력과 나눔의 관계를 뚜렷한 특징으로 한다. 에스키모사회에서 "에스키모인들은 그 누구나 공동체로부터 양식(糧食), 의복과 기타 필수품을 얻을 수 있는 권리를 갖고 있으며 그들은 노년에 대비하여 재부를 축적할 필요가 없는데 그것은 '공동체가 나이가 많아 일을 하지 못하는 사람들을 기꺼이 부양'하기 때문이다."[11]

밴드 내에서 일부 개인의 영향력이 다른 사람들을 초월할 수 있고 남자들의 영향력이 여자들을 초과할 수도 있으나 어떤 사람도 다른 사람들보다 우월한 법적 지위를 갖고 있지 않을뿐더러 다른 사람의 의지를 무시하면서 결정을 내릴 권한도 없다. 그러나 사회적 명망으로 보면 구성원 간에 이런 저런 차이들이 존재한다.

사람들의 명망은 여러 가지 표준에 따라 이런 저런 차이가 있을 수 있는데 초자연적인 힘을 갖고 있는 사람들을 제외하고 보통 나이 많고 경험 많은 사람들이 존경 받는다. 재능이 걸출한 사람 예를 들면 사냥을 잘하고 연설을 잘하는 사람, 혹은 흔쾌히 베풀기 좋아하고 다른 사람을 즐겨 도와주는 사람도 공동체의 존경을 받는다. 에스키모사회에서 "에스키모인의 지위는 '그의 견식, 능력 및 품성과 관련되며 특히 사심 없고 인자한 마음에 의하여 결정된다.'"[12]고 한다.

비록 어느 한 사람이 존경받는 여러 가지 요소를 동시에 구비하였을 경우 공동체의 수령으로 될 수도 있지만 그 권위는 보통 아주 미미하다. 또한 수령의 권위는 그의 품성과 재능에 의하여 결정되지 공동체의 어떤

---

11   [美]Leften Stavros Stavrianos, 『遠古以來的人類生命線』, 25쪽.
12   [美]Leften Stavros Stavrianos, 『遠古以來的人類生命線』, 25쪽.

제도나 규정에 의하여 결정되는 것이 아니므로 어느 누구도 자기의 권위를 제도화할 수 없을 뿐만 아니라 계속 유지되게 할 수도 없다. 사람들은 오직 "어느 누군가가 지도자로 되는 것이 그들의 이익에 참으로 필요하다고 할 때 비로소 그를 따르며, 만일 어느 지도자가 사람들이 달갑게 받아들이는 한도를 초월할 경우 그는 바로 추종자들을 잃게 된다."[13] 따라서 그는 지도자로 될 수 없다. 즉 지도자란 사람들이 달갑게 따를 때만 지도자로 될 수 있을 뿐이다.

부시먼들은 "'다른 사람보다 약간이라도 더 높은 지위를 차지하려는 것 같은 사람에 대해서는 조금도 용납하지 못한다. 그들은 다른 사람의 모든 장점에 대하여 모종의 온화하거나 냉담한 태도로 대한다.'"[14]

만일 어느 누가 사냥에 능하여 늘 많은 사냥물을 가져오게 되면 곧바로 누군가 그 사람의 교만한 태도나 자기 자랑하는 것을 제지하려고 한다. 여기에 관하여 그들은 "우리는 그 누구도 자기 자랑하는 것을 허용하지 않는데 그것은 그의 교만이 언젠가 그로 하여금 다른 사람을 살해하게 할 수 있기 때문이다. 그러므로 우리는 언제나 그가 제공한 고기는 아무런 가치도 없다고 하면서…… 그를 조롱하여 '너의 말은, 우리를 여기까지 끌고 와 우리 보고 너의 그 한 무더기 뼈를 집으로 가져가라는 것인가.'라고 말한다.…… 우리는 이런 방식으로 그로 하여금 실망하여 의기소침해지게 함으로써 겸손하게 예절을 지키게 한다."[15]고 해석한다.

---

13 [美]William A. Haviland, 『文化人類學(第十版)』, 瞿鐵鵬·張鈺 역. 上海: 社會科學出版社, 2006, 352쪽.
14 [美]Leften Stavros Stavrianos, 『遠古以來的人類生命線』, 41쪽.
15 [美]Leften Stavros Stavrianos, 『遠古以來的人類生命線』, 29쪽.

그 사냥꾼은 이런 경험을 몇 번 겪게 되면 열심히 사냥하지 않는 것이 가능하게 유발될 수 있는 질투나 불만을 피면할 수 있는 현명한 선택임을 알게 된다. 그들은 이렇게 서로 바꾸어 사냥을 나가고 출중한 자가 교만할까봐 의기소침하여 겸손해지게 하는 방식으로 공동체 내부의 조화로운 관계를 유지한다.

밴드의 생활에 영향 줄 수 있는 사항들은 밴드 내의 모든 성년 남녀들이 함께 결정하며 모든 사람들이 만장일치로 찬성하는 방안을 도출함을 원칙으로 하지 간단히 다수의 동의를 얻는 방식으로 결론을 내리지 않는다. 다른 사람들의 의견에 동의하지 않는 사람은 스스로 대다수의 결정에 복종하는 선택을 할 수도 있지만 다른 행동방식을 선택할 수도 있다.

밴드 내 구성원 간에 마찰이 발생할 가능성은 아주 적다. 만일 마찰이 발생하게 되면 대부분의 경우 여론이나 서로 간의 협상 혹은 화해시키는 등 비공식적인 방식으로 해결한다. 화해의 경우 어떤 일반적인 법률이나 원칙을 따르는 것이 아니라 당사자들은 모두 발언권이 있어 충분히 각자의 생각을 발표할 수 있으며 보통 장시간의 토론을 거쳐 해결을 보는데 대다수 당사자들로 하여금 공정하다고 납득될 수 있는 방안을 찾아내는 것이 문제 해결의 관건으로 된다. 어떻게 해도 계속 불만이 있는 사람은 다른 밴드로 가서 생활하는 방식을 선택할 수도 있다.

농업사회와 달리 밴드는 계절에 따라 이동할 뿐만 아니라 계절적인 동식물자원의 변화에 따라 그 규모도 변하고 구성원도 바뀌곤 한다. 밴드 내 구성원 간에 마찰이 있을 경우 밴드를 떠나는 구성원이 있는가 하면 다른 밴드에서 사이가 벌어져 찾아오는 사람도 있다. 또 다른 밴드에 있는 친척이나 친구를 찾아보고 싶어 밴드를 떠나는 사람이 늘 있는가 하

중국문화와 덕치사상

면 같은 이유로 밴드에 찾아와 밴드의 구성원으로 되는 사람도 늘 있다. 이렇게 밴드는 계절에 따라 그 규모와 구성원이 변할 뿐만 아니라 사람들의 마음에 따라 수시로 변한다.

그러므로 밴드는 여기저기로 이동하는 클럽 같다고 할 수 있다. 사람들이 이 밴드로부터 다른 밴드로 옮겨가는 것은 마치 싫증난 클럽을 떠나 새로운 흥미로운 클럽을 찾아 떠나는 것과 유사하다. 사람과 사람 간의 연결고리는 친척이나 친구와 같이 친근하고 순수한 감정 관계로서 친척이나 친구를 방문하려고 다른 밴드를 찾아가거나 다른 밴드에 옮겨가 생활하는 것은 마치 친척이나 친구가 있는 새로운 클럽으로 놀러가는 거나 마찬가지라고 할 수 있다.

수렵채집사회는 사회 구성원 간에 또 사회와 환경 간에 조화로운 평형 상태를 이룬 사회라고 할 수 있다. 비록 개인들 간 마찰이 늘 발생하지만 제도적인 충돌은 존재하지 않는다. 인류학자 스탠리 다이아몬드(Stanley Diamond)는 수렵채집사회에 관한 일반적인 결론으로 "'내가 알기로는 원시인들은 혁명이라는 것을 모른다. 대체로 확실하게 이야기할 수 있는 바 원시사회에서 종래로 혁명이 발생하지 않았다.'고 지적하였는데 혁명의 관념뿐만 아니라 개혁의 관념조차 이런 사회와 어울리지 않는다.…… 이런 사회들은 독자적으로 존재할 때 모든 방면들이 줄곧 조화롭게 잘 어울리므로 장구하게 존재할 수 있다."[16]

하지만 "비록 식물채집 집단들이 재산을 공유하고 모든 것을 서로 나누는 특징이 오랫동안 지속되어 왔으나 사실이 증명하다시피 이런 집단

---

16   [美]Leften Stavros Stavrianos, 『遠古以來的人類生命線』, 31쪽.

들은 계급사회나 경쟁사회와 접촉하게 되면 쉽게 부식된다."[17] 수렵채집사회에서 함께 공유하고 서로 나누는 것은 수천 년 내려오면서 전체 사회가 공인하는 행동준칙이다. "그러나 베푸는 것과 얻는 것 간의 긴장관계가 근본적인 해결을 보지 못했는데 이 점은 어느 나이가 많은 남성이 털 담요를 얻으려 요구할 때 '나는 한평생 줄곧 베풀고 베풀었는데 오늘날 난 늙었다. 난 나를 위하여 물건을 좀 달라고 싶다.'고 하는 비정상적인 원망에서 알아볼 수 있다."[18]

이로부터 알 수 있듯이 수렵채집사회는 비록 서로간의 협력과 나눔을 원칙으로 하는 화목한 사회관계를 특징으로 하지만 그 구성원은 개인을 본위로 하는 개인주의자들이지 집단을 본위로 하는 집단주의자들이 아니다. 다만 이들은 아직 재부에 대한 탐욕과 권력에 대한 야욕을 모르는 순박한 감정의 소유자들로서 필수적인 생존 욕구에서 쉽게 만족을 느끼면서 주로 인정미 넘치는 감정생활을 추구하는 사람들이라고 할 수 있다. 그러므로 이들은 비록 개인의 경험적인 욕구의 만족을 추구하는 개인주의자들이라고 할 수 있지만 재부나 권력을 추구하는 탐욕스러운 공리주의자들이 아니라 심리적인 감정의 만족을 추구하는 소박한 감정주의자들이라고 할 수 있다.

바로 개인을 본위로 하는 개인주의자들이기에 비록 협력과 나눔을 전체 사회가 공인하는 행동준칙으로 받들지만 근본적으로는 개인의 이해득실 문제를 초월할 수 없어 베푸는 것과 얻는 것 간의 긴장관계를 근본

---

17 [美]Leften Stavros Stavrianos, 『遠古以來的人類生命線』, 42쪽.
18 [美]Leften Stavros Stavrianos, 『遠古以來的人類生命線』, 43쪽.

적으로 해소할 수 없게 되며, 개인의 경험적인 욕구의 만족을 추구하기에 사회가 평형상태에 처하게 되면 정체되어 혁명이나 개혁 같은 것이 발생할 수 없다. 그러나 사회가 경험적인 욕구를 기초로 운영되기에 상황에 따라 남녀가 평등할 수도 있고 불평등할 수도 있으며 외부의 충격을 받게 되면 반사적으로 반응하면서 쉽게 영향을 받아 변화를 일으킬 수 있다.

상술한 바와 같이 개체의 시각에서 보면 수렵채집사회는 개체의 경험적 욕구의 기반위에 건립된 사회이다. 사회적 시각에서 보면 수렵채집사회에서 사람들 간의 연결고리는 친척관계를 핵심으로 한다. 얼핏 보기에 이는 산업사회 이전의 모든 전통사회에서 나타나는 보편적인 특징으로서 수렵채집사회와 기타 전통사회 간에 별 차이가 없다고 생각할 수도 있다. 하지만 친척관계를 연결고리로 한다고 다 같은 것은 아니다.

인류학에서는 친척관계가 사람들을 연결하는 통합기능의 차이에 따라 친척으로 구성된 공동체를 혈연집단(descent group)과 양측적 친족(bilateral kindred)이라는 두 가지 유형으로 나눈다. 혈연집단이란 역사적으로 실재하였거나 혹은 전설로 전해지는 어느 한 조상의 직계 후손들로 구성된 집단으로서 사회적으로 인정받는 사회적 실체이다. 이와는 달리 양측적 친족이란 살아 있는 어느 한 개체를 통하여 서로 연계되어 있는 혈연관계를 갖고 있는 친척들의 집합체로서 여기에는 부모 양측의 친척들이 포함된다. 혈연집단이 하나의 조상으로부터 내려오는 종적인 직계 친척관계를 연결고리로 구성된 사회적 실체라면 양측적 친족은 어느 한 개체를 중심으로 그 개체의 부모 양측 친척들이 횡적인 방계 친척관계를 연결고리로 구성된 사회관계망이라고 할 수 있다.

양측적 친족은 어느 한 개체를 중심으로 그 개체의 부모 양측 친척들이 횡적인 방계 친척관계를 연결고리로 구성된 집합체이므로 양측적 친족에서는 "(친형제자매가 아닌) 두 사람이 동일한 양측적 친족에 속하는 경우가 있을 수 없다."[19] 혈연집단이 구성원의 자격이 명확하고 대대로 이어지면서 지속되는 독특한 사회집단이라면 이와 달리 개체를 중심으로 하는 양측적 친족은 친족의 계선이 모호하고 구성원이 불확정적이며 시간에 따라 변화할 뿐만 아니라 개체의 사망과 더불어 소실되는 일시적인 사회 관계망이다.

혈연집단은 긴밀히 조직된 사회집단으로서 집단 구성원에게 안정적으로 안전보장, 경제지원 등 종합적인 지원을 제공하는 체계적인 기능을 갖고 있으며 일반적으로 조상숭배 활동이 집단의 단합을 강화하는 강력한 기능을 한다. 반대로 양측적 친족은 어느 특정 개체와 연관이 있는 의미에서 하나의 집단으로 기능할 뿐으로 개체는 양측적 친족으로부터 필요시 도움을 받을 수 있으나 안정적이고 체계적인 기능을 기대할 수는 없다.

혈연집단은 보통 농경사회와 유목사회에서 존재하는데 안정적이고 체계적인 기능을 발휘하는 긴밀한 사회조직으로서 사회생활의 구조적 틀을 제공해준다. 이와 달리 양측적 친족은 대부분의 수렵채집사회와 서양과 같은 산업사회에서 존재하면서 개체가 필요시 도움을 받을 수 있는 사회 관계망으로 역할을 발휘하지만 사회생활의 구조적 틀을 제공해주지 못한다.

---

19 [美]William A. Haviland, 『文化人類學(第十版)』, 瞿鐵鵬·張鈺 역. 上海: 社會科學出版社, 2006, 306쪽.

이상의 논술로부터 개체의 차원에서 수렵채집사회의 구성원은 경험적 욕구의 만족을 추구하는 개인주의자들이고, 사회적 차원에서 수렵채집 사회는 일관되고 체계적인 논리를 운영원리로 하는 안정적인 사회적 틀이 없는 사회임을 알 수 있다. 그러므로 "수렵채집 민족들의 사회조직은 고정적인 모델이 없이 거주하는 자연환경에 의하여 결정된다."[20]

이런 사회는 독자적으로 존재할 때는 어떤 평형상태를 형성하면서 정체되어 있게 되고 외부의 충격을 받게 되면 방향성 없이 쉽게 변할 수 있다. 이는 부시먼들의 사회에 관한 다음과 같은 묘사에서 생생하게 드러난다. "모든 전통이 사라져가고 있을 때 새로운 사물들은 어떤 반응을 가져올 수 있는가? 부시먼들은 결코 경황실색하지 않았다. 반대로 그들은 아주 적극적이고 열정적인 반응을 보였다. 민족학자 마저리 쇼스탁(Marjorie Shostak)은 '그들은 미래를 환영한다. 그 해답은 그들의 문화에서 찾을 수 있는데 산족은 종래로 전통이란 개념이 없다.'고 말하였다."[21] 일관되고 체계적인 운영원리를 가진 안정적인 사회적 틀이 없고 경험적 욕구의 만족을 추구하는 개인주의자들로 구성된 사회는 아무리 오랫동안 존속하였다 할지라도 전체 사회가 추종하는 확고한 전통이란 불가능하다.

결론적으로 수렵채집사회는 서로 간의 협력과 나눔을 뚜렷한 특징으로 하는 사회이지만 경험적 욕구의 만족을 추구하는 개인주의자들로 구성된 사회이다. 다만 이들은 아직 재부에 대한 탐욕이나 권력에 대한 야욕을 모르는 순박한 감정의 소유자들로서 천진난만한 감정주의자들이라

20 童恩正, 『文化人類學』, 上海: 上海人民出版社, 1989, 87쪽.
21 [意]奧爾加·阿曼, 「原始狩獵-采集民族--布須曼人」, 『世界民族』, 朱建中 역. 1985年 第3期, 68-71쪽.

고 할 수 있다. 수렵채집사회에서 가장 기본적이면서도 긴밀한 사회집단
은 보통 일부일처제 혼인관계를 기초로 하는 핵가족이다. 다수의 핵가족
들은 함께 양측적 친족이라는 유동적인 친척집단을 구성한다. "개체가
젊었을 적에는 그 부모의 양측적 친족에 속하고, 마지막에는 그의 자녀
및 조카들의 양측적 친족에 속하게 된다."[22] 핵가족과 양측적 친족 모두
특정 개체의 사망과 더불어 소실되는 일시적인 사회집단이므로 수렵채집
사회에는 일관되고 체계적인 운영원리를 가진 안정적인 사회적 틀이 존재
하지 않는다. 따라서 사회의 존재양식은 경험적 욕구의 만족을 추구하는
사회구성원의 행위에 따라 결정되는데, 평형 상태에서는 정체된 양상을
나타내게 되고 외부의 충격을 받게 되면 방향성 없이 변하게 된다.

2. 모계가족 공동체

가족 공동체는 세계 각지 여러 민족들의 역사에서 광범하게 존재하는
사회현상이다. 가족 공동체는 모계가족 공동체와 부계가족 공동체로 나
눌 수 있다. "부계가족 공동체는 모계가족 공동체의 기초 위에서 출현하
였다. 중국 운남성의 라후족(拉祜族), 라오스의 카이탄인(凱坦人), 캄보디
아의 피어르인(皮爾人), 베트남의 메이인(眛人) 사회에는 모계가족 공동체

---

22 [美]William A. Haviland, 『文化人類學(第十版)』, 瞿鐵鵬·張鈺 역. 上海: 社會科學
    出版社, 2006, 306쪽.

중국문화와 덕치사상

와 부계가족 공동체가 병립하여 존재하는데 이들 사회들은 모두 모계로부터 부계로 전환하는 추세를 나타내고 있어 원시사회에서 모계가족 공동체가 부계가족 공동체로 진화할 가능성을 유력하게 보여주었다."[23]

가. 무부무부(無父無夫)의 모쒀족(摩梭族) 가정과 주혼(走婚)

중국 서남부에 위치한 사천성과 운남성의 접경지역에 있는 로고호(瀘沽湖) 주변에는 모쒀(摩梭)라고 불리는 민족이 있는데 이들 스스로는 '나를(納日)' 혹은 '나(納)'라고 부른다. 인구는 대략 3만 명 정도이며 중국정부의 민족 분류에서는 나시족(納西族)에 속한다. 2001년, 홍콩학자 주화산(周華山)은 모쒀족 사회에서 겪은 장기간의 생활체험을 기초로 『무부무부의 나라?(無父無夫的國度?)』라는 저서를 발표하였다. 이는 모쒀족의 사회문화에 관하여 처음으로 체계적이고도 자세하게 묘사한 연구서라고 할 수 있다.

전통적인 모쒀족 사회에서는 남녀의 혼인관계를 가정의 기초로 삼지 않는다. 소위 말하는 남자는 장가가지 않고 여자는 시집가지 않는다는 것이다. 따라서 전통적인 모쒀족 가정에는 부친, 아내, 남편, 며느리 등 칭호들이 없으며 부자관계, 부부관계, 고부관계 등도 존재하지 않는다. "전체 가정은 모친과 그 자녀 및 모친 자매의 자녀 간의 종적인 관계와 자매형제 간의 횡적인 관계를 핵심으로 한다."[24] 그러나 이러한 관계 외에도 양

---

23 林耀華·莊孔韶,『父系家族公社形態研究』, 西寧: 靑海人民出版社, 1984, 90쪽.
24 周華山,『無父無夫的國度?』, 北京: 光明日報出版社, 2010, 30쪽.

자, 데릴사위, 결혼 등 방식으로 노동력을 보충하거나 대를 잇게 하는 경우도 있다.

모쒀족 사회에서 사회를 구성하는 기본단위는 독립적인 개체나 부부로 구성된 핵가족이 아니라 모계가정이다. 모쒀족 사회에서 절대다수의 사회활동은 모두 가정을 기본단위로 하지 개인을 기본단위로 하지 않는다. 모쒀족은 개인재산이란 관념이 없으며 모든 재산은 가정에 속한다.

모쒀족 가정에서는 가장이 가정재산의 보관과 사용, 생산과 생활의 조직, 대외 사무나 중요한 행사 등에 관한 결정을 담당한다. 가장은 일반적으로 연장자들 중에서 제일 능력 있는 사람이 담당하며 성별에 관한 제한이 없다. 모쒀족 남성들은 일반적으로 여성이 가장으로 되는 것을 지지하지만 가장 자격에 관하여 성별이나 연령 혹은 세대에 관한 제한이 있는 것은 아니다.

"모쒀족 사회에는 '외삼촌이 의례(儀禮)를 책임지고 모친이 재산을 관리한다.'는 문화전통이 있으므로 매 가정마다 가정을 관리하는 사람이 두 명 있다. 여성 관리자는 주로 가사노동과 생산 활동에 대한 관리를 책임지고 남성 관리자는 가정과 사회 간의 관계 처리를 책임진다. 두 사람 중에서 더 능력 있고 더 명망 높은 사람이 가장으로 된다."[25]

총체적으로 모쒀족은 가정의 번성과 발전을 절대적인 최고 목표로 하여 융통성 있게 가정을 조직하고 가장을 선택한다. 모쒀족 사회에서 "가정 및 가정의 명성은 가정성원들이나 모계혈통보다 영원히 우선시 된

---

25 陳柳, 「摩梭人的'家屋'觀念」, 『中央民族大學學報(哲學社會科學版)』, 2008年 第3
    期, 46-50쪽.

다.”[26]

모쒀족 가정에서 가장의 인선은 시간의 흐름에 따라 자연스럽게 확정되는데 이는 오랜 기간의 공동체 생활에서 전체 구성원이 마음속으로부터 감복하여 자발적으로 따르게 된 결과이다. 가장에 대한 가장 중요한 요구는 가정의 이익으로부터 출발하여 가정의 화목을 보장하고 모든 구성원을 공정하게 대해주는 것이다. 가장은 개인적인 특권을 갖고 있지 않으며 권한을 남용하는 경우는 극히 드물다.

중요한 사항들은 모두 가장과 가정의 성년 남녀들이 함께 의논하여 결정한다. “이런 공정과 집단의 원칙은 가장에 대한 요구일 뿐만 아니라 전통적인 모쒀족 문화의 심층구조로서 그 가운데 가장 두드러지는 것은 ‘사유재산’ 관념이 근본적으로 존재하지 않는다는 것이다.”[27] 전통적인 모쒀족 가정에는 개인 소유의 의복이라는 것이 없이 집에 있는 옷들은 남녀를 불문하고 너도 나도 마음대로 입고 다니는데 이는 가히 모쒀족 문화의 성격을 보여주는 대표적인 예라고 할 수 있다.

모쒀족은 어머니를 ‘아미(阿咪)’라고 부르고 외삼촌을 ‘아우(阿烏)’라고 부른다. 미혼이든지 기혼이든지 애가 있든지 없든지 불문하고 부녀들은 모두 ‘아미’라고 부른다. 다시 말하면 가정에서 성년 여성들은 모두 ‘아미’라고 부르고 성년 남성들은 모두 ‘아우’라고 부른다. “모쒀족은 자기의 생모, 생모의 자매, 생모 형제의 여자들을 모두 ‘자기의 어머니’로 여기고 마찬가지로 자기의 자녀뿐만 아니라 자기 자매의 자녀들도 모두 ‘자기의 자

---

26 陳柳, 「摩梭人的‘家屋’觀念」, 『中央民族大學學報(哲學社會科學版)』, 2008年 第3期, 46-50쪽.
27 周華山, 『無父無夫的國度?』, 北京: 光明日報出版社, 2010, 36쪽.

녀'로 여긴다. 이것은 모쒀족 사회의 도덕관념으로서 자녀(조카)들을 보살 피는 것은 어머니들의 공동 책임이며 연로한 어머니들을 부양하는 것은 자녀(조카)들의 공동 책임이다."[28] 그런 고로 심지어 "어떤 모쒀족은 어릴 때 누가 생모인지 전혀 분별하지 못한다."[29]

어머니와 아기 간의 관계는 모든 인간관계의 출발점으로 된다. 모 쒀족 문화에서는 이런 골육 간 동심일체(同心一體)의 관계가 사회 전체로 확장되었을 뿐만 아니라 심지어 문화 전반에 침투되어 심층 구조로 존재한다. '아미'는 이미 생물학적 용어로부터 전체 문화의 핵심 부호(符号)로, 일종의 집단적 무의식(collective unconsciousness) 으로 승화되어 근근이 부녀들의 주체적 지위에 대한 긍정을 대표하 는 것뿐만 아니라 감정의 조화, 가족의 단합, 노인을 공경하고 어린 이를 사랑하는 것을 근본으로 하는 사상관념과 가치관을 대표한 다.[30]

모쒀족 사회에서는 모자간의 관계와 같은 '사랑의 동맹'이 가정, 씨족 나아가 전체 사회의 핵심원칙으로 되어 "노인을 공경하고 어린이를 사랑 하며, 너그럽고 공손하며, 사양하고 후해야 함은 모쒀족 문화에서 집단도 덕의식(集團道德意識)으로 되어 있다."[31] 모쒀족은 일이 힘들 때도 늘 즐거

---

28 周華山, 『無父無夫的國度?』, 北京: 光明日報出版社, 2010, 10쪽.
29 周華山, 『無父無夫的國度?』, 北京: 光明日報出版社, 2010, 9쪽.
30 周華山, 『無父無夫的國度?』, 北京: 光明日報出版社, 2010, 11쪽.
31 周華山, 『無父無夫的國度?』, 北京: 光明日報出版社, 2010, 65쪽.

운 마음으로 지내는데 "관건은 바로 모쒀족으로 하여금 추호의 걱정도 없게 하는 가정문화에 있다. 신변에 언제나 십여 명의 동모(同母), 동근골(同根骨), 동혈원(同血源)의 식구들이 있어 평생을 사는 동안 언제나 무조건 지지해주고 관심을 둔다고 생각해보라. 그런 만족감, 안전감, 신뢰감, 홀가분함, 편안함은 인간세상에서 찾아보기 참으로 쉽지 않을 것이다. 이것이 바로 모쒀족 모계문화의 정화(精華)이다."[32]

모쒀족 문화는 여자를 중히 여기고 여자들이 늘 가장의 책임을 맡아 가사노동과 생산 활동을 관리하지만 이들은 쉴 새 없이 일하는데 부녀들이 일하는 시간은 남성들의 몇 곱절이나 된다. 그럼에도 불구하고 추호의 원망도 없으며 자기의 노고로 인하여 식구들이 덕을 보게 되면 그것으로 즐거워한다.

모쒀족 문화에서 외삼촌은 남성의 지위와 권위의 최고봉이다. 모계가정 내에서 생활하는 남성들은 여성의 남편이거나 애들의 부친이 아니라 여성의 형제, 아들 혹은 조카들이다. 외삼촌은 여성이 가장 의지할 수 있는 남성으로서 부계사회 부친의 역할을 담당하여 조카들한테 사냥, 노 젓기, 그물 치기, 밭 갈기, 경작, 방목, 말 몰기, 닭이나 돼지 잡기, 가옥 수리 등 기술을 전수하는데 다만 보살피는 대상이 그들의 친자식이 아닐 뿐이다.…… 모쒀족 사회의 외삼촌과 조카의 관계는 그야말로 친밀하기 짝이 없어 외삼촌은 조카들의 제일 중요한 의존 대상이고 도움을 구하는 대상이며, 반대로 외삼촌

---

32   周華山, 『無父無夫的國度?』, 北京: 光明日報出版社, 2010, 78쪽.

의 만년에는 조카들이 보살펴 드리는 완벽한 양성순환을 형성한다. 조카들로 말하면 외삼촌은 가장 친근하면서도 가장 권위가 있는 존엄스러운 웃어른으로서 생부(生父)보다도 더 친근하여 심지어 외삼촌이 조카를 엄하게 질책해도 생부(生父)가 간섭해서는 안 된다. 이는 외삼촌으로 하여금 조카들 앞에서 엄숙한 모습을 보이게끔 하여 권위의 성격이 다분하고 친근함이 적어 마치 중국의 전통적인 부친이 자식들 앞에서 마음대로 부친의 존엄을 내려놓지 못하는 것과 같다. 이런 엄숙한 외삼촌으로 자처하는 정중한 모습은 이미 모쒀족 모계문화에서 외삼촌들의 독특한 심리적 특질로 되었다.[33]

가정에서 남성들의 중요한 지위는 또 "외삼촌이 의례(儀禮)를 책임지고 어머니가 재산을 관리한다."는 문화전통에서도 체현된다. 여성들이 일상생활의 관리방면에서 뚜렷한 우위를 보인다면 남성들은 비교적 큰 재산의 관리나 사회관계의 처리, 주혼(走婚)관계를 확인하는 '경과장(敬鍋莊)'[34] 및 장례에서 시신을 처리하는 등의 의식(儀式)에서 더 큰 영향력을

---

33 周華山, 『無父無夫的國度?』, 北京: 光明日報出版社, 2010, 52쪽.
34 경과장(敬鍋莊): 모쒀족이 거주하는 본채를 모친의 방 혹은 외조모의 방이라고도 부르는데 본채 안에는 화로를 설치한다. 화로 뒤편에는 조왕신을 모시며 조왕신 바로 앞에는 옴폭하게 패인 네모난 돌을 놓는데 이 돌을 과장석(鍋莊石)이라고 한다. 과장석(鍋莊石)은 조왕신(竈王神)과 조상들이 음식을 받는 곳이다. 모쒀족은 하루 세끼 끼니마다 식사 전에 반드시 약간의 술이나 차, 밥과 반찬을 과장석(鍋莊石) 위에나 혹은 앞에 차려 놓는다. 이는 조왕신과 조상들이 후손들보다 먼저 음식을 받는다는 것을 의미할 뿐만 아니라 조상들이 시시각각 후손들의 일거일동을 지켜본다는 것을 의미하기도 한다. 기타 명절이나 어떤 행사 때에도 과장석(鍋莊石)에 경의를 표하는 의식(儀式)을 진행한다.

행사한다. 그러므로 모쒀족 여성과 남성은 서로 다른 영역에서 각자 우위를 발휘하면서 남녀 간 평등하면서도 화목하게 어울리는 사회를 형성한다.

전통적인 모쒀족은 감정을 중히 여기고 재물을 가볍게 여기며, 사람들 간의 화목을 중히 여기고 서로 경쟁하는 것을 꺼리며, 가정을 중히 여기고 사회를 가볍게 여긴다. 만사 젖히고 결사적으로 출세하려는 사람은 극히 희소하며 더구나 바깥 세상에 나가 뿌리를 내리려는 분투정신은 보기 힘들어 좌절을 당하기만 하면 바로 고향으로 돌아가려고 한다. 고향에 있는 회사에 출근한다고 해도 열심히 돈을 벌고 싶은 생각이나 두각을 나타내고 싶은 욕구는 없이 그냥 재미 삼아 일하는 경우가 보통이다. 그러므로 일을 하다가도 집에 조금만 무슨 일이 있게 되면 말 한마디 없이 바로 집으로 달려가는 경우가 다반사다.

이는 모쒀족 사회에서 결코 강렬한 경쟁의식과 성공의식이 존재하지 않음을 의미하지 않는다. 다만 모쒀족 사회에서 중히 여기는 것은 어느 가정이 더 화목하고 더 잘 단합됐는가 하는 것이다. 전통적인 모쒀족으로 말하면 진정한 성공은 사업의 성공이나 사회적 지위가 아니라 식구들이 한마음인가, 노인을 공경하고 어린이를 사랑하는가, 어린이 늙은이 할 것 없이 모두 즐겁고 행복한가 하는 것이다. 그들이 보기에 실패라는 것은 식구들이 화목하지 못하고 노인을 공경하지 않는 것이다.

모쒀족 사회에서 남성으로서 가장 중요한 것은 가정의 큰일들을 타당하게 잘 처리하는 것이며, 이웃들의 어려움도 다 도와줘 해결해 줄 수 있다면 그는 그야말로 진정한 대장부라고 할 수 있다. "소위 대장부라는 것은 개인주의 식의 개인 능력이나 매력을 표준으로 하는 것이 아니라 가정에 대한 그의 공헌을 보는 것이다. 최고의 경지는 자기의 가정을 위한 노력과 헌신을 촌락의 다른 가정에까지 널리 넓혀가는 것이다.…… 남성들에 대한 이런 요구는 여성들한테도 마찬가지로 적용되므로 이런 요구는 남성들에 관한 남성관(男性觀)이라기보다 오히려 모쒀족의 인생관이라고 해야 할 것이다."[35]

그러므로 모쒀족 사회에서 사업에 성공하고 외지에 나가 일하거나 카리스마가 있거나 하는 것은 개인이 사회적 기대에 부응하기 위하여 강박적으로 떠밀려 분투한 결과가 아니라 순전히 내적인 감정과 재능의 자발적 발현에서 비롯된 객관적인 결과일 따름이다.

외계에서 볼 때 전통적인 모쒀족 문화에서 가장 특이하게 느껴지는 것은 아마도 주혼(走婚)일 것이다. 남녀 쌍방이 서로 마음만 맞으면 바로 주혼관계를 성립할 수 있으며 그렇게 되면 남자는 밤에 여자의 방에 가서 밤을 지새울 수 있지만 이튿날 아침 날이 밝기 전에 떠나야 한다. 주혼관계의 남녀는 동거하거나 가정을 이루지 않는다. 일반적인 경우 남자와 여자는 일상의 노동에서나 명절에 서로 알게 된 후 시간의 흐름에 따라 정이 생기면서 주혼관계를 형성한다. 모쒀족의 주혼은 완전히 감정을 기초로 하며 일단 감정이 멀어지면 관계도 바로 끝난다. "상대를 선택함에 있어서 가장 중요한 것은 착한가, 부지런한가, 식구들을 배려할 줄 아는지 등의 인품에 관한 것으로 가장 꺼리는 것은 이기적으로 제 욕심만 차리거나 난잡하게 주혼관계를 갖는 사람이다."[36]

모쒀족은 보통 결혼식이나 잔칫상을 차리지 않는다. 그러나 어린애가

---

35   周華山, 『無父無夫的國度？』, 北京: 光明日報出版社, 2010, 198쪽.
36   周華山, 『無父無夫的國度？』, 北京: 光明日報出版社, 2010, 112쪽.

출생하여 한 달이 될 때 '만월주(滿月酒)'를 차리는데 모쒜족으로 말하면 이것이 바로 정식 결혼을 알리는 '결혼식'이라고 할 수 있다. '만월주'는 남자측이 준비하며 여자 집에 많은 식품과 예물을 보낸다. 그 후 매년 음력 설마다 아이에게 선물을 사준다. 이로부터 알 수 있듯이 모쒜족의 사회문화에서 아이의 부친을 배척하거나 부정하지 않는다.

'만월주'는 여자를 중심으로 아이의 어머니 가정에서 차려지고 참가하는 마을 손님들은 반드시 각 가정의 모친이지만 남자 측이 준비하므로 함축되어 있는 의미가 아주 분명하여 첫 번째는 모친, 부친, 아이 세 사람의 관계를 확인하는 것이고, 두 번째는 아이의 부친이 모계친척 외의 가장 중요한 친척임을 확인하는 것이며, 세 번째는 부친의 가정에서 손님들을 청하여 애어머니 측 가정에 새로운 성원이 생겨남을 축하한다는 것이다.

'만월주'를 차린 후에 남자와 여자의 가정은 친척으로 되어 상대방에 일이 있게 되면 서로 도와주면서 아주 친근하게 보낸다. 이로부터 남자는 낮에도 여자 집에 가서 일을 도와줄 수 있으며 저녁식사 후에는 보통 여자 집에 가서 한담으로 세월을 보내곤 한다. 부자간에는 애 출생 때 외에도 성인식, 매년 음력설, 부친이 사망했을 때 반드시 부담해야 할 명확한 상호 책임들이 있다. 모쒜족은 성인식을 올릴 때 반드시 부친의 집에 가서도 식을 올려야 하며 자기의 모계가정에서 식을 올린 다음 곧바로 부친의 집으로 가야 한다. 이로부터 알 수 있듯이 부친은 모계가정 외에 가장 중요한 사람이다.

주혼은 완전히 서로 간의 감정을 기초로 하므로 '이혼율'이 상당히 높다. 하지만 일평생 아기자기하게 지내는 반려들도 찾아보기 어려운 것은 아니다. 낙수하촌(落水下村)의 거저천쒜(格則陳索)가 바로 그 대표적인 예이다.

거저천쒀는 아랫마을의 아이(阿依)와 평생 주혼관계를 가졌는데 서로 의지하면서 딸 넷 아들 하나를 두었다. 만년에도 그는 매일 아랫마을에 가서 아이(阿依)와 함께 식사하였다. 그는 재능이 출중했을 뿐더러 이야기도 잘 했으며 늘 감미로운 노랫소리로 정서를 표현하거나 실의에 빠져 우울해하는 사람을 위안하여 주었다. 그가 사망했을 때 그의 아들은 비통을 이기지 못하여 사흘 만에 그를 따라 저세상에 갔고 사랑하는 사람과 아들을 잃은 아이(阿依)는 그로부터 과묵해지더니 일 년도 안 되어 세상을 떠났다.

결론적으로 모쒀족 사회에서 모계가정은 가장 기본적인 사회단위일 뿐만 아니라 어떤 것보다도 우선시되는 절대적인 중심이다. 가정성원 간에는 모친과 자녀 간의 종적인 관계를 근간으로 하고 자매형제 간의 횡적인 관계를 보조적인 관계로 하는 순수한 모계혈연 관계이다. 모든 재산은 전체 식구들이 함께 공유하며 개인재산 관념이란 존재하지 않는다. 모쒀족 사회 가치관의 핵심은 감정의 조화, 가정의 단합, 노인을 공경하고 어린이를 사랑하는 것을 근본으로 하는 모자간의 관계와 같은 '사랑의 동맹' 원칙이다. 남녀 간의 주혼관계는 순수한 감정을 기초로 하며 쌍방의 철저한 자주성을 뚜렷한 특징으로 한다.

나. 모계가족 공동체와 대우혼(對偶婚)

모건(Lewis Henry Morgan)의 저서 『고대사회(Ancient Society)』로 세상에 널리 알려진 북아메리카의 이로쿼이족(Iroquois) 사회도 모계사회에 속한다. 하지만 모쒀족 사회와 달리 이로쿼이족 사회의 기본단위는 목조로 된 기다란 집에 함께 거주하는 모계 친척관계를 갖고 있는 여러 명의 부녀들과 그녀들의 배우자 및 자녀들이 함께 생활하는 모계가족 공동체이다.

모계가족 공동체는 하나의 여성 시조로부터 내려온 가까운 모계친척들로 구성되며 보통 몇 십 명 정도이나 많을 때는 백 명도 넘는데 일반적으로 나이가 많고 명망이 높은 부녀가 가장을 맡는다. 모계가족 공동체 성원들은 이로쿼이족처럼 하나의 비교적 큰 건물에 함께 거주하거나 가까이 있는 여러 건물에 나누어 거주하기도 한다. 일부 개인용품을 제외한 모든 재산은 전체 구성원이 함께 공유하며 함께 노동하고 생활 물자는 공동으로 소비한다.

모계가족 공동체사회에서는 일반적으로 여자 측 집에 거주하는 대우혼(對偶婚)을 주요 혼인형식으로 한다. 이로쿼이족은 결혼을 하게 되면 남자가 여자 측 집에 거주하거나 따로 거주하는 방식을 취한다. 혼인관계는 쉽게 끝날 수 있으나 엄격한 일부일처제를 실행하며 일부다처(一夫多妻)나 일처다부(一妻多夫)의 경우가 혹시 있을지라도 관습법에 위반된다. 자녀들은 어머니를 따르며 어머니가 속한 모계가족 공동체에서 생활한다. 비록 남자가 여자측 집에 거주한다고 해도 그는 여자측 가족 공동체 구성원이 아니다. 그는 여전히 자기가 태어나서 자란 모계가족 공동체 구성원으로서 자기가 귀속된 가족 공동체에 대한 의무를 짊어져야 한다.

길이가 긴 집 내부의 중간에는 복도가 있고 복도에는 부뚜막이 몇 개 설치돼 있으며 복도 양측에 여러 개의 방들이 있는데 한 쌍의 배우자와 그들의 어린 자녀들로 구성된 핵가족이 방 하나씩 차지한다. 가족 공동체 내부 사무에서는 부녀들이 주요 역할을 담당하고 대외 사무에서는 부녀들의 외삼촌들이나 형제들이 중요한 역할을 담당한다. 이로쿼이족 사회에서 농사일은 주로 여성들이 도맡는데 수확물은 모두 가족 공동체에 속한다. 이들 사회에서 남녀의 지위문제에 관하여 어느 한 이로쿼이족 수령은 다음과 같이 말하였다.

> 이로쿼이족의 사회는 하나의 날카로운 화살과 같다. 남자는 화살촉으로서 영원히 앞으로 돌진하는 전사이고 대외로는 부락을 대표한다. 부녀들은 화살의 대로서 사회의 중견 역할을 하며 사회의 생존과 종족(種族)의 지속은 주로 그들에게 의존한다. 전체 사회의 방향을 장악하는 사람들로는 남성 수령들뿐만 아니라 여성 수령들도 있으며 이 양자는 마치 화살 뒤끝의 두 개의 깃털 같아 어느 하나도 없어서는 안 되는 것으로 모두 존경받는 사람들이다. 마지막으로 그는 아주 엄숙하게 억지로 이로쿼이족 남녀들의 지위가 누가 높고 누가 낮다고 구분함은 틀린 것이며 불가능한 것이라고 지적하였다.[37]

미국의 애리조나(Arizona) 주 동북부 지역에는 호피(Hopi)족이라고 하는 인디언들이 살고 있는데 전통적인 호피족 사회는 모계가족 공동체사회이다. 전통적인 호피족 사회에서 모계가족 공동체는 늘 하나의 큰 울안에 있는 건축물에 거주하며 보통 나이가 많은 부녀가 가장을 담당하여

---

37 汪寧生, 『文化人類學專題研究: 關於母系社會及其他』, 蘭州: 敦煌文藝出版社, 2007, 14쪽.

공동체 생활에서 적극적인 역할을 한다. 그러나 가장은 그의 형제들 혹은 외삼촌들에게 명령을 내리지는 않는다. 토지와 수확물은 모두 가족 공동체가 공유한다.

호피족 사회도 여자 측 집에 거주하는 대우혼을 주요 혼인형식으로 한다. 남편들은 아내의 가족 공동체에서 생활하나 이들은 가족 공동체의 구성원이 아니므로 아내의 가족공동체 안에서 생활하는 '외인(外人)'이라고 할 수 있다. 여자들은 남편에 대하여 불만이 있으면 아무 때든지 남편의 물건을 문밖으로 내버려 혼인관계를 끝낼 수 있다. 일반적으로 아내의 가족 공동체와 남편이 귀속된 가족 공동체가 멀리 떨어져 있지 않기에 남편들은 종종 돌아가서 자기 공동체의 일을 돕는다.

비록 토지와 수확물 모두 아내측 가족 공동체에 속하고 심지어 남편들은 곡창에 들어가는 것도 금지되지만 농사일은 보통 이 '외인'들이 도맡는다. 이렇게 호피족 남성들은 일생동안 아내의 가족 공동체를 위하여 일한다. 그들은 아들한테 농사일도 가르친다. 그럼에도 불구하고 아버지와 아들은 서로 다른 가족 공동체에 속하므로 아들에 대한 '아버지로서의 권위'가 없다. 그러므로 말썽부리는 자식이 있어 타일러도 말을 듣지 않는 경우 애 어머니의 형제들을 청하여 훈계하고 단속하게 한다.

모계가족 공동체사회는 농업을 기초로 하는 사회이다. "식물(食物)생산의 임무는 각종 사회조직들이 형성되는데 도움이 된다.······ 정착지의 발전, 대량의 인구 및 토지나 물 같은 중요한 자원들을 함께 이용하게 됨으로써 사회는 점점 더 복잡한 구조를 나타내게 된다."[38]

---

38   [美]William A. Haviland, 『文化人類學(第十版)』, 瞿鐵鵬·張鈺 역. 上海: 社會科學

모계사회에서는 일반적으로 모계친척관계에 따라 친밀한 정도가 다르고 기능이 다른 여러 차원의 혈연집단들을 형성한다. 호피족 사회에는 모계친척관계에 따라 형성된 다수의 씨족들이 존재한다. "모든 사람은 출생하게 되면 바로 그 어머니의 씨족에 귀속되며 이런 귀속은 아주 중요하여 만일 한 사람이 귀속된 씨족이 없다면 그는 신분이 없는 사람으로 된다. 두 개 혹은 더 많은 씨족들이 연합하여 씨족보다 더 큰 사회단위인 연족(聯族)를 구성하는데 호피족 사회에는 아홉 개의 이런 조직들이 있다."[39]

전통적인 호피족 사회에는 촌락마다 수령과 남성들로 구성된 촌의회가 있다. 수령과 촌의회의 주요 책임은 부락의 단합과 평화를 유지하는 것이며 그 권한은 아주 제한적이어서 수령이나 촌의회의 "의사결정은 반드시 의견의 일치를 기초로 해야 하며 부녀들과 기타 남성들의 의견들을 모두 수렴해야 한다."[40]

비록 모계가족 공동체 내에서 여성이 주도적 역할을 하고 대외 생활에서는 남성이 주도적 역할을 하는 이유로 호피족 사회에서 남성들이 권력을 장악하고 있다고 하지만 여성들이 막후에서 그들의 결정에 대하여 상당한 영향력을 행사한다. 예를 들면 "부녀들은 의식(儀式)을 진행할 때 직책을 이행하는 것을 거절함으로써 거부권을 행사할 수도 있다. 그러므로 호피족 남성들은 '여자들은 늘 제 맘대로 한다.'는 것을 아주 달갑게 인정한다."[41]고 한다.

出版社, 2006, 178쪽.

39 [美]William A. Haviland, 『文化人類學(第十版)』, 296쪽.
40 [美]William A. Haviland, 『文化人類學(第十版)』, 289쪽.
41 [美]William A. Haviland, 『文化人類學(第十版)』, 297쪽.

3. 원예농업과 모계사회

가. 농업의 기원문제

농업의 저급단계는 원예농업이라고 하고 고급단계는 집약농업이라고 한다.

인류학의 조사 자료로 보면 모계사회는 일반적으로 가장 원시적인 농업단계인 원예사회에서 발견되는 경우가 대부분이다. "원예농업 민족의 사회에서는 생계를 유지함에 부녀들의 노동이 특히 중요하며 거기에서는 모계혈연관계가 우월적 지위를 차지한다. 구세계(舊世界) 식물생산의 발원지 중 하나인 남아시아에는 대량의 모계사회가 존재하는데 여기에는 인도, 스리랑카, 인도네시아, 중국 티베트와 중국 남부에 있는 많은 사회들이 포함된다. 북미 각지에 있는 원주민들과 아프리카 여러 지역에서도 모계혈연관계가 뚜렷한 지위를 차지한다."[42]

기나긴 세월 수렵채집 방식은 인류가 생계를 영위하는 유일한 방식이었으나 약 1만 년 전에 일부 지역에서 농업이 출현하였다.

생존의 시각에서 보면 수렵채집사회의 생존책략은 아주 성공적이라고 할 수 있다. "미국의 고고학자들은 민족학의 자료들로부터 수렵채집사회의 사람들은 식물이 풍족하여 농경사회의 사람들에 비하여 여가 시간이 더 많고 영양 상태가 더 좋으며, 신체가 더 건강하고 수명도 더 길다는 것

---

42   [美]William A. Haviland, 『文化人類學(第十版)』, 289쪽.

을 발견하였다. 오늘날 수렵채집자들의 식물 압력은 농업사회보다 덜하다.…… 더욱 중요한 것은 많은 학자들이 식물을 생산하는 것이 결코 최상의 생존방식이 아님을 알게 된 것이다.[43]

수렵채집사회에서는 생계를 유지하는 것이 별로 고생스럽지 않으며 자원이 풍부한 곳으로 이동하기만 한다면 비교적 괜찮은 생활을 유지할 수 있다. 이와는 달리 일단 장기적으로 어느 한 지역에 정착하는 농부로 되면 부지런히 일해야 할 뿐만 아니라 가뭄과 홍수 등 자연재해로 피해를 보게 될 수도 있다. 그렇다면 어찌하여 인류는 수렵채집자로부터 농부로 되어 고생을 사서 하게 되었는가?

농업생산에 종사하는 기본 전제는 식물에 관한 재배기술 및 순화(馴化)기술을 장악하는 것이다. 장기간의 수렵채집 생활에서 인류는 자연스럽게 동식물에 관한 대량의 경험과 지식을 축적하게 된다. 그러므로 "식물생산은 수렵채집자들에게 결코 생소한 것이 아니다. 호주의 토착민들, 북아메리카 서남부의 인디언들, 아마존 삼림의 인디언들은 모두 그들이 필요로 하는 식물을 옮겨 심고 관리할 줄 안다."[44]

조사 자료에 의하면 선사시대 일부 지역에서는 수렵채집 방식과 식물생산 방식을 엇갈아 반복하여 사용하였던 것으로 나타난다. 예를 들면 중국 연산−장성(燕山−長城) 주변지역에 살았던 고대인들은 "기후가 적절할 때는 식물을 생산하고 기후가 마땅치 않을 때는 다시 수렵채집 방식으로 되돌아갔다. 이 지역은 환경의 과도지대(過渡地帶)에 위치하고 있

---

43 鄭建明,「西方農業起源硏究理論綜述」,『農業考古』, 2005年 第3期, 33−38쪽.
44 陳勝前,「中國晚更新世−早全新世過渡期狩獵采集者的適应變遷」,『人類學學報』, 2006年 第25卷 第3期, 195−207쪽.

어 기후변화에 아주 민감하다.…… 고대인들은 때에 맞춰 생계방식을 조절하는 책략으로 환경의 변화에 적응하였다."[45]

이런 사례들은 식물생산이 결코 고대의 수렵채집자들에게 필연적인 선택은 아님을 보여주는 것 같다. 하지만 "현재 이미 근동지역, 중국, 중미, 남미, 미국 동부 등 5개 지역이 농업기원의 원생지임이 확인되었다. 이 외에 4개의 '후보'지역이 더 있다."[46] 그렇다면 어떻게 농업생산이 서로 다른 5개 지역에서 독립적으로 출현하게 되었는가?

농업의 기원문제에 관하여 적지 않은 학자들은 기후와 환경의 변화가 원시농업이 출현하게 된 원인이라고 주장한다. 갱신세(更新世, 플라이스토세) 말기 지구의 기후와 환경에 거대한 변화가 발생하게 됨에 따라 일부 동식물들이 사라지게 되어 인류가 수렵채집 방식에 의존해서는 더 이상 생존을 유지할 수 없게 됨으로써 부득이 농업생산 방식으로 생계를 유지할 수밖에 없었다는 것이다.

기후변화에 기초한 해석은 하나의 사실로 하여 곤경에 빠지게 되는데 그것은 전체 갱신세 시기에 기후와 환경이 줄곧 안정적이지 못하였다는 것이다. 각종 유형의 기후뿐만 아니라 인류가 유럽과 중동에 거주한 150만년 동안 적어도 10차례 기후와 환경의 격렬한 파동이 발생하였다. 중부 및 북부 아프리카 지역의 수림과 나무가

---

45 陳勝前,「中國晚更新世－早全新世過渡期狩獵采集者的適応變遷」,『人類學學報』, 2006年 第25卷 第3期, 195－207쪽.
46 彭鵬,「試論近東地區的農業起源－以植物的栽培和馴化爲中心」,『四川文物』, 2012年 第3期, 37－47쪽.

듬성듬성한 초원에서도 격렬한 변화가 발생하였다. 만일 기후변화
가 갱신세 말기와 갱신세 후 문화의 전환에 그토록 중요했다면 어찌
하여 이런 전환이 더 일찍 일어나지 않았는가?[47]

　다른 일부 학자들은 원시농업이 출현하게 된 원인이 인구 압력이라고
주장한다. "코헨(Cohen)은 인구 압력을 세계 각지에서 식물생산이 시작된
가장 중요한 원인으로 보았다. 그 잠재적 함의는 인구가 끊임없이 증가하
는 내적 추세가 있으나 사람들은 이 증가 추세를 통제하기 어렵다는 것이
다. 코헨은 갱신세 말기와 홀로세(Holocene, 完新世) 초기 지속적인 인구의
증가와 팽창으로 인하여 홀로세가 시작될 때 지구상에는 인구가 넘쳐나
다른 지역으로의 이주가 어렵게 되었다고 주장하였다."[48] 즉 인구는 넘쳐
나는데 다른 곳으로 확장하지 못하니 한정된 지역에서 더 많은 식물을
취득할 수밖에 없어 부득이 고생스러워도 수렵채집보다 더 많은 식물을
얻을 수 있는 농업생산 방식을 선택할 수밖에 없었다. "그러나 이 이론에
서 가정한 갱신세 말기의 인구 증가를 지지하는 증거는 없다."[49]
　인구 압력설의 가장 큰 문제는 "이 이론이 수렵채집 민족들은 일반적
으로 인구를 특정 지역이 감당할 수 있는 수준 이하로 안정시키는 경향
을 가지고 있다는, 이런 누구나 알고 있는 사실과 모순된다는 것이다."[50]

47　[加]布賴恩·海登,「石器時代的研究與進展: 狩獵采集群的技術轉變」, 陳虹 역.『南
　　方文物』, 2010年 第3期, 135-145쪽.
48　張修龍·吳文祥·周揚,「西方農業起源理論評述」,『中原文物』, 2010年 第2期,
　　36-45쪽.
49　張修龍·吳文祥·周揚,「西方農業起源理論評述」, 36-45쪽.
50　張修龍·吳文祥·周揚,「西方農業起源理論評述」, 36-45쪽.

중국문화와 덕치사상

인구 압력이 존재하였다 할지라도 헤이든(B. Hayden)이 지적한 바와 같이 "이론적인 관점과 민족학 관찰의 시각에서 보면 아주 분명한 것은 어떤 집단이든지 자원과 단계적인 모순이 발생하는 것을 피할 수 없다. 기후의 급격한 단기적 변화와 장기적 변화는 모두 기근을 유발할 수 있으나 인구 밀도와 상관없다. 따라서 갱신세 전반에 걸쳐 압력이 반복적으로 존재하였을 가능성이 있으므로 갱신세 말기에 출현한 압력은 종류와 정도 상에서 모두 새로운 것이 아니다."[51]

생존투쟁을 강조하는 상기 관점들과 달리 어떤 학자들은 대형 촌락의 건설과 농업생산이 출현하고 발전하게 된 원인은 모종의 사회적인 동력이라고 보았다. 근동지역의 농업기원에 관하여 연구한 버드(Byrd)는 아래와 같은 관점을 피력하였다.

버드(Byrd)는 식물생산을 진행하는 대형 촌락의 건립 원인이 결코 인류가 식물재배의 방법을 터득했기 때문이 아니라고 주장하였다. 그것은 식물재배가 이보다 일찍 약 1500년 전에 이미 시작됐기 때문이다. 환경의 압력이 초래한 것도 아닌데 그 당시에 환경은 이미 뚜렷하게 개선됐기 때문이다. 모종의 순화된 식물이 양식의 수확량을 더 높인 것도 아닌데 식물 유전학상의 중요한 개량(즉 순화)은 대부분 대형 촌락이 건립된 후에 발생했기 때문이다. 비록 정착방식의 촌락생활과 양식작물의 재배, 동식물의 순화는 일반적으로 '신석

---

51   [加]布賴恩·海登, 「石器時代的硏究與進展: 狩獵采集群的技術轉變」, 陳虹 역. 『南
      方文物』, 2010年 第3期, 135-145쪽.

기혁명'의 '일괄적인 거래'라고 생각되지만 이 기나긴 '혁명'의 진행 과정에서 이런 요소들이 발전하게 된 지점과 시간은 모두 다르며 결코 서로 간에 긴밀한 연계를 갖고 있는 것이 아니다. 촌락이 건립된 원인은 사회적인 동력에 있을 수 있으며 심지어 인간의 인지영역에 있을 수도 있다.[52]

즉 모종의 사회적인 원인이나 인간의 인식으로 인하여 대량의 인구가 함께 생활하는 촌락이 출현하게 됨으로써 인류의 재배활동이 강화되었으며 이는 식물(植物)을 순화하는 활동을 촉진하게 되어 농업생산을 기초로 하는 생활방식이 확립되었다는 것이다.

장광직(張光直)도 농업이 출현하게 된 원인은 생존투쟁이 아니라고 하면서 중국 동남 연해지역의 농업생산은 어떤 풍요한 채집문화의 기초 위에서 출현하였다고 주장하였다.

그는 농업이 결코 식물의 점진적인 혹은 장기적인 결핍으로부터 출현한 것이 아니라는 미국 학자 사우어(Sauer)의 관점을 인용하여 "기근의 그늘에서 생활하는 사람들은 그런 느리고 한가한 실험활동에 종사함으로써 상당히 요원한 미래에 비교적 좋고도 특이한 식물 공급원을 개발하려는 방법도 시간적 여유도 있을 수 없다.…… 선택의 방식으로 식물을 개량하여 인류에게 더욱 유용하게 하는 활

---

52 彭鵬,「試論近東地區的農業起源－以植物的栽培和馴化爲中心」,『四川文物』, 2012年 第3期, 37−47쪽.

중국문화와 덕치사상

동은 오직 기근의 수준을 초과하여 상당한 여유를 갖고 생활하는 사람들만이 할 수 있는 일이다."라고 하면서 동남 연해의 일부 초기 선사시대의 유적을 보면 야생 식물자원이 상당히 풍부하므로 그는 "동남 해안에서 이미 출토된 최초의 농업 유적들의 유물로 보면 우리는 이 지역에서 최초의 농업생활로 나아가게끔 추진한 실험은 육생(陸生)과 수생(水生) 동식물 자원이 풍부한 환경에 거주하는 수렵, 어업과 채집문화 중에서 발생한 것이라고 추측할 수 있다."고 주장하였다.[53]

농업의 기원문제에 관하여 상기 네 가지 관점 외에도 다른 여러 가지 관점들이 있으나 모두 농업 기원의 동력이라는 이 가장 기본적인 문제에 관하여 설득력 있는 답안을 제시하지는 못했다. 그렇다면 어떻게 해야 농업 기원의 동력을 파악할 수 있는가?

나. 원예농업과 모계가족 공동체

집약농업과 비교하면 원예농업의 특징은 기술이 간단하고 인공적으로 물을 공급하는 관개시스템이 없으며 쟁기와 축력도 사용하지 않는다. 사용하는 도구는 칼, 도끼, 삽, 뒤지개(digging stick, 掘棒) 등으로 초기에는 돌, 조개껍데기, 나무 등 재료로 제작된 도구를 사용하였고 금속도구는 한참 뒤에야 출현하였다. 즉 초기의 원예농업은 수렵채집 활동과 마찬가

---

53   鄭建明,「西方農業起源硏究理論綜述」,『農業考古』, 2005年 第3期, 33–38쪽.

지로 완전히 인간의 체력에 의존했을 뿐더러 사용하는 도구도 수렵채집 방식에 비하여 질적으로 별 차이가 없다고 할 수 있다. 하지만 생활에 필요한 모든 것을 생산할 수 있어 충분히 자급자족할 수 있었다.

원예농업의 단위 수확량은 집약농업에 비하여 훨씬 낮으므로 썩 더 많은 토지를 필요로 한다. 화전농업(火田農業)은 흔히 볼 수 있는 원예농업의 전형적인 방식인데 이는 신석기시대부터 철기시대까지 줄곧 이어져 내려온 농업생산 방식이다. 화전농업은 2~3년쯤 지나 밭의 지력이 많이 떨어지면 다른 곳을 개간하여 농사를 짓다가 5~6년 정도 지나 초목이 무성해지면 다시 개간하여 밭으로 만들기도 한다. 이렇게 화전농업은 끊임없이 낡은 밭을 버리고 새밭을 개간하여 사용하므로 주변 토지들의 지력이 회복되지 않으면 촌락 전체가 다른 곳으로 이주해야 한다. 그러므로 화전농업을 '유경농업(游耕農業)'이라고도 부른다.

원예농업은 생태환경에 대한 영향이 아주 미미한 생산방식이다. 원예농업은 보통 아열대나 열대 지역에서 발견되는 경우가 대부분이며 이런 지역에서 각종 식물은 혼잡하여 서로 의존하면서 함께 생장한다. 원예농업에 종사하는 사람들은 보통 이런 환경을 모방하여 여러 가지 작물을 함께 재배함으로써 자연이 본래 갖고 있는 기능을 이용한다. "미국 인류학자 클리포드 기어츠(Clifford Geertz)는 '자연생태의 시각에서 보면 유경농업의 가장 큰 특징은…… 농업이 기존에 존재하는 자연의 생태 시스템과 결합될 수 있다. 어떤 유형의 농업이든지 모두 모종의 생태 시스템을 개변하여 인류한테로 돌아오는 에너지를 증가하려고 노력하지만 유경농업은 단지 자연 시스템을 교묘하게 모방할 뿐이다.'라고 지적하였다."[54]

원예농업에 종사하는 사회는 금방 수렵채집 방식으로부터 생겨난 저급단계의 농업사회로 이런 사회에서는 수렵채집 활동이 늘 중요한 지위를 차지한다. 중국 운남성에 있는 두룽족(獨龍族)은 수렵채집으로부터 농업으로 전환한지 백년 정도 밖에 안 된다. "1956년 5명 식구의 가정에 대한 조사를 예로 하면 생산한 양식과 채집한 야생 식물의 비례는 100:84(야생 식물을 양식으로 환산하여 계산)이며, 고기잡이와 사냥에서 얻은 수확물을 포함하면 농업이 차지하는 비중은 수렵채집보다 더 낮다."[55]

연구에 의하면 "모든 유형의 농업 중에서 원예농업은 에너지 소모가 가장 적다. 1972년 출판된 미국 고고학자 살린스의 『석기시대 경제학』에 의하면 이런 농업을 경영하는 민족은 자기들의 정력이나 토지의 지력을 최대한도로 소모하지 않는다. 생산하는 양식은 생활을 유지할 수만 있으면 되기에 사람들은 상당한 여가 시간이 있으며 한해 내내 일할 필요가 없다."[56]

브라질 아마존 삼림지역에서 원예농업에 종사하는 어느 인디언 촌락에 관한 연구결과를 보면 "작황이 나쁜 해를 대비하고 기타 촌락들의 사람들을 접대하기 위하여 그들은 필요한 것보다 훨씬 더 많은 농작물을 재배한다. 그렇다할지라도 그들은 생존을 위하여 아주 고생스럽게 일할 필요가 없다. 그들이 매주 각종 노동에 소모하는 평균 시간은 원예사회의 생활이 얼마나 용이한가를 보여준다."[57] 구체적인 내역을 보면 이들은

---

54 童恩正, 『文化人類學』, 上海: 上海人民出版社, 1989, 92쪽.

55 童恩正, 『文化人類學』, 92쪽.

56 童恩正, 『文化人類學』, 91쪽.

57 [美]William A. Haviland, 『文化人類學(第十版)』, 瞿鐵鵬·張鈺 역. 上海: 社會科學

매주 원예농업에 8.5시간, 수렵에 6.0시간, 고기잡이에 1.5시간, 야생 식물 채집에 1.0시간, 기타 모든 일에 33.5시간 소모하는데 총체적으로 매주 필요한 노동시간은 51시간이 안 된다. 여기에는 길에서 보내는 시간, 음식을 요리하는데 드는 시간, 망가진 도구를 수리하는 시간 등 보통 우리가 노동시간에 포함하지 않는 다른 모든 일들에 소모한 시간들이 포함된다.

상술한 바와 같이 원예농업은 너무 힘든 생활방식이 아니다. 또한 원예농업은 본질적으로 단순히 자연을 모방하는 생산방식이므로 필요한 경험, 기술과 도구는 수렵채집사회와 별반 차이가 없다. 즉 원예농업에서 필요한 경험, 기술과 도구는 수렵채집사회에서 경험의 누적으로 충분히 확보할 수 있는 것이며, 혹시 원예농업에서 수렵채집 생활에서는 나타날 수 없는 새로운 과제에 부딪친다고 할지라도 수렵채집사회에서 구비한 능력으로 충분히 감당할 수 있는 과제들이라고 할 수 있다.

그러므로 생존방식의 시각에서 보면 수렵채집과 원예농업의 차이는 본질적인 차이라기보다는 표면적인 형식상의 차이라고 할 수 있다. 수렵채집은 인간이 식물자원을 제공할 수 있는 생태환경을 찾아 이동하는 생존방식이라면 원예농업은 인간의 이동 대신 식물자원을 제공할 수 있는 생태환경을 인간의 근처로 이동함으로써 정착생활을 가능하게 한 생존방식이라고 할 수 있다. 이로부터 알 수 있듯이 환경조건이 허락될 때 수렵채집사회로부터 원예사회로의 전환은 기술적 가능성의 문제가 아니라 선택의 문제이다.

인류학의 연구결과로 보아도 오늘날 수렵채집 방식으로 살아가는 민

出版社, 2006, 181쪽.

족들이 그렇게 살아가는 것은 "환경의 핍박이 그들로 하여금 수렵채집 방식이 최선의 생존수단으로 되는 처지에 빠지게 하거나 단지 그들이 그런 생활방식을 좋아하기 때문이다. 많은 경우 그들은 그 생활방식이 만족스럽다고 느끼며 탄자니아 북부의 하드자인처럼 그들은 가능한 한 기타 생활방식을 채택하는 것을 기피한다."[58]고 한다.

이에 관하여 살린스는 다음과 같이 묘사하였다.

> 흥미로운 것은 하드자(Hadza)인들이…… 신석기시대 혁명을 거부하는 원인은 단지 여가를 편히 누리기 위해서일 뿐이다. 비록 그들의 주위 사방에는 모두 농부들이지만 그들은 최근까지 줄곧 농업을 거부하고 있는데 "주요하게는 농경이 너무 많은 고된 일을 필요로 한다는 이유 때문이다." 이 점에서 그들은 부시먼들과 다를 바가 없다. 부시먼들은 신석기시대의 문제에 대하여 "세계에는 그렇게도 많은 바오밥(baobab) 열매들이 있는데 우리가 왜 하필 경작을 해야 하는가?"라는 말로 응수한다.[59]

결론적으로 수렵채집으로부터 원예농업으로의 전환은 두 가지 요소가 관건이다. 첫 번째는 농업이 가능한 생태환경이다. 두 번째는 사람들의 선택이다. 그런데 만일 수렵채집사회의 사람들이 농사일은 고되고 많은

---

58 [美]William A. Haviland, 『文化人類學(第十版)』, 瞿鐵鵬·張鈺 역. 上海: 社會科學出版社, 2006, 171쪽.

59 [美]Marshall Sahlins, 『石器時代經濟學』, 張経緯·鄭少雄·張帆 역. 北京: 生活·讀書·新知三聯書店, 2009, 32쪽.

시간을 소모하기에 일이 쉽고 여가시간이 많은 그들의 생활방식을 선호한다면 원예농업을 기초로 하는 모계사회가 어떻게 출현할 수 있는가?

위에서 언급한 바와 같이 생존의 차원에서 보면 수렵채집과 원예농업의 차이는 본질적인 차이라기보다 유동생활을 하는가 아니면 정착생활을 하는가 하는 형식상의 차이일 뿐이다. 그러나 사회적 시각에서 보면 수렵채집사회와 원예농업을 기초로 하는 모계사회는 근본적인 차이가 있다.

사회를 구성하는 기본단위의 시각에서 보면 수렵채집사회는 혼인관계를 근간으로 하는 핵가족을 기본단위로 하는 사회이고 모계사회는 모자관계를 근간으로 하는 모계가족 공동체를 기본단위로 하는 사회이다. 사회집단의 시각에서 보면 수렵채집사회는 양측적 친족을 주요 사회집단으로 하고 모계사회는 모계혈연집단을 주요 사회집단으로 한다.

양측적 친족은 혼인관계를 근간으로 하는 핵가족에서 파생된 사회집단이고 모계혈연집단은 모계가족 공동체에서 파생된 사회집단이므로 수렵채집사회와 모계사회 간의 근본적인 차이는 혼인관계를 근간으로 하는 핵가족을 사회의 기본단위로 하는가 아니면 모자관계를 근간으로 하는 가족 공동체를 사회의 기본단위로 하는가 하는 차이라고 할 수 있다.

그렇다면 농업의 기원문제는 어찌하여 사람들이 모자관계를 근간으로 하는 가족 공동체 생활을 선택하게 되었는가 하는 문제로 귀결된다. 이로부터 알 수 있듯이 문제의 핵심은 바로 인간의 생활에서 모자관계란 도대체 어떤 의미를 갖고 있는가 하는데 있다.

중국문화와 덕치사상

다. 모자관계와 인간의 애착욕구

제2차 세계대전 후 고아원에서 생활하는 어린이들이 많아졌는데 비록 의식주(衣食住) 등의 각종 생활조건들이 보장되어도 시간의 흐름에 따라 사람들에 대한 어린이들의 관심이 줄어들고 우울해지면서 육체적으로도 더딘 발달을 보이는 것이 관찰되었다. 그 원인을 밝히는 과정에서 어린이와 주요 양육자 간의 정서적 유대관계에 대한 관심이 대두되고 이로부터 애착관계에 관한 연구가 발전하기 시작하였다. 여기에서 애착이란 어린이와 주요 양육자 간의 강한 정서적 유대관계를 가리킨다.

애착관계는 극히 소수의 제한된 대상들에 한해서 형성되며 애착관계가 형성된 대상들에 대해서는 더욱더 가까이 가고 싶어 하는 욕구를 느끼게 된다. 이러한 애착관계는 어린이로 하여금 안전감을 느끼게 하므로 애착 대상이 옆에서 지켜주게 되면 어린이는 새로운 환경에 대해 불안해 하면서 거부감을 가지는 것이 아니라 호기심을 갖고 적극적으로 탐색하는 태도를 나타낸다. 인생의 시작단계에서 형성된 이러한 애착관계는 일반적으로 한 사람의 일생에서 각종 대인관계에 깊고도 장구한 영향을 가져다준다. 애착 이론은 주로 존 볼비(John Bowlby)와 가짜 원숭이 실험으로 유명한 해리 할로우(Harry Harlow)의 연구를 통하여 발전하였다.

볼비는 애착욕구가 모친의 양육활동 혹은 인류의 성욕에서 비롯된 것이 아니라 생명의 한 부분으로서 '태어나서부터 죽을 때까지 줄곧 중요한 역할'[60]을 하는 감정이라고 주장하였다. 이러한 애착욕구는 전체 생명과

60　陳琳·桑標,「依戀模式的代際傳遞性」,『心理科學進展』, 2005年 第13卷第3期,

정에서 줄곧 존재하지만 특히 유아시기에 아주 강렬하게 나타나며 애착관계는 유아의 심신 건강에 극히 중요하다. 볼비는 "어린이 심리건강의 관건은 영아와 모친(혹은 안정적인 대리 모친) 간에 따뜻하고 친밀하고 안정적인 관계를 형성하는 것이며 이러한 관계 속에서 영아는 만족을 얻을 뿐만 아니라 즐거움을 느끼게 된다."[61]고 하였다.

모자관계는 자녀의 인생에서 최초의 인간관계이면서도 가장 오랜 인간관계라고 할 수 있다. 이렇듯 모자간의 애착관계는 자녀가 태어나서 형성하는 첫 번째 인간관계인데 만약 어린 자녀가 장기간 어머니의 사랑을 잃게 되어 친밀한 애착관계를 형성하지 못한다면 그는 점점 초조와 불안에 휩싸이면서 낙담하게 될 뿐만 아니라 나중에는 절망에 빠져 심각한 심리적 상처를 입게 되며 심지어 요절해버리기도 한다. 한마디로 모자간 양호한 애착관계의 존재여부는 육체와 심리 양 방면에서 모두 자녀의 일생에 심각하면서도 장구한 영향을 끼친다.

할로우의 원숭이 실험은 애착관계가 동물한테도 얼마나 중요한가를 충분히 보여주었다. 그 당시 사람들은 새끼가 어미를 따르는 것은 어미가 젖을 주기 때문이라고 믿었다. 하지만 할로우의 원숭이 실험은 새끼들이 젖 때문에 어미를 찾는 것이 아니라 어미의 따뜻한 사랑을 떠날 수 없어 어미를 찾는다는 것을 알려 주었다.

이는 할로우가 새끼 원숭이들을 향하여 날카로운 못을 발사하거나 차디찬 냉기를 내뿜는 가짜 어미를 만들었을 때 더욱 확실하게 확인할 수

267-275쪽.

61 張林·李玉輝, 「依戀對兒童社會性發展的影響與啓示」, 『重慶教育學院學報』, 2010年 第23卷第2期, 24-27쪽.

있게 하였는데 새끼 원숭이들은 못에 찔리고 추워 온몸을 떨면서도 필사적으로 가짜 어미한테 다가가려고 하였다. 어미의 사랑을 잃은 새끼 원숭이들은 심리와 행동 모두에서 비정상적인 반응을 보였으며 이런 원숭이들은 커서도 생활에 적응할 수 없었을 뿐만 아니라 심지어 자학으로 목숨을 끊기도 하였다. 암컷 원숭이들의 경우 선천적인 본능이라고 생각되는 교미도 거부하였으며 강제로 교미시켜 새끼를 낳게 하면 새끼를 돌보기는커녕 물어죽이거나 방치하는 경우가 허다하였다.

할로우의 원숭이 실험은 어미의 사랑을 잃어 정상적인 애착관계를 형성하지 못한 새끼들은 심신의 건강에 지대한 상처를 입어 정상적으로 성장할 수 없을 뿐만 아니라 심지어 제 새끼도 사랑할 줄 모른다는 것을 확실하게 보여 주었다.

동물의 진화사를 살펴보면 진화과정에서 생리적 욕구를 충족시키는 생존활동 외에 또 하나 빠질 수 없는 극히 중요한 활동이 바로 후대를 번식하고 양육하는 양육활동이다. "자녀양육 활동(Parental care)이란 부모대(父母代)가 후대에 대해 보호하고 보살피고 먹이를 제공하는 등 후대의 생존에 이로운 모든 행동을 가리킨다."[62]

진화사를 살펴보면 자녀양육 활동은 처음에 없던 데로부터 아주 고급적이고 복잡한 자녀양육 활동으로 발전하여가는 진화계열을 나타낸다. 특히 "포유동물은 암컷이 전문적으로 새끼의 발육을 위하여 영양을 제공하는 유선(乳腺)을 갖고 있기에 선천적으로 어미가 자녀양육 활동에 더 많이 관여하게 되어 있다. 수컷이 암컷과 함께 1대1로 가정을 형성하

---

62   尙玉昌,「動物的親代撫育行爲」,『生物學通報』, 1999年 第34卷第10期, 7-9쪽.

는 경우는 극히 적어 이런 종류는 전체 포유동물의 약 4%에 불과할 뿐이다."[63] 그러므로 포유동물의 자녀양육활동을 '모성행동(母性行動)'이라고도 한다.

포유동물의 진화사를 살펴보면 모자관계는 3단계의 발전과정으로 나타난다.

첫 번째 단계에서 모자관계는 자립능력을 구비하지 못한 새끼가 생리욕구와 안전욕구를 충족시키기 위하여 부득불 어미에 의존하고 어미는 자립 불가능한 새끼를 위하여 먹이와 안전을 제공하는 관계로 나타난다.

두 번째 단계에서 새끼는 생리욕구나 안전욕구와 구별되는 심리적인 애착욕구를 나타내기 시작하며 이런 애착욕구는 진화과정에서 끊임없이 강화되어 설령 생리욕구와 안전욕구가 충분히 충족되었다 할지라도 심리적인 애착욕구가 충족되지 않는다면 새끼는 정상적으로 성장할 수 없게 된다. 할로우의 원숭이 실험은 이 점을 분명하게 보여주었다. 이 단계에서 모자관계는 점점 더 친밀한 애착관계를 나타낼 뿐만 아니라 점점 더 오랜 기간 이러한 애착관계를 유지하는 특징을 나타낸다.

세 번째 단계에서 동물의 애착욕구는 생리적 과정과 무관하게 태어나서 죽을 때까지 일생 동안 존재하는 독립적인 심리욕구로 나타난다. 이 단계에서 모자관계는 끈끈한 애착관계를 기초로 한평생 서로 의지하면서 운명을 함께하는 특징을 나타내기 시작한다. 완전히 성숙한 침팬지가 밤낮 모친의 시신을 지키다가 끝끝내 굶어 죽는 모습은 생리욕구와 무관

---

63 尙玉昌, 「動物的親代撫育行爲」, 7-9쪽.

한 이런 강렬한 애착관계를 명백히 보여준다.[64]

모자관계의 발전과 마찬가지로 모성행동도 진화과정에서 3단계의 발전과정으로 나타난다.

첫 번째 단계에서 모성행동은 단순히 자립 불가능한 어린 자녀의 생리욕구와 안전욕구를 충족시키는 것을 목적으로 한다. 이 단계에서는 어린 자녀의 발육 성숙에 따라 모자관계가 점점 느슨해지고 궁극적으로 완전히 해체된다. 따라서 이 단계에서 모친은 단순히 육체의 양육자와 보호자로 나타난다.

두 번째 단계에서 어린 자녀가 심리적인 애착욕구를 나타내기 시작함에 따라 모성행동은 점차적으로 자녀의 애착욕구를 충족시키는 것을 중요한 내용으로 하게 된다. 따라서 이 단계에서 모친은 점점 더 모성애의 감정으로 충만한 존재로 발전하여 가면서 육체와 심리 양방면의 양육자와 보호자로 나타난다.

마지막 단계에서 모성행동은 성숙한 자녀들과 일생동안 친밀한 애착관계를 유지하면서 자녀들을 위하여 최선을 다하는 추세를 나타낸다. 이 단계에서 모친은 자녀들의 행복한 삶을 최고의 사명으로 하는 모성애의 소유자로 나타나기 시작한다.

총체적으로 동물의 애착욕구와 모자간 애착관계의 진화과정은 무(無)에서 유(有)로, 생리적 과정과 밀접한 연관이 있는 단기적 현상으로부터 생리적 과정과 무관하게 시종일관 존재하는 심리적 현상으로 발전해가는 과정이다. 이는 심리적인 애착욕구는 본질적으로 자립 불가능한 어린 새

64　張鵬, [日]渡邊邦夫,『靈長類的社會進化』, 廣州: 中山大學出版社, 2009, 233쪽.

끼가 생리욕구와 안전욕구를 충족시키기 위하여 나타내는 부대적인 현상이 아니라 생리욕구나 안전욕구와 구별되는 다른 종류의 독립적인 욕구이며 진화과정에서 끊임없이 강화되는 욕구임을 충분히 설명한다.

마찬가지로 모성애의 발전과정도 무(無)에서 유(有)로, 생리적 과정과 밀접한 연관이 있는 단기적인 특징으로부터 생리적 과정과 무관하게 시종일관 갖고 있는 심리적인 특질로 발전하여 가는 과정이다. 이 역시 모성애는 본질적으로 임신과 출산이라는 생리과정으로 인하여 나타나는 부대적인 현상이 아니라 생리과정과 무관한 독립적인 능력이며 진화과정에서 끊임없이 강화되는 심리능력임을 충분히 설명한다.

생리과정과 무관한 독립적인 욕구로서의 심리적인 애착욕구는 생리적 욕구와 완전히 다른 특징을 갖고 있다. 배고픔, 갈증, 성욕 같은 생리적 욕구는 충족되면 감퇴되고 소실되지만 유아의 애착욕구는 친밀한 애착관계의 형성에 따라 감퇴되고 소실되는 것이 아니라 오히려 더욱 강화된다. 마찬가지로 모성애 역시 쏟아 부을수록 점점 고갈되는 것이 아니라 오히려 점점 더 강화된다. 즉 애착욕구와 모성애는 모두 생리적 욕구와 달리 끊임없는 발전을 추구하는 무한한 잠재능력의 특징을 갖고 있다.

그러므로 모자간의 애착관계는 발전하면 발전할수록 더욱 강화되면서 점점 더 친밀한 애착관계를 형성할 뿐만 아니라 점점 더 높은 수준의 애착관계를 형성한다. 이로부터 알 수 있듯이 동물 진화의 최고 산물로서 인류는 가장 절박한 애착욕구와 가장 강렬한 모성애를 갖고 있는 존재이며 가장 친밀한 애착관계를 추구하는 존재이다.

매슬로우의 인간 욕구 5단계 이론(Maslow's hierarchy of needs)에 의하면 사람은 누구나 생리 욕구(physiological needs), 안전 욕구(safety needs), 사랑

과 소속 욕구(love&belonging), 존경 욕구(esteem), 자아실현 욕구(self-actualization) 등 다섯 가지 욕구를 갖고 있다고 한다.

이들 다섯 가지 욕구에는 우선순위가 있어 일반적으로 사람들은 가장 기초적인 욕구로부터 차례로 만족을 얻으려 한다. 따라서 첫 번째 욕구인 생리 욕구가 어느 정도 충족돼야 안전 욕구가 주요 위치를 차지하는 욕구로 되고, 안전 욕구가 어느 정도 충족돼야 사랑과 소속의 욕구가 주요 위치를 차지하는 욕구로 된다. 사랑과 소속의 욕구에는 누군가를 사랑하고 싶은 욕구, 어느 한 곳에 소속되고 싶은 욕구, 친구들과 교제하고 싶은 욕구, 가족을 이루고 싶은 욕구 등등이 포함된다.

수렵채집사회는 '원초적 풍요사회'로서 인간의 생리 욕구와 안전 욕구가 충분히 만족되는 사회이다. 충분한 여가를 누리는 한가한 생활, 협력과 나눔으로 충만한 생활방식, 교제를 즐기고 인정미 넘치는 생활은 수렵채집사회의 사람들은 이미 생리 욕구와 안전 욕구 단계를 초월하여 사랑과 소속 욕구의 만족을 추구하는 단계에 진입하였음을 의미한다.

진화사의 시각에서 보면 사랑과 소속의 욕구란 근원적으로는 애착욕구로부터 파생된 욕구로서 사랑과 소속 욕구가 근본적으로 추구하는 것은 애착관계이므로 가장 근본적이고도 강렬한 사랑과 소속의 욕구는 바로 애착욕구임을 알 수 있다. 하지만 애착욕구의 시각에서 보면 인정미 넘치는 수렵채집사회는 아주 심각한 문제들을 안고 있는 사회이다.

수렵채집사회에서 사람들은 식물자원을 찾아 자주 이동하여야 한다. 따라서 사람들이 소지할 수 있는 물품은 극도로 제한받게 되는데 이러한 한계는 스스로 이동하기 곤란한 어린이와 노인에게는 치명적인 영향을 미치게 된다.

수렵채집사회에서 늘 보게 되는 현상 중 하나는 "만일 어느 부녀가 출산 후 얼마 안 되어 또 아기를 낳게 되면 보통 신생아를 버리는데 그것은 사철 유랑하는 집단 중의 부녀로 말하면 동시에 두 명의 영아한테 젖을 먹이고 데리고 다닌다는 것은 너무도 힘들기 때문이다."[65]

거동이 불편한 노인들의 경우 상황은 마찬가지로 다른 사람들의 부담으로 되지 않기 위하여 스스로 생명을 끊는 일들이 가끔 발생하곤 한다. 피터 프로이첸(Peter Freuchen)은 에스키모인들과 몇 십 년 함께 생활하였는데 그는 어느 한 할머니의 자살에 관하여 이렇게 이야기하였다. "이 할머니가 자살하게 된 원인은 집단의 행동을 따라갈 수 없었기 때문인데 그의 아프고 노쇠한 몸, 숨이 차 헐떡거리는 폐는 이미 그의 삶을 그 자신과 친척에게 모두 일종의 부담으로 되게 하였다."[66]

살린스는 영아나 노인을 죽이거나 죽게 내버려두는 것은 수렵채집사회에서 종종 사용하는 방식으로 널리 알려져 있으며 "사냥꾼들이 가끔 슬프게 이야기하듯이 이렇게 제거된 사람들은 바로 효과적으로 이동할 수 없는 사람들로서 가정 혹은 밴드의 이동에 방해되기 때문이다."[67]라고 하였다.

수렵채집사회에서 생존하려면 반드시 이동해야 되는 한 이런 일들은 어쩔 수 없는 일이라고 하지만 유감스러운 일이 아닐 수 없다. 더구나 깊

---

65 [美]Leften Stavros Stavrianos, 『遠古以來的人類生命線』, 吳象嬰 · 屠笛 · 馬曉光 역. 北京: 中國社會科學出版社, 1992, 51쪽.

66 [美]Leften Stavros Stavrianos, 『遠古以來的人類生命線』, 33쪽.

67 [美]Marshall Sahlins, 『石器時代經濟學』, 張経緯 · 鄭少雄 · 張帆 역. 北京: 生活 · 讀書 · 新知三聯書店, 2009, 41쪽.

중국문화와 덕치사상

은 애착관계를 갖고 있는 육친들, 특히 모자간에 이런 경우를 당하게 되면 그것은 참으로 한스러운 일이 아닐 수 없을 것이다. 이런 가끔 발생하는 극단적인 경우를 제외하고도 수렵채집사회에 관한 연구에서 인류학자들은 또 하나 이해하기 힘든 현상을 발견하였다.

주지하다시피 수렵채집사회에서는 핵가족을 가장 기본적인 사회단위로 하고 친척관계를 주요 사회관계로 한다. 따라서 수렵채집사회의 사람들은 대부분 자기와 가까운 친척관계를 갖고 있는 근친들과 함께 생활하기를 원한다. 이렇게 보면 밴드 내 대부분 구성원 간에 당연히 비교적 가까운 친척관계가 존재할 것으로 생각되지만 실제 상황은 이와 반대로 "밴드 내 구성원 간에 대부분 친척관계가 없거나 먼 친인척 관계가 존재할 뿐이다."[68]

런던대학(University College London)의 인류학자들이 수렵채집사회에 대한 조사결과를 보면 밴드 내 구성원 간 관계에서 "긴밀한 혈연관계와 인척관계는 모두 25% 좌우에 불과하고 친척관계가 없는 비례가 비교적 높았다."[69] 수렵채집사회와 달리 근처에 있는 농업부락의 경우 부락의 구성원 간에 친척관계가 없는 경우는 전체 사회관계의 4.2%로 극히 낮고 긴밀한 혈연관계나 인척관계의 비중은 수렵채집사회보다 훨씬 더 높았다.

런던대학의 인류학자 마크 디블(Mark Dyble)은 핵가족이 거주지를 선택할 때 부부간 평등한 선택권이 수렵채집사회와 농업사회 간의 이런 차이를 초래한 원인이라고 하면서 "만일 남성만이 거주지를 선택할 수 있다

68　『住婆家還是住娘家？』, http://www.sohu.com/a/72006319_119097.
69　『住婆家還是住娘家？』, http://www.sohu.com/a/72006319_119097.

면 이 지역에는 점차 하나의 밀집한 친척 관계망이 형성되며 사람들 간에 대부분 친척관계가 존재하게 된다. 그러나 부부 쌍방이 모두 선택할 수 있게 되면 친척 관계망이 그리 밀집하지 않게 되며 반대로 친척관계가 없는 사람들이 많이 들어오게 된다."[70]고 주장하였다.

이러한 분석은 단지 표면 현상의 차원에서 파악한 것으로 본질과는 너무도 거리가 멀다. 일단 원인이야 어떻든 간에 결론적으로 인간의 생활에서 극히 소중한 애착관계의 시각에서 보면 수렵채집사회는 가끔 발생하는 극단적인 경우뿐만 아니라 평상시 생활에서도 커다란 한계를 갖고 있는 사회라고 할 수 있다.

수렵채집사회와 정반대로 모계가족 공동체사회는 끈끈한 애착관계로 충만한 사회이다. 일반적으로 인류학 연구에서 발견되는 모계가족 공동체사회는 모계친척관계를 갖고 있는 여러 명의 부녀들과 그녀들의 남편들 및 자녀들이 함께 생활하는 모계가족 공동체를 특징으로 한다. 그러나 모계가족 공동체에서 생활하는 남편들은 가족 공동체의 구성원 자격이 없는 '외인'이다. 그러므로 모쒀족 가정은 바로 이런 '외인'을 포함하지 않은 순수한 형태의 모계가족 공동체라고 할 수 있다.

수렵채집사회에는 늘 끈끈한 애착관계가 결여되어 있다고 한다면 모쒀족 가정은 언제나 모든 구성원 간에 모자관계와 같은 끈끈한 애착관계를 형성하고 있으므로 태어나서부터 죽을 때까지 줄곧 모성애의 따뜻한 품속에서 살아간다고 해도 결코 과언이 아니다. 신변에 언제나 모성애의 감정으로 무조건 사랑해주고 지지해주는 십여 명의 식구들이 있다고 생

70　『住婆家還是住娘家?』, http://www.sohu.com/a/72006319_119097.

　중국문화와 덕치사상

각해보라. 이보다 더한 안전감, 따뜻함, 편안함, 만족감은 아마 이 세상 어디에도 없을 것이다.

이로부터 알 수 있듯이 모쒀족 사회의 핵심 가치관인 감정의 조화, 가정의 단합, 노인을 공경하고 어린이를 사랑하는 모자관계와 같은 '사랑의 동맹' 원칙의 본질은 바로 모자관계와 같은 애착관계를 최고의 원칙, 최고의 가치로 한다는 것이다. 만일 노인을 공경하고 어린이를 사랑한다는 것이 진심어린 애착관계가 결여된다면 공경과 사랑이란 무슨 가치가 있겠는가!

오늘날 산업사회에서 그 어떤 애착관계에도 의존하지 못하고 외로이 살아가는 노인들과 모쒀족 가정에서 만년을 보내는 노인들을 상상해보게 되면 애착관계가 갓 태어난 어린 아기들뿐만 아니라 만년을 보내는 노인들에게도 얼마나 소중한지를 알고도 남음 있을 것이다. 이로부터 알 수 있듯이 모계가족 공동체란 본질적으로 모자관계를 근간으로 모든 구성원 간에 모성애의 사랑으로 충만한 애착관계를 형성하는 생산생활 공동체(生産生活 共同體)인 것이다.

상술한 바와 같이 수렵채집사회가 인간의 애착욕구를 충족시키는 방면에서 커다란 한계가 있는 사회라면 모계가족 공동체사회는 친밀한 애착관계로 충만한 사회이다. 그렇다면 수렵채집사회는 사람들의 애착욕구로 인하여 원예농업을 기초로 하는 모계가족 공동체사회로 전환된 것인가?

앞에서 언급했다시피 애착욕구의 시각에서 보면 비록 이런 저런 유감들이 있다고 해도 수렵채집사회의 사람들은 농업생산 방식보다 수렵채집 방식이 더 만족스러운 생활방식이라고 생각한다. 이는 단순히 개체의 애착욕구에 의하여 수렵채집사회로부터 원예농업사회로의 전환을 실현한다는 것이 불가능함을 의미한다.

사회문화적 시각에서 보면 수렵채집사회와 모계가족 공동체사회는 본질적으로 완전히 서로 다른 유형에 속하므로 획기적인 혁명이 없이 수렵채집사회의 점진적인 변화로 인하여 자연스럽게 모계가족 공동체사회가 출현한다는 것도 불가능하다.

다수의 학자들이 시도한 생존투쟁의 시각으로 수렵채집사회로부터 원예농업을 기초로 하는 모계사회로의 전환을 해석하는 것도 역시 불가능하다. 생존투쟁은 동물의 진화과정을 해석하는 유력한 원인으로 상당한 성공을 거두었고 인류가 소유한 최고의 생존능력도 생존투쟁의 결과로 보이지만 진화론을 확립한 다윈(Darwin)으로부터 현재에 이르기까지 생존투쟁으로 인류의 기원을 해석하려는 시도는 여전히 이렇다 할 성과를 거두지 못하고 있다.

더구나 초기의 원예농업은 단순히 자연을 모방하는 생산방식이므로 수렵채집사회의 생존방식과 비교하면 단지 정착과 유동의 형식상 차이에 불과하지 서로 간에 본질적인 차이가 존재하지 않는다. 본질적인 차이가 없는 생존방식이 어떻게 본질적으로 완전히 다른 사회문화가 출현하게 되는 원인으로 될 수 있는가? 근본적으로 말하면 생존투쟁으로는 영장류 동물사회와 성질이 다른 수렵채집사회의 출현 혹은 인류의 기원을 설명할 수 없을뿐더러 수렵채집사회와 원예농업을 기초로 하는 모계가족 공동체사회 간의 사회문화적 차이를 해석한다는 것은 더구나 불가능하다.

결론적으로 개체의 애착욕구로부터 출발하는 시각, 사회문화적 시각,

생존투쟁의 시각 모두 수렵채집사회로부터 원예농업을 기초로 하는 모계가족 공동체사회로의 전환을 해석할 수 없다. 이렇듯 개체, 사회문화, 경제 등 차원에서 수렵채집사회로부터 원예농업을 기초로 하는 모계가족 공동체사회로의 전환을 해석한다는 것이 불가능하다면 이러한 전환은 어떻게 되어 가능했는가?

라. 모성애와 애착욕구의 본질

1) 생물심리학적 특성으로서의 모성애

만일 우리가 시각을 바꾸어 동물의 진화과정에서 꾸준히 진행되어온 애착욕구와 모자간 애착관계의 총체적 진화추세로 보면 애착욕구를 충족시키는데 심각한 한계가 있는 수렵채집사회로부터 애착관계로 충만한 원예농업을 기초로 하는 모계가족 공동체사회로의 전환은 또 어쩐지 당연한 것 같아 보인다.

하지만 앞에서 언급한 바와 같이 비록 애착욕구의 시각에서 보면 이런저런 유감들이 있음을 알면서도 수렵채집사회의 사람들이 농업생산 방식보다 수렵채집 방식을 더 선호하여 농업생산 방식을 거부한다고 하면 수렵채집사회로부터 원예사회로 전환할 수 있는 동력은 어디에 있는가? 이러한 전환을 가능하게 하는 동력이 사람들의 애착욕구도 아니고 수렵채집사회의 사회문화도 아니고 생존투쟁도 아니라면 그 동력은 어디에 있는 것인가?

결론적으로 이야기하면 수렵채집사회로부터 원예농업을 기초로 하는 모계가족 공동체사회로의 전환은 모성애라는 독특한 생물심리학적 특성을 갖고 있는 어머니들이 있음으로 인하여 가능하였다.

모자간의 애착관계가 어린 자녀들의 심신건강에 필수적인 것으로 육체와 심리의 정상적인 성장을 보장하는 극히 중요한 요소라면 어린 자녀들이 모자간의 애착관계 속에서 건강하게 성장할 수 있는 근본원인은 바로 어머니들이 갖고 있는 모성애라는 독특한 생물심리학적 특성 때문이다.

그러면 모성애란 도대체 무엇인가? 에리히 프롬(Erich Fromm)은 사랑에 관하여 "사랑은 언제나 어떤 기본적인 요소들을 내포하고 있는데 이런 요소들은 사랑의 모든 형식들에 존재한다. 이 요소들은 바로 관심, 책임, 존중과 인식이다."[71]라고 하였다.

프롬은 사랑은 관심을 내포하고 있으며 이는 모성애에서 가장 뚜렷하게 표현된다고 하면서, 사랑은 우리가 사랑하는 생명과 사람 혹은 사물의 성장에 대한 적극적인 관심으로서 만일 이런 적극적인 관심이 결여된다면 사랑이라고 할 수 없다고 하였다. 따라서 사랑의 참뜻은 어떤 것을 위하여 '힘을 바친다.'는 것이고 또 어떤 것으로 하여금 '성장'하게 한다는 것으로서 사랑과 노동은 분리될 수 없다.

이런 적극적인 관심과 배려는 사랑의 두 번째 요소를 내포하고 있는데 그것은 바로 책임이다. 오늘날 책임은 늘 의무로 이해되어 외부로부터 인간에게 강요된 그 무엇을 의미하지만 사랑이 내포하고 있는 진정한 책임은 완전히 스스로의 자원(自願)에 입각한 행동으로 한 사람이 다른 사람

---

71 [美]埃·弗洛姆, 『爲自己的人』, 孫依依 역. 北京: 生活·讀書·新知三聯書店, 1988, 251쪽.

의 표현하였거나 표현하지 않은 수요에 대한 성심어린 반응을 가리킨다.

프롬은 사랑의 세 번째 요소가 존중이라고 보았는데, 존중이 결여되면 책임은 쉽사리 상대에 대한 통치와 점유로 변질하게 되면서 사랑은 자기의 욕구를 충족시키려는 빌미로 되어 버린다. 그러므로 사랑은 반드시 존중을 내포해야 하며 여기에서 말하는 존중이란 상대로 하여금 스스로의 본성에 따라 자주적으로 성장하고 발전하도록 관심을 두고 배려함을 의미한다.

프롬은 사랑의 네 번째 요소가 인식이라고 보았는데 그것은 관심, 책임과 존중이 모두 반드시 사랑하는 상대에 대한 진정한 인식을 기초로 해야 하기 때문이라고 하였다. 만일 사랑에 이러한 인식이 결여된다면 관심과 책임은 맹목적인 행동으로 되어버리기에 진정한 존중도 있을 수 없다. 프롬은 사랑의 모든 형식들은 이상의 네 가지 요소를 내포하고 있을 뿐더러 이런 요소들은 또 서로 간에 연관이 있다고 주장하였다.

사랑에 관한 프롬의 논술은 사랑의 모든 형식들에 내포된 공통된 요소들을 귀납한 것으로 우리가 모성애의 특징을 전반적으로 인식하고 나아가 모성애의 본질을 파악하는데 도움이 되지만 우리로 하여금 모성애의 본질을 이해하게는 못한다. 왜냐하면 모성애나 애착욕구는 모두 잠재능력의 특성을 갖고 있으며 잠재능력이란 시간의 차원에서 내용을 전개하면서 본질을 드러내므로 역사적인 시각, 즉 진화사의 차원에서 모성애를 파악해야만 모성애의 본질을 인식할 수 있기 때문이다.

앞에서 언급했다시피 모성애는 모성행동의 진화과정에서 점진적으로 나타나고 발전해왔으며 모성행동은 진화과정에서 세 단계의 발전을 거쳤다. 첫 번째 단계에서 모성행동은 단순히 자립 불가능한 어린 자녀의 생리적 욕구와 안전의 욕구를 충족시키는 행동으로 나타난다. 두 번째 단계에서 어린 자녀가 심리적인 애착욕구를 나타내기 시작함에 따라 모자간에 점점 더 친밀한 애착관계를 형성하면서 모친은 점점 더 모성애의 감정을 지닌 존재로 나타난다. 마지막 단계에서 모성행동은 성숙한 자녀들과 일생동안 친밀한 애착관계를 유지하면서 자녀들을 위하여 최선을 다하는 특징을 나타낸다.

모성애의 시각에서 보면 모성행동의 진화과정은 모성애의 본질을 점진적으로 드러내는 과정이다. 모성행동의 진화과정에 대한 총체적인 통찰로부터 우리는 모성애가 내포하고 있는 두 가지 핵심적인 내용을 발견할 수 있다. 그 하나는 자녀의 마음과 철저하게 융합되어 일심동체가 됨으로써 자녀의 쾌락을 자기의 쾌락보다 더 기뻐하고 자녀의 고통을 자기의 고통보다 더 괴로워하는 추호의 사심도 없는 애착심이라고 할 수 있고, 다른 하나는 자녀의 자주적인 성장발전과 행복을 위하여 생명을 바쳐서라도 자기의 잠재능력을 최대한 발휘하는 건설적인 헌신정신이라고 할 수 있다. 즉 사심 없는 애착심과 건설적인 헌신정신이 동전의 양면처럼 서로 분리될 수 없이 결합되어 이루어진 것이 바로 모성애다. 모성애가 나타내는 모든 특징들은 모두 모성애의 이러한 본질에서 비롯된 것이다.

사랑의 한 형식으로서 현상의 차원에서 보면 모성애도 프롬이 말하는 사랑의 네 가지 요소를 나타낸다. 하지만 프롬이 말한 네 가지 요소는 사랑의 모든 형식에 존재하는 일반적인 특징으로서 모성애가 갖고 있는 독특한 특징들을 제시해주는 데는 한계가 있다. 생물심리학적 특성으로서의 모성애는 어머니만이 갖고 있는 독특한 잠재능력으로서 다음과 같은 몇 가지 특징을 갖고 있다.

중국문화와 덕치사상

첫째는 자녀에 대한 강렬한 애착심이다. 모성애의 강렬한 애착심은 어머니로 하여금 자녀의 고통을 자기의 고통보다 더 괴로워하면서 그 고통을 대신하지 못함을 한스러워하게 하며 자녀가 즐거워하면 자기가 즐거운 것보다 더 좋아하면서 기뻐하게 한다. 이런 강렬한 애착심은 어머니로 하여금 자녀의 욕구에 대하여 더 없이 민감하게 반응하게 하면서 자녀의 모든 욕구를 철저히 충족시켜 주려고 필사적으로 노력하게 한다.

모성애의 두 번째 특징은 끝없는 인내심이다. 어머니는 자녀 앞에서 언제나 끝없는 인내심을 보이면서 마음속 가장 깊은 곳까지 송두리째 읽어 내려고 한다. 애착욕구는 심리적 욕구로서 생리적 욕구와는 달리 잠재능력의 특징을 갖고 있는 욕구이다. 따라서 애착욕구는 여러 가지 형식으로 표현되며 심지어 상반된 형식으로 표현되는 경우도 있을 뿐만 아니라 늘 다른 욕구들 예를 들면 생리적 욕구 뒤에 숨어 전혀 다른 종류의 욕구로 나타나기도 한다. 그뿐만 아니라 애착욕구는 세월의 흐름에 따라 표현양식과 강도 모두 변화하는 특징도 갖고 있다. 그러므로 끝없는 인내심을 갖고 오랜 세월 계속하여 자녀한테 모든 심혈을 쏟아 붓는 어머니만이 자녀의 애착욕구 및 이러한 애착욕구가 자녀의 행복에 대한 의미를 충분히 이해할 수 있다. 또한 어머니는 언제나 강렬한 애착심을 갖고 자녀의 모든 욕구를 끝까지 만족시켜주려고 갖은 애를 다 쓴다. 그러므로 어머니는 모자간의 애착관계가 자녀의 생활 나아가 일생의 행복에 대한 중요성을 그 누구보다도 깊이 이해할 수 있다.

모성애의 세 번째 특징은 철저한 사명감이다. 어머니는 자녀의 행복을 위하여 모든 것을 바침을 당연한 의무로 여기면서 자녀의 생활에 대하여 오히려 자녀보다도 더 걱정하고 고민하며 어떻게든 자녀로 하여금 행복한 삶을 살아가게 하려고 갖은 애를 다 쓴다.

모성애의 네 번째 특징은 추호의 사심도 없는 헌신정신이다. 바로 이러한 자아희생적인 헌신정신으로 인하여 어머니는 피땀을 바쳐서라도 자녀를 행복하게 해줄 수만 있다면 조금도 주저하지 않고 그 어떤 고생도 기꺼이 사서 한다. 모성애의 이러한 특징은 남성들보다 몇 곱절 더 일하면서도 달가워하는 모쒀족 부녀들의 생활에서 뚜렷하게 드러난다.

수렵채집사회에서 노인들은 보통 정신생활에서 중요한 역할을 하지만 수렵채집 활동에서는 중요한 역할을 하지 않는다. 부시먼들은 보통 60세 좌우가 되면 수렵채집 활동에서 '퇴직'한다. 그러나 일부 수렵채집사회에서 부녀들은 노년에도 아주 중요한 역할을 한다.

탄자니아의 하드자인들 사회에서 노년 부녀들의 역할은 그들의 딸들에게 극히 중요하다. 딸이 임신하고 영아기의 손자한테 젖을 먹일 때 그의 채집활동은 극도로 제한받는다. 이럴 때 가장 큰 영향을 받는 것은 금방 젖을 뗀 손자인데 이들은 아직 어려 스스로 먹을 것을 해결하지 못한다. 바로 "외할머니의 노력으로 이 난제를 극복하는데 영아기의 손자가 너무 어려 젖을 뗀 손자가 어머니로부터 얻을 수 있는 식물이 가장 적을 때 외할머니가 식물을 채집하는데 들이는 시간이 가장 길다."[72] 모성애의 이런 자아희생적인 헌신정신은 동서고금을 막론하고 조금도 다를 바 없다.

모성애의 다섯 번째 특징은 훌륭한 본보기를 따라 배우고 능가하려는 승벽심이다. 어머니는 언제나 제자식이 남의 자식보다 더 잘 되기를 바라

---

72 [美]William A. Haviland, 『文化人類學(第十版)』, 瞿鐵鵬·張鈺 역. 上海: 社會科學 出版社, 2006, 198쪽.

고 어떻게든 다른 어머니가 자식한테 해주는 것보다 더 잘해주려고 애쓴다. 어머니는 공자가 말한 "어진 사람을 보면 그와 같이 되기를 생각하고, 어질지 않은 사람을 보면 속으로 스스로 반성하라."("見賢思齊焉, 見不賢而內自省也."[73])는 어록을 본능적으로 실천하는 사람이다. 그러므로 어머니는 자각적으로 본보기를 따라 배울 뿐만 아니라 그 보다도 더 잘해보려고 갖은 애를 다 쓴다. 이리하여 모성애의 정신과 업적은 대를 이어 계승되고 발전하게 되면서 끝끝내 목표를 달성하고야 만다.

상술한 바와 같이 어머니는 언제나 자녀의 행복을 위하여 헌신할 각오가 되어 있다. 또한 만일 원예농업으로 나아가는 것이 자녀에게 행복한 삶을 마련해 줄 수 있는 선택이라면 수렵채집사회에서 채집활동을 담당하는 주력으로서 어머니는 그 누구보다도 농업생산에 필요한 경험과 능력도 갖고 있다. 그러므로 관건은 어떻게 하면 자녀에게 행복한 삶을 마련해 줄 수 있는가 하는 문제를 해결하는 것이다. 바로 버드(Byrd)가 지적한 바와 같이 수렵채집사회로부터 농업사회로 전환되는 관건은 사회적인 동력과 인간의 인지영역에 있는데, 그 사회적인 동력이 바로 어머니의 모성애라면 인지의 문제란 바로 애착욕구의 의미를 정확히 파악하고 상응한 대안을 마련하는 것이라고 할 수 있다.

만일 애착욕구를 충족시키는 문제가 단순히 친밀한 애착관계를 제공하는 것이라면 긴밀한 애착관계를 갖고 있는 가까운 친척들이 함께 모여 사는 안정적인 집단생활을 형성할 수 있다면 이 문제는 자연히 해결될 것이다. 그렇다면 하나의 가능한 대안은 자원이 유난히 풍부하여 이동할 필

---

73 『論語·裏仁』.

요가 없는 환경을 찾아 가까운 친척들이 언제나 함께 모여 살 수 있게 만드는 것이다. 만일 이런 환경을 찾을 수 없다면 원예농업을 기초로 가까운 친척들이 함께 모여 생활하면 문제는 자연히 해결될 것이다.

이런 해결방식이 가능하다면 인류가 설령 수렵채집으로부터 원예농업으로 생계방식을 전환한다할지라도 굳이 모계가족 공동체사회로 나아갈 필요가 없다. 즉 수렵채집사회의 사회문화를 그대로 유지해도 되는 것이지 굳이 사회문화의 변혁을 추구할 필요가 없다.

이로부터 알 수 있듯이 수렵채집사회로부터 모계가족 공동체사회로 나아가게 된 근본원인은 수렵채집사회의 사회문화 자체에 문제가 있기 때문이지 생계방식의 문제가 아니다. 다시 말하면 바로 사회문화 자체에 문제가 있어 변혁이 필요했으므로 수렵채집사회로부터 모계가족 공동체사회로 전환된 것으로 원예농업은 다만 이런 전환을 위한 물질적 수단 혹은 물질적 기초로 선택됐을 뿐이다.

그렇다면 왜 이러한 사회문화의 변혁이 반드시 필요했던 것인가? 더 구체적으로 말하면 애착욕구와 관련된 수렵채집사회의 한계를 극복하려면 왜 수렵채집사회 사회문화로부터 모계가족 공동체사회 사회문화로의 변혁이 반드시 필요한가? 이 문제를 해결하려면 인간의 애착욕구란 도대체 무엇인가 하는 문제부터 해결해야 한다.

2) 인간의 욕구와 애착욕구의 본질

매슬로우는 인간은 누구나 생리 욕구, 안전 욕구, 사랑과 소속 욕구, 존경 욕구, 자아실현 욕구 등 다섯 가지 욕구를 갖고 있으며 일반적으로 사람들은 가장 기초적인 욕구로부터 차례로 만족을 얻으려 한다고 하였다.

중국문화와 덕치사상

매슬로우는 또 이 5단계의 욕구들을 결핍성 욕구와 성장성 욕구라는 두 가지 유형으로 나누었다.

결핍성 욕구란 외부환경이나 자아 내부에 뭔가 실제적으로 결핍하거나 주관적으로 결핍한 느낌이 들면서 발생하는 욕구들이다. 따라서 개체는 외부로부터 자기의 욕구를 충족시킬 수 있는 그 무엇을 얻으려고 시도하는데 여기에는 물질적인 것도 있고 사회적인 것도 있다. 예를 들면 배고프면 먹을 것을 찾아야 하고 사랑의 욕구를 충족시키려면 다른 사람의 사랑을 받아야 한다. 결핍성 욕구에는 생리 욕구, 안전 욕구, 사랑과 소속의 욕구 및 존중 욕구가 포함된다. 결핍성 욕구의 특징은 일단 충족되게 되면 그 욕구는 사라져버리면서 행동의 동기로 작용하지 않는다.

결핍성 욕구와 상반된 특징을 갖고 있는 욕구를 성장성 욕구라고 하며 이런 욕구는 개체가 자기의 잠재능력을 실현하려는 성향에서 비롯된 것으로 여기에는 인지 욕구, 심미 욕구와 자아실현 욕구 등이 포함된다. 결핍성 욕구와 달리 성장성 욕구는 만족을 얻게 되면 그 욕구가 사라져버리는 것이 아니라 오히려 충족된 정도가 높을수록 더욱 강렬하게 나타나는 욕구이다.

매슬로우는 일반적으로 저급단계의 욕구가 충족되어야 고급단계의 욕구가 나타난다고 주장하였다. 예를 들면 생리적 욕구가 기본적으로 충족되었을 때 안전의 욕구가 나타나고, 생리적 욕구와 안전의 욕구가 기본적으로 충족되었을 때 사랑과 소속의 욕구가 나타나며, 생리적 욕구, 안전의 욕구, 사랑과 소속의 욕구가 모두 기본적으로 충족되었을 때 존중의 욕구가 나타나고, 상기 네 가지 욕구들이 기본적으로 충족되었을 때 비로소 자아실현의 욕구가 나타나게 된다는 것이다. 이렇게 고급단계의 욕구는 저급단계의 욕구가 충족됨에 따라 나타나지만 갑작스럽게 나타나는 것은 아니고 점진적으로 나타나고 발전한다.

그러나 이러한 것은 일반적인 경우로서 기타 예외적인 경우가 존재하는 것을 배제하지 않는다. 예를 들면 고급단계 욕구의 출현이 반드시 저급단계 욕구의 충족을 기초로 한다고 하지만 일단 고급단계의 욕구가 확고히 수립되면 상대적으로 저급단계의 욕구들과 독립하여 존재한다. 그러므로 숭고한 이상을 갖고 있는 사람은 이상을 위하여 저급단계의 욕구들을 달갑게 희생할 수도 있다.

또한 고급단계 욕구의 충족은 더 만족스러운 주관적 효과를 가져다주므로 더 깊은 충실감, 평온함과 행복감을 느끼게 한다. 안전에 대한 욕구의 충족은 기껏해야 큰 부담을 덜어버린 것과 같은 느낌을 줄 수 있을 뿐 사랑에 대한 욕구의 만족처럼 사람으로 하여금 뜨거운 열정으로 벅차게는 못한다. 그러므로 고급단계의 욕구와 저급단계의 욕구에서 모두 만족을 얻은 경험을 갖고 있는 사람은 보통 고급단계의 욕구는 저급단계의 욕구보다 더 큰 가치를 갖고 있다고 생각하게 되므로 고급단계 욕구의 만족을 위하여 더 많은 것을 희생하는 것을 달갑게 여기면서 저급단계 욕구가 충족되지 못해도 참고 견딘다.

개체의 시각에서 볼 때 각 단계 욕구의 출현과 발전은 개체의 생장과정과 밀접한 연관이 있다. 어릴 때 처음에는 생리적 욕구가 우위를 차지하고 그다음 안전의 욕구, 사랑과 소속의 욕구가 점점 강화된다. 소년기와 청년 초기에는 존중의 욕구가 점점 더 강렬해진다. 청년 중후기에 이르러서는 자아실현의 욕구가 우위를 차지하기 시작한다.

동물 진화의 시각에서 보면 고급단계의 욕구들은 진화사에서 비교적

늦게 출현하는 욕구들이다. 인류와 기타 모든 동물들은 모두 식물(食物)에 대한 욕구를 갖고 있고 아마 인류와 유인원 모두 사랑의 욕구를 갖고 있으나 자아실현의 욕구는 인류만이 갖고 있는 독특한 욕구이다.

다시 말하면 더 고급단계의 욕구일수록 인류만이 갖고 있는 욕구로 나타난다. 하지만 더 고급단계의 욕구일수록 단순히 생존을 유지하는데 더욱 절실하지 않으며 이러한 욕구에 대한 충족은 더 쉽게 뒤로 밀릴 수 있을 뿐만 아니라 더욱 쉽게 영원히 소실될 수도 있다. 고급단계의 욕구들이 억압받게 되면 저급단계의 욕구들처럼 급박한 반응과 격렬한 저항을 불러오지 않는다. 즉 식물(食物)이나 안전에 비하여 존중은 일종의 사치다.

그 외 고급단계의 욕구들은 저급단계의 욕구들처럼 뚜렷하고 분명하지도 않다. 저급단계의 욕구들에 비하면 고급단계의 욕구들은 일종 본능과 유사한 미약한 충동일 뿐으로 동물의 본능처럼 강렬하지 않을뿐더러 쉽게 모종의 암시, 모방, 착오적인 정보와 습관의 영향을 받게 되며 쉽게 기타 욕구들과 혼동될 수도 있다. 동물과 달리 인간이 자기의 진정한 욕구들을 분명하게 인식함은 쉬운 일이 아니며 고급단계의 욕구일수록 더욱 그렇다.

자아실현의 개념은 매슬로우 인본주의 심리학의 핵심이다. 매슬로우는 자아실현의 욕구란 한사람이 자기의 개성, 재능 혹은 잠재능력을 충분히 실현하려는 충동이라고 보았다. 즉 자아실현의 동력은 타고난 인간성에 내재한 원초적 충동이라는 것이다.

매슬로우는 자아실현이란 인간이 무엇으로 될 수 있다면 반드시 그것으로 되어야 하며 자기의 본성에 충실해야 함을 의미하는 것이라고 하였다. 사람마다 자아실현 욕구는 서로 다를 수 있다. 어떤 사람은 과학자가 되려 하고 어떤 사람은 예술가로 되려 하며 또 어떤 사람은 스타로 되려 하는데 이들은 오직 자신의 최고 이상을 실현해야만 비로소 최대의 쾌락을 느낀다.

매슬로우의 욕구이론에 의하면 자아실현은 인간의 궁극적인 목표로서 인간성이 도달할 수 있는 최고의 경지이다. 그러나 자아실현은 어떤 정체된 최후의 상태가 아니라 시종 개인의 잠재능력을 실현하는 과정으로서 인간이 모든 힘을 다하여 자기의 타고난 천부와 재간, 잠재능력을 이용하고 발전시켜 자기를 점점 더 완벽하게 만들어가는 과정이다.

총체적으로 자아실현은 다음과 같은 본질적인 특징들을 갖고 있다. 자아실현은 인간의 각종 욕구들이 비교적 충분히 만족된 후에 비로소 나타나는 고급단계의 욕구이며, 이는 인간으로서의 진정한 삶의 경지이다. 자아실현으로 나아가는 사람은 완전히 자유로워 그의 행동을 지배하는 것은 내적인 자아선택이며, 자기가 사랑하는 사업에서 거대한 잠재능력을 나타내며, 이기적이고 협애한 시각을 초월하는 사람이며, 인간의 창조성을 궁극적으로 실현해 나가는 사람이다.

만년에 매슬로우는 자아실현을 두 단계로 나누어 자아실현의 욕구 위에 자아초월(自我超越)이라는 욕구의 단계가 있다고 주장하면서 자아초월의 욕구가 인간의 욕구에서 가장 높은 단계의 욕구라고 주장하였다. 매슬로우는 "근래 나는 점점 자아실현을 두 가지 유형(더 확실히 말하면 두 가지 정도)으로 구분하는 것이 더 유용함을 발견하게 되었다. 하나는 분명히 건강한 자아실현이나 초월적인 체험이 아주 적거나 심지어 존재하지 않는다. 다른 하나는 자아실현자 자체의 초월적인 체험이 중요한데 심지어 그들에게는 생사와 관련 있을 정도이다."[74]라고 하였다.

간단히 말하면 양자 모두 인간의 잠재능력을 충분히 실현하는 것을 추구하나 자아실현자들은 단지 현실에서 생활하는 속인들로서 그들은 근본적으로 현실의 실용적인 시각으로부터 출발하여 생활의 가치를 이해하고 느낀다는 것이다. 이와는 달리 자아초월자들은 내심 속 깊은 곳 인간성의 본질 차원에서 생활의 가치를 이해하고 음미하는 사람들이다. 그러므로 이들은 개인의 현실적인 이해득실을 초월하여 잠재능력을 실현하면서 생활의 가치를 이해하고 느끼기에 단순한 자아실현자들과 달리 사람들이 보기에 신비한 신성한 느낌과 행복감에 도취되어 살아가는 사람들이라는 것이다.

매슬로우의 욕구단계이론을 기초로 앨더퍼(C. Alderfer)가 새로운 욕구이론을 제시하였는데 그는 인간이 존재의 욕구(Existence needs), 관계의 욕구(Relatedness needs), 성장의 욕구(Growth needs)라는 세 가지 핵심적인 욕구를 갖고 있다고 주장하였으므로 그의 이론을 ERG 이론이라고 부르기도 한다.

존재의 욕구는 인간의 기본적인 물질적 생존의 수요와 관련된 욕구로서 여기에는 음식, 물 등에 대한 욕구와 같은 생리적인 욕구들과 임금, 작업조건 등에 대한 욕구와 같은 물질적인 욕구들이 포함되며 이는 매슬로우의 생리적 욕구와 물리적 측면의 안전의 욕구에 해당한다고 할 수 있다.

---

74 [美]馬斯洛,『自我實現的人』, 許金聲·劉鋒 등 역. 北京: 生活·讀書·新知三聯書店, 1987, 56쪽.

관계의 욕구는 상호 관계에 대한 욕구, 즉 인간이 개인적으로나 사회적으로 의미 있는 인간관계를 유지하려는 욕구로서 여기에는 가족과 친구들과의 관계, 직장에서 타인과의 대인관계, 기타 각종 사회관계와 관련되는 욕구들이 포함된다. 관계의 욕구는 매슬로우의 안전 욕구의 일부, 사랑과 소속의 욕구, 존중의 욕구 중의 외적인 내용들에 해당된다고 할 수 있다.

성장의 욕구는 자기 발전을 실현하려는 욕구로 여기에는 인간의 창조적 성장과 잠재능력의 극대화 등과 관련된 모든 욕구들이 포함된다. 성장의 욕구는 매슬로우의 존중의 욕구 가운데 내적인 내용과 자아실현의 욕구에 해당된다고 할 수 있다. 이렇게 ERG 이론은 인간의 욕구는 5단계가 아니라 3단계로 계층화되었다고 주장한다.

상술한 바와 같이 ERG 이론은 인간의 욕구들을 중요도 순으로 계층화하였다는 점에서는 매슬로우의 욕구이론과 동일하지만 그 단계를 5개에서 3개로 줄여 제시하였다. 그러나 ERG 이론은 하위욕구의 충족이 상위욕구에 대한 추구를 증대되게 한다는 점에서는 매슬로우의 이론과 맥락을 같이 한다. 또한 ERG 이론은 한 가지 이상의 욕구들이 동시에 복합적으로 작용할 수 있다는 점, 개개인 마다 세 가지 욕구의 상대적 크기가 서로 다를 수 있다는 점, 개인의 성격과 문화에 따라 서로 달라질 수 있다는 점 등에서 매슬로우의 이론과 차이가 있다. 이외에도 ERG 이론은 직접 조직 현장에 들어가 연구를 실행했다는 점에서 매슬로우의 이론과 차이를 보이는데 욕구의 분류가 세 가지로 되어 있다는 것이 실증적 연구로 입증되었다.

매슬로우가 인간의 욕구를 결핍성 욕구와 성장성 욕구라는 두 가지

중국문화와 덕치사상

유형으로 나누었다면 ERG 이론은 인간의 욕구를 물질적 욕구와 사회적 욕구라는 두 가지 유형으로 분류하였다.

매슬로우는 생리적 욕구, 안전의 욕구, 사랑과 소속의 욕구, 존중의 욕구가 모두 결핍성 욕구에 속한다고 보았다. 그는 이런 결핍성 욕구들이 무엇을 외부로부터 얻어 점유함으로써 결핍한 것을 해결하려 하며 일단 욕구가 충족되면 사라졌다가 차후 결핍을 느낄 때 다시 나타나는 욕구들이라고 생각하였다.

물질적인 것으로 해결되는 생리적 욕구와 안전의 욕구는 매슬로우가 지적한 바와 같이 반드시 외부로부터 결핍되는 바를 획득하여 점유해야만 욕구를 충족시킬 수 있으며 일단 충족되면 그 욕구는 사라졌다가 차후 결핍을 느낄 때 다시 나타난다.

그러나 사랑과 소속의 욕구 및 존중의 욕구는 반드시 필요한 사회적 조건이 갖추어져야만 충족되지만 이런 사회적 조건을 간단히 획득하여 점유함으로써 그 욕구들이 충족되는 것이 아니라 사회적 여건들이 사랑과 소속의 욕구 및 존중의 욕구를 충족시킬 수 있는 사회생활이 가능하게 함으로써 그 욕구들을 충족시킨다.

어린 자녀가 모성애의 사랑을 받으려고 발버둥치는 것은 마치 생리적 욕구처럼 모성애를 만끽하려고 하는 욕구 같지만 실제로는 자녀가 모성애를 듬뿍 차지함으로써 만족을 느끼게 되는 것이 아니라 자녀한테 필요한 생활방식을 제공해줌으로써 만족을 느끼게 된다. 우리는 어떤 어머니들이 그냥 자식의 욕망이라면 무엇이든 모조리 만족시켜 주려고 하면서 무조건 따르다가 결국은 잘못된 습관을 키우게 하여 귀여운 자식을 망치고 마는 경우를 종종 보게 된다. 이로부터 알 수 있듯이 자녀가 진정으로 요구하는 것은 어머니의 모성애에 대한 단순한 점유가 아니다.

또한 필요한 생활여건이 갖추어져 충족된 사랑과 소속의 욕구 및 존중의 욕구는 생리적 욕구나 안전의 욕구처럼 충족됨에 따라 사라졌다가 다시 결핍을 느낄 때 나타나는 것이 아니라 생활과정에서 시종 존재하고 시종 만족되기를 바라며, 그 뿐만 아니라 이런 욕구들은 생활 속에서 충족되면서 점점 더 강화되고 점점 더 높은 단계로 발전하여 가는 특징을 갖고 있다.

그러므로 사랑과 소속의 욕구 및 존중의 욕구는 반드시 어떤 객관적인 조건을 필수로 한다는 점에서는 생리적 욕구 및 안전의 욕구와 동일하지만 본질적으로는 완전히 다른 유형의 욕구로서 ERG 이론이 제시한 바와 같이 인간의 욕구를 물질적 욕구와 사회적 욕구라는 두 가지 유형으로 분류하는 것이 바람직하다.

개체의 발육과정으로 보면 개체는 태어날 때부터 물질적 욕구와 사회적 욕구 모두 갖고 있는데 초기 단계에서 사회적 욕구는 적당한 사회적 여건이 구비되어야 충족될 수 있는 사랑과 소속의 욕구 및 존중의 욕구로 나타난다. 사랑과 소속의 욕구 및 존중의 욕구를 충족시키면서 성장해가는 과정에서 개체는 경험과 지식을 축적하게 되고 사랑과 소속의 욕구 및 존중의 욕구는 점점 더 높은 단계로 발전하게 되면서 마침내 어떤 이상적인 목표를 갖고 의식적으로 기존에 축적한 경험과 지식을 바탕으로 적극적으로 자기의 잠재능력을 발휘하는 단계로 나아간다.

그러므로 ERG 이론이 말한 바와 같이 인간은 존재의 욕구, 관계의 욕구, 성장의 욕구라는 세 가지 욕구를 갖고 있다고 하지만 발전과정으로 보면 관계의 욕구가 충분히 충족되는 사회생활이 없으면 성장의 욕구란

중국문화와 덕치사상

불가능한 것이다.

이로부터 알 수 있듯이 사회적 욕구는 잠재능력의 특성을 갖고 있는 욕구로서 점진적인 실현을 거치면서 발전한다. 그 때문에 매슬로우가 말한 바와 같이 어느 단계의 욕구가 충족되면 더 높은 단계의 욕구가 나타나는 것으로 보이지만 이는 잠재능력이 점진적인 실현을 거치면서 점점 더 높은 차원에서 자체 내용을 전개함으로 인하여 나타나는 표면현상에 불과하다.

바로 그 실질은 잠재능력이 점진적인 실현을 거치면서 점점 더 높은 차원에서 자체 내용을 전개하는 과정이기에 사회적 욕구가 더 높은 단계 예를 들면 자아실현의 단계로 발전하여 간다고 낮은 차원의 욕구 예를 들면 존중의 욕구가 생리적 욕구처럼 충족되어 사라지는 것이 아니다.

결론적으로 인간의 사회적 욕구는 잠재능력의 특성을 갖고 있는 욕구로서 그 자체에 함축된 내용들을 점진적으로 전개하면서 충분히 실현하려는 특징을 갖고 있는 욕구이다. 그러므로 처음에는 선천적인 충동에 의한 반사적인 반응으로 나타나다가 경험의 누적에 따라 어떤 반응방식을 점차 형성하여 가면서 특정 생활방식을 추구하게 되므로 현상의 차원에서 보면 특정 욕구의 만족을 추구하는 존재, 즉 특정 욕구를 가진 존재로 보이게 된다. 하지만 그 실질은 선천적인 잠재능력이 경험의 누적에 따라 점진적으로 실현되면서 발전하여 더 높은 차원의 생활방식을 추구하게 된 결과일 뿐이다.

총체적으로 잠재능력의 발전과정은 초기의 선천적인 충동에 의한 반사적인 반응으로부터 시작하여 후천적인 경험과 느낌에 따라 자발적으로 전개되는 과정을 거쳐 마지막에는 경험과 지식의 증가에 따라 자각적으로 잠재능력을 실현하여 가는 방향으로 나아가는 과정이라고 할 수 있다.

그러므로 매슬로우나 ERG 이론이 말한 바와 같이 사회적 욕구는 저급단계로부터 고급단계로 발전하여 가는 특징을 나타내지만 이러한 발전은 고급단계로 갈수록 점점 더 경험과 지식, 더욱이 자각적인 반성과 의지를 필요로 하므로 누구나 모두 고급단계까지 가는 것은 아니다. 바로 이러한 이유 때문에 인간의 사회적 욕구는 저급단계인 자발적 발전단계에서 사람들 간에 상당한 공통점을 보이나 고급단계로 가면 갈수록 점점 더 큰 차이를 보이게 된다.

위에서 언급하였다시피 사회적 욕구가 고급단계인 성장의 욕구로 발전하였다고 저급단계인 사랑과 소속의 욕구 및 존중의 욕구가 사라지거나 매슬로우의 말대로 생활에서 주요 역할을 하지 않는 것이 아니다. 비록 성장의 욕구단계에서 성장의 욕구가 주도적인 지위를 차지하고 성장의 욕구가 더 강렬할수록 사랑과 소속의 욕구라든지 존중의 욕구가 성장의 욕구보다 훨씬 부차적인 역할을 하게 될 수 있지만 사랑과 소속의 욕구 및 존중의 욕구는 성장의 욕구와 달리 사회생활 속에서 경우에 따라 반사적으로 나타나는 자발적 욕구의 특징을 갖고 있으므로 인간의 욕구가 성장의 욕구단계로 발전하였다고 이런 자발적인 반응들이 사라져버리는 것은 아니다. 다만 더 높은 단계로 발전할수록 낮은 단계의 자발적인 욕구들을 고급단계의 욕구로 더 효과적으로 억제하거나 인도할 수 있을 뿐이다.

상술한 분석을 통하여 우리는 관계의 욕구와 성장의 욕구란 모두 사회적 욕구로서 하나는 자발적 발전단계의 욕구이고 다른 하나는 자각적

중국문화와 덕치사상

발전단계의 욕구이므로 본질적으로 이 두 가지 욕구는 하나의 동일한 사회적 욕구임을 알 수 있다. 따라서 우리는 인간이 총체적으로 물질적 욕구와 사회적 욕구라는 두 가지 유형의 욕구를 갖고 있으며, 사회적 욕구가 물질적 욕구와 구별되는 것은 물질적 욕구가 외부로부터 결핍되는 그 무엇을 획득하여 점유해야만 충족되는 욕구라면 사회적 욕구는 어떤 사회적 조건이 구비되어 모종의 사회생활을 전개할 수 있어야 충족되는 욕구이며, 물질적 욕구가 충족되면 사라졌다가 결핍을 느낄 때 다시 나타나는 욕구라면 사회적 욕구는 충족됨에 따라 끊임없이 발전하는 욕구로서 자발적인 욕구로부터 자각적인 욕구로 꾸준히 발전하여 가는 잠재능력의 특성을 갖고 있는 욕구임을 알 수 있다.

상술한 바와 같이 인간의 욕구를 물질적 욕구와 사회적 욕구, 또 사회적 욕구를 자발적 욕구의 단계와 자각적 욕구의 단계로 나누어 파악하는 시각에서 보면 앨더퍼의 ERG 이론은 매슬로우의 이론에 비해 장점이 있다.

그러나 사회적 욕구의 내용과 특징을 구체적으로 파악하려면 매슬로우처럼 사랑과 소속의 욕구, 존중의 욕구로 나누어야 한다. 매슬로우의 이론에서 보면 자발적인 사회적 욕구는 사랑과 소속의 욕구 및 존중의 욕구 두 가지로 나눌 수 있다. 또한 매슬로우의 이론에 따르면 발전과정에서 사랑과 소속의 욕구는 존중의 욕구보다 먼저 나타나는 한 단계 낮은 욕구이고 존중의 욕구는 사랑과 소속의 욕구보다 한 단계 높은 욕구이며 자각적인 실현단계인 성장의 욕구단계에서 존중의 욕구는 자기의 잠재능력을 적극적으로 실현하려는 자아실현의 욕구로 나타난다.

만일 매슬로우의 말대로 사회적 욕구가 인간이 갖고 있는 원초적 충동이라면 상기 논술로부터 사회적 욕구는 서로 다른 두 가지 내용으로 구성되었으며 이들은 모두 잠재능력의 특성을 갖고 있어 성장과정에서 변화하고 발전하지만 두 가지 내용의 전개과정은 서로 다른 특징을 갖고 있다는 결론을 얻게 된다.

갓난아기가 태어나서 가장 뚜렷하게 강렬하게 나타내는 것이 애착욕구라면 커가면서 점차 서로 간에 사랑을 주고받으려 하는 사랑과 소속의 욕구를 나타내다가 어머니로 되면 자식에게 헌신적인 사랑을 쏟아 붓는 모성애의 소유자로 나타난다.

하지만 얼핏 보기에 어린 아기에게는 존중의 욕구나 자아실현의 욕구처럼 자기의 잠재능력을 실현하려는 욕구가 존재하지 않는 것 같아 보인다. 그러나 프롬은 사랑의 참뜻은 어떤 것을 위하여 '힘을 바친다.'는 것이고 또 어떤 것으로 하여금 '성장'하게 한다는 것으로서 사랑과 노동은 분리될 수 없다고 하였다. 더욱이 모성애는 건설적인 헌신정신을 뚜렷한 특징으로 하는데 어린 자녀가 성장의 욕구가 없다면 모성애가 이런 특징을 나타낼 리가 만무하다. 바로 어린 자녀가 자주적인 성장을 추구하기에 모성애는 어릴 적엔 자녀들을 품속에 꼭 껴안다가 그 다음에는 옆에서 지켜주고 도와주며 마지막에는 뒤에서 묵묵히 받쳐주는 것이다.

이는 인간의 사회적 욕구는 태어날 때부터 두 가지 내용을 갖고 있지만 이 두 가지 내용이 정도 상에서 서로 다르다는 것을 의미한다. 태어나서 초기 단계에는 점차 사랑과 소속의 욕구로 발전하여 가는 애착욕구가 강렬하게 나타나지만 점차 존중의 욕구로 발전하여 가는 자주적 성장에 관한 욕구는 아주 미약하여 분명하게 나타나지 않고, 개체의 발육에 따라 무조건 모성애의 품에 안기려는 애착욕구는 점점 약화되면서 점차 서로 사랑을 주고받으려는 사랑과 소속의 욕구로 나타나는 반면에 워낙 미약하던 자주적 성장에 관한 욕구는 점점 강화되면서 결국에는 사랑과 소속의 욕구를 압도하는 존중의 욕구로 나타나고 더 나아가 자아실현의 욕구로 발전하여 간다.

결론적으로 인간의 사회적 욕구는 두 가지 내용을 갖고 있는데 이 두 가지 내용 모두 잠재능력의 특성을 갖고 있으므로 성장과정에서 경험과 지식의 누적에 따라 변화하고 발전하지만 이들의 발전과정은 서로 다른 특징을 갖고 있다. 이런 발전과정이 현상의 차원에서 보면 바로 매슬로우의 이론이 말하는 것처럼 저급단계로부터 고급단계로의 일련의 욕구들로 보인다. 그러므로 잠재능력의 특성을 갖고 있는 사회적 욕구의 본질을 파악하려면 반드시 발전의 시각, 즉 시간의 차원에서 인식해야 한다.

매슬로우의 욕구단계를 시간의 차원에서 점진적으로 전개되는 잠재능력의 표현으로 파악하면 우리는 인간이 상호애착(相互愛着)의 잠재능력(이하 상호 애착능력이라고 지칭함)과 자주실현(自主實現)의 잠재능력(이하 자주실현능력이라고 지칭함)이라는 두 가지 잠재능력을 갖고 있다고 할 수 있다.

상호 애착능력은 초기에는 모성애의 품에 철저히 안기려는 어린이들의 강렬한 애착욕구로 나타나다가 성장해 가면서 점점 서로 사랑을 주고받으려는 사랑과 소속의 욕구로 나타나며 마지막에는 모성애의 사랑과 같은 자아희생적인 헌신적 사랑으로 나타난다.

자주실현능력은 처음에는 뭔가 하지 않고는 견딜 수 없어하면서 무슨 일에나 호기심을 갖고 탐색해보고 싶어하고 참견하고 싶어하는 어린 아기들의 유치한 충동으로 나타나다가 점차 존중의 욕구로 나타나며 마지막에는 자각적인 자아실현의 욕구로 나타난다.

따라서 인생의 초기단계와 인류역사의 초기단계에는 강렬한 애착욕구를 쉽게 발견할 수 있으나 자주실현의 욕구는 미미하여 존재하지 않는 것 같아 보이고 반대로 성장한 후에는 강렬한 애착욕구를 찾아보기 힘든 반면에 자주적 성장을 추구하는 자아실현의 욕구가 두드러지게 나타난다.

이는 인간의 두 가지 잠재능력이 발전과정에서 서로 다른 특징들을 갖고 있기 때문이지 어느 때는 어느 하나만 존재하고 다른 하나는 존재하지 않는 것이 결코 아니다. 이 두 가지 잠재능력은 언제나 동전의 양면처럼 서로 분리될 수 없이 결합되어 하나의 완전한 잠재능력을 구성하는 것으로 이는 어머니들의 모성애에서 사심 없는 애착심과 건설적인 헌신정신이 동전의 양면처럼 서로 분리될 수 없이 결합되어 있는 것과 같은 이치이다.

매슬로우의 이론이 앨더퍼의 ERG 이론과 구별되는 또 하나 중요한 차이는 자아실현 욕구를 두 단계로 나누어 자아초월 욕구를 최고 단계의 욕구라고 주장한 것이다.

매슬로우는 단순히 자아실현을 추구하는 사람은 현실의 차원에서 생활하는 속인으로서 근본적으로 자기를 중심으로 현실의 실용적인 시각에서 생활의 가치를 이해하고 감수하는 사람이라면 자아초월을 추구하는 사람은 내심 속 깊은 곳 인간성의 본질 차원에서 생활의 가치를 이해하고 음미하기에 개인의 현실적인 이해득실을 초월하여 자기의 잠재능력을 실현하면서 신성한 느낌과 행복감에 도취되어 살아가는 사람이라고 생각하였다.

만일 사랑과 소속의 욕구, 존중의 욕구, 자아실현의 욕구가 본질적으로 모두 인간이 사회생활 속에서 자기가 갖고 있는 잠재능력을 실현하려는 욕구들이라면 인간이 근본적으로 요구하는 것은 사회생활 속에서 재부나 권력이나 명성을 획득하는 것이 아니라 내적인 잠재능력을 실현하는 것이다.

외적인 재부, 권력, 명성을 위하여 잠재능력을 실현할 때는 잠재능력의 실현이 외적인 목표를 달성하는 수단으로 되므로 사회적 압력에 떠밀려 잠재능력을 부득불 실현하게 되면서 강박에 시달리게 되고 잠재능력의 실현을 오히려 부담으로 느끼게 될 수도 있다. 그러므로 시간의 흐름에 따라 점점 더 힘들고 지친 느낌이 들게 되고 강박감에 시달리게 되면서 인생에 대해 회의를 느끼게 되어 재부, 권력, 명성에 대한 추구에 권태를 느끼면서 허무한 느낌이 들게 된다.

반대로 자기초월의 경지에서 잠재능력을 실현할 때는 잠재능력의 실현 자체가 목적으로 되므로 외적인 성공은 내적인 잠재능력의 실현에 따른 자연적인 결과일 뿐으로 잠재능력의 실현에 따라 그 참뜻과 즐거움을 만끽하게 된다.

상호 애착능력의 실현이 최고의 경지에 이르게 되면 세상 모든 것들이 어린 자녀가 어머니에게 한없이 사랑스럽고 아름답게 느껴지는 것처럼 사랑스럽고 아름답게 느껴지면서 즐거움으로 가득 차게 되는 것이고, 자주실현능력의 실현이 최고의 경지에 이르게 되면 큰일에서나 작은 일에서나 할 것 없이 언제나 심오한 의미와 숭고한 가치를 만끽하게 되면서 충실감으로 벅차게 되는 것이다. 삶에 이 보다 더 큰 보상이 어디 있겠는가!

그러므로 잠재능력의 실현이 최고의 경지에 다가가면 다가갈수록 자연히 외적인 성과의 시각에서 인생과 세상을 보는 것이 아니라 내적인 경지의 시각에서 인생과 세상을 보게 된다. 이는 모성애의 추호도 사심 없는 자아희생적인 헌신으로 어머니들이 심심한 위안과 기쁨을 느끼면서 가슴이 뿌듯해지는 것과 같은 이치이다.

다시 말하면 상호 애착능력과 자주실현능력은 인간이 갖고 있는 원초적인 잠재능력으로서 이 양자 모두 진정으로 추구하는 것은 내적인 잠재능력의 실현이며 양자 모두 자아초월적인 실현을 최고의 경지로 한다. 그러므로 바로 매슬로우가 지적한 바와 같이 자아초월의 욕구는 자아실현의 궁극적인 단계이다.

상술한 바와 같이 인간의 근본적인 욕구는 내적인 잠재능력의 실현으로서 인간이 근본적으로 추구하는 것은 자기의 잠재능력을 최대한 실현하려는 것이다. 그러므로 자발적으로 수동적으로 잠재능력을 실현하던 데로부터 자각적으로 능동적으로 잠재능력을 실현하는 길로 나아가게 된다.

잠재능력을 자각적으로 실현하려면 우선 잠재능력의 실현 요구를 정확히 인식해야 하며 이러한 인식은 생활 속에서 누적된 경험과 지식을 기초로 형성된다. 따라서 자각적인 자아실현에서는 생활경력뿐 아니라 개체의 지식과 이념이 아주 중요한 역할을 하게 되는데, 이러한 지식과 이념은 사회문화로부터 접하게 되므로 자각적인 실현 단계에서 개체의 생활경력, 지식, 이념과 사회적인 문화배경이 잠재능력의 의미를 인식하고 그 실현 목표를 확립함에 결정적인 역할을 하게 된다.

그러므로 이 단계에서 인간은 자체의 잠재능력을 최대한으로 발휘할 수 있지만 자기의 잠재능력에 대하여 단편적인 인식이나 왜곡된 인식을

중국문화와 덕치사상

형성할 수도 있으며 잠재능력을 단편적으로 혹은 착오적으로 실현하는 길로 나아갈 수도 있다.

이리하여 두 가지 잠재능력 중 어느 하나만 인정하고 실현해 나갈 수 있어 어느 한 잠재능력의 실현이 다른 한 잠재능력의 실현을 저해하게 되고 두 가지 잠재능력이 서로 대립하게 되어 마음 속 깊은 곳에서 모순과 분열이 싹트면서 초조감과 불안감에 휩싸일 수 있을 뿐만 아니라 결국 본래 신봉하던 가치들을 모조리 부정하게 되면서 허무감에 빠져 들어가게 될 수도 있다.

이로부터 알 수 있듯이 인간이 자기의 잠재능력을 충분히 실현하려면 반드시 잠재능력의 두 가지 내용과 특징에 대하여 정확하게 전반적으로 인식해야 할뿐만 아니라 두 가지 잠재능력이 충분히 실현되면서도 서로 완벽한 조화를 이루어 상호 대립과 충돌이 아닌 상호 보완과 촉진의 관계를 실현해야만 비로소 잠재능력을 충분히 실현할 수 있다.

결론적으로 인간의 사회적 욕구는 인간이 선천적으로 갖고 있는 두 가지 잠재능력, 즉 상호 애착능력과 자주실현능력을 실현하려는 욕구에서 비롯된 것이다. 상호 애착능력과 자주실현능력은 동전의 양면처럼 서로 분리될 수 없는 두 가지 잠재능력으로서 인간의 사회적 욕구가 진정으로 추구하는 것은 이 두 가지 잠재능력을 충분하고도 조화롭게 실현하는 생활방식이다. 잠재능력의 실현과정은 자발적인 실현으로부터 자각적인 실현으로 발전해가는 과정이므로 인간의 사회적 욕구가 우선 먼저 추구하는 것은 자발적인 실현이 가능한 객관적 조건으로서의 사회제도이며, 자각적인 실현단계에서는 생활경험에 대하여 전면적이고도 체계적인 반성을 할 수 있는 지식과 자아실현의 목표를 정확하게 수립할 수 있게끔 하는 가치관을 제공해 줄 수 있는 문화관념이 필수적 조건으로 된다.

이로부터 알 수 있듯이 수렵채집사회의 어머니들이 해결해야 할 인지의 문제는 인간의 사회적 욕구의 의미를 파악하는 것이므로 근본적으로 인간의 두 가지 잠재능력의 의미를 이해하는 것이라고 할 수 있다. 따라서 수렵채집사회의 어머니들이 짊어져야 할 사명은 바로 두 가지 잠재능력을 충분히 조화롭게 실현할 수 있는 사회제도와 문화관념을 창조하는 것임을 알 수 있다.

다시 말하면 수렵채집사회로부터 모계가족 공동체사회로의 전환은 본질적으로 사회문화의 문제이지 생계방식의 문제가 아니다. 바로 사회문화의 변혁이 필수였으므로 수렵채집사회로부터 모계가족 공동체사회로의 사회문화적 전환이 일어난 것이다.

애착욕구의 근본적인 의미가 사회생활 방식에 대한 요구라고 할 때 만일 사회문화가 필요한 사회생활 방식을 제공할 수 있다면 굳이 생물심리학적 모성애에 의존할 필요가 없다. 하지만 인류의 사회문화가 이런 능력을 구비하기 전까지 인류는 오직 생물심리학적 모성애에 의존할 수밖에 없다. 바로 모계가족 공동체사회의 출현은 오직 모성애를 가진 어머니들에 의존할 수밖에 없었으므로 어머니들은 자각적으로 모성애를 발양하여 새로운 사회제도와 문화관념을 창조하는 역사적인 사명을 짊어지게 된 것이다.

이때 모성애의 사명은 단순히 모성애를 헌신적으로 발양하여 탄탄한 애착관계를 구축하는 것이 아니라 새로운 생활방식을 확립하기 위한 사회제도와 문화관념을 창조하는 것이었으므로 그 어려움이란 상상할 수도 없다. 우리가 현대 심리학이 인간의 애착욕구와 모자간의 애착관계에 대한 비교적 충분한 인식이 어느 때 어떻게 이루어졌는가를 상기하게 되면 이 문제의 어려움을 대충이나마 이해할 수 있을 것이다.

현대 심리학이 이 문제에 대한 인식에서 더 어려움을 겪게 되는 원인은 서양의 개인 본위의 공리주의 문화배경과도 밀접한 연관이 있다. 비록 수렵채집사회의 사람들은 공리주의자들이 아니지만 수렵채집사회의 사회문화 역시 개체의 경험적인 욕구를 중심으로 하는 개인 본위의 사회문화이다. 위에서 언급하였다시피 개체의 경험적인 욕구를 중심으로 개인 본위의 시각에서 생활을 이해하고 문제를 사고하는 수렵채집사회의 문화는 모계가족 공동체사회의 문화와 근본적인 차이가 있는 문화이며 핵심적 가치관으로 보면 양자는 완전히 상반된 성격을 가진 문화라고 할 수 있다. 그러므로 수렵채집사회의 생활방식과 문화는 문제의 어려움을 더할 수밖에 없는데 주지하다시피 오랜 세월 전해 내려온 생활방식과 문화의 한계를 극복하기란 참으로 쉬운 일이 아니다.

하지만 자녀들의 행복한 삶을 위해서라면 모든 것을 바쳐 헌신적으로 분투하는 모성애는 그 어떤 난관도 충분히 극복할 수 있는 위대한 잠재력을 갖고 있는 사랑이다. 바바라 킹솔버(Barbara Kingsolver)는 "모성애의 힘은 자연의 법칙을 이긴다."고 하였는데 이는 참으로 지당한 말이다.

마. 수렵채집사회의 사회문화와 모계가족 공동체사회의 사회문화

수렵채집사회의 핵가족이 부부간의 횡적인 혼인관계를 근간으로 하는 부부 각자의 수요를 기초로 결합된 공동체라면 모계가족 공동체는 모자간의 종적인 애착관계를 근간으로 하고 모성애의 정신을 절대적인 최

고 원칙으로 하는 공동체이다.

모계가족 공동체에서 모성애의 정신은 체계적인 조직구조, 제도규범과 사상관념으로 객관화되어 공동체 구성원의 품성과 행동을 인도하고 규제하므로 모성애의 사랑은 모자간의 애착관계에서만 존재하는 것이 아니라 모든 구성원 간의 관계에서 나타난다. 그러므로 모계가족 공동체는 모성애로 충만한 공동체이다. 모계가족 공동체와 달리 수렵채집사회에서 모성애는 모자간의 애착관계에만 내재해 있는 감정으로 존재한다.

현상의 차원에서 보면 모계가족 공동체사회의 사람들과 수렵채집사회의 사람들은 모두 감정을 중히 여기는 공통점이 있다. 하지만 본질적 차원에서 보면 양자 사이에는 근본적인 차이가 존재하는데 모계가족 공동체사회의 사람들이 모성애의 정신을 절대적인 최고 원칙으로 하는 도덕적 태도로 감정을 대하는 도덕주의자라면 수렵채집사회의 사람들은 개인의 느낌으로부터 출발하여 심미적 태도로 감정을 대하는 천진난만한 감정주의자들이라고 할 수 있다. 쉽게 말하면 모계가족 공동체 구성원이 추구하는 감정은 모성애의 사랑 같은 감정이라면 수렵채집사회 핵가족에서 남녀가 추구하는 것은 낭만적인 사랑 같은 감정이라고 할 수 있다.

수렵채집사회에서 사회를 구성하는 가장 기본적이고 안정적인 단위는 핵가족이다. 이는 부부간의 혼인관계로 이루어진 공동체로서 어느 일방의 사망과 함께 와해되는 공동체이며 모성애도 모자간의 애착관계에 내재한 감정으로 어느 일방이 사망하게 되면 이런 애착관계도 사라진다.

그러나 모계가족 공동체는 특정 구성원의 출생과 사망에 관계없이 대를 이어 지속적으로 존재하는 유기체 같은 존재로서 가족 공동체 내의 애착관계도 특정 구성원의 출생과 사망에 관계없이 지속적으로 존재하면서 발전하게 된다. 이리하여 모계가족 공동체의 구성원은 태어나서부터 죽을 때까지 줄곧 모성애의 품속에서 생활할 수 있게 된다.

더 나아가 모성애의 정신은 대를 이어 발전하게 되고 점점 더 완벽하게 모성애의 정신을 체현하는 집단구조, 제도규범과 관념체계를 구축하게 됨으로써 결과적으로 모계가족 공동체의 구성원은 조상들의 덕성과 업적으로 쌓아 올린 성과물 속에서 생활하게 된다. 즉 모계가족 공동체는 조상들이 덕과 업적으로 대대로 쌓아 올린 결과물이다.

그러므로 모계가족 공동체 사회에서 조상숭배는 당연한 것으로 대대로 강화될 수밖에 없으며 조상숭배의 본질은 바로 조상의 덕과 업적을 기리면서 조상의 덕과 업적을 끊임없이 계승 발전하는 것으로서 근본적으로는 모성애의 정신을 대대로 계승 발전하는 것이다.

이로부터 알 수 있듯이 조상들이 덕이 있어야 비로소 모성애로 넘쳐나는 가족이 있게 되는 것이므로 가족이란 조상들이 대대로 내려오면서 덕으로 쌓아 올린 것이라고 해도 과언이 아니다. 이러한 가족 속에서 살아가는 후손들이 조상들이 고맙고 그리워 제사를 올리는 것은 너무도 자연스러운 일이라고 할 수 있다.

수렵채집사회에서 혼인관계로 구성된 핵가족이 가장 긴밀하고 가장 안정적인 공동체라면 모계사회에서는 모자관계를 근간으로 하는 가족 공동체가 가장 긴밀하고 가장 안정적인 공동체로서 그 위치를 대체한다. 그러므로 비록 수렵채집사회의 남녀 간 관계와 모계가족 공동체사회의 남녀 간 관계 모두 각자의 수요를 기초로 하는 관계이지만 모계가족 공동체사회에서 혼인관계는 오히려 더 취약해지게 된다. 그 결과 모쒀족 가정처럼 남녀 간의 혼인관계를 가정에서 완전히 배제하거나 모계가족 공동체처럼 비록 가족 공동체 내부에서 부부가 생활하나 남편은 가족 공동체의 구성원이 아니라 '외인'으로서 존재하는 현상이 나타나게 된다.

모계가족 공동체사회에서는 사회생활과 경제생산에서 비롯된 각종 수요로 인하여 다수의 모계가족 공동체들이 연합하여 여러 차원의 사회집단을 형성한다. 각종 사회집단은 모두 이런 저런 친척관계를 기초로 조직 운영되고 각종 사회활동도 모두 이런 저런 친척관계를 기초로 진행되므로 일반적으로 모두 친근한 감정, 협력과 나눔, 공유의 원칙 등의 특징들을 나타낸다.

하지만 이런 사회집단은 모두 모계가족 공동체를 본위로 하는 원칙으로 구성되고 운영되므로 모성애의 정신을 집단생활의 절대적인 최고 원칙으로 삼지 않는다. 즉 비록 가족 공동체 내에서는 모성애의 원칙을 절대적인 최고 원칙으로 하므로 생산과 분배에서 각자는 능력을 다하고 수요에 따라 분배하는 원칙을 실행하지만 가족 공동체 간에는 일반적으로 똑같이 분담하고 균등하게 분배하는 원칙을 실행한다. 그러므로 가족 공동체 간의 관계는 본질적으로 수렵채집사회의 사회관계와 동일한 성격을 갖고 있다고 할 수 있는데 다만 안정적인 조직들을 형성하고 있을 뿐이다.

간단히 말하면 산업사회 이전의 전통사회들은 모두 친척관계를 기초로 소박하고 친근한 감정관계를 형성하고 협력과 나눔의 원칙을 중히 여기며 각종 자원을 공유하는 등의 특징을 갖고 있다. 이러한 특징에 입각하여 사회문화를 파악하게 되면 모든 전통사회들은 똑같아 보인다. 따라서 사회문화 간의 본질적인 차이를 발견할 수 없게 되고 사회문화의 발전 과정을 파악할 수 없게 되어 역사는 근본적으로 정체되어 있는 것 같아 보이며 단지 사회의 규모, 경제, 기술, 구체적인 제도규범 등이 양적인 변화를 일으키는 것 같아 보인다.

수렵채집사회의 핵가족과 양측적 친족 모두 특정 개체의 사망과 더불어 소실되는 일시적인 사회집단이므로 수렵채집사회에는 일관되고 체계적인 운영원리를 가진 안정적인 사회적 틀이 존재하지 않는다. 따라서 사회의 존재양식은 경험적 욕구의 만족을 추구하는 사회구성원의 행위에 따라 결정되면서 평형상태에서는 정체된 양상을 나타내고 외부의 충격을 받게 되면 방향성 없이 변한다.

이와는 반대로 모계가족 공동체사회에서는 특정 구성원의 출생이나 사망과 관계없이 대를 이어 지속적으로 발전하는 유기생명체 같은 가족 공동체가 사회문화의 절대적인 중심으로 존재하므로 사회문화의 안정적이고 지속적인 발전을 가능하게 할 뿐만 아니라 더욱이 모성애의 정신을 절대적인 최고 원칙으로 하므로 모계가족 공동체사회는 절대적인 원칙이 제시하는 궁극적인 목표를 향하여 꾸준히 발전하여 나아가는 특징을 나타내게 된다. 그러므로 세계 각지의 모계가족 공동체사회들은 모두 그 특징과 발전과정에서 고도의 동질성을 나타내게 된다.

바. 생물심리학적 모성애의 사명과 한계

기나긴 진화사에서 생존활동의 진화와 더불어 양육활동의 진화는 진화의 다른 한 축을 이루어 왔다. 포유동물에 이르러 양육활동은 전형적인 모성행동으로 나타나기 시작하였으며 모성행동의 진화는 단순히 자녀의 생존욕구를 충족시키는 활동으로부터 모자간 심리적인 애착관계가 끊임없이 발전하면서 점점 더 중요한 지위를 차지하는 방향으로 나아갔다.

할로우의 원숭이 실험은 모자간의 애착관계가 결여되면 심신의 정상적인 성장이 불가능하며 심지어 요절할 수도 있음을 보여줬을 뿐만 아니라 모자간 애착관계의 끊임없는 발전이 심리적 욕구의 정상적인 발전을 가능하게 하였음을 보여주었다. 이로부터 알 수 있듯이 인류가 사랑과 소속의 욕구라는 심리적 욕구를 가진 존재로 성장할 수 있은 것은 생존투쟁의 진화가 이룩한 성과가 아니라 모성행동의 진화가 이룩한 성과이다.

매슬로우의 이론에 의하면 인간은 첫 번째 욕구인 생리적 욕구와 두 번째 욕구인 안전의 욕구가 기본적으로 충족되면 사랑과 소속의 욕구를 주요 욕구로 하게 된다. 수렵채집사회는 '원초적 풍요사회'로서 사람들의 생리적 욕구와 안전의 욕구를 충분히 충족시킬 수 있었으므로 사랑과 소속의 욕구가 주요 욕구로 등극하게 되었으며 따라서 영장류사회와 달리 협력과 나눔을 특징으로 하는 인정미 넘치는 사회문화가 출현하게 되었다.

이러한 사회문화가 출현할 수 있는 근본원인은 동물계의 생존투쟁의 진화가 아니라 모자간 애착관계의 진화로서 생존투쟁의 진화는 근근이 이러한 사회문화가 출현할 수 있는 전제조건을 제공해 줬을 뿐이다. 그러므로 모자간 애착관계의 진화가 상당한 수준에 도달하였을 때 생존능력의 진화가 생리적 욕구와 안전의 욕구를 충분히 만족시킬 수 있는 객관조건을 제공해 주기만 하면 자연스럽게 사랑과 소속의 욕구가 생활의 주요 욕구로 등극하게 되면서 수렵채집사회의 사회문화가 나타나게 된다.

다시 말하면 수렵채집사회의 사회문화는 본질적으로 개체가 갖고 있는 애착욕구의 진화에서 비롯된 것이다. 하지만 사랑과 소속 욕구의 근원으로서 사랑과 소속 욕구의 근본내용으로 되는 애착욕구의 시각에서 보면 수렵채집사회는 커다란 한계를 안고 있는 사회이다. 이런 한계를 극복하기 위하여 출현한 것이 바로 원예농업을 기초로 하는 모계가족 공동체사회이다.

애착욕구는 애착관계의 진화로 발전하여 왔고 애착관계는 모성애가 있으므로 가능하고 애착관계의 발전은 모성애의 발전으로 가능하다고 하면 수렵채집사회나 모계가족 공동체사회나 모두 근본적으로 모성애의 발전으로 이룩한 결과물이라고 할 수 있다. 따라서 개체의 심리적 특징, 주요 사회관계로서의 친척관계, 각종 사회관계에서 나타나는 협력과 나눔의 특징 등 사회문화를 구성하는 각종 요소들의 시각에서 보면 수렵채집사회와 모계가족 공동체사회 간에는 허다한 공통점이 존재하므로 가장 큰 차이는 이동하는 수렵채집 방식과 정착하는 농업생산 방식 간의 차이인 것 같아 보인다.

그러나 본질적인 차원에서 보면 양자 간에는 근본적인 차이가 존재한다. 수렵채집사회의 사회문화가 애착욕구의 자발적인 발현으로 객관조건이 갖추어지면 자연적으로 출현하는 것이라면 모계가족 공동체사회의 사회문화는 의식적으로 모성애를 발양하여 건설한 것으로서 수렵채집사회가 개체의 경험적인 욕구를 근본적인 기반으로 하는 사회라면 모계가족 공동체사회는 모성애의 정신을 근본적인 기반으로 하는 사회이다. 그러므로 양자는 본질적으로 완전히 다른 사회문화라고 해도 과언이 아니다.

수렵채집사회의 사회문화는 객관조건이 구비됨에 따라 개체의 속성이 자연스럽게 전개된 결과이다. 따라서 자연히 개체의 욕구를 중심으로 하는 개체 본위의 사회문화를 형성하게 된다. 다시 말하면 아무리 사랑과 소속의 욕구를 핵심욕구로 한다고 할지라도, 더 나아가 아무리 애착욕구가 강렬하다고 할지라도 수렵채집사회는 개체의 욕구를 중심으로 하는 개체 본위의 사회문화로 나아갈 수밖에 없다.

이와 반대로 모계가족 공동체사회는 모성애의 정신을 의식적으로 발양하여 건설한 결과로서 모성애의 정신을 절대적인 최고 원칙으로 사회문화를 형성하므로 개체의 욕구를 중심으로 하는 개체 본위주의를 극복하고 절대적인 도덕원칙을 최고 원칙으로 하는 가족 본위주의의 사회문화로 나아가게 되었다. 즉 모계가족 공동체사회는 모성애의 정신을 의식적으로 체계적인 사회구조, 제도규범과 사상관념으로 객관화한 창조물이다. 이로부터 알 수 있듯이 모계가족 공동체란 바로 모성애의 품을 사회문화적으로 체현한 것으로서 자녀들의 행복한 삶을 위하여 어머니들이 만들어낸 보금자리라고 할 수 있다.

기나긴 진화사에서 어머니들은 자녀들을 위하여 물질적 보금자리를 만들어왔다. 자녀들이 심리적인 애착욕구를 보이기 시작하면서 어머니들은 사랑의 품으로 껴안기 시작하였고 정신적 보금자리에 대하여 고민하지 않을 수 없게 되었다. 그 결과 자녀들의 물질적 욕구를 충족시킬 수 있을 뿐만 아니라 정신적 욕구도 충족시킬 수 있는 보금자리를 만들어야 했는데 이러한 모성애의 사명으로부터 비롯된 궁극적인 결과가 바로 모계가족 공동체라고 할 수 있다.

물질적 보금자리를 만들기 위해서 나무가 필요하다면 정신적 보금자리를 만들기 위해서는 농업이 필요했다. 그리하여 농업사회로 나아가는 것은 모성애의 사명에서 비롯된 운명적인 선택으로 되었다.

중국문화와 덕치사상

결론적으로 어머니들은 모성애로 충만한 보금자리를 만들었을 뿐만 아니라 이로 인하여 대량의 인구가 정착하는 촌락이 생겨나게 됨으로써 인류의 사회생활은 수렵채집사회의 한계를 초월하여 지속적으로 발전할 수 있는 기초를 마련하게 되었다.

이로부터 알 수 있듯이 인류역사에서 문명의 발전을 위하여 가장 관건적인 첫발자국을 내디딜 수 있은 것은 바로 위대한 모성애를 지닌 어머니들이 있었기 때문에 가능하였다. 비어 고든 차일드(Vere Gordon Childe)는 "농업은 인류사회가 고급 형태로 발전하는 기초이다. 농업이 없다면 훗날의 도시혁명과 공업혁명이 있을 수 없다."[75]고 하였는데 문명으로 가는 경제기초를 닦아준 이들이 바로 모성애를 지닌 어머니들이다. 순자는 "예의 법도라는 것은 성인이 만들어 낸 것이다."("禮義法度者, 是聖人之所生 也."[76])고 하였는데 그 성인들이 바로 다름 아닌 모성애를 지닌 어머니들이다.

모계가족 공동체는 모성애라는 생물심리학적 특성을 지닌 어머니들이 자녀들의 행복한 삶을 위하여 자각적으로 건설한 보금자리로서 이는 자녀들에 대한 본능적인 강렬한 애착심에서 비롯된 사명감의 결과이다. 하지만 이런 본능적인 생물심리학적 애착심은 매우 강렬하나 자녀들한테만 국한되거나 적어도 친자녀들과 남의 자녀들을 차별하는 폐쇄적 특징을 갖고 있다. 이는 모성행동의 진화사를 보면 쉽게 이해될 수 있는데 동물계에서 가끔 젖을 먹이는 어미가 자기 새끼는 털끝하나 다칠세라 애지

---

75 張修龍·吳文祥·周揚,「西方農業起源理論評述」,『中原文物』, 2010年 第2期,
    36-45쪽.
76 『荀子·性惡』.

중지하면서도 바로 옆에서 어미를 잃은 다른 새끼가 굶어 죽어가는 것을 뻔히 보면서도 눈썹 하나 까딱하지 않는 것이 바로 그 전형적인 표현이다.

비록 진화사에서 모성애의 이런 극단적인 폐쇄성은 점진적으로 극복되는 추세를 나타내지만 자발적인 충동으로 발동되는 생물심리학적인 모성애로 말하면 친자식과 남의 자식은 똑같을 수 없다. 모계가족 공동체 사회에서 이런 생물심리학적 모성애가 갖고 있는 폐쇄성은 모계가족 공동체 내에서 생활하면서 생산임무를 감당해도 공동체 구성원 자격이 없는 '외인'들, 즉 부녀들의 남편들한테서 가장 생동하게 표현된다. 가족 공동체 내에서 함께 생활하는 자기의 남편도 가족으로 대하지 못하는데 어떻게 더 넓은 사회영역에서 모성애의 정신으로 서로 대할 수 있겠는가!

그러므로 모계사회에서 모성애의 정신은 모계가족 공동체 구성원 내에서만 절대적인 도덕원칙으로 받들리며 이를 초월한 사회영역, 더욱이 전체 사회에서는 최고의 원칙으로 되지 않는다. 비록 모든 사람들이 모성애의 정신을 가장 숭고한 도덕원칙으로 인정한다고 하지만 이런 원칙이 미치는 범위에는 뚜렷한 한계가 있다. 따라서 생물심리학적 모성애의 폐쇄성은 모계가족 공동체 내와 공동체 외의 생활에서 모두 표현되는데 모계가족 공동체 내에서는 구성원 자격이 없는 '외인'들이 존재하는 것으로 나타나고 공동체 밖의 생활에서는 모두들 각자의 가족공동체 이익을 절대적인 중심으로 하는 가족 본위주의를 신봉하는 것으로 나타난다.

결론적으로 모성애의 정신을 가족 공동체를 초월한 사회 집단들의 원칙으로 나아가서 전체 사회의 원칙으로 확립하려면 반드시 생물심리학적 모성애의 폐쇄성을 극복해야 한다. 이로부터 알 수 있듯이 모계가족 공동체는 생물심리학적 모성애의 사명이자 한계라고 할 수 있다. 하지만

중국문화와 덕치사상

어머니들은 내적인 모성애를 객관화된 사회제도와 문화관념으로 확립함으로써 인류가 사회문화의 힘에 의지하여 생물심리학적 모성애의 폐쇄성을 극복할 수 있는 기반을 마련하여 주었다.

이리하여 인류역사에는 생물심리학적 모성애의 폐쇄성을 초월한 가족 공동체가 출현하게 되었는데 그것이 바로 부계가족 공동체이다.

4. 부계가족 공동체

앞에서 언급한 바와 같이 부계가족 공동체는 모계가족 공동체사회로 부터 출현한 가족 공동체의 다른 한 유형이다. 모계가족 공동체는 종적인 모자관계를 근간으로 하고 횡적인 모계친척관계를 보조적인 관계로 구성된 가족 공동체라면 부계가족 공동체는 종적인 부자관계를 근간으로 하고 횡적인 부계친척관계를 보조적인 관계로 하여 구성된 가족 공동체이다.

부계가족 공동체는 부친을 중심으로 그의 여러 아들, 손자, 증손자 등의 부계 자손과 그들의 아내들로 구성되기도 하고 혹은 부친은 이미 사망하고 그 아들들을 중심으로 부계 자손과 그들의 아내들로 구성되기도 한다. 일반적으로 부계가족 공동체와 모계가족 공동체 간의 가장 큰 차이는 공동체 구성원 자격이라고 본다. 부계가족 공동체 구성원에는 "다른 씨족에서 시집 온 아내가 포함되므로 부계가족 공동체는 부계친척관계와 혼인관계를 구성원 간의 유대로 하여 형성된 집단이다."[77]

조직구조의 차원에서 보면 모계가족 공동체와 부계가족 공동체 간의 상술한 차이는 단순히 구성원 자격의 차이만을 의미하는 것이 아니라 조직구조상에서 양자 간에 근본적인 차이가 존재함을 의미한다. 모계가족 공동체에서는 설령 대우혼을 기초로 하는 핵가족이 존재한다고 할지라도 이런 핵가족은 모계가족 공동체의 구성원인 아내 및 자녀들과 '외인'인 남편으로 구성된 집단이므로 핵가족 자체는 모계가족 공동체를 구성하는 하위 집단으로 되지 않는다. 이와는 반대로 부계가족 공동체에서는 아내와 남편 모두 부계가족 공동체의 구성원이므로 핵가족은 부계가족 공동체를 구성하는 하위 집단으로 된다.

즉 조직구조의 차원에서 보면 모계가족 공동체는 개인을 구성단위로 하는 사회집단이라면 부계가족 공동체는 핵가족이라는 소집단을 구성단위로 하는 사회집단이다. 따라서 개인을 구성단위로 하는 모계가족 공동체의 조직구조가 개인들 간 협력방식의 변화에 따라 변화한다면 핵가족을 구성단위로 하는 부계가족 공동체의 조직구조는 핵가족들 간 협력방식의 변화에 따라 변화한다. 이로부터 알 수 있듯이 모계가족 공동체가 개체의 차원에서 분화하고 통합하면서 조직구조가 변화 발전한다면, 부계가족 공동체는 개체의 차원을 초월하여 핵가족이라는 집단의 차원에서 분화하고 통합하면서 조직구조가 변화 발전한다.

---

[77] 林耀華·莊孔韶, 『父系家族公社形態硏究』, 西寧: 靑海人民出版社, 1984, 16쪽.

중국문화와 덕치사상

가. 부계가족 공동체의 두 가지 유형 및 진화과정

임요화(林耀華)와 장공소(莊孔韶)는 유럽과 아시아의 환경조건이 서로 다른 세 개 지역의 부계가족 공동체들에 대한 자세한 비교연구를 통하여 부계가족 공동체 간에 다음과 같은 뚜렷한 공통점이 존재함을 발견하였다.

첫 번째는 각 지역 가족 공동체들의 거주방식에 흥미로운 공통성이 존재한다.

> 발칸과 카프카스 산악지역의 근현대 가족 공동체들의 전형적인 주택은 정원(庭園)식이다. 하나의 정원이 하나의 가족 공동체를 형성한다. 유고슬라비아의 자드루가(Zadruga)도 대부분 정원식 건물이다. 그 안에 한 조부의 몇 세대 부계 후손들이 거주하는데 보통 50명 내지 60명 정도이며, 심지어 80명 쯤 되는 경우도 있다. 자료에 의하면 어떤 자드루가의 규모는 200명 내지 300명 정도인 경우도 있으며 불가리아의 경우 250명(80명의 노동력)에 달하기도 하였다. 가족 공동체에서 각 세대의 기혼 남성들은 각자 자기의 방을 갖고 있다.[78]

즉 울타리를 두른 큰 울안에서 가족 공동체의 전체 구성원이 함께 생활한다. 울안에는 주거용 건물만 있는 것이 아니라 창고, 방앗간, 축사, 술저장고 등 기타 각종 건물들도 있으며 소, 말, 돼지, 양, 개, 오리 등 각종

---

78   林耀華·莊孔韶,『父系家族公社形態研究』, 28쪽.

가축들을 키운다. 땅이 넓으면 건축물들은 보통 수평으로 분포되어 있고 산간지역 같이 땅이 귀한 곳에서는 층집을 짓는다. 3~4층짜리 건물을 짓는 경우도 있다.

중국의 서남지역과 동남아 지역에는 주로 대나무나 나무로 지은 간란식(幹欄式) 건물이 유행이다. 이런 건물들은 대부분 장방형 모양이므로 크고 기다란 간란식 건물을 기다란 집이라고 하여 장옥(長屋)이라고 부르는데 길이가 몇 십 미터 되는 장옥을 흔히 볼 수 있다. 장옥의 위층에는 사람들이 살고 아래층에는 가축들을 키운다. 건물 내부는 여러 개의 방으로 나누거나 나누지 않는 경우도 있으며 여러 개의 방으로 나누는 경우는 근현대에 와서 많아졌다. 건물 중간은 복도이고 핵가족들이 방 하나씩 차지한다.

중국 운남성에서는 하나의 장옥에 125명의 부계가족 공동체 구성원이 거주하는 사례가 발견되기도 하였고 태국 북부지역에서는 보통 하나의 장옥에 적어도 20명 이상 거주했으며 베트남에서는 하나의 장옥에 백 명 이상의 가족 공동체 구성원이 거주하는 사례가 발견되기도 하였다.

건물들의 내부 구조도 흥미롭다. 간벽으로 막은 여러 칸으로 나누지 않고 하나의 큰 방에서 전체 가족 공동체 구성원이 함께 잠을 자는 방식은 초기 가족 공동체의 구조와 성질을 반영한다고 봐야 할 것이다. 중국 운남 지역과 인도지나 반도에서 이런 장옥들이 발견되었고 그루지야, 카프카스 등 지역에서도 이런 사례들이 발견되었다. 이런 건물은 잠자는 큰 방, 주방, 식사하는 장소 등으로 나뉜다.

예를 들면 카프카스에서 발견된 사례를 보면 50명 내지 60명의 가족 공동체 구성원이 하나의 큰 방에서 함께 잠을 자는데 한 쌍의 부부가 큰

　　중국문화와 덕치사상

침대 하나씩 차지한다. 이는 가족 공동체의 가장 원시적인 거주형식이다. 근 2세기 전부터 이런 원시적인 형식은 점점 적어져 칸을 막은 거주형식으로 바뀌었는데 이런 추세는 발칸, 카프카스의 정원식 건축물, 인도지나 반도의 장옥 모두에서 발견되었다.

두 번째는 각 지역의 초기 부계가족 공동체들은 모두 전체 구성원이 생산 수단과 재산을 공유한다.

> 토지를 예로 들면 씨족이 토지에 대하여 소유권을 갖고 있는 지역에서 가족 공동체는 단지 일정 범위의 씨족 토지를 점유할 뿐으로 사용권이 있으나 지배권은 없었다. 금세기 중엽 중국 운남의 일부 소수민족 거주지들에서는 모두 가족 공동체가 씨족의 공유지를 점유하여 집단적으로 사용하는 현상들이 존재하였다.……서부 그루지아의 스반족(Svan)은 목초지와 삼림을 씨족이 소유하고 가축과 경작지를 가족 공동체들이 소유한다. 이리하여 가족 공동체로 말하면 목초지와 삼림은 실제상 집단이 점유하는 것으로 가축과 경작지에 대해서만 가족 공동체가 소유권을 갖고 있다. 이는 집단 소유의 현상과 집단 점유의 현상이 병존하는 경우다. 초기 가족 공동체가 생산 수단에 대하여 집단소유제를 실행하는 것도 완전히 가능하다. 원동 동토대(凍土帶)의 축치인(Chukchi) 사회에는 단지 부계가족 공동체 소유제만 있고 부계 씨족은 존재하지 않는다.[79]

79 莊孔韶, 「父系家族公社結構的演化進程槪說」, 『中央民族學院學報』, 1982年 第4期, 44-53쪽.

그러나 하나의 공통점이 존재하는데 가족 공동체가 점유하든지 소유하든지를 막론하고 모두 집단 공유의 형식을 취한다. 이에 상응하게 각지의 초기 부계가족 공동체는 모두 생산과 소비에서 집단적으로 생산을 진행하고 집단적으로 소비하는 원칙을 실행하였다.

세 번째는 각 지역 부계가족 공동체들이 모두 민주적인 관리방식으로 운영된다.

부계가족 공동체들의 민주적인 관리방식은 특히 가장의 기능과 인선 방면에서 뚜렷하게 나타난다. 가장의 기능은 우선 가족 공동체의 집단소유제를 수호하고 전체 공동체의 경제활동과 일상생활을 지도하는 것이다. 알바니아 산간지역 가족 공동체의 가장은 종자의 조달을 책임지고 가족 공동체의 식량 보장에 대하여 책임지며, 가축을 늘리거나 일을 계획하고 일을 맡기는 것을 책임지며, 가족 공동체의 명의로 대외사무를 처리하고 수입과 지출을 관리하는 것을 책임진다.

"그러나 그는 매일 제일 먼저 일하러 나가고 자기가 맡은 일을 누구보다도 출중하게 완성한다. 북부 산간의 지역민들 관습법에는 가장은 응당 '가장 나이가 많은 사람이어야 한다고 규정하고 있으나 만일 이 나이가 많은 사람이 가장이 반드시 갖추어야 할 품성을 구비하지 못했다면 가족 공동체 회의에서 가장 총명하고 능력 있고 가장 사람들을 배려하는 사람을 선출하여 가장을 맡게 한다. 미혼자도 가장으로 될 수 있다.'"[80]

어떤 지역의 가족 공동체들은 일정 기간 예를 들면 매년 가장을 선출하기도 한다. 원래 가장이 훌륭하다고 인정받으면 계속하여 가장의 직무

80　林耀華·莊孔韶, 『父系家族公社形態硏究』, 西寧: 靑海人民出版社, 1984, 39쪽.

　중국문화와 덕치사상

를 맡도록 한다.

　세르비아의 많은 지역들에서는 가장이 늙게 되면 가족 공동체 구성원의 동의를 거쳐 가장의 직무를 가장 능력 있는 아들에게 물려주나 반드시 장자인 것은 아니며 자기의 형제에게나 가족 공동체의 다른 사람에게 물려줄 수도 있다. 유고슬라비아나 마케도니아에서도 마찬가지이다.

　가장의 기능이나 가장을 선정하는 이런 민주적 특징은 특정 지역에 국한된 지역적인 특징이 아니다. 태국과 라오스 접경 지역의 가족 공동체에서 가장은 연령을 볼 뿐만 아니라 능력도 보며 비록 작은 실권을 갖고 있다고 하지만 문제의 해결은 모든 사람들의 동의를 얻거나 토론을 거쳐야 한다. 가장이 사망했을 경우 다른 사람이 가장으로 되려면 반드시 같은 항렬 사람들의 비공식적인 승인을 얻어야 한다.

　총체적으로 보면 가장의 인선은 품성과 능력을 가장 중요시한다. 어떤 지역에서는 그 외의 기타 조건도 함께 고려한다. 가장이 가족 공동체 구성원을 단속하는 권한은 아주 제한적이다. 보통 설득하고 인도하고 비평하는 방식으로 처리하며 어떤 지역의 가족 공동체들 예를 들면 슬라브인들은 경미한 체벌을 가하는 경우가 있으나 단지 교육의 보충수단으로 할 뿐이다.

　가족 공동체에는 남성 가장 외에 여성 가장도 있다. 가족 공동체에서 여성 가장은 남성 가장과 마찬가지로 가족 공동체의 경제를 관리한다. 여성 가장은 보통 남성 가장의 아내가 맡는 경우가 많으며 가족 공동체의 경제활동에서 여성들과 관련된 일들을 책임진다.

　세르비아의 어떤 지역에서는 여성들이 여성 가장을 선출한다. 심지어 출가하지 않은 처녀가 여성 가장으로 선출되는 경우도 있으며 남성 가장의 자리가 잠시 비었을 때 여성 가장이 그 직무를 대행하는 경우도 있다.

가족 공동체 회의는 민주적인 분위기가 특징이며 가장이 사회를 보고 남녀 모두 평등한 발언권을 가진다. 불가리아의 어떤 지역들에서는 특별한 상황이 있게 되면 가장은 언제나 전체 구성원과 함께 해결책을 논의하고 결정을 내린다. 가장은 오직 집단의 결의를 실행하는 집행자로서 역할을 발휘할 뿐이다. 관습법은 가장에게 경제활동의 대리인과 사람들의 활동을 조화롭게 조정하는 책임을 부여할 뿐이지 매매하거나 교환하는 그 어떤 개인 권한도 부여하지 않는다. 가장 개인의 소유물도 다른 사람들보다 많지 않다.

네 번째는 각 지역의 부계가족 공동체들은 모두 세대와 집단의 원칙에 따라 인구와 재산을 분할하는 분가(分家)방식을 갖고 있다.

어느 가족 공동체든 분가한 결과 다수의 핵가족들이 생겨나는 것이 아니라 약간의 비교적 작은 규모의 새로운 부계가족 공동체들이 생겨난다. 새로 생겨난 가족 공동체들은 인구 규모가 분가하기 전의 가족 공동체보다 많이 적으며 이런 가족 공동체들은 보통 친형제 및 그들의 핵가족들로 구성된 가족 공동체들이다. 분가의 조짐은 윗세대가 살아 있을 때 이미 나타나기 시작하며 윗세대가 모두 사망하게 되면 분가하여 각자 친형제들을 핵심으로 규모가 작은 가족 공동체들을 형성한다. 중국 운남 지역, 발칸, 카프카스에서 모두 유사한 사례들이 발견되었다.

새로 생겨난 친형제들을 핵심으로 하는 가족 공동체들은 점차 규모가 큰 가족 공동체로 성장하여 가며 규모가 상당히 커지기 전에는 여러 가족 공동체들이 늘 서로 의지하고 서로 도와준다. 이렇게 각지의 가족 공동체들은 분가하는 과정에서 모두 세대에 따라 분화하는 원칙과 동일 세

중국문화와 덕치사상

대의 친형제들 가족들이 하나의 집단으로 조합되는 원칙을 보여주었다.

가족 공동체들은 재산도 이런 원칙에 따라 균등하게 분배한다. 비록 분가할 때 인원수에 따라 균등하게 각 개인의 몫을 결정하지만 개인의 몫은 시종 형제들을 단위로 하나의 총체로 결합되어 있으므로 개인이 자기 몫에 대한 권리는 가족 공동체 내에서 추호의 의미도 없다. 이런 권리는 단지 분가할 때만 표현될 뿐이다.

결론적으로 부계가족 공동체에 대하여 다음과 같이 요약할 수 있다.

(1) 생산 수단과 생활 수단을 집단이 점유(소유)하고 함께 생산을 진행하고 함께 취사하며, 성별과 연령에 따라 일을 맡고, 핵가족 단위의 경제가 존재하지 않는다. 인원 및 재산의 분할은 세대와 집단을 단위로 하는 원칙을 실행한다. 이 모든 것을 통틀어 경제상의 일체성이라고 할 수 있다. (2) 가족 공동체 구성원 간 물질적 및 정신적 관계에서의 평등과 협력, 서로 돕고 민주적인 관리방식으로 운영되는 등의 특징을 통틀어 사회관계 방면의 민주 평등성(民主 平等性)이라고 할 수 있다. 우리는 이런 두 가지 특성을 갖고 있는 가족 공동체를 일체성 경제를 기초로 하는 민주형(民主型) 가족 공동체라고 지칭할 수 있는데 이는 부계가족 공동체의 초기 유형이다.[81]

부계가족 공동체사회에는 일체성 경제를 기초로 하는 민주형 가족 공

---

81   莊孔韶, 「父系家族公社結構的演化進程槪說」, 『中央民族學院學報』, 1982年 第4
期, 44-53쪽.

동체와 달리 다원 경제를 기초로 하는 민주형 가족 공동체도 존재한다. 다원 경제를 기초로 하는 가족 공동체는 비록 사회관계 방면에서 일체성 경제를 기초로 하는 민주형 가족 공동체와 마찬가지로 민주와 평등 원칙을 실행하지만 경제 방면에서는 일체성 경제를 기초로 하는 가족 공동체와 구별된다.

다원 경제를 기초로 하는 가족 공동체의 경제는 가족 공동체가 모든 생산 수단을 공유(소유 혹은 점유)하고, 모든 생산물은 가족 공동체 내에서 철저하게 평균적으로 분배하는 일체성 경제가 아니다. 다원 경제를 기초로 하는 가족 공동체에는 생산 수단들의 점용과 수확물들의 분배 방면에서 늘 전체 가족 공동체가 공유하고 균등하게 분배하는 방식, 가족 공동체 내에서 몇몇 핵가족씩 조를 묶어 생산수단을 점용하고 그로부터 얻게 되는 수확물을 그 내부에서 균등하게 분배하는 방식, 하나의 핵가족이 단독으로 점용하고 수확물을 독점하는 방식 등 여러 가지 경제형식들이 함께 병존한다.

다원 경제를 기초로 하는 민주형 가족 공동체의 특징은 가족 공동체 내에 공유와 사유의 요소가 각각 어느 정도의 비중을 차지하고 함께 병존하는 것이라고 할 수 있다. 가족 공동체 내의 이런 집단적인 경제 요소와 사적인 경제 요소는 시기에 따라 변동하는 경우도 있다. "예를 들면 운남성 금평(金平)과 맹랍(猛臘) 지역의 쿠충인(苦聰人)들은 이미 개인 경제를 실행하고 있지만 일단 재해가 들게 되면 다시 가족 공동체 형식의 생산과 생활을 회복하여 어려운 시기를 지낸 다음 가족 공동체를 해체한다. 하지만 공유의 성분이 점점 적어지고 사유의 성분이 점점 증가하는 것은 다원 경제를 기초로 하는 가족 공동체의 경제구조가 나타내는 보편적인 발전 추세이다."[82]

결론적으로 "일체성 경제를 기초로 하는 민주형 가족 공동체는 원시적인 유형으로서 가족 공동체 발전역사의 초기 단계를 대표하며 이는 이론적으로나 민족학 자료상으로나 모두 증명되었다."[83]

임요화(林耀華)와 장공소(莊孔韶)는 "부계가족 공동체는 그 발전과정에서 초기 단계와 말기 단계에 각각 민주형(民主型)과 부권형(父權型)이라는 서로 다른 특성을 나타내는데 이는 일반적인 법칙이라고 할 수 있다."[84]고 하였다. 즉 초기 단계의 부계가족 공동체는 민주형으로 여기에는 일체성 경제를 기초로 하는 부계가족 공동체와 다원 경제를 기초로 하는 부계가족 공동체가 포함되며 말기 단계의 부계가족 공동체는 이와는 달리 부권형이라는 것이다. 여기서 부권형 가족 공동체란 가족 공동체의 가장이 공동체의 경제와 재산에 대해 '절대적인' 소유권을 행사하는 가족 공동체를 가리킨다.

임요화(林耀華)와 장공소(莊孔韶)는 비록 부계가족 공동체의 말기 단계에 나타나는 부권(父權)과 부권(夫權)의 특징이 어떤 때는 아주 선명하게 드러나지만 가족 공동체가 완전히 해체되지 않은 상황에서 이는 총체적인 추세에 불과하지 여전히 경제상의 공유 요소와 가족 공동체 전통의 제약을 받으므로 가장의 절대적 권력은 완전히 실현될 수 없다고 보았다. 즉 부권(父權)이 진정으로 실현되는 것은 가족 공동체가 핵가족으로 완

---

82   林耀華·莊孔韶, 『父系家族公社形態硏究』, 西寧: 靑海人民出版社, 1984, 54쪽.
83   林耀華·莊孔韶, 『父系家族公社形態硏究』, 54쪽.
84   林耀華·莊孔韶, 『父系家族公社形態硏究』, 18쪽.

전히 해체되었을 때 출현한다고 보았다. 조사 자료도 이런 관점을 뒷받침한다.

"일부 학술 저작들에서 보면 가족 공동체는 초기 단계로부터 말기 단계로 진화하여 가는 과정에서 인원수가 점점 적어진다. 부권형 가족 공동체의 인원수는 민주형 가족 공동체의 인원수보다 적다. 가족 공동체는 점점 먼 친척과 방계친척을 배제하면서 규모도 점점 작아진다."[85]

즉 부권형 가족 공동체는 규모가 크게 줄어들면서 인원수만 적어지는 것이 아니라 구성 요소에서도 변화가 생긴다. 부권형 가족 공동체는 더 많은 경우 부친과 그의 직계 후손들로 구성되고 점점 먼 친척들을 배제한다. 이로부터 알 수 있듯이 구성원의 성분과 경제 지배권의 특징으로 볼 때 부권형 가족 공동체는 직계 가족 혹은 확대 가족과 아주 비슷하다고 할 수 있다.

다시 말하면 소위 말하는 부권형 가족 공동체란 본질적으로는 본래 의미의 가족 공동체가 아니라 가족 공동체의 해체과정에서 출현한 모종의 과도적 형태거나 그 구성원의 성분이나 경제적 성격이 완전히 핵가족과 유사한 모종의 가족 형태일 뿐이다. 결론적으로 핵가족을 단위로 하는 "사유제 원칙이 이런 부권(父權) 현상을 초래한 것이다."[86]

그러므로 부계가족 공동체의 진화과정은 제일 초기의 일체성 경제를 기초로 하는 가족 공동체로부터 다원 경제를 기초로 하는 가족 공동체

85 莊孔韶, 「父系家族公社結構的演化進程槪說」, 『中央民族學院學報』, 1982年 第4期, 44–53쪽.

86 莊孔韶, 「父系家族公社結構的演化進程槪說」, 『中央民族學院學報』, 1982年 第4期, 44–53쪽.

로 발전하고 궁극적으로 일부일처제를 기초로 하는 핵가족으로 해체되는 과정이라고 할 수 있다.

나. 부계가족 공동체의 출현 및 진화의 원인

모계가족 공동체는 인간의 자발적인 감정으로부터 비롯되었다. 다만 그것은 특이한 생물심리학적 특성인 모성애에서 비롯됐을 뿐이다. 이와는 달리 부계가족 공동체는 생물심리학적인 자발적 감정으로부터 비롯될 수 없다.

부계가족 공동체는 서로 핏줄이 다른 남녀의 혼인으로 이루어진 핵가족들이 모성애의 정신을 절대적인 최고 원칙으로 하여 통합된 공동체이다. 즉 핏줄이 서로 다른 부부가 모두 가족 공동체의 구성원이다. 핏줄이 서로 다른 남녀가 생물심리학적인 자발적인 감정을 기초로 모성애의 정신을 절대적인 최고 원칙으로 하는 핵가족을 구성한다는 것은 불가능하며, 이러한 핵가족들이 통합되어 모성애의 정신을 절대적인 최고 원칙으로 하는 부계가족 공동체를 구성한다는 것은 더구나 불가능하다. 다른 한편 부친이 어떤 독특한 생물심리학적인 특성을 갖고 있어 아들들을 핏줄이 다른 여성들과 결합하여 서로 모성애 같은 감정으로 사랑하는 핵가족을 구성하게 하고 이러한 핵가족들을 통합하여 모성애의 정신을 절대적인 최고 원칙으로 하는 부계가족 공동체를 만들어낼 수 있는 것도 아니다.

그러므로 부계가족 공동체의 출현은 사회문화적 기초를 전제로 해야만 가능하다. 반드시 먼저 확고한 이념으로 수립된 문화관념과 이런 관념을 현실에서 체현할 수 있는 제도적 기초가 전제되어야 한다. 즉 문화적인 신념만이 필요한 것이 아니라 이런 신념을 체현할 수 있는 제도를 기초로 하는 생활방식이 전제되어야만 모성애의 정신을 절대적인 최고 원칙으로 하는 핵가족이 출현하고 지속적으로 존재할 수 있다. 이러한 것들은 생물학적 부친이 제공할 수 없다. 그러므로 부계가족 공동체는 모계가족 공동체사회에서 이룩한 사회제도와 문화관념의 발전을 기초로 해야만 가능하다.

혼인관계로 결합된 핵가족의 부부가 같은 가족의 구성원으로 되면 모계가족 공동체에서 같은 공동체의 구성원이었던 형제자매들이 결혼 후 서로 다른 공동체의 구성원으로 되므로 모계가족 공동체는 자연히 해체되게 된다. 그 결과 모계가족 공동체는 내부에서 생겨난 핵가족들 간에 가족 공동체의 관념과 제도에 따라 분화하고 통합하는 길로 나아가게 되는데 가내 사무는 아내가 주도하고 대외 사무는 남편이 주도하는 전통으로 인하여 핵가족들 간에 협력하는 역할은 남편들이 담당하게 되므로 핵가족들은 자연스럽게 남편들 간의 친밀한 유대를 기초로 협력관계를 형성하게 되면서 결국에는 부친을 핵심으로 부자관계를 주축으로 형제들이 함께 뭉치는 부계가족 공동체가 출현하게 된다.

그러므로 부계가족 공동체는 생물심리학적 차원의 부부관계와 부자관계를 모성애의 정신을 최고 원칙으로 하는 사회문화로 재조직한 결과라고 할 수 있다. 즉 부계가족 공동체 내의 핵가족에서 부부관계와 부자관계는 본질적으로 생물심리학적 차원의 관계가 아니라 사회문화적 차원의 관계이므로 이러한 사회문화적인 부부관계와 부자관계로 조직된 핵가족 역시 본질적으로는 사회문화적 차원의 핵가족이지 생물심리학적 차원의 핵가족이 아니다.

현상의 차원에서 보면 수렵채집사회의 핵가족과 부계가족 공동체 내부의 핵가족 모두 남녀 간의 혼인관계를 기초로 하는 똑같은 핵가족인 것 같으나 본질적 차원에서 보면 수렵채집사회의 핵가족이 생물심리학적 차원의 핵가족이라면 부계가족 공동체 내부의 핵가족은 사회문화적 차원의 핵가족으로 양자는 완전히 서로 다른 차원의 핵가족이라고 할 수 있다. 따라서 이런 사회문화적 차원의 핵가족들이 본질적으로 사회문화적 관계에 속하는 부자관계를 근간으로 형성한 부계가족 공동체도 역시 본질적으로는 사회문화적 차원의 가족 공동체이다.

이로부터 알 수 있듯이 표면상 단지 모계와 부계의 생물학적 차이만 있는 것 같은 모계가족 공동체와 부계가족 공동체는 근본적으로 완전히 서로 다른 차원의 가족 공동체이며 모계가족 공동체가 생물심리학적 차원의 공동체라면 부계가족 공동체는 사회문화적 차원의 공동체라고 할 수 있다. 이런 사회문화적 차원의 가족 공동체의 출현은 모계가족 공동체에서 생물심리학적 특성인 모성애를 체계화된 객관적인 사회제도와 문화관념으로 체현하여 사회 구성원이 추구하는 생활방식으로 확립했기에 가능하였다.

혼인관계로 결합된 부부 모두 동일한 가족 공동체의 구성원으로 됨으로써 부계가족 공동체는 가족 공동체 내에서 생물심리학적 모성애의 폐쇄적 한계를 초월하게 되었을 뿐만 아니라 조직구도의 차원에서 보면 생물심리학적 특성을 가진 개체를 기본 구성단위로 하는 모계가족 공동체와 달리 부계가족 공동체는 사회문화적 특성을 가진 핵가족이라는 사회집단을 기본 구성단위로 하게 되었다. 그러므로 모계가족 공동체가 생물심리학적 개체의 차원에서 모성애의 정신을 최고 원칙으로 가족 공동체 생활에서 인간의 잠재능력을 실현하는 공동체라면, 부계가족 공동체는 사회문화적 특성을 가진 핵가족이라는 사회집단의 차원에서 모성애의 정신을 최고 원칙으로 인간의 잠재능력을 실현하는 공동체라고 할 수 있다.

즉 모계가족 공동체가 생물심리학적 차원에서 인간의 잠재능력을 전개하는 것이라면, 부계가족 공동체는 사회문화적 차원에서 인간의 잠재능력을 전개하는 것이라고 할 수 있다. 이 핵가족을 단위로 사회문화적 차원에서 인간의 잠재능력을 전개하는 과정이 바로 부계가족 공동체가 상호 애착능력이 주도적 지위를 차지하는 일체성 경제를 기초로 하는 민주형 가족 공동체로부터 핵가족들의 자주실현능력이 꾸준히 강화되면서 점차 다원 경제를 기초로 하는 민주형 가족 공동체로 나아가고, 궁극적으로는 핵가족들이 성장하여 어머니 품을 떠나는 자녀들처럼 독립하게 됨으로써 부계가족 공동체가 해체되는 과정으로 나타나는 것이다.

생물심리학적 모성애로부터 비롯된 폐쇄적인 가족 공동체의 해체로 인하여 인류사회는 사회문화적 특성을 가진 핵가족을 기본단위로 하고 부계친척관계를 주요 사회관계로 하는 부락사회로 나아가게 되었다. 모계친척관계가 본질적으로 생물심리학적 차원의 친척관계라면 부계친척관계는 본질적으로 사회문화적 차원의 친척관계이다. 바로 그러하기에 부계가족 공동체의 해체로부터 출현한 부락사회는 모두 다 부계친척관계를 기초로 하면서도 서로 다른 특징, 심지어는 완전히 상반되는 특징을 가진 사회문화를 전개할 수 있게 되었다.

그러므로 부락사회의 출현은 인류가 생물심리학적 차원을 철저히 초월하여 사회문화적 차원에서 자체의 잠재능력을 전개하는 역사단계에 진입하였음을 의미한다.

5. 부락사회의 가족

여기서 말하는 부락사회는 부계가족 공동체의 해체로부터 출현한 핵가족을 사회의 기본단위로 하고 부계친척관계를 주요 사회관계로 하는 사회로서 추장을 사회의 최고 권위로 하는 추장사회(Chiefdom) 이전의 역사 단계를 가리킨다.

가. 부계가족 공동체의 해체와 차등적 질서구조

집약농업의 발전으로 하여 점차 핵가족을 단위로 생산을 진행할 수 있게 됨에 따라 부계가족 공동체는 일체성 경제를 기초로 모든 생산수단과 생활 물자를 가족 공동체가 공유하던 데로부터 점차 다원 경제를 기초로 하는 가족 공동체로 나아가게 되었으며 결국에는 독립적인 핵가족들로 해체되었다.

부계가족 공동체의 해체로부터 생겨난 이런 핵가족들은 보통 하나의 촌락에 함께 모여 살거나 인접 촌락에 거주하면서 하나의 부계종족에 속하는 가정들로만 구성된 집성촌을 형성하거나 또는 몇 개의 부계종족에 속하는 가정들이 하나의 촌락을 형성하는 경우가 허다하였다. 서로 다른 부계종족에 속하는 가정들이 함께 하나의 촌락을 형성할 경우 외혼제(外婚制)의 규칙으로 인하여 여러 종족 간에 자연스럽게 이런 저런 친척관계들을 형성하게 되므로 보통 촌락의 모든 가정 간에는 이런 저런 친척관계들이 존재하게 된다.

부계가족 공동체의 해체로부터 생겨난 핵가족들은 비록 자립하여 각자 독립적인 가정을 영위하나 서로 간에 혈연, 감정, 관습을 기초로 일상의 생활과 생산에서 밀접한 관계를 유지하면서 함께 공통의 이익을 보호하고 혈족을 위하여 배상과 복수의 의무를 짊어지는 등 친척관계를 기초로 여러 가지 사회집단을 형성하곤 한다.

가족 공동체사회와 달리 부락사회는 핵가족을 사회의 기본단위로 하는 사회이다. 핵가족은 비록 자립능력을 갖고 있다고 하지만 가족 공동체에 비해 그 규모와 기능이 상당히 제약 받는 사회집단이다. 따라서 핵가족은 일상의 생활과 생산 중에서 자체의 힘으로 해결하기 어려운 일을 자연히 이런 저런 친척관계를 기초로 핵가족 간의 협력방식으로 해결하게 된다.

부계사회에서 가장 기본적인 친척관계는 부계친척관계이며 동일 남성을 시조로 하는 부계친척들로 구성된 혈연집단을 종족(宗族)이라고 한다. 하지만 같은 종족에 속하는 친척들이라 할지라도 상호 관계의 친소(親疏) 정도에서는 이런 저런 차이들이 존재한다. 이는 혈연에 기초한 자발적인 감정을 유대로 하는 친척관계의 공통된 특징으로 동서고금을 막론하고 모든 사회에서 나타나는 보편적인 특징인데 친척관계가 갖고 있는 이런 특징은 친척관계를 가장 기본적이고도 중요한 사회관계로 하는 전통사회에서 아주 중요한 사회적 의미를 가진다.

중국 전국시대의 저서로 추정되는『이아·석친(爾雅·釋親)』과 동한시대 반고(班固)의『백호통덕론(白虎通德論)』은 모두 부계친척관계에서 위아래 각각 5세대까지의 친척관계를 특별히 강조하였는데 이는 중국 고대의 사회현실을 반영하였다고 볼 수 있다. "중국 고대의 종족관계 내부에는 확실히 선명한 친소관계가 존재한다. 고대 종족의 명칭 계통은 각각 상하 5세대에서 끝난다."[87]

이런 자기를 중심으로 위아래 각각 5세대로 구성되는 친척집단을 구족(九族)이라고도 하는데 여기에는 고조로부터 증조·할아버지·아버지·자기·아들·손자·증손·현손까지의 직계친을 중심으로 하여 방계친으로 고조의 4대손 되는 형제·종형제·재종형제·삼종형제들이 포함된다. 이들 친척들은 그 중 누군가 사망했을 경우 망인과의 친소후박(親疎厚薄)의 관계에 따라 상례에서 각각 참최복(斬衰服), 자최복(齊衰服), 대공복(大功服), 소공복(小功服), 시마복(緦麻服) 등 서로 다른 다섯 가지 상복을 착용하므로 이를 오복(五服)제도라고 한다.

이로부터 알 수 있듯이 종족 구조에서 오복은 아주 중요한 분계선으로서 오복에서 벗어나는지 여부가 친척에 속하는지 여부를 판단하는 근거로 된다. 오복 내부는 친소관계가 서로 다른 몇 개의 동심원을 형성하는데 관계가 가장 밀접한 것은 아버지, 자기, 아들 직계 3대로 첫 번째 원을 이루고, 이로부터 위, 아래, 옆으로 넓혀가면

---

87   李卿,『秦漢魏晉南北朝時期家族, 宗族關系研究』, 上海: 上海人民出版社, 2005, 22쪽.

서 할아버지부터 손자까지의 5세대 및 사촌 형제들을 포함하여 두 번째 원을 구성하며, 고조로부터 현손까지의 9세대 및 육촌 형제들과 팔촌 형제들을 포함하여 세 번째 원을 구성한다. 이를 초월하면 친밀한 관계가 다하여 친척으로 여기지 않는다.[88]

다시 말하면 종족 관계에서 오복은 중요한 분계선으로 오복 이내는 친소에 따라 비교적 명확한 권리와 의무에 관한 규범이 존재하나 오복을 초월하면 기본상에서 일반적인 사회관계와 큰 차이가 없다. 가족에 관하여 『백호통덕론(白虎通德論)』에서는 "족(族)이란 무엇인가? 족이란 함께 모인다는 것이고 은혜와 사랑을 서로 주고받는다는 것이다. 위로는 고조로부터 아래로는 현손에 이르기까지 어느 한 집에 희사가 있으면 백 집이 함께 모이므로 합쳐서 친척이라 하고, 살아서는 서로 친하고 사랑하다가 누가 죽게 되면 애통해하면서 함께 모이는 법도가 있으므로 족이라 한다."[89]("族者何也? 族者, 湊也, 聚也, 謂恩愛相流湊也. 上湊高祖, 下至玄孫, 一家有吉, 百家聚之, 合而爲親, 生相親愛, 死相哀痛, 有會聚之道, 故謂之族.")고 하였다.

실제 상황은 진한위진남북조(秦漢魏晉南北朝)에서 전해 내려오는 문헌들로 보면 '가족'과 '종족'은 오복 이내에서만 서로 바꾸어 지칭할 수 있고 오복 이외에서는 서로 바꾸어 지칭할 수 없다. 그 도리

---

88 李卿, 『秦漢魏晉南北朝時期家族, 宗族關系研究』, 上海: 上海人民出版社, 2005, 24 쪽.
89 『白虎通義·卷八·宗族』.

는 아주 간단한데 '종족'과 '가족'은 내용이 서로 비슷하나 외연은 서로 다른 두 개의 개념이기 때문이다. '종족'은 대개념으로서 오복 이내 동일 시조의 부계혈연집단들을 포함할 뿐만 아니라 오복 이외 동일 시조의 부계혈연집단들도 포함할 수 있다. '가족'은 소개념으로서 오복 이내 동일 시조의 부계혈연집단들만 포함될 뿐으로 오복 이외 동일 시조의 부계혈연집단들은 포함되지 않는다.[90]

이렇듯 종족의 오복 이내와 이외는 분명한 경계선이 있으므로 친소관계, 친화력과 친척모임의 방식 등 방면에서 커다란 차이가 존재한다. 그러므로 친척관계를 파악할 때 반드시 이러한 차이들을 살펴봐야 하는데 그것은 부계친척관계란 혈연관계를 기초로 하고 혈연관계란 자발적인 혈육의 정을 유대로 하는 감정 관계이므로 종족과 가족을 구분하는 것은 감정 관계의 친소정도에 따라 자연스럽게 형성되는 사회집단들을 파악하는데 도움이 될 뿐만 아니라 부락사회의 사회구조를 이해하는 기본으로 되기 때문이다.

친척관계를 기초로 자연스럽게 친소정도가 서로 다른 사회관계가 형성되는 사회현상을 파악하는 개념으로 비효통(費孝通)은 차서격국(差序格局), 즉 차등적 질서구조라는 용어를 제시하였다. 비효통은 차등적 질서구조에 관하여 "'자기'를 중심으로 돌멩이를 물에 던진 것처럼 다른 사람들과 연계된 사회관계가 단체의 구성원과 같이 모든 사람이 하나의 평면 위에 서 있는 것이 아니라 수면 위의 파문과 같이 층층이 밖으로 퍼져

---

90 李卿,『秦漢魏晉南北朝時期家族, 宗族關系硏究』, 26쪽.

나가면서 점점 더 멀어지고 점점 더 엷어진다."[91]고 형상적으로 표현하였다.

다시 말하면 자발적인 감정관계를 유대로 하는 친척관계가 주도하는 사회에서 모든 사람은 자기를 중심으로 친척관계가 멀수록 관계의 친밀 정도가 낮아지는 차등적인 사회 관계망을 형성하게 된다. 이런 사회에서는 각종 사회관계가 모두 친척관계를 기초로 하고 친척관계와 고도로 합치되므로 전체 사회의 구조도 얽히고설킨 이런 차등적인 사회 관계망을 기초로 형성되어 사회구조 역시 차등적인 질서구조의 특징을 나타내게 된다.

친척관계에서 자연스럽게 나타나는 이런 차등적인 질서구조에 관하여 황광국(黃光國)은 차등적인 질서구조의 본질은 안으로부터 밖으로 나아가면서 정서적 요소가 강하던 데로부터 점차 약하게 변해가는 과정이라고 하면서 차등적 질서구조의 근본 요소는 바로 '정서'라고 주장하였다. 그는 친척관계에는 정서적 요소 외에 도구적인 요소도 포함되어 있으므로 친척관계를 정서적 관계와 도구적 관계라는 두 가지 성격의 관계가 혼합되어 있는 관계로 볼 수 있다고 보았다.

"정서적 관계는 일반적으로 모두 장구하고 안정적인 사회관계이다. 개체가 타인과 이런 관계를 형성하게 되면 주로 관심과 사랑, 온정, 안전감, 소속감 등 정서방면의 수요를 만족시킬 수 있다."[92] 가정과 가까운 친구 등 제1차 집단(primary group)의 구성원 간 관계가 보통 정서적 관계에 속

---

91   費孝通, 『鄕土中國』, 北京: 北京出版社, 2004, 34쪽.

92   黃光國等, 『面子: 中國人的權力遊戱』, 北京: 中國人民大學出版社, 2004, 7쪽.

한다. 정서 욕구를 충족시키는 외에 사람들은 이런 관계 속에서 그가 필요한 물질적 도움을 받는 일도 늘 있다. 그러나 이런 관계에서는 정서적 요소가 도구적 요소보다 훨씬 더 중요하다.

정서적 관계와 대조되는 사회관계를 도구적 관계라고 할 수 있다. "개체가 생활 중에서 타인과 도구적 관계를 형성하는 목적은 주로 그가 필요로 하는 어떤 물질적 목표를 달성하기 위해서이다. 더 구체적으로 말하면 개체가 타인과 정서적 관계를 유지할 때는 관계를 유지하는 그 자체가 바로 최종 목적이라면 개체가 타인과 도구적 관계를 형성할 때는 이런 관계를 기타 목표를 달성하는 일종의 수단이나 도구로 이용하기 위한 것이므로 이런 관계는 일반적으로 일시적이고 안정적이지 못하다."[93]

예를 들면 백화점의 점원과 고객, 공공버스의 기사와 승객, 병원에서 의사와 환자 등은 모두 이런 도구적 관계에 속한다. 이런 도구적 관계에서 설령 서로 간에 감정이 있다고 할지라도 보통 아주 제한적이다. 정서적 관계에서는 정서의 친밀정도에 따라 사람들을 차등적으로 대하지만 도구적 관계에서는 일반적으로 공평원칙에 따라 모든 사람을 똑같은 표준으로 대한다.

일반적으로 인간관계에는 정서적 요소와 도구적 요소 양자 모두 포함되어 있는 경우가 대부분이며 특히 친척관계에는 언제나 이 두 가지 요소 모두 포함되어 있다. 그러나 이 양자가 친척관계에서 차지하는 비중은 경우에 따라 커다란 차이가 있을 수 있으므로 어느 요소가 주도적 역할을 하는가 하는 질적인 차이가 발생하게 되어 서로 간의 관계를 처리하는 원

---

93   黃光國等, 『面子: 中國人的權力遊戲』, 8쪽.

칙에서 뚜렷한 차이를 나타내게 된다.

"'정의(正義)에 관한 이론'을 연구하는 많은 학자들은 집단 속에서 사람들은 늘 세 가지 원칙, 즉 '공평의 원칙', '균등의 원칙', '수요의 원칙'에 따라 사회 거래를 진행하거나 사회 자원을 분배한다고 주장한다."[94]

'공평의 원칙'이란 구성원 간에 각자의 공헌에 따라 분배하는 원칙을 말한다. 도구적 관계에서는 보통 공평의 원칙에 따라 관계를 처리한다. '균등의 원칙'이란 각자의 공헌이 여하하든지 모든 구성원 간에 똑같이 나누고 똑같이 분담하는 원칙을 말한다. '균등의 원칙'은 보통 서로 간의 협력과 단합을 중히 여기는 경우, 즉 조화로운 인간관계를 강조하는 경우에 늘 실행된다. '수요의 원칙'은 각자의 공헌과 무관하게 구성원의 합리한 수요에 따라 분배하는 원칙을 말한다. '수요의 원칙'은 일반적으로 구성원 간에 아주 친밀한 관계를 갖고 있을 때 실행된다.

차등적인 질서구조를 갖고 있는 친척관계에서는 경우에 따라 자연스럽게 상기 세 가지 원칙 가운데 어느 한 원칙을 서로 간의 관계를 처리하는 주도적인 원칙으로 하게 되는데 보통 핵가족 내부와 아주 가까운 관계를 갖고 있는 가족 구성원 간에는 수요의 원칙을 주도적인 원칙으로 하고, 비교적 가까운 친척들 간에는 균등의 원칙을 주도적인 원칙으로 하며, 먼 친척들과의 관계에서는 점점 공평의 원칙으로 나아가는 경향이 있다.

총체적으로 부락사회에서 친척관계는 가장 기본적이고도 중요한 사회관계이다. "친척관계는 대다수 집단들과 사회관계들의 조직원칙과 신조이

---

94 黃光國等, 『面子: 中國人的權力遊戲』, 2쪽.

다."[95] "친척간의 의무는 도덕상의 책임으로 간주되며 부락민들이 보기에 최고의 도덕적 표현은 바로 이런 의무를 완수하는 것이다."[96] 이와는 반대로 부락사회에서 친척관계가 없는 사람들은 집단 외의 사람으로 간주되며 심지어 늘 적이 아니면 잠재적인 적으로 간주된다.

프리차드(Prichard)는 누에르족(Nuer) 사회에서 겪은 다음과 같은 일화를 소개하였다. 사람들이 고의로 길을 틀리게 가르쳐 주어 불쾌해진 그가 왜 거짓말을 하냐고 질문하니 "당신은 외지에서 온 사람인데 왜 우리가 당신한테 정확한 길을 가르쳐주어야 하는가? 우리한테 길을 묻는 사람이 누에르족이라 할지라도 만일 그 사람이 낯선 사람이면 우리는 그한테 '저 길을 따라 곧장 앞으로 가라.'고 말하나 그 길에 갈림목이 있다는 것을 알려 주지 않는다. 우리가 왜 그한테 알려주겠는가? 그러나 지금 당신은 우리 숙영지의 구성원이고 또 우리 애들한테 잘해주므로 이후부터 우리는 당신한테 정확한 길을 가르쳐 줄 것이다."[97]라고 대답하였다고 한다.

미국 남서부 지역의 "나바호족(Navajo)의 윤리는…… 경우에 따라 결정되고 절대적이 아니며…… 거짓말을 해도 언제나 틀린 것은 아니며 상황을 봐야 한다.…… 다른 부락의 사람들과 거래를 할 때 기만하는 것은

---

95 [美]Marshall Sahlins, 『石器時代經濟學』, 張経緯·鄭少雄·張帆 역. 北京: 生活·讀書·新知三聯書店, 2009, 227쪽.
96 [美]R. Keesing, 『當代文化人類學』, 於嘉雲·張恭啓 역. 台北: 巨流圖書公司, 1980, 359쪽.
97 [英]Prichard, 『努爾人: 對尼羅河畔一個人群的生活方式和政治制度的描述』, 褚建芳 등 역. 北京: 華夏出版社, 2001, 208쪽.

윤리적으로 받아들일 수 있는 일"[98]이라고 한다.

상술한 바와 같이 차등적인 질서구조를 갖고 있는 친척관계는 일반적으로 개체를 중심으로 층층이 밖으로 나아가면서 정서적인 요소는 점점 약화되고, 반대로 도구적인 요소가 점점 부각된다. 따라서 중심부분의 집단일수록 집단에 대한 의무가 우선시되는 반면에 밖으로 나아갈수록 집단에 대한 의무보다 자기가 귀속된 더 친밀한 하위 집단의 권리를 우선시하는 추세를 나타낸다.

바로 차등적인 질서구조에서 나타나는 이런 추세로 인하여 이론적으로 말하면 가장 친밀한 감정관계를 유대로 정서적 요소가 절대적 지위를 차지하는 핵가족 내에서 권리보다 의무를 절대적으로 우선시한다면 가장 먼 친척관계를 유대로 도구적 요소가 절대적 지위를 차지하는 사회집단에서는 의무보다 권리를 절대적으로 우선시하게 된다. 이러한 시각에서 보면 부락사회에서 핵가족은 개체가 소속된 가장 기본적인 사회집단이므로 사람들은 자연스럽게 자기가 소속된 핵가족의 이익을 중심으로 사고하고 행동하는 핵가족 본위주의자로 된다.

그러나 사회적 시각에서 보면 부락사회에서 중요한 사회적 기능을 담당하는 사회집단은 핵가족이 아니라 보통 『백호통덕론』에서 말하는 오복에 드는 9세대로 구성된 가족이다. 즉 사회적 역할을 담당하는 기능집단의 시각에서 볼 때 차등적인 질서구조에서 중심부분에 위치한 친척집단일수록 반드시 더 중요한 집단으로 역할을 발휘하는 것이 아니라 층층이 밖으로 퍼져나가는 동심원 중에서 어느 한 동심원을 기반으로 형성된 친

98　[美]Marshall Sahlins, 『石器時代經濟學』, 231쪽.

척집단이 여타 친척집단들보다 두드러지게 부각되면서 가장 중요한 사회집단으로 부상한다. 그리하여 개체는 사회활동에서 이 두드러지게 부각된 친척집단의 구성원 자격으로 사고하고 행동하게 되는데 부락사회에서 사회적 기능을 담당하는 사회집단으로 두드러지게 부각되는 친척집단은 보통 『백호통덕론』에서 말하는 오복에 드는 9세대로 구성된 가족이다.

그러므로 가족의 차원에서 볼 때 가족의 구성원은 각자 자기가 소속된 핵가족의 이익을 중심으로 사고하고 행동하는 핵가족 본위주의자의 특성을 갖고 있는 개체이지만, 사회적 시각에서 볼 때 개체는 단순한 핵가족 본위주의자들이 아니라 가족의 이익을 중심으로 사고하고 행동하는 가족 본위주의자들이다.

바로 이런 맥락에서 하설봉(賀雪峰)은 중국 전통사회의 사회생활을 분석하면서 "중국 전통사회에서는 국가권력이 농촌사회에 미칠 수 없었으므로 농민들은 생산, 생활 및 오락과 밀접한 연관이 있는 공공사무들을 해결하기 위하여 가정을 초월하는 기능성 조직을 만들게 됨으로써 농촌사회는 개체가 소속되어 행동하는 이중의 집단을 형성하게 되었는데 그 중 첫 번째는 가정이고 두 번째는 가정을 초월하는 종족 혹은 종족을 기초로 하는 촌락이다."[99]라고 지적하였다.

프리차드는 친척관계를 주요 사회관계로 하는 누에르족 사회의 구조에 대하여 체계적인 연구를 진행하였다. 프리차드 연구 당시 누에르족은 적어도 20개의 씨족들로 구성된 약 20만 인구를 가진 부락사회였다. 누에

99　賀雪峰,「公私觀念與中國農民的双層認同」,『天津社會科學』, 2006年 第1期, 56-60쪽.

르족 사회에서 각 씨족은 모두 부계친척관계를 기초로 상당히 큰 규모를 가진 몇 개의 혈연집단들로 나뉜다. 이런 큰 규모의 혈연집단 내부에는 또 중등 규모의 혈연집단들이 존재하고 중등 규모의 혈연집단 내부에는 또 비교적 작은 규모의 혈연집단들이 존재하며 이런 비교적 작은 규모의 혈연집단 내부에는 또 가장 작은 혈연집단들이 존재하는데 이 가장 작은 혈연집단은 동일한 증조부나 고조부의 후손들을 그 구성원으로 한다. 이로부터 알 수 있듯이 프리차드가 누에르족 사회를 분석할 때 사용한 가장 작은 혈연집단이란 바로 앞에서 언급한 『백호통덕론』에서 말하는 오복에 드는 9세대로 구성된 가족을 가리킨다.

누에르족 사회에서 각 혈연집단 간의 관계는 평등하며 가장 작은 혈연집단 즉 가족을 제외한 기타 차원의 혈연집단들에는 진정한 지도자나 정치조직이 존재하지 않는다. 혈연집단 간의 관계는 연맹의 성격을 띠며 이러한 연맹관계는 가장 작은 혈연집단인 가족들 간에 충돌이 발생할 경우에만 비로소 기능을 발휘한다. 서로 다른 가족의 구성원 간에 분쟁이 발생할 경우 기타 가족들은 모두 자기와 관계가 가장 친밀한 당사자의 편에 서게 되면서 가족 간의 분쟁은 자연스럽게 상위 혈연집단과 연관된 사건으로 격상된다.

"친척관계에 관한 가치관은 누에르족 사회에서 가장 강력한 규범으로서 그들은 서로 간의 모든 사회관계를 모종의 친척관계에 관한 언어로 표현하는 경향이 있다."[100] 즉 사람들 간의 권리와 의무는 모두 친척관계에

---

100 [英]Prichard, 『努爾人: 對尼羅河畔一個人群的生活方式和政治制度的描述』, 褚建芳 등 역. 北京: 華夏出版社, 2001, 264쪽.

중국문화와 덕치사상

의하여 결정된다. 프리차드는 이런 사회에서 "모든 사람은 실제상의 친척이든지 가상의 친척이든지 혹자는 당신의 친척으로 되고 혹자는 당신과 아무런 호혜적 의무가 없는 사람으로 당신은 그를 잠재적인 적으로 간주하게 된다."[101]고 지적하였다.

부락사회에서는 외혼제의 규칙으로 인하여 각 종족 간에 자연히 이런 저런 유형의 친척관계를 기초로 서로 연결된다. 따라서 어느 지역사회에 얼마나 많은 종족들이 존재하든 간에 지역사회의 구성원 간에는 모두 모종의 친인척 관계로 서로 얽혀 있다. 언어 표현의 차원에서 보면 누에르족 사회의 모든 사람들은 모두 모종의 방식에 의하여 친척으로 귀결되므로 집 없이 떠돌아다니는 유랑자들을 제외하고 누에르족 사람들은 오직 친척관계의 방식에 따라 자기와 거래하는 사람들과만 연계를 가진다고 할 수 있다.

누에르족 사회는 몇 개의 큰 부락들로 나누어져 있는데 큰 부락 내부에는 약간의 중등 규모 부락들이 존재한다. 중등 규모의 부락 내부에는 또 약간의 소규모 부락들이 있어 전체 사회는 큰 부락, 중등 규모 부락, 소규모 부락이라는 3차원 구조를 나타낸다. 가장 작은 소규모 부락 혹은 소부락은 다수의 촌락들로 구성되며 이런 촌락들은 가정을 기초로 하는 친척집단들로 구성된다. 소부락에는 그가 소속돼 있는 큰 부락에서 지배적 지위를 차지하고 있는 씨족과 연계된 종족이 하나 있다. 소부락의 기타 종족들은 이런 저런 친척관계를 기초로 이 종족과 연계되며 이런 연

101　[英]Prichard, 『努爾人: 對尼羅河畔一個人群的生活方式和政治制度的描述』, 209쪽.

계는 아주 긴밀하여 소부락을 이 종족을 핵심으로 단합된 사회집단으로 볼 수 있다.

같은 이치로 촌락마다 모두 하나의 종족을 핵심으로 하며 비록 이 종족의 구성원이 촌락 인구의 일부분만 차지한다할지라도 전체 촌락은 이 종족을 핵심으로 긴밀한 집단을 형성하면서 촌락들은 모두 핵심 종족의 성씨를 공통의 칭호로 사용하므로 언어 표현으로 보면 촌락은 마치 하나의 부계친척 집단 같아 보인다.

이렇게 누에르족 사회에서는 "매 부락마다 모두 하나의 씨족 혹은 씨족의 가장 큰 종족이 이 정치집단과 연계된다. 해당 정치 집단에서는 기타 부계집단들에 비하여 이 씨족 혹은 최대 종족이 일종의 지배적인 지위를 차지한다."[102] 다시 말하면 누에르족 사회에는 매 부락마다 모두 그 부락에서 지배적인 지위를 차지하는 핵심 씨족 혹은 종족이 존재한다.

이런 씨족 혹은 종족은 훗날의 '귀족'과 유사한데 누에르족 사회에서는 어느 지역을 막론하고 촌락에 하나의 '귀족'이 있기만 하면 전체 촌락은 "한 무리의 소들이 한 마리 수소의 주위에 뭉치듯이 이 '귀족'의 주위에 뭉친다."[103] 그러므로 누에르족 사회에는 모종의 사회 지위 방면의 분화가 존재한다고 할 수 있으나 이런 사회적 분화는 어떤 특권을 가진 계급이나 계층을 형성하지는 않는다.

총체적으로 보면 누에르족 사회의 '귀족'들은 일종의 사회적 명성과 영

---

102 [英]Prichard, 『努爾人: 對尼羅河畔一個人群的生活方式和政治制度的描述』, 244 쪽.
103 [英]Prichard, 『努爾人: 對尼羅河畔一個人群的生活方式和政治制度的描述』, 248 쪽.

중국문화와 덕치사상

향력을 갖고 있는 권위의 소유자들이지 정치적 권력을 갖고 있는 특권계층이 아니다. 누에르족 사회에서 "사회의 수령으로 되어 자기의 의견이 쉽게 다른 사람들에게 받아들여지게 하려면 그는 반드시 인격상의 매력을 구비함과 동시에 아주 강력한 능력을 소유해야 한다."[104]고 한다.

누에르족 사회와 같은 부락사회들에는 공식적인 지도자가 존재하지 않는다. 예를 들면 나바호족 사회에도 공식적인 지도자가 없지만 지역 사회에서 지도자 역할을 하는 사람들이 존재하는데 이들은 연령, 정직한 품성과 지혜로 하여 존경 받는 남성들이다. 지역 사회의 존경을 받으므로 사람들이 늘 이들의 조언을 청취하려 하면서 이들의 의견을 따르지만 이들은 공식적인 통제수단을 갖고 있는 것은 아니며 그들한테 도움을 청하는 사람들에게 어떤 결정도 강요할 수 없다. 비록 가장 영향력 있는 남성이 결정을 내릴 때 관건적인 역할을 발휘할 수 있으나 집단의 결정은 반드시 대중의 일치한 견해를 기초로 해야 한다.

멜라네시아(Melanesia) 부락사회에는 지역의 혈연집단이나 어느 지역 집단의 지도자 역할을 하는 수령들이 존재한다. 그러나 그들의 권위는 개인적인 것으로 그 어떤 공식적 의미의 지위를 갖고 있지 않으며 선출되어 생겨난 것도 아니다. 그들의 사회적 지위는 행동의 결과로서 개인의 매력이 주위에 추종자들을 뭉치게 함으로써 자연스럽게 부락의 대다수 구성원에 비하여 높은 사회적 지위를 가지게 됐을 뿐이다. 이런 수령들은 반드시 즐겨 베풀고 남을 도와주기 좋아하고 언변에 능해야 하는 외에 일반

---

104 [英]Prichard, 『努爾人: 對尼羅河畔一個人群的生活方式和政治制度的描述』, 205쪽.

적으로 용기와 힘도 출중하고 초자연적인 사무를 처리하는 방면에도 숙달된 특징을 갖고 있으나 이런 특징은 반드시 구비해야 하는 가장 중요한 조건이 아니다. 수령들은 관개시스템의 구축, 도로나 다리의 건설 등 촌락의 경제활동에서뿐만 아니라 명절이나 결혼식 등 각종 경축활동의 조직, 각종 분쟁의 중재 등등 여러 영역에서 지도적 역할을 발휘한다.

하지만 부락사회의 이런 수령들은 전체 사회의 핵심으로 역할을 발휘하는 최고 권위를 형성하지 못하며 각종 친척집단들과 지역 집단들은 경제적으로나 정치적으로 모두 평등한 자주적인 집단으로 존재한다. 즉 부락사회는 집단 간의 관계에서나 개인 간의 관계에서 모두 자주적이고 평등한 관계를 특징으로 하며 우월한 사회적 지위는 사람들의 존경에서 비롯된 사회적 명망의 결과로 하여 확립되는 것이지 어떤 공식적인 제도나 폭력에 의하여 확립되는 것이 아니다.

그러므로 수령들은 사람들의 존경을 얻기 위하여, 더욱이 추종자들의 존경을 얻기 위하여 솔선수범하면서 공정하게 일을 처리해야 하고 절대로 권위를 남용해서는 안 되며 추종자들을 보호하고 도와주면서 흔쾌히 베풀어야 한다. "그들은 반드시 조심스럽게 그들의 권위를 사용함으로써 이런 권위가 추종자들의 자주성을 해치게 되어 초래할 수 있는 반란과 망신을 피해야 한다."[105] 사회는 이런 권위를 소유하고 있는 지도자들이 그들의 추종자들 심지어 어린애들까지도 존중할 것을 요구하므로 그들은 반드시 그들의 불평등한 사회적 지위에 대한 사람들의 주의를 환기시키

105　[美]William A. Haviland, 『文化人類學(第十版)』, 瞿鐵鵬·張鈺 역. 上海: 社會科學 出版社, 2006, 367쪽.

지 않도록 조심해야 한다. 그러므로 부락사회에서 "이런 권세를 갖고 있는 사람들은 아주 쉽게 그들의 추종자들에게 굴복하는데 그것은 그들의 지위가 내심으로부터 달갑게 받드는 추종자들의 존경심에 의존하기 때문이다."[106]

결론적으로 부락사회는 공식적인 정치조직이 없이 차등적인 질서구조를 특징으로 하는 친척관계를 기초로 하는 사회로 혈연집단이나 지역집단이나 모두 서로 간의 관계에서 자주와 평등의 원칙을 특징으로 한다. 그러므로 부락사회는 공식적인 사회통제 체제가 존재하지 않는 분산적인 사회라고 할 수 있다. 그러나 각 부락에는 보통 지도적 역할을 하는 핵심 종족들이 존재하며 기타 종족들은 이런 핵심 종족들과의 친척관계를 기초로 하나의 사회집단으로 단합하므로 부락사회는 비록 무정부사회라고 하지만 질서정연하게 운영되는 조직화된 사회이다.

부락사회에서는 사람들 간의 관계도 자주와 평등을 특징으로 한다. 그러므로 공식적인 권력을 가진 사회계층이나 지도자들이 존재하지 않으나 개인의 자질에 따른 사회적 명망의 차이로 인하여 각종 사회활동에서 상당한 권위를 발휘하는 수령들 혹은 지도자들이 존재한다. 그러나 이런 수령들 혹은 지도자들은 아무런 정치적, 경제적 특권도 갖고 있지 않으며 그들의 권위는 추종자들이 그들의 개인적인 품성과 재능에 대한 존경에 의하여 존재하거나 소실되는 일시적인 특징을 갖고 있다.

한마디로 부락사회는 집단과 집단 간, 개인과 개인 간에 자주적이고 평등한 관계를 형성하고 있는 사회이지만 그 나름대로의 구조와 지도자

106　[美]William A. Haviland, 『文化人類學(第十版)』, 370쪽.

들을 갖고 있는 조직제도가 존재하는 사회이며 부락사회의 조직구도에서 가장 중요한 사회집단은 가족이다.

『고대법』의 저자 메인(Maine)은 고대사회의 가장 기본적인 조직형태는 부권제(父權制) 가족으로서 정치제도, 법률제도 등 기타 모든 사회제도들은 모두 부권제 가족과 밀접한 연관이 있다고 생각하였다. 그는 고대 희랍의 대다수 도시 국가들과 로마를 보면 가족과 연관되는 일련의 집단들의 흔적을 찾아 볼 수 있으며 도시 국가는 바로 이런 집단들로부터 출현한 것이라고 보았다. 이런 집단들은 마치 하나의 동일한 기점으로부터 점진적으로 확대되면서 형성된 일련의 동심원들 같다고 할 수 있는데, 이들이 바로 가장 기본적인 집단인 남성 가장을 중심으로 형성된 가족, 여러 가족들로 구성된 씨족, 여러 씨족들로 구성된 부락, 여러 부락들로 구성된 정치공동체(commonwealth)인 국가 등이다.

"메인은 제일 처음에는 오로지 혈연만이 사회집단의 정치적 역할이 가능할 수 있는 유일한 기초로 되므로 무릇 가족에 대해 정확한 것이라면 씨족, 부락과 국가에 대해서도 모두 정확한 것으로 된다고 보았다."[107] 즉 고대사회의 형태가 어떻게 다양하다고 할지라도 모두 부권제 가족을 기본 모델로 한다는 것이다.

메인이 지적한 바와 같이 고대 희랍의 도시 국가들과 로마의 사회제도가 가족으로부터 비롯되었다면 뚜렷한 가국일체의 특징을 나타내는 중국의 전통적인 사회제도는 더구나 가족으로부터 비롯되었다고 할 수 있다.

---

107 吳飛, 「母權神話"知母不知父"的西方譜系(上)」, 『社會』, 2014年 第2期, 33–59쪽.

중국문화와 덕치사상

그렇다면 어찌하여 모두 부계가족 사회로부터 출현한 중서문명이 그
토록 커다란 차이, 어떻게 말하면 완전히 상반된 특징을 나타내게 되었는
가?

나. 유목사회 사회문화의 특징

유목경제는 가축에 의존하여 생계를 유지하는 생존방식으로 자연환
경에 따라 가축의 종류가 다르며 보통 소, 말, 양, 염소, 야크, 순록, 낙타,
라마, 알파카 등등 종류들이 있다. 유목경제는 한대에서 열대까지 모두
분포되어 있지만 주요 지역은 중아시아부터 북아프리카에 이르는 지역과
아프리카 사하라 사막 이남의 두 지역이라고 할 수 있다.

과거 유목경제는 농업경제보다 더 일찍 출현한 경제방식이라고 주장
하는 견해가 있었으나 인류학의 연구에 의하면 하나의 독립적인 경제방
식으로서 유목경제는 식물재배와 가축을 사양하는 농업경제로부터 분화
되어 나온 것이지 수렵채집사회에서 바로 생겨난 것이 아니다.

즉 유목경제를 위주로 하는 유목사회가 인류역사에서 출현한 것은 농
업사회보다 훨씬 후의 일이다. "유라시아 초원지대에서 말, 소, 양을 주요
목축으로 하는 유목은 일반적으로 기원전 1000년 전후에 제일 처음 출
현하였다. 그 전에 유라시아 초원은 홀로세(Holocene)의 수렵채집경제, 축
목농업경제, 청동시대의 비교적 진보한 농목경제를 거쳤으며 제일 마지막
에야 비로소 철기시대의 유목경제로 나아갔다."[108]

---

108 王明珂, 『遊牧者的抉擇: 面對漢帝國的北亞遊牧部族』, 桂林: 廣西師範大學出版

보통 인류의 일부가 유목경제로 나아간 주요 원인은 기후변화에 있다고 본다. 농업은 적당한 토지, 강우량, 일조 및 온도를 요구한다. 대다수 유목사회들이 위치한 곳은 기후가 건조하거나 반건조(半乾燥)한 지역으로 특히 수자원이 결핍한 것은 농업이 적당치 않은 주요 원인으로 된다.

'유목'은 가장 기본적인 시각에서 보면 인류가 농업자원이 결핍한 변두리 환경을 이용하는 일종의 경제생산 방식이다. 이는 초식동물의 식성과 그들의 탁월한 이동능력을 이용하여 인류가 직접 소화할 수 없고 이용할 수 없는 광대한 지역의 식물자원을 사람들에게 필요한 육류, 유제품 등의 식품 및 기타 생활필수품으로 전환하는 생산방식이다. 그러나 농업생산과 비교하면 이런 생산방식은 단위 토지의 생산량이 상당히 낮은 생산방식이다. 중국의 농업이 발달한 지역에서는 1무(畝) 미만의 토지로 다섯 식구의 가정을 먹여 살릴 수 있다. 비교적 척박한 산간지역 예를 들면 사천 서부의 강족(羌族) 지역에서는 약 6~10여 무(畝)의 토지가 있어야 비로소 이런 가정을 먹여 살릴 수 있다. 그러나 현재 내몽골의 신바얼후우치(新巴爾虎右旗)에서는 20무(畝)의 토지가 있어야 양 한 마리를 키울 수 있는데 적어도 300내지 400마리의 양이 있어야 다섯 식구의 가정을 먹여 살릴 수 있다. 그러므로 하나의 목민가정은 적어도 6000~8000무(畝)의 토지가 있어야 한다. 상기 숫자들이 설명하는 바와 같이 '유목'에서 단위 토지의 생산력은 농업생산에 비하여 아

社, 2008, 67쪽.

중국문화와 덕치사상

주 낮다.[109]

유목지구의 자연환경은 척박할 뿐만 아니라 변화가 심하며 늘 예측치 못한 위험에 부닥칠 수 있다. 한차례 대폭설이나 대규모 구제역이 발생하게 되면 제일 부유한 목민이거나 가장 가난한 목민이거나 할 것 없이 모두 거지로 전락될 수 있다.

환경의 불확정성으로 인하여 사람들은 초식동물에 의존하여 먹을 것을 취득할 뿐만 아니라 그들의 이동능력에 의존하여 어느 때 발생할지 모를 위험을 피해 이동하거나 불확정적인 자원을 찾아 여기 저기 돌아다닌다. 따라서 유목사회의 사람들로 말하면 이동하는 것은 가축으로 하여금 계절에 따라 적당한 환경자원을 찾아다니게 하는 방식일뿐 아니라 더욱이 사람들로 하여금 각종 위험을 피하여 생존을 도모할 수 있게 하는 수단으로 된다.

총체적으로 이동 및 수시로 이동에 관한 선택을 하는 것은 유목사회 사람들이 자원이 결핍하고 변수가 많은 변두리 환경에 적응하여 생존하는 효과적인 수단이다. 이동은 그들로 하여금 분산되고 변화무상한 물과 풀 자원을 이용할 수 있게 하고 또 그들로 하여금 제때에 각종 위험을 피할 수 있게 한다. 반드시 수시로 이동해야 한다는 것은 그들 생활의 각 방면에 영향을 주게 된다.…… 늘 필요할 때 바로 이동해야 하고 또 이동능력이 있으므로 작은 규모의 각 집

---

109   王明珂, 『遊牧者的抉擇: 面對漢帝國的北亞遊牧部族』, 3쪽.

단(가정 혹은 방목단)들은 모두 행동에 관한 '결정권'을 갖고 있다. 즉 그들은 생존을 위하여 자기 스스로 선택할 수 있어야 한다.[110]

이 외 유목사회의 또 하나 극히 중요한 특징은 "절대다수 유목인들로 말하면 유목은 결코 자급자족할 수 있는 생계수단이 아니므로 그들은 반드시 기타 경제활동에 종사하여 생활에 필요한 것들을 보충해야 한다."[111]

유목사회의 일상생활에서 가장 기본적인 사회집단은 가정과 방목단(放牧團)이다. 유목사회에서 가정은 보통 한 쌍의 부부와 그들의 미혼 자녀들로 구성되는 핵가족이다. 보통 몇 개의 가정들이 연합하여 하나의 방목단을 구성한다. 전통 농업사회에서 늘 보는 친척으로 구성된 촌락과 마찬가지로 방목단은 주로 친척관계가 있는 몇 개의 가정들로 구성된다. 그러나 그 구성원을 친척으로만 제한하는 것은 아니다.

방목단은 우두머리가 있으며 보통 가장 부유하거나 가장 능력 있는 사람이 우두머리로 된다. 같은 방목단에 속하는 사람들은 함께 방목하고 함께 이동하며 함께 외부의 공격에 대항하여 싸운다. 그러나 방목과정에서 모든 가정들이 제각기 자기 일을 하므로 방목단 내 가정들 간에는 분업이 존재하지 않을 뿐더러 경제상에서는 더구나 서로 독립적이다.

만일 목장 환경에 변화가 생겨 함께 방목하기에 마땅치 않거나 함께 이동하기 마땅치 않으면 방목단 내 각 가정은 조금도 주저함이 없이 서로

---

110 王明珂, 『遊牧者的抉擇: 面對漢帝國的北亞遊牧部族』, 26쪽.
111 王明珂, 『遊牧者的抉擇: 面對漢帝國的北亞遊牧部族』, 128쪽.

갈라져 살길을 찾아 떠난다. 갑작스럽게 발생하는 가뭄, 전쟁 등의 원인은 모두 함께 유목하는 가정들이 수시로 갈라져야 할 필요가 생기게 하거나 다른 곳에서 다른 집단과 결합할 필요가 있게 하므로 방목단은 정착하는 촌락과 달리 집단을 구성하는 가정들이 늘 바뀐다.

결론적으로 정착하는 촌락의 가정들과 달리 "거의 모든 유목사회에서 '가정'들은 모두 상당한 자주 및 자립 능력을 가진 집단이다."[112]

유목사회에서 방목단은 자주적인 가정들 간에 형성하는 가장 긴밀한 사회집단이다. 인류학자 바스(Bass)는 방목단의 가장 기본적인 특질은 고립성(孤立性)이라고 하였다. 방목단 내부의 가정들 간에는 일상의 유목생활에 관하여 늘 밀접한 관계를 유지하면서 서로 의논하고 협상하지만 "외부 사람들에 대하여 그들은 최대한 접촉과 왕래를 회피하려고 하며 심지어 같은 부락의 각 방목단 간에도 왕래하는 경우가 아주 적다. 방목단의 사람들로 말하면 바깥세상은 모두 적대감을 품고 있는 사람들로서 이들 '외인'들은 가능하게 소와 양을 도둑질하거나 빼앗아 갈 수 있다. 외부 사람들에 대한 적대감은 그들 마음속에서 방목단의 따뜻하고 안전하고 단합된 이미지를 더욱 강화하게 된다."[113] 누에르족은 주로 소를 방목하는 유목민족인데 프리차드는 누에르족 사회에서는 "전쟁이 발생할 때만 비로소 장기적이고 직접적인 협력이 존재한다."[114]고 지적하였다.

농업사회와 마찬가지로 유목사회에도 보통 가족, 씨족, 부락 등 사회조

---

112 王明珂, 『遊牧者的抉擇: 面對漢帝國的北亞遊牧部族』, 41쪽.

113 王明珂, 『遊牧者的抉擇: 面對漢帝國的北亞遊牧部族』, 44쪽.

114 [英]Prichard, 『努爾人: 對尼羅河畔一個人群的生活方式和政治制度的描述』, 褚建芳 등 역. 北京: 華夏出版社, 2001, 206쪽.

직들이 존재한다. 하나의 가정으로 말하면 가족은 가장 중요한 친척집단이다. "사우디아라비아 베두인(bedouin)족의 경우…… 같은 가족의 사람들은 가족 수령의 지도하에 함께 피의 빚을 갚고 함께 복수하며 함께 싸운다. 가족은 친족의 생명, 가축과 목초지를 함께 방어하고 함께 보호하는 집단이라고 할 수 있다."[115]

그러나 가족을 구성하는 가정들은 의연히 고도의 독립성과 자주성을 유지하면서 가족의 큰일들은 모든 가정이 함께 결정할 뿐만 아니라 소위 가족의 수령이란 것도 단지 전시(戰時)의 일시적인 군사수령에 불과할 뿐이다. 따라서 싸움이 끝나면 가족 수령도 존재하지 않는다.

가족의 상위 조직으로는 보통 씨족이 있는데 그것은 비교적 느슨한 사회조직이다. 씨족 구성원 간에는 함께 공유하는 자원이 없을뿐더러 정기적인 모임도 없다. 그렇지만 대외 충돌이 발생할 경우 개인과 가족 모두 씨족의 각 가족들 역량에 의거하여 외부 세력에 대항한다. 씨족 위에는 서로 다른 씨족들로 구성된 부락이 있다.

유목사회에서 부락은 주로 전쟁을 위해 집결하는 하나의 집단으로서 부락 수령의 주요 기능은 전쟁과 관련 있거나 대외 정치활동과 관련 있다. 많은 유목민족의 민족지 자료와 연구결과는 모두 유목사회에서 부락의 기능이 주로 유목민들의 생계를 보호하거나 생계를 유지하기 위한 전쟁에 대처하거나 분산된 집단들을 조직하여 대외 확장을 진행하는 것임을 보여주었다.

총체적으로 정착하는 농업사회와 달리 유목사회에서 가족, 씨족과 부

---

115 王明珂, 『遊牧者的抉擇: 面對漢帝國的北亞遊牧部族』, 52쪽.

락은 모두 주로 정치군사적인 의미를 갖고 있으며 혈연으로 결합되었든지 정치적으로 조직되었든지를 막론하고 유목사회의 집단들은 모두 불안정한 특징을 갖고 있다.

유목경제는 자급자족이 불가능한 생계수단이므로 유목민들은 반드시 기타 경제활동에 종사하여 생활의 수요를 충당해야 한다. "수렵, 채집, 농업 등 생산 활동 외에 일부 유목민들은 기타 수단 예를 들면 약탈과 무역 등 방식을 통하여 생활자원을 취득하기도 한다. 약탈과 무역은 어떻게 보면 완전히 상반된 활동 같으나 그것들은 자기가 스스로 생산하거나 사냥하거나 채집하지 않고 다른 사람들한테서 교환 혹은 강탈하는 수단으로 자원을 획득한다는 점에서 같은 기능을 한다."[116]

『사기(史記)』에는 흉노인들의 생활에 관하여 "그들의 풍속은 여유로울 때는 가축을 기르면서 새나 짐승을 사냥하는 것을 생업으로 삼고, 급박할 때는 사람마다 싸우고 공격하는 것을 익혀 침벌(侵伐)하니 그들의 천성이 그러하다."("其俗, 寬則隨畜, 因射獵禽獸爲生業, 急則人習戰攻以侵伐, 其天性也."[117])고 하였다. 한나라 때 중국 서북지역의 유목부락에 관한 문헌에도 당지의 유목부락들은 서로 약탈하면서 힘세고 남의 것을 약탈하는 것을 영광으로 여긴다고 하였다.

"20세기 전반기 서강(西康) 유과(楡科) 지역 목민들에 관한 다음과 같은 외지인들의 기록이 있다. '서강 외곽의 사람들은 태반이 강탈을 가장 자랑스러운 영웅의 사업으로 여긴다. 그들은 강탈하지 않거나 강탈을 두

---

116   王明珂, 『遊牧者的抉擇: 面對漢帝國的北亞遊牧部族』, 37쪽.
117   『史記 · 匈奴列傳』.

려워하는 것은 무능한 약자라고 생각한다.'"[118]

과거 사우디아라비아의 각 부락들도 늘 서로 간에 가축들을 약탈하곤 하였는데 "아무라 베두인(Bedouin)들은 늘 그들의 가장 좋은 낙타들은 모두 다른 부락에서 약탈해 온 것이라고 자랑한다."[119]고 하였다. 고대 로마시대의 역사학가 타키투스(Publius Cornelius Tacitus)는 게르만인은 "피를 흘리는 방식으로 취득할 수 있는 것을 땀을 흘리는 방식으로 얻는다면 그건 너무나도 나약하고 무능한 것"[120]이라고 생각한다고 하였다.

인류학자 루이스 스위트(Louis Sweet)는 베두인들의 부락들에는 두 가지 서로 다른 약탈행위가 존재하는데 하나는 여러 부락 간에 서로 약탈하는 것이고 다른 하나는 여러 부락 외의 다른 사회들에 대한 약탈행위라고 하였다. 베두인 부락들에게는 이 두 가지 모두 매우 중요하다. 대외약탈은 그들이 유목생산 외의 필요한 자원을 취득하는 중요한 방식이며 전리품의 분배는 부락 수령들의 지위를 확고히 할 수 있다. 그러나 베두인 사회에서 더욱 중요한 의의가 있는 것은 부락들 간의 상호 약탈이다.

이는 그 지역의 낙타 유목업과 직접적인 연관이 있다. 스위트는 낙타 유목생산에서 가장 중요한 생태문제는 기후가 극심한 가뭄으로부터 적절한 기후 간에서 변화무쌍하여 늘 지역적인 물 및 식물(植物) 자원의 파동이 발생하는 것이라고 지적하였다. 또 주기적인

---

118 王明珂,『遊牧者的抉擇: 面對漢帝國的北亞遊牧部族』, 39쪽.

119 王明珂,『遊牧者的抉擇: 面對漢帝國的北亞遊牧部族』, 38쪽.

120 [古羅馬] 塔西佗,『阿古利可拉傳 日耳曼尼亞志』, 馬雍·傅正元 역. 北京: 商務印書館, 1985, 62쪽.

수역(獸疫)은 가축들의 수량을 갑작스럽게 감소시킬 수 있다. 그러므로 서로 간에 (낙타)를 약탈하는 것은 이러한 생태환경에서 마치 일종의 일상적이고 제도적인 교환과 같아 각 부락은 모두 이런 방식에 의존하여 불시에 발생하게 되는 축산의 손실에 대응한다. 스위트는 더 나아가 부락들 간의 상호 약탈 및 이와 관련된 전쟁과 화해의 행위는 모두 부락들 간의 전통적인 규칙에 따라 각 부락 간 혈연관계의 친소와 공간거리의 원근(혈연관계와 공간거리가 먼 부락들 간에는 적대관계도 비교적 깊고 오래 간다.)에 부합되어야 한다고 지적하였다. 그러므로 낙타 유목부락들 간 상호 약탈 및 전쟁과 화해의 관계는 부락조직 및 부락들 간의 혈연관계와 동맹을 지속적으로 강화하는 역할을 한다.[121]

유목경제에서 생산수단으로 되는 가축을 잃게 되면 이런 생산수단은 농업사회에 대한 약탈로 획득할 수 없으므로 오로지 서로 간의 약탈로 해결할 수밖에 없다. 따라서 부락들 간의 상호 약탈은 필수로 된다.

일반적으로 유목사회에서는 사회분업이란 보기 힘들며 사람들은 모두 비슷한 일상의 유목 활동에 종사한다. 그러므로 일상의 경제생활에서 직업의 전문화를 기초로 하는 사회분업이 나타나기 어려우며 분업과 관련된 사회 관리를 담당하는 사회중심 및 이와 관련 있는 사회계층의 분화는 더욱 출현할 수 없게 된다. 간고한 환경과 너무도 불안정한 자원은 가정 혹은 방목단마다 스스로 생존과 관련된 각종 결정을 내릴 것을 요

---

121 王明珂, 『遊牧者的抉擇: 面對漢帝國的北亞遊牧部族』, 38쪽.

구한다. 그러므로 어느 때 이동하고 어느 때 어느 부락에 가입하고 어떤 전쟁에 참여할지 여부에 관한 결정권은 모두 가장 기본적인 사회집단인 가정과 방목단의 수중에 장악하고 있어야 할 필요가 있다.

이런 사회에서 평상시 유목할 때는 서로 보호하기 위하여 몇 개의 가정들이 방목단을 구성하고, 그 이상 규모의 작은 부락이나 큰 부락을 구성할지 여부는 외부 적들의 크기에 따라 결정된다. 만일 적대적 세력이 큰 부락을 결성하게 되면 평상시 서로 싸우던 방목단과 부락들은 큰 부락으로 결집하여 그와 대항한다. 전쟁이 끝나면 큰 부락은 해체되고 사람들은 각 방목단의 유목생활 및 일상적인 방목단과 방목단 간, 작은 부락과 작은 부락 간의 싸움으로 되돌아간다.[122]

그러므로 상위 사회조직일수록 더 일시적인 존재이거나 혹은 형식상의 존재에 불과하여 수령의 권위도 마찬가지로 일시적이고 불안정하다. 바로 이런 이유로 인하여 일반적으로 사회계층의 분화 정도에서 유목사회는 농업사회보다 비교할 수 없을 정도로 빈약하다.

그러나 "많은 유목사회들에 관한 인류학자들의 연구가 보여주듯이 정착민들의 정치적 조직체들과 상호작용이 긴밀하게 되면 유목사회에서도

---

122 王明珂,「遊牧社會及其曆史的啓示」,『遊牧文化與農耕文化-人類學高級論壇』, 2009卷[C], 289-294쪽.

정치적 권위를 가진 수령이 생겨날 수 있다."[123] 만일 광대한 지역에서 유목부락들과 정착민들 간에 자원에 관한 분쟁이 빈번히 발생하게 되면 많은 부락들이 결집하여 비교적 안정적인 큰 부락연맹이나 중앙집권화한 국가를 형성하여 정착민들의 국가들과 대항할 수 있다.

그러므로 일부 인류학자들이 지적한 바와 같이 집중화, 계층화된 유목사회의 정치체계는 늘 유목사회와 정착사회 간의 상호작용 과정에서 출현한다. 그와 반대로 정착사회 국가정권과의 긴밀한 상호작용이 결핍하면 유목사회는 자주적인 작은 집단들로 분산되거나 혈연관계의 친소에 따라 이합집산(離合集散)하는 친족들의 집단으로 분열되는 경향을 나타낸다. 이 방면에서 가장 대표적인 사례는 흉노이다. 흉노는 일찍이 국가 규모의 정치체계를 형성하였으며 이 정치체계는 역사상에서 오랜 시간 존속하였는데, 흉노와 한나라 간 긴밀한 상호작용 관계는 400여 년이나 지속되었다.

일반적으로 유목민족은 경제상에서 농업민족에 의존할 수밖에 없다. 그것은 그들이 필요로 하는 곡물, 금속도구, 천(布), 차(茶), 기타 수공업제품들은 기본상에서 모두 농업지역으로부터 획득해야 되기 때문이다. 이와 반대로 농업민족은 반드시 유목민족에 의존할 필요가 없이 요구되는 축산품을 스스로 가축을 키워서 해결할 수 있다.

무역은 유목사회가 스스로 생산할 수 없는 생활물자를 농업사회로부터 획득하는 평화적인 수단이다. 그러나 "유목사회 사람들과 정착사회 사람들 간에 안정적인 무역관계를 확립한다는 것은 쉽지 않다. 유목사회 사

123 王明珂, 『遊牧者的抉擇: 面對漢帝國的北亞遊牧部族』, 105쪽.

람들이 가축 판매에 의존하여 결핍한 생활물자를 획득하기란 아주 어려운 일이다."[124] 그것은 유목사회 사람들의 가축은 늘 예측하기 어려운 자연재해의 타격을 입을 수 있으므로 그들이 가축생산에 의존하여 일상적이고 안정적인 시장무역을 진행한다는 것은 상당히 어려운 일이다.

평화적인 무역방식으로 필요한 물자를 얻는 방식이 통하지 않을 경우 가능한 대체수단은 무력으로 강탈하는 것이다. 이는 강탈을 진행할 수 있는 충족한 역량을 가진 조직을 필요로 하는데 흉노가 상대한 것은 한나라였으므로 국가 규모의 정치조직을 형성할 수밖에 없었다.

"전쟁은 조직능력, 등급제도와 중앙의 통솔 기능에 대한 상당히 높은 요구를 유발한다.…… '성공적인 전쟁은 고도의 복종 즉 수령에 대한 순종을 요구한다.' 집중적인 권력은 우선 먼저 군사영역에서 출현한 후 전체 사회로 확장되었다."[125] "흉노는 '국가'로서 훗날 몽골 초원에서 활동한 여러 부족들에게 하나의 본보기를 수립하여 주었다. '국가'라는 조직과 역량으로 대내적으로는 각 부락들의 목초지를 구분함으로써 내부 자원에 대한 분쟁을 피면하고 대외적으로는 주변의 삼림유목, 혼합경제 및 농업 부락의 사람들과 상호 작용함으로써 약탈, 무역, 공물, 세금 징수 및 협박을 통하여 외부 자원을 획득하였다."[126]

사회 내부에서 일상적으로 발생하는 각종 집단들 간의 상호 약탈과 대외 약탈을 실행할 필요로 인하여 유목사회의 성년 남자들은 모두 전사

124 王明珂, 『遊牧者的抉擇: 面對漢帝國的北亞遊牧部族』, 141쪽.
125 馮世明, 「匈奴國家産生原因探析」, 『民族論壇』, 2010年 第6期, 40-41쪽.
126 王明珂, 『遊牧者的抉擇: 面對漢帝國的北亞遊牧部族』, 155쪽.

로 되어야 하며 작전의 의무를 짊어져야 한다. 유목사회에서는 사람마다 전사이며 수시로 타인의 무력 진공에 대응할 준비를 해야 하거나 타인에 대하여 무력 습격을 단행할 준비를 해야 한다. 그들은 "전쟁의 기술을 좋아하고 평화의 기술은 좋아하지 않는다."[127] 어려서부터 어른이 될 때까지 오로지 힘에만 의지하고 힘만 중히 여기며 용력이 출중한 자는 사람들의 존중을 받는다.

유목사회에서는 "'평등 자주'의 원칙하에 사회의 개인과 작은 집단들은 모두 자기의 '사익'을 위하여 자주적으로 행동하므로 전쟁터에서도 '이타적'인 희생과 '공적인 이익을 위하여' 용감하게 앞으로 나가는 것을 중히 여기지 않는다."[128]

『사기(史記)』에는 전쟁터에서 흉노의 행위에 관하여 "유리하면 진격하고 불리하면 퇴각하니 도주하는 것을 수치로 여기지 않는다. 조금이라도 이익이 있으면 예의를 차리지 않는다."("利則進, 不利則退, 不羞遁走, 苟利所在, 不知禮義."[129]), "그들은 공격하고 싸울 때…… 노획품은 빼앗은 자에게 주고 포로는 노비로 삼게 한다. 그러므로 싸울 때 사람들은 저마다 자기 이익을 추구한다.…… 그러므로 그들은 적을 발견하면 이익을 쫓아 새처럼 모여들고 궁지에 빠지거나 패하게 되면 와해되어 구름처럼 흩어진다."("其攻戰, …… 所得鹵獲因以予之, 得人以爲奴婢, 故其戰人人自爲趨

---

127 [英]Prichard, 『努爾人: 對尼羅河畔一個人群的生活方式和政治制度的描述』, 褚建芳 등 역. 北京: 華夏出版社, 2001, 61쪽.

128　王明珂, 『遊牧者的抉擇: 面對漢帝國的北亞遊牧部族』, 135쪽.

129　『史記·匈奴列傳』.

제2장 가족의 발전과정　　　　　　　　　　　　　　　　　　　　255

利,…… 故其見敵則逐利如鳥之集, 其困敗則瓦解雲散矣."[130]고 묘사하였다.

다. 가족의 두 가지 대표적 유형

부계가족 공동체의 해체로 하여 부부간의 혼인관계를 기초로 하는 핵가족이 사회의 가장 기본적인 구성단위로 되면서 핵가족들 간 차등적인 질서구조를 특징으로 하는 친척관계를 주요 사회관계로 하는 부락사회가 출현하게 되었으며 부락사회는 역사과정에서 다시 농업경제를 기초로 하는 농업부락과 유목경제를 기초로 하는 유목부락으로 분화되었다.

부락사회를 구성하는 가장 기본적인 구성단위는 핵가족이지만 부락사회에서 사회적 기능을 담당하는 가장 중요한 주체로 기능하는 사회집단은 『백호통덕론』에서 말하는 오복에 드는 9세대로 구성된 가족으로서 부락사회에서 사람들의 사회적 신분은 특정 핵가족의 구성원보다 특정 가족의 구성원으로서 결정된다. 전체 부락사회는 가족 간의 이런 저런 친척관계를 기초로 가족 간의 연맹과 같은 사회체계를 형성하는데 같은 종족에 속하는 다수의 가족들이 어느 가족을 핵심으로 뭉치는가 하면 같은 지역의 서로 다른 종족에 속하는 다수의 가족들이 이런 저런 친척관계를 기초로 어느 가족을 핵심으로 뭉치면서 전체 사회는 주도적 역할을 담당하는 핵심 가족 간의 친척관계를 사회적 틀로 하는 사회체계를 형성한다.

부락사회에는 지도적 역할을 담당하는 일부 핵심가족들이 존재하지

---

130 『史記·匈奴列傳』.

만 이들은 제도적인 특권 계층이나 계급을 형성하지 않으며 총체적으로 모든 가족 간의 관계는 자주적이고 평등한 관계로서 핵심 가족들의 지위는 기타 가족들의 자발적인 추종에 의하여 보장되는 것이지 어떤 공식적인 제도나 권력에 의하여 보장되는 것이 아니다. 마찬가지로 부락사회에서 사람들 간의 관계도 자주적이고 평등한 관계로 비록 일반 대중에 비해 상당한 명망과 권위를 갖고 있는 개인들이 존재하지만 이들도 주로 개인의 걸출한 품성과 뛰어난 재능으로 인하여 사람들의 존경을 받아 추종자들이 자발적으로 주위에 뭉치면서 사회생활을 주도하는 지도자로 부상한 사람들이다.

이로부터 알 수 있듯이 부락사회 가족 간의 관계와 개인 간의 관계에서 자주와 평등 원칙만 중요한 원칙으로 작용하는 것이 아니라 덕을 숭상하고 현자를 존중하는 원칙도 중요한 원칙으로 작용한다. 상술한 특징은 농업부락이나 유목부락에 관계없이 모든 부락사회에서 나타나는 공통된 특징이다. 하지만 이런 표면상의 공통된 특징 배후에 농업부락의 가족과 유목부락의 가족 간에는 심각한 본질적인 차이들이 존재한다.

가족은 핵가족들 간의 친척관계를 기초로 하는 친척집단이다. 부락사회 가족의 기초로 되는 친척관계에는 정서적 요소와 도구적 요소라는 두 가지 요소가 혼합되어 있으며 차등적인 질서구조로 인하여 중심으로부터 밖으로 나아가면서 정서적인 요소는 점점 약화되고 반대로 도구적인 요소는 점점 강화된다. 친척관계의 이런 차등적인 질서구조는 농업부락의 가족이나 유목부락의 가족 모두 마찬가지이다.

그러나 농업부락에서는 가족의 구성원이 보통 한곳에 모여 거주하거나 가까운 곳에 거주하면서 일상의 생활과 생산에서 안정적이고도 긴밀한 관계를 형성하는 반면에 유목부락에서는 가족의 구성원이 널리 흩어져 일상의 생활과 생산에서는 서로 간에 관계를 발생하지 않다가 각자의 이익을 보호하거나 약탈을 감행하기 위한 경우 일시적인 군사집단을 형성하곤 한다.

농업부락의 가족 구성원 간에는 지속적으로 안정적인 친밀한 관계를 유지하므로 도구적 요소보다는 정서적 요소가 중요하게 부각되고 서로 간에 관심과 사랑 등 정서방면의 수요를 중요시하는 반면에 유목부락의 가족 구성원 간에는 이런 지속적이고 안정적인 친밀한 관계가 결여되어 단지 자기 이익을 위하여 경우에 따라 일시적인 협력관계를 형성하므로 정서적 요소보다는 도구적 요소가 중요하게 부각되고 서로 간의 이해관계를 중요시하게 된다.

다시 말하면 비록 차등적인 질서구조의 특징을 갖고 있는 친척관계에는 정서적인 요소와 도구적인 요소가 혼합되어 있다고 하지만 이런 혼합관계는 경직된 것이 아니라 경우에 따라 정서적인 요소 혹은 도구적인 요소가 강화 혹은 약화될 수 있으므로 가능성으로 말하면 그 중 어느 하나의 요소가 무한히 확장되어 다른 한 요소를 완전히 배제할 수도 있다.

농업부락의 가족에서는 부자관계와 같은 종적인 친척관계를 근간으로 대를 이어 서로 간에 은혜를 베풀고 인정을 주고받으면서 친척들 간의 감정 유대가 점점 강화되어 궁극적으로는 가족 공동체와 같이 모성애의 정신을 최고 원칙으로 하는 생산생활 공동체로 발전해갈 수 있다면, 이와 반대로 유목부락의 가족에서는 형제와 같은 횡적인 친척관계를 근간으로 각자 자기 이익을 중심으로 자유와 평등의 원칙에 따라 필요시 이해관계를 기초로 일시적인 군사집단을 형성하므로 감정적 요소가 점점 약화되면서 궁극적으로는 공리주의를 최고 원칙으로 하는 군사연맹으로 발전해갈 수 있다.

다시 말하면 부락사회에서 가족은 두 가지 대표적인 유형으로 분화될 수 있는데 하나는 모성애의 정신을 최고 원칙으로 하는 가족 공동체와 같은 농업사회의 가족이고, 다른 하나는 공리주의를 최고 원칙으로 하는 군사연맹 같은 유목사회의 가족이라고 할 수 있다.

이 책에서는 모성애의 정신을 최고의 가치로 하는 입장을 도덕주의라고 지칭하고 개인의 이익과 쾌락을 최고의 가치로 하는 입장을 공리주의라고 지칭한다. 즉 농업사회의 전형적인 가족은 도덕주의 가족이라고 할 수 있고 유목사회의 전형적인 가족은 공리주의 가족이라고 할 수 있다.

도덕주의 가족은 가족 공동체와 같이 모성애의 정신을 가족관계의 최고원칙으로 하므로 구성원의 감정 욕구와 감정의 조화를 중요시하고 개체의 권리보다는 의무를 우선시하며, 자주와 평등의 원칙보다는 덕을 숭상하고 현자를 존중하는 원칙을 가족관계를 주도하는 지도원칙으로 하며, 수요의 원칙과 균등의 원칙에 따라 이익을 분배한다.

이와는 반대로 공리주의 가족은 개인의 이익을 중심으로 하는 공리주의 원칙을 가족관계의 최고원칙으로 하므로 구성원 간의 감정보다는 합리적인 이익관계를 더 중요시하고 개체의 의무보다는 권리를 우선시하며, 덕을 숭상하고 현자를 존중하는 원칙보다는 자유와 평등의 원칙을 가족관계를 주도하는 지도원칙으로 하며, 공평의 원칙에 따라 이익을 분배한다.

결론적으로 비록 표면상 농업사회의 가족과 유목사회의 가족 간에 상당한 공통점이 존재하는 것 같으나 본질적으로 양자 간에는 심각한 차이들이 존재하는데 심지어 완전히 상반된 성격을 갖고 있는 서로 대립되는 가족 유형이라고 해도 결코 과언이 아니다.

가족 공동체사회에서는 가족 공동체의 폐쇄성으로 인하여 가족 공동체 내에서는 모성애의 정신을 절대적인 최고 원칙으로 하고 공리주의는 오로지 가족 공동체 밖에서만 적용되는 원칙으로 존재한다. 하지만 가족 공동체의 해체로 하여 출현한 부락사회의 가족은 차등적인 질서구조를 가진 친척관계를 기초로 하므로 가족 내부의 구성원 간 관계에서도 정서적 요소와 도구적 요소가 혼합되어 있어 가족 내부의 생활에서도 경우에 따라 도덕주의 원칙과 공리주의 원칙이 복잡하게 얽히면서 복잡한 양상을 나타낸다.

이렇듯 부락사회의 가족은 폐쇄적인 가족 공동체와 달리 개방적인 특징을 갖고 있으므로 경우에 따라 자발적으로 복잡한 양상을 나타낼 뿐만 아니라 의식적인 노력으로 가족생활에 관한 제도와 관념을 확립하고 발전시킴으로써 내재된 논리를 충분히 전개할 수도 있다.

논리적인 차원에서 보면 차등적인 질서구조를 기초로 하는 부락사회의 가족은 정서적인 요소를 꾸준히 확장하는 방향이나 도구적인 요소를 꾸준히 확장하는 방향으로 나아가면서 두 가지 대표적인 유형으로 분화될 수 있는데 이 두 가지 대표적인 유형이 바로 전형적인 농업사회의 도덕주의 가족과 전형적인 유목사회의 공리주의 가족이라고 할 수 있다. 부락사회의 기타 모든 가족 형태들은 모두 이 두 가지 대표적인 가족 유형의 혼합체라고 할 수 있다.

부락사회에서 가족은 가장 중요한 사회집단으로서 가족의 특성 및 상호관계는 부락사회의 사회제도와 문화관념을 좌우하는 결정적인 요소로 된다. 따라서 가족의 특성 및 상호관계의 변화발전은 부락사회 사회제도와 문화관념의 변화발전에서 결정적인 역할을 한다.

전형적인 농업사회에서는 도덕주의 가족들이 덕을 숭상하고 현자를 존중하는 원칙을 가족 내부에서뿐만 아니라 가족 외부로 꾸준히 확장하고 관철함으로써 전체 사회를 하나의 통일적인 도덕주의 원칙으로 통합된 사회로 구축하는 길로 나아갈 수 있다면, 전형적인 유목사회에서는 공리주의 가족들이 자유와 평등의 원칙을 가족 외부에서뿐만 아니라 가족 내부로 침투시켜 끝까지 관철함으로써 전체 사회를 하나의 통일적인 공리주의 원칙으로 통합된 사회로 구축하는 길로 나아갈 수 있다.

쉽게 말하면 하나는 가족 공동체 내부에서만 실행되던 원칙을 가족 외부로까지 끝까지 관철시킴으로써 전체 사회를 하나의 통일적인 원칙으로 통합된 사회로 만들고, 다른 하나는 가족 공동체 외부에서만 실행되던 원칙을 가족 내부로까지 끝까지 관철시킴으로써 전체 사회를 하나의 통일적인 원칙으로 통합된 사회로 만드는 것이라고 할 수 있다.

이 두 가지 방식으로 부락사회는 모두 친척관계를 기초로 추장을 중심으로 통합된 추장사회로 나아갈 수 있으나 하나는 농업사회 핵심 가족들의 도덕주의 특성에서 비롯된 인자한 가장 같은 군자형(君子型) 귀족사회로 나아가게 된다면 다른 하나는 유목사회 핵심 가족들의 공리주의 특성에서 비롯된 용맹한 투사 같은 무사형(武士型) 귀족사회로 나아가게 된다.

이로부터 알 수 있듯이 중서문명의 씨앗은 이미 부락사회에서 움트기 시작하였으며 중서문명의 비밀은 모두 가족에 숨겨져 있는 것으로 처음에는 그 차이가 아주 미미하였으나 꽃이 피고 열매 맺으면서 완전히 서로 다른 문명으로 모습이 나타나게 되었다.

제3장 덕치사상의 자연발생과정 및 이론체계의 확립

1. 인류학에서의 진화론 사조와 축심시대

19세기에 흥기하기 시작한 인류학의 발전과정에서 진화론 사조의 유행이 두 번 있었다. 첫 번째는 인류학의 초창기에 있은 미국 인류학자 헨리 모건(Henry Morgan)을 대표인물로 하는 '고전진화론(古典進化論)' 혹은 '단선진화론(單線進化論)' 사조이고, 두 번째는 제2차 세계대전 후에 유행하기 시작한 미국 인류학자 엘만 서비스(Elman Service)를 대표인물로 하는 '신진화론(新進化論)' 사조이다.

가. 헨리 모건(Henry Morgan)의 고전진화론

인류학에서 고전진화론의 형성은 다윈의 생물진화론과 직접적인 연관이 있다. 1877년 출판된『고대사회』에서 모건은 현지조사와 추리방법을 결합하는 방식으로 인류사회가 저급단계로부터 고급단계로 발전하여 가는 과정을 전반적으로 논술하였다. 그는 인류가 대체로 같은 경로를 거쳐 저급단계로부터 고급단계로 한 단계 한 단계 발전하여 간다고 주장하면서 인류사회의 발전과정을 야만, 미개, 문명의 세 단계로 나누었다.

모건이 말하는 야만과 미개의 단계는 원시사회(原始社會)에 속하는 역사단계로 혈연관계를 기초로 하는 씨족 부락사회이다. 이와는 달리 문명시대는 계급사회에 속하는 역사단계로 지역과 재산을 기초로 하는 정치사회 즉 국가사회이다. 모건은 원시사회가 혈연관계를 기초로 하는 사회로 가족적이고 평등하며 재산을 공유하므로 거기에는 사유재산이나 기업가, 시장, 경제적 의미의 계급과 강제적 성격의 정부가 존재하지 않고 문명사회는 이런 측면에서 원시사회와 정반대의 특징을 갖고 있는 사회라고 주장하였다.

가족제도에 관하여 모건은 인류의 가족제도가 태고시대의 어떤 제한도 없는 군혼(群婚)단계로부터 시작하여 혈연 가족, 푸날루아 가족(pu-naluan family), 대우혼(對偶婚) 가족 등의 단계를 거쳐 일부일처제 가족으로 진화하였다고 주장하였다. 원시사회의 초기 단계에는 군혼으로 인하여 사람들이 부친은 알 수 없고 모친만 알 수 있으므로 최초의 씨족사회는 반드시 모계씨족사회일 수밖에 없고 궁극적으로 모계씨족사회가 부계씨족사회로 대체된 것은 사유재산 때문인데 사유제의 확립이 일부일처

제를 출현하게 함으로써 모계씨족사회는 부계씨족사회로 전환되었다고
주장하였다.

인류학의 발전에 따라 모건의 많은 관점은 여러 가지 곤란에 봉착하게
되었다. 예를 들면 원시사회의 초기단계에 아무런 제한도 없는 군혼의 존
재에 관하여 모건은 근친간금기(近親姦禁忌, incest taboo)는 인류가 일정한
단계로 진화한 후 비로소 출현한 규범으로 이 금기가 출현한 시점을 분수
령으로 하여 그 전의 단계를 군혼잡교(群婚雜交)의 단계라고 하였는데
"현대 학자들의 연구에서 확인된 바에 의하면 근친간금기는 인류가 생겨
나서부터 줄곧 존재하였다."[1]고 한다.

여러 가지 문제 중 원시사회가 사람들 간에 완전히 평등한 사회인가
하는 문제는 핵심적인 문제로서 이는 원시사회와 문명사회를 구분하는
중요한 척도로 된다. 모건은 주로 북미 이로쿼이족 부락에 관한 연구로부
터 원시사회가 평등한 민주사회라는 결론을 얻게 되었는데 모건 이후의
학자들은 대량의 현지조사를 통하여 문명사회가 출현하기 전의 원시사
회가 결코 모든 방면에서 평등한 것은 아니며 모든 혈연집단들이 이로쿼
이족의 평등한 사회조직과 유사하다는 모건의 주장은 심각한 오류임을
발견하게 되었다.

새로운 사실들의 발견과 이론연구의 발전으로 인하여 고전진화론은
19세기말부터 기타 학파들에 의하여 대체되기 시작했을 뿐만 아니라 20
세기 30~40년대에 이르러서는 인류학계에서 거의 누구도 진화론 관점

---

1 徐國棟, 「家庭, 國家和方法論: 現代學者對摩爾根, 恩格斯─對《古代社會》, 《家庭, 私
   有制和國家的起源》之批評百年綜述」, 『法律文化研究』, 北京: 中國人民大學出版
   社, 2006, 287~309쪽.

을 주장하지 않을 정도로 몰락하게 되었다.

하지만 진화론 관점은 제2차 세계대전 후 미국에서 다시 부흥하기 시작하였으며 그 대표인물이 바로 엘만 서비스이다. 1962년 출판된 『원시사회조직』(Primitive Social Organization)이라는 저서에서 엘만 서비스는 '밴드 (band)→부족사회(tribe)→추장사회(Chiefdom)→국가(state)'라는 사회발전단계론을 제시하여 학계에서 커다란 파장을 일으켰다. 1967년 미국의 다른 한 인류학자 모튼 프리드(Morton Fried)는 『정치사회의 진화』(The Evolution of Political Society)에서 사회발전단계를 '평등사회(Egalitarian Society)→위계사회(Ranked Society)→계층사회(Stratified Society)→국가(State)'로 분류한 사회발전단계론을 제시하였다.

신진화론 학파의 여러 이론 중에서 엘만 서비스와 모튼 프리드의 모델이 가장 중요한 이론으로 인정받고 있지만 가장 대표적인 것은 엘만 서비스의 사회발전단계론이라고 할 수 있다.

나. 엘만 서비스(Elman Service)의 사회발전단계론

엘만 서비스의 사회발전단계론에 의하면 인류역사는 점진적으로 더 높은 단계로 진화하여 가는 과정으로서 인류역사의 발전과정은 '밴드 (band)→부족사회(tribe)→추장사회(Chiefdom)→국가(state)'라는 4단계로 나눌 수 있다.

1) 밴드

밴드(band)는 최초의 인류사회인 수렵채집사회의 사회집단이다. 밴드는 보통 몇 개 혹은 수십 개의 핵가족들이 이런 저런 친척관계를 연결고리로 형성되며 일정한 영역 내에서 계절의 변화에 따라 이동하면서 식물(食物)자원을 취득하는 방식으로 생계를 영위한다. 밴드의 구성원 간에는 성별과 연령에 따라 분공하고 협력하며 성과물은 모두 함께 공유함을 원칙으로 한다. 밴드 내에서 핵가족은 가장 긴밀한 응집력을 가진 조직으로 "이런 가정은 늘 단독으로 밴드의 영역 안에서 먹을 것을 찾아다닌다."[2]

인류 역사에서 밴드는 가장 원시적이고 가장 간단한 가족적인 평등주의 집단이라고 할 수 있다. 밴드 내부에는 카리스마적 권위를 가진 일부 개인이 존재하나 이런 권위는 순전히 개인의 품성과 능력으로 인하여 다른 사람들의 존경을 받아 자연스럽게 형성된 것으로 혈연과 관계없을 뿐만 아니라 집단의 제도적인 규정에 기초한 것도 아니며 모두 일시적인 특징을 갖고 있다. 엘만 서비스가 지적한 바와 같이 밴드 내부에 일부 영향력 있는 인물들이 존재하지만 밴드는 혹시 성별로 인한 차별이 존재하는 경우를 제외하고는 총체적으로 개인과 개인, 가정과 가정 간에 완전히 평등한 사회라고 할 수 있다.

2) 부족사회

부족이란 식물을 재배하거나 가축을 사양하는 생산방식을 기초로 하는 사회로 보통 수렵채집사회의 밴드보다 규모가 더 크고 더 복잡한 사회집단이다. "밴드와 비교할 때 부족은 우선 먼저 규모방면에서 더 큰 공동

---

2   易建平, 『部落聯盟與酋邦』, 北京: 社會科學文獻出版社, 2004, 160쪽.

체로 서로 간에 친척관계를 갖고 있는 여러 부분으로 구성되며 이런 부분들은 또 여러 가정들로 구성된다."[3] 밴드와 마찬가지로 부족사회도 다만 성별과 연령에 따른 사회분업만 존재한다.

부족사회는 본질적으로 평등주의 사회이다. 엘만 서비스는 "하나의 부족은 모종의 의미에서 여전히 하나의 큰 가정으로 볼 수 있는데, 부족은 여전히 평등주의를 실행하며 거기에는 사회지위 방면에서 기타 가정이나 집단들 위에 군림하는 어떤 가정이나 집단이 존재하지 않는다. 동시에 부족사회는 밴드사회와 마찬가지로 그 누구라도 정치적인 권력이나 기타 경제활동과 종교 활동의 특권을 장악하는 것을 허용하지 않는다."고 지적하였다. 부족사회는 일종의 총체적 연계도 비교적 약한 사회이다. 엘만 서비스는 "부족은 밴드와 마찬가지로 분산적인 사회로 각 부분 간에 비록 연계가 있으나 본질적으로 경제 방면에서는 자급자족하고 구조 방면에서는 동질적이며 정치 방면에서는 완전히 자치를 실행하는 집단이다. 이는 정치적 일체화의 실현을 해결하기 어려운 문제로 되게 하였으며 특히 부족의 각 부분 간에 분쟁, 더욱이 대를 이어 내려오는 원한이 발생할 경우 문제는 더욱 심각해진다."고 하였다. 부족사회에서 모든 구성원은 우선 먼저 자기가 생활하는 기본 집단에 충성하고 그다음 부족조직에 충성하는데 양자 간에는 늘 모순되어 조화시키기 어렵

---

3   易建平,『部落聯盟與酋邦』, 163쪽.

중국문화와 덕치사상

다.[4]

이런 부족사회에서는 보통 자연신(自然神)들 외에 조상들을 신으로 숭배하여 섬기며 늘 복잡한 종교 활동을 통하여 부족 내부의 관계와 대외 관계를 처리하고 자원을 분배하며 사회응집력을 강화한다.

학계에서는 일반적으로 밴드사회와 부족사회 간에 아주 중요한 공통점이 존재한다고 보는데 그것은 바로 양자 모두 평등한 사회라는 것이다. 이 두 사회에서 비록 일부 불평등 현상들을 발견할 수 있으나 그런 것들은 가정 내 생활에서와 마찬가지로 장유(長幼)와 성별을 기초로 하는 불평등이며 그 외의 사회관계는 기본적으로 모두 평등하다. 이것이 바로 밴드사회와 부족사회가 사회관계 방면에서 추장사회 및 국가와 구별되는 근본적인 차이로서 "추장사회와 국가는 가정 범위를 초월한 사람들 간의 관계에서 등급제를 나타낸다. 평등한 밴드사회와 부족사회에는 가정을 초월한 권위가 결여되어 있지만 진정한 등급제사회에는 이런 권위가 존재한다."[5]

당연히 밴드사회와 부족사회에도 지도자 역할을 하는 수령들이 존재한다. 그러나 그들은 막스 베버(Max Weber)가 말한 카리스마적 수령들로서 자기의 개인적인 품성, 경험, 지혜와 체력 등으로 인하여 일시적인 지위를 획득한 사람들일 뿐이다. 이런 카리스마적 수령들의 "존재여부는 주로 지도자 개인의 능력과 당시의 특수한 상황에 의하여 결정되기 때문에 일

4 　展立新,「新進化論璞玉與功能主義瑕疵−評塞維斯的國家起源理論」,『民族研究』, 2003年 第6期, 11−20쪽.

5 　易建平,『部落聯盟與酋邦』, 167쪽.

단 능력이 소실되거나 상황이 변하게 되면 지도자의 권위도 따라서 소실된다.[6] 때론 이런 카리스마적 수령들이 상당한 영향력을 발휘할 수도 있으나 절대적인 권력을 장악할 수는 없다.

프리드는 평등사회에서 사람들 간의 관계는 명령이나 복종과 같은 단어로 묘사하기에 적절치 않다고 하면서 서로 간에 건의하고 건의를 받아들이는 관계로 보는 것이 타당하다고 하였다.

> 그는 민족지(民族誌) 자료에서 한 사람이 다른 사람에 대하여 명령의 어조로 "이렇게 해야 한다!"고 말하는 예는 아주 찾아보기 힘들며 대량의 자료들이 기재한 것은 한 사람이 다른 사람에게 "만일 이렇게 하게 되면 상황이 아주 좋아 질수 있다."고 건의하는 것이라고 하였다. 이런 경우에 듣는 사람이 혹시 그 말을 따를 수도 있지만 아예 아랑곳하지 않을 수도 있다. 일반적인 상황은 어느 사람이 건의를 했으면 그 사람이 실행에 옮기는 것이다. 바로 지도자가 다른 사람을 강제하여 어떤 일을 하거나 하지 못하게 할 권한이 없으므로 프리드는 이런 지도자가 갖고 있는 것은 근본적으로 권위이지 권력이 아니라고 주장하였다.[7]

즉 평등사회는 비록 지도자들이 존재한다고 하지만 본질적으로 분산적인 사회이다. 그러므로 "전쟁 중이라 할지라도 밴드사회에는 효과적인

---

6   易建平, 『部落聯盟與酋邦』, 192쪽.

7   易建平, 「從平等社會到國家」, 『懷化學院學報』, 2009年 第28卷第12期, 45~50쪽.

지도자가 없어 싸울 때면 구성원이 늘 제각기 싸운다."[8] 총체적으로 평등사회의 수령들은 진정한 특권을 갖고 있지 않으며 오히려 그들은 다른 사람들보다 더 헌신적으로 행동하면서 솔선수범하는 본보기를 보여주어야할 뿐만 아니라 흔쾌히 베풀기 좋아해야 그들의 권위를 유지할 수 있다.

3) 추장사회

추장사회는 부족사회보다 생산력 발전 정도가 더 높고 인구밀도가 더 크고 사회의 복잡 정도와 조직 수준이 더 높은 사회이다. 이런 사회도 여전히 혈연관계를 기초로 하지만 서로 다른 혈통들 간에 고귀하거나 비천한 차별이 존재한다. 엘만 서비스는 "추장사회는 가족 같은 사회이나 불평등하며, 중앙 조직기구와 권위를 갖고 있으나 정부는 없고, 물자와 생산에 대한 불평등한 통제 권력이 존재하나 사유재산, 기업 혹은 시장이 존재하지 않으며, 사회계층과 등급이 존재하나 경제적인 계급은 없다."[9]고 지적하였다.

추장사회가 밴드사회 및 부족사회와 구별되는 대표적인 특징은 정치, 종교, 경제 및 사회 활동을 조직하고 관리하는 중심이 존재하는 것이다. 특히 생존에 필요한 기본 물자들에 대하여 재분배하는 안정적인 중심이 존재하므로 추장사회의 경제활동은 '재분배경제(再分配經濟)'의 특징을

---

8   易建平,「從平等社會到國家」,『懷化學院學報』, 2009年 第28卷第12期, 45−50쪽.

9   Elman R. Service, *Profiles in Ethnology*, p. 8. 展立新,「新進化論璞玉與功能主義瑕疵−評塞維斯的國家起源理論」,『民族研究』, 2003年 第6期, 11−20쪽에서 재인용.

나타낸다.

소위 재분배경제란 간단히 말하면 중앙조직이 직업적 분업과 제품의 교환을 담당하는 경제운영 방식이다. 재분배경제에서 "무릇 개인, 가정 및 기타 집단들과 관련되는 경제상의 전문적인 분업은 모두 일반적으로 중앙조직의 안배 하에 형성되며 중앙조직은 실제상 재분배 중심의 역할을 담당한다." 엘만 서비스는 계획적인 분업과 제품분배는 역사적으로 자발적인 분업과 상품교환보다 훨씬 더 일찍 출현하였다고 보았다. 중앙조직의 출현은 추장사회가 더 이상 각 부분들의 간단한 집합이 아니라 하나의 유기적인 총체로 되기 시작했음을 의미한다. 그러므로 엘만 서비스는 "중앙조직의 출현은 전체 사회가 하나의 중추신경계통을 형성한 것과 마찬가지로 이런 현상의 출현은 이와 본질적으로 연관 있는 다른 현상 즉 사회유기체의 형성을 의미한다. 사회의 각 부분들은 이로부터 전문성, 차별성과 상호 의존성의 특징을 나타내기 시작하였다. 강력한 일체화 역량은 이제부터 항구적인 지도조직으로부터 생겨나기 시작하였으며 사회기능 방면에서 서로 연계되는 각 부분들의 활동은 해당 조직의 직접적인 지도하에 놓이게 되었다."고 지적하였다.[10]

추장사회에서 중앙조직의 핵심은 추장이다. 추장은 최고 권력의 소유

---

10   展立新,「新進化論璞玉與功能主義瑕疵−評塞維斯的國家起源理論」,『民族研究』,
       2003年 第6期, 11−20쪽.

자로서 정치, 종교, 경제, 전쟁 등 사무에 관련된 모든 권력을 한 몸에 지닌 핵심인물이다.

엘만 서비스는 추장사회의 출현과정에서 경제재분배는 가장 관건적인 요소라고 보았다. 전형적인 추장사회에서 주민들은 부족사회처럼 상대적으로 자급자족하는 자치적인 경제 및 정치 집단들로 분산되어 존재하는 것이 아니라 서로 다른 집단들 간에 분업이 발생하기 시작하여 그들은 서로 간에 계층만 다른 것이 아니라 경제적 역할에서도 점점 차이를 보이기 시작한다.

추장은 재분배를 담당하는 자로서 그가 늘 하는 한 가지 일은 바로 사회의 기타 구성원으로부터 식품이나 기타 생필품들을 받아 들여 그중의 일부를 대중에게 재분배하고 일부는 저장하여 훗날 명절의 경축활동에 사용하거나 흉년에 대비하는 것이다. 추장사회의 흥기과정에서 재분배활동의 확장과 공식화에 따라 추장의 권위도 점점 강화되고 공식화될 수 있는데 이는 재분배자로서 추장의 지위가 점점 더 유용해지고 심지어 점점 더 불가결하게 되기 때문이다.

논리적으로 말하면 분화 자체의 발전추세는 당연히 높은 지위에 있는 사람이 노동에 직접 참여하는 일은 점점 줄어들고 관리책임은 점점 증가되는 것이나 계층제도가 금방 흥기하기 시작하여 아직 평등주의가 우위를 차지하는 사회에서는 높은 지위에 있는 사람들이 바로 가장 열심히 일하는 사람들일 수 있다. 이는 그들이 지위를 취득하고 공고히 하는 것은 후하게 베푸는 것에 의존하므로 그들은 남에게 베풀기 위하여 몇 갑절 더 열심히 일해야 되기 때문이다.[11]

그러나 재분배를 실행하는 중앙 관리조직의 출현과 발전에 따라 추장의 권위가 점점 강화되면서 그 지위가 점점 더 공고해지게 되어 궁극적으로 사회구조의 상설적인 지위로 고착된다. 결과 사회지위의 불평등이 출현하게 되고 더 나아가 소비의 불평등이 나타난다.

결론적으로 "처음에는 재분배자가 공동체에서 공헌이 가장 큰 자라면 '마지막에 그는 재분배자로서 일종의 지위를 취득하게 된다.'"[12] 이로부터 추장사회의 불평등은 사회의 재분배 기능을 담당하는 조직관리 중심이 지속적으로 발전한 자연적인 결과임을 알 수 있다.

비록 추장사회에는 불평등한 사회계층들이 존재한다고 하지만 프리드는 생활을 유지하는 기본자원을 점유하는 방면에서 "계층사회와 평등사회 간에 큰 차이가 없이 모두 평등주의 방식을 실행한다고 주장하였다."[13] 예를 들면 북태평양 연안의 어느 인디언들의 사회에서 토지와 가옥 등은 모두 집단이 소유한다. "심지어 개인이 갖고 있는 물품도 필요시에는 집단의 물건으로 될 수 있다. 비록 집단에서 최고 지위에 있는 사람이 자기 스스로 혹은 다른 사람들이 그를 이 집단의 가옥과 토지 등 재산들의 '주인'이라고 말하나 실제로 그는 단지 일개 관리자일 뿐이지 개인소유자인 것은 아니다."[14]

엘만 서비스는 사회의 계층화는 우선 먼저 정치영역과 종교영역에서 출현하면서 통치자와 피통치자로 분화된 것이지 경제 방면에서 서로 다

---

11   易建平, 「從平等社會到國家」, 『懷化學院學報』, 2009年 第28卷第12期, 45-50쪽.

12   易建平, 『部落聯盟與酋邦』, 175쪽.

13   易建平, 「從平等社會到國家」, 『懷化學院學報』, 45-50쪽.

14   易建平, 「從平等社會到國家」, 『懷化學院學報』, 45-50쪽.

른 계층으로 분화된 것이 아니며 정치영역과 종교영역에서의 불평등은 결코 경제 방면에서의 우위를 필요로 하는 것이 아니라고 지적하였다. 총체적으로 서로 다른 계층들 간의 사회 불평등은 주로 정치 및 종교 생활에서 갖고 있는 권위의 불평등이지 경제자원에 대한 점유에서 차별되는 불평등이 아니다.

추장사회의 형성 초기 재분배활동에서 출현한 정치와 종교 방면에서의 불평등은 단지 일시적인 현상에 불과하여 안정적인 사회적 특징은 아니었다. 그러나 사회의 발전에 따라 근근이 영향력을 갖고 있던 일시적인 지도적 지위는 점차적으로 등급제도의 지위로 전환되고 나아가 세습적인 등급제도의 지위로 고착되면서 영구적인 사회계층이 출현하게 되었다. 결과적으로 "추장사회가 출현하게 되어 역사는 한 단계 더 높은 단계로 발전하게 되었다."[15]

엘만 서비스는 맹아 상태의 추장사회가 진정한 추장사회로 전환될 수 있는 관건이 "사람들은 보통 부친의 우수한 품질이 아들 특히 장자에게 전해질 수 있다고 믿는다."[16]는 데 있다고 보았다. 장자상속(長子相續)제도는 대체로 추장사회의 보편적 특징이라고 할 수 있다. 장자상속제도로 인하여 재분배과정에서 출현한 각종 사회계층들은 시간의 흐름에 따라 세습적인 신분지위로 뿌리를 내리게 되어 사회는 지위가 서로 다른 여러 계층으로 분화된 계층화 구조를 나타내게 된다. 그 결과 본래 서로 평등한 혈연집단들로 구성된 평등사회는 궁극적으로 추장을 중심으로 하는 피

---

15 易建平, 『部落聯盟與酋邦』, 169쪽.
16 易建平, 『部落聯盟與酋邦』, 172쪽.

라미드식 계층사회로 전환된다.

이로부터 알 수 있듯이 추장사회는 비록 혈연관계를 기초로 하는 사회이지만 평등한 밴드사회나 부족사회와 달리 정치와 종교 방면에서 특권을 갖고 있는 추장과 세습귀족 성격을 가진 사회계층이 존재하는 사회이며 이런 상설적인 관리조직으로 전체 사회의 정치, 종교, 경제 등 각종 사무들을 관리하므로 한 국가의 정부처럼 전체 사회에 대하여 집중적인 통합관리를 실행하는 사회이다.

그러나 국가와 달리 추장사회에는 공식적이고 합법적인 폭력적 통제수단이 결여되어 있으므로 추장사회의 관리조직은 결코 합법적인 폭력을 사용하여 자신의 결정을 강제적으로 실행할 수 있는 진정한 정부가 아니다. 사실이 증명하다시피 "추장사회에는 개인과 개인 간, 혈연집단과 혈연집단 간에 원한으로 인하여 서로 살해하는 사건들이 여전히 허다하게 존재한다."[17] 이런 사람들 간에 서로 원한으로 인하여 살해하는 사건이 존재한다는 것은 강제적인 국가권력이 결여되어 있음을 표명한다. 다시 말하면 추장사회는 합법적인 폭력을 기반으로 하는 국가가 아니다.

합법적인 폭력 수단이 결여되어 있다는 것은 추장의 통치가 폭력 위협의 기초 위에 건립된 것이 아니라 주로 사람들의 추종에 의한 복종을 기초로 한다는 것을 의미한다. 추장사회에서 추장에 대한 대중의 복종은 종교를 믿는 교도들이 종교 지도자에 대한 복종과 유사하여 추장의 권위는 농후한 종교적 특징을 나타낸다.

엘만 서비스는 밴드사회와 부족사회의 종교와 비교해 볼 때 추장사회

---

17   易建平, 『部落聯盟與酋邦』, 198쪽.

의 종교는 뚜렷한 차이를 나타낸다고 지적하였다. "추장사회는 더 높은 수준의 종교구조를 창조하였는데 이런 종교는 사회생활의 모든 방면들과 연관되어 있다. 우리가 알다시피 추장사회의 명의상 통치자는 일반적으로 신이며 실제상 신이란 보통 조상을 가리킨다."[18] 따라서 추장사회의 신에 대한 숭배는 늘 조상숭배로 나타나거나 적어도 이런 사회의 신에 대한 숭배에서 조상숭배는 극히 중요한 위치를 차지한다.

추장사회의 통치자가 신이라고 하는 것은 추장사회의 통치자가 조상이라고 하는 것과 마찬가지로서 추장은 조상의 직계 후손으로 당연히 신의 가장 합당한 대리인으로 된다.

신으로부터 즉 조상으로부터 권력 혹은 권위를 획득하고 신 즉 조상의 명의로 통치를 실행하므로 추장은 대부분의 경우 신 혹은 조상에게 제를 올리는 의식을 주관하는 책임도 담당하게 된다. 그러므로 엘만 서비스는 추장과 제사장은 함께 흥기하며 마치 권위의 쌍둥이 같아 늘 제사장의 지위와 속세의 추장 지위를 모두 동일한 가족이 계승하며, 어떤 경우에는 제사장과 추장을 한사람이 도맡는다고 지적하였다.[19]

이로부터 알 수 있듯이 추장사회는 주로 초자연적인 신에 의존하여 현실의 사회구조를 지탱한다. 권위의 종국적이고 신성한 근거는 초자연적인

---

18 易建平, 『部落聯盟與酋邦』, 199쪽.
19 易建平, 『部落聯盟與酋邦』, 201쪽.

신으로서 통치자는 근본적으로 초자연적인 권위를 운용하여 사회를 관리한다. 그러므로 추장사회는 본질적으로 종교적인 의식형태에 의존하여 유지되고 운영되는 신권사회(神權社會)라고 할 수 있다.

이런 신권사회에서 시간의 흐름에 따라 통치자들은 점점 더 숙련되게 초자연적인 권위를 이용하여 피통치자들의 동의를 취득하는 통치술을 장악하게 됨으로써 종교의식(宗敎儀式)의 규범화와 체계화도 자연스럽게 점진적으로 강화된다.

4) 국가

여기서 말하는 국가는 원시국가(原始國家)를 가리킨다. 원시국가란 추장사회 스스로 진화하여 생겨난 국가로서 기존에 존재했거나 주위에 존재하는 기타 선진문화의 영향을 받지 않고 자체 내부 요소들의 작용으로 인하여 출현한 국가이다. 다시 말하면 원시국가란 '원생적(原生的)'인 고대문명이라고 할 수 있다.

엘만 서비스는 "메소포타미아, 애굽, 인더스 강 하곡(河谷), 황하 하곡(河谷) 등 지역의 문명들은 최초로 출현한 원생적(原生的)인 문명들이다. 지중해의 크레타, 희랍과 로마의 문명, 페르시아, 무슬림, 인도 왕국, 중국 경내 장강 유역의 문명들은 모두 차생적(次生的)인 문명들로서 그 이전 고전문명의 계승자들이다."[20]라고 하였다.

---

20 Elman R. Service, *Profiles in Ethnology*, p. 10. 展立新, 「新進化論璞玉與功能主義瑕疵-評塞維斯的國家起源理論」, 『民族研究』, 2003年 第6期, 11-20쪽에서 재인용.

중국문화와 덕치사상

원시국가는 강력한 권력이 집중된 정부조직으로 대규모의 사람들을 조직하여 행동하는 일종의 제도이다. 엘만 서비스는 일반적으로 원시국가는 서로 다른 지역과 생태환경에서 생활하는 다수의 민족들이 섞여서 구성된 대규모의 사회라고 생각하였다.

원시국가에서 정부는 보호와 안전을 제공하고 분쟁을 해결하는 수단과 생계를 유지하는 방식을 제공함으로써 국가권력에 대한 인민들의 승인을 획득하고 인민들은 세금을 바치고 부역을 제공함으로써 국가의 통치를 지지하여 준다. 엘만 서비스는 바로 이런 서로 간의 이익관계가 "인민들을 새로운 정치제도 하에 조직되게 한 것"[21]이라고 주장하였다. 즉 엘만 서비스는 정부와 인민들 간의 이익관계가 원시국가의 형성과 발전을 촉진한 관건적인 요소라고 보았다.

엘만 서비스는 강력한 권력이 집중된 정부가 혼잡한 대규모의 사회에 확실하게 실질적인 경제, 군사와 중재 방면의 이익을 제공해준다는 것을 십분 강조하였으며 그는 이것이 바로 정부가 합법성을 수립할 수 있는 근본적인 원인이라고 생각하였다.

그러므로 엘만 서비스는 생활을 유지하는 기본 자원을 점유하는 방면에서의 불평등이 초래한 경제적인 사회계층 혹은 계급의 분화는 국가의 형성과정에서 출현한 것이라고 주장하면서 역사적으로 계급의 분화가 국가보다 먼저 출현한 예는 없으며 통일적인 정부가 출현하게 된 조건들이 바로 통치계급의 출현을 초래한 것으로 계급의 분화는 국가 형성의 결과이지 원인이 아니라고 주장하였다. 이는 국가의 기원에 관한 전형적인 통

---

21   易建平,『部落聯盟與酋邦』, 234쪽.

합이론이다.

결론적으로 엘만 서비스는 사회의 계층화는 우선 먼저 정치영역과 종교영역에서의 계층분화로 통치계층과 피통치계층이 출현한 다음에야 비로소 경제상의 사회적 계층화, 즉 생활을 유지하는 기본 자원을 점유하는 방면에서 불평등한 계급들이 출현하였다고 생각하였다.

"엘만 서비스는 인류학자들이 볼 수 있었던 원시국가는 다만 15세기 남미의 잉카 제국 하나 밖에 없었다고 주장하였는데 그의 원시국가에 관한 인식은 주로 잉카 제국으로부터 얻어진 것이었다."[22]

잉카의 경제기초는 아이유(ayiiu)라고 하는 공동체와 재분배경제 및 보편적인 부역제도였다. 아이유는 약간의 혈연집단들로 구성된 부락 공동체이다. 아이유 안에서 매 가정은 한몫의 분여지를 분배받으며 그 땅에서 나오는 수확물은 가정이 소유한다. 그 외 매 아이유마다 왕실용 토지와 종교용 토지를 따로 구분하여 아이유의 구성원이 경작하고 수확물은 공물로 국가와 교회에 바친다.

엘만 서비스는 잉카 왕실은 제품유통의 기능을 집행하는 재분배기구이며 잉카사회의 경제는 '재분배경제'라고 주장하였다. 그러나 잉카의 재분배 경제제도는 이미 착취의 성격을 나타내고 있었다. 모든 아이유의 일반 남성들은 각종 부역에 윤번으로 내몰리고 그들이 바친 공물은 주로 왕공귀족, 관원, 군대, 교회에서 소비하였다. 그러므로 엘만 서비스는 "전체 잉카사회의 가장 현저한 특징은 그 사회가 추호의 숨김도 없는 착취적

---

22 展立新,「新進化論璞玉與功能主義瑕疵 −評塞維斯的國家起源理論」,『民族硏究』,
    2003年 第6期, 11−20쪽.

인 사회라는 데 있다."[23]고 지적하였다.

잉카의 정치는 전제주의와 간접 통치의 특징을 갖고 있었다. 잉카 왕의 수하에는 세습적인 관료귀족계층이 있는데 혹자는 잉카 왕실의 구성원으로 중앙조직의 관직을 맡고 혹자는 피정복 지역의 추장들로서 지방 관원으로 위임되어 계속하여 소속 지역들을 관리하였다. 이 두 부류의 사람들은 정치, 경제, 종교 등 방면에서 각종 특권을 갖고 있으며 잉카 왕의 전제통치가 의지하는 역량이다.

엘만 서비스는 국가사회의 특징은 전체 사회 위에 군림하는 체계화된 독립적인 정치조직이 존재하는 것으로 그 중에는 통치자의 지배를 받는 상설적인 무장역량이 포함된다고 보았다. 그러나 그는 초기 국가의 정치조직은 전체 사회의 총체적인 이익을 위하여 출현한 것으로서 결코 어느 특정 계급의 특수한 이익을 대표하는 것이 아니라고 주장하였다. 즉 사회 위에 군림하는 정치조직은 완전히 점점 복잡해지는 사회가 자체 수요를 충족시키기 위하여 건립한 것이며 효과적인 성과로 하여 점점 강화된 것이지 무장역량에 의하여 건립되고 강화된 것이 아니다. 그러므로 엘만 서비스는 "통치자의 도구로서의 무장역량은 주로 사회 통일을 파괴하려는 의도를 품고 있는 일부 귀족들을 대상으로 창설된 것이지 피통치계층을 표적으로 설립된 것이 아니다."[24]라고 주장하였다.

총체적으로 엘만 서비스의 '밴드(band)→부족사회(tribe)→추장사회

23　Elman R. Service, *Profiles in Ethnology*, p. 336. 展立新, 「新進化論璞玉與功能主義瑕疵-評塞維斯的國家起源理論」, 『民族研究』, 2003年 第6期, 11-20쪽에서 재인용.

24　展立新, 「新進化論璞玉與功能主義瑕疵-評塞維斯的國家起源理論」, 11-20쪽.

(Chiefdom)→국가(state)'라는 사회발전 모델은 기본적으로 고고학 연구 성과들로 실증되었는데 이는 이 모델이 보편성을 갖고 있음을 의미한다고 할 수 있다. 그러나 엘만 서비스의 모델에서 우리는 각 발전단계 간에 어떤 연계가 있는지 알 수 없으며 더욱이 사회진화의 근본동력과 내적 원리를 알 수 없다. 그 외에도 엘만 서비스의 모델로부터 어떻게 고대 중국에서는 군주제도가 출현하고 고대 희랍에서는 민주제도가 출현하였는지 이해할 수 없다.

다. 국가의 기원에 관한 두 가지 모델

주지하다시피 서양문명과 중국문명은 제도 및 관념 방면에서 모두 선명한 대조를 이루는 두 가지 문명이다. 일반적으로 두 문명 간의 차이는 국가의 정치제도 방면에서 특히 두드러지게 표현된다고 보는데 고대 희랍에서 민주제도가 출현한 반면에 고대 중국에서는 중앙집권의 군주제도가 출현하였다.

중서문명 간의 이러한 차이에 관한 인식을 바탕으로 초기 국가의 출현 과정에는 두 가지 모델이 존재한다고 주장하는 학설이 있다. 그 하나는 부락연맹 모델(씨족→부락→부락연맹→국가)이고 다른 하나는 추장사회 모델(밴드→부족사회→추장사회→국가), 즉 엘만 서비스의 사회발전단계론이다. 하지만 이러한 학설에 이의를 제기하는 학자들은 부락연맹 모델이 시대에 뒤떨어진 관점으로서 초기 국가의 출현 과정에는 오직 추장사회 모델만 존재한다고 주장한다.

두 가지 모델을 주장하는 관점은 부락연맹 모델로부터 출현한 국가는 정치제도가 희랍의 아테네나 로마와 같이 민주적 성격을 나타내는 반면에 추장사회 모델로부터 출현한 국가는 정치제도가 중국, 아즈텍, 잉카와 같이 전제주의 성격을 나타낸다고 주장한다.

이는 부락연맹 제도가 본질적으로 일종의 민주적이고 평등하며 개인 성격의 권력 중심이 없는 제도이고 추장사회의 제도는 일종의 '중앙집권적'인 전제주의 성격 혹은 경향을 갖고 있어 집단 성격의 권력 중심이 존재하지 않고 단지 개인 성격의 권력 중심이 존재하는 제도이기 때문이다. 두 가지 서로 다른 제도로부터 출현한 두 가지 유형의 초기 국가는 각자 부락연맹 제도의 민주적 유산과 추장사회 제도의 전제주의적 유산을 계승하였다.[25]

이론적 근원으로 보면 부락연맹 모델은 모건에서 비롯된 것이고 추장사회 모델은 엘만 서비스에서 비롯된 것이라고 할 수 있다. 부락연맹의 개념은 모건의 이로쿼이족 부락연합체에 관한 연구에서 비롯되었다. 그는 이 개념으로 고대 희랍과 로마의 국가 단계 전 부락연합체를 지칭하기도 하였다.

그는 부락연맹은 부락들 간의 일종 '자연적'인 결합이라고 생각하였다. "무릇 친척관계가 있고 영토가 인접해 있는 부락들은 극히

---

25 易建平, 「部落聯盟模式與希臘羅馬早期社會權力結構」, 『世界曆史』, 2000年 第6期, 50-63쪽.

자연스럽게 연맹을 결성하여 서로 보호하려는 경향이 있게 된다. 이런 조직들은 처음에는 단지 일종의 동맹일 뿐인데 현실 경험을 통하여 연합을 결성하는 우월성을 인식하게 됨에 따라 점차 하나의 연합체로 응집되어 간다." 하빌랜드는 부락연맹에 관하여 "매 부락은 하나 이상의 소형의 자주적인 단위들로 구성되고 이런 작은 단위들은 각종 목적을 위하여 서로 간에 연맹을 형성한다. 부락 내의 정치조직도 비정규적이고 일시적이다. 어느 때 어떤 상황이 발생하든지 모든 혹은 몇 개의 부락집단들이 단합하여 해결할 필요가 있으면 그들은 연합의 방식으로 해결하며 해당 문제가 만족스러운 해결을 얻게 되면 각 집단들은 다시 자주적인 상태로 되돌아간다."고 묘사하였다.[26]

부락연맹은 다음과 같은 몇 가지 중요한 특징을 갖고 있다. 첫째, 출현 과정이 완전히 평화적이며 참여자의 자원에 기초한다. 둘째, 부락연맹의 출현 원인은 공통의 혈연관계를 갖고 있는 부락들 간에 지속적으로 서로 돕고 서로 보호할 필요가 있거나 혹은 어떤 큰 사업들을 함께 완성할 필요가 있기 때문이다. 따라서 각 부락들은 연맹 내의 권리와 의무 방면에서 모두 평등한 지위에 있게 된다. 셋째, 부락연맹에서 개인 성격의 권력은 아주 미약하다.

이런 관계로 부락연맹으로부터 국가로 진입한 사회들은 부락연맹의

---

26 李宏偉, 「兩種國家起源模式的比較研究」, 『中央民族大學學報(哲學社會科學版)』, 2003年 第2期第30卷, 71-75쪽.

상술한 특징들 예를 들면 3권제(三權制) 같은 제도를 계승하게 된다. 아테네의 경우 부락연맹 시기의 추장회의가 국가의 원로원(元老院)으로 되고, 인민대회는 공민대회로 되고, 최고 군사통수 바실레우스(Basileus)는 3인의 집정관으로 대체되었다. 로마에서는 부락연맹시기의 원로원이 국가의 원로원으로 되고 큐리아회(Comitia Curiata)의 실권이 센투리아(Centuria)로 넘어가고 국왕의 직권은 집정관으로 대체되었다. 이것이 바로 고대 희랍과 고대 로마의 초기 국가가 민주국가로 성장한 주요 원인으로 민주적인 부락연맹이 민주적인 초기 국가로 변하였다는 것이다.

부락연맹과 달리 엘만 서비스의 이론에 의하면 추장사회는 네 가지 특징을 갖고 있는데, 첫 번째는 집중적인 관리이고, 두 번째는 세습적인 등급제도이며, 세 번째는 신권을 기초로 하는 권위이고, 네 번째는 비폭력적인 조직이다. 추장사회에서 추장은 피라미드식 등급제도에 의하여 전체사회를 관리한다. 추장사회의 사회등급은 세습제이므로 추장사회는 귀족사회의 성질을 갖고 있는 불평등한 사회이다. 그러나 추장사회에는 국가가 독점하는 강제적인 폭력이 결여되어 있으며 추장은 일반적으로 종교의식(宗敎儀式)을 통하여 자기의 권력을 행사한다. 총체적으로 추장사회는 혈연관계를 기초로 하고 정치와 종교가 하나로 통합된 등급제 사회이다. 그러므로 엘만 서비스는 추장사회가 평균주의 사회와 강제적인 국가간에 위치한 하나의 과도사회라고 생각하였다.

　　엘만 서비스 등 사람들의 학설에 의하면 한 개 사회의 중심 권력
　　이 후자 즉 제도화하고 독점적이고 강제적인 역량을 갖고 있는 권력
　　에 속하면 이 사회는 바로 국가사회이다. 그들이 보기에 추장사회

혹은 등급제사회와 그 전의 사회들은 권력구조상에서 서로 다른데, 그 전의 사회들에는 어떠한 통제중심도 없이 매 개인, 매 가정, 매 씨족 혹은 매 '부락'마다 모두 제멋대로 할 수 있었다면 그와 달리 추장사회 혹은 등급제사회에서는 급별 혹은 등급에 따라 조직되어 거기에는 비록 제도화된 강박적 성격을 가진 권력은 존재하지 않으나 전체 사회가 중심의 혹은 통일적인 권위에 따라 행동한다.[27]

추장사회가 부락연맹과 다른 상술한 특징에 근거하여 두 가지 모델을 주장하는 학설은 추장사회에서는 전체 권력구조가 금자탑 형태로 되어 한 사람이 전체 사회의 최고 권력을 장악하고 있는 전제주의 특징을 갖고 있으므로 이러한 사회가 국가로 전환될 때는 이런 전제주의적 유산을 계승하게 되어 전제주의 국가가 출현한다고 주장한다. 다시 말하면 "추장사회와 전제주의 정치 간에 필연적인 연관이 있다."[28]

두 가지 모델을 주장하는 관점은 희랍(아테네)과 로마는 세계 고대사에서 유일하게 확인할 수 있는 민주적이고 평등한 부락연맹 모델의 사례라고 보는데 로마는 국가 정치체제의 건립과정에서 희랍(아테네)의 정치체제를 따라 배우고 모방하였으므로 희랍(아테네)만이 비로소 부락연맹 모델의 진정한 원형(原型)이라고 할 수 있다.

하지만 엘만 서비스 등 당대 인류학자들과 고전학자들은 국가가 출현하기 전의 희랍(아테네)사회와 로마사회는 모두 추장사회와 같은 계층사

---

27   易建平,「酋邦與中央集權」,『史林』, 2001年 第4期, 1-14쪽.
28   易建平,「酋邦與專制政治」,『歷史研究』, 2001年 第5期, 120-135쪽.

회이지 평등한 부락연맹은 아닌 것으로 본다. "엘만 서비스는 국가가 출현하기 전의 희랍과 로마사회를 이로쿼이족 사회와 같은 평등한 사회로 간주한 것은 모건의 중대한 실수라고 지적하였다."[29]

더욱 중요한 것은 추장사회와 전제주의 정치 간의 관계이다.

현재까지······ 그 어떤 영향력 있는 당대의 문화인류학 학자가 명확하게 추장사회의 권력구조는 모두 전제주의적이라고 단언한 적이 없다. 추장사회가 갖고 있는 것은 비강제적(非强制的)인 권위이지 합법적인 무력이 받쳐주는 강제적인 권력 혹은 폭력이 아님은 당대 문화인류학에서 고전 이론이면서도 주류 이론이다. 추장사회의 결정과정에서 추장은 비록 중대한 영향력을 갖고 있을 수 있으나 결정에 참여하거나 영향을 주는 것은 보통 추장 한 사람이 아니며 추장사회의 결정과정은 대부분 '집단적 성격'을 갖고 있다.[30]

그렇다면 어떻게 단일한 추장사회 모델로부터 민주제도와 전제주의 군주제도라는 완전히 서로 다른 정치체제의 출현을 해석할 수 있는가?

라. 축심시대와 중국과 서양 간 문화돌파의 차이

1949년 출판된 『역사의 기원과 목표(Vom Ursprung und Ziel der Ge-

---

29 易建平, 「酋邦與中央集權」, 『史林』, 2001年 第4期, 1-14쪽.
30 易建平, 「酋邦與專制政治」, 『歷史研究』, 120-135쪽.

schichte)』에서 독일 사상가 카를 야스퍼스(Karl Jaspers)는 기원전 500년 전후, 즉 기원전 800년부터 기원전 200년까지 6백여 년간에 중국, 서양과 인도 등 지역에서 동시에 발생한 인류문화의 중대한 돌파시기를 지칭하는 용어로 '축심시대'라는 개념을 제시하였다.

세계사에서 몇 개 주요 고대문명들이 기원전 천 년간에 경과한 위대한 정신적 각성에 관하여 학술계에서는 일찍부터 공통된 인식을 갖고 있어 이는 결코 야스퍼스의 새로운 발견이 아니다. "야스퍼스의 새로운 표현 방식은 기본상에서 막스 베버의 비교종교사(比較宗敎史)를 기초로 출현한 것이다. '돌파'란 관념도 이미 막스 베버의 저술 가운데 함축되어 있었다."[31] 그러나 체계적으로 첨예하게 축심시대와 돌파의 문제를 제기한 것은 야스퍼스의 공헌이라고 해야 할 것이다.

야스퍼스는 선사시대와 고대문명 시대를 경과한 후 기원전 800년부터 기원전 200년까지 세계 범위에서 인류문명사에 중대한 의의를 가지는 역사적인 사건들이 집중적으로 발생했다고 지적하였다.

중국에서는 공자와 노자가 특별히 활약하였으며 기타 묵자(墨子), 장자(莊子), 열자(列子)와 제자백가를 포함한 중국의 모든 철학 유파들이 출현하였다. 중국과 마찬가지로 인도에서는 『우파니샤드(Upanishad)』와 석가모니가 출현하였으며 회의주의(懷疑主義)와 유물주의로부터 궤변파(詭辯派), 허무주의에 이르는 모든 범위의 철학 가능성을 탐구하였다. 이란의 자라투스트라(Zarathushtra)는 일종

---

31   餘英時, 「軸心突破和禮樂傳統」, 『二十一世紀』, 2000年 4月号(總第58期), 17-28쪽.

의 도전적인 관점을 전수하면서 인간세상의 생활은 곧바로 선과 악의 싸움이라고 역설하였다. 팔레스타인에서는 엘리야(Elijah)로부터 이사야(Isaiah)와 예레미야(Jeremiah)를 거쳐 제2이사야(Deutero-Isaiah)에 이르기까지 예언자들이 분분히 나타났다. 희랍에는 철인들이 구름 같이 많았는데 그 중에는 호메로스(Homeros), 철학가 파르메니데스(Parmenides), 헤라클레이토스(Heraclitos), 플라톤(Platon)과 많은 비극 작가들, 투키디데스(Thucydides)와 아르키메데스(Archimedes)가 있었다. 이 몇 세기 동안 이런 이름들이 포함된 모든 것들이 서로 모르는 중국, 인도와 서양 이 3개 지역에서 거의 동시에 발전하기 시작하였다.[32]

이리하여 야스퍼스는 이 시기가 세계역사에서 '축심시대(The Axial age)'로 되었다고 보았다.

총체적으로 야스퍼스에 의하면 그 때 중국, 인도, 희랍과 이스라엘의 고대문화는 모두 근본적인 변혁을 일으켰으며 이 몇 개 지역의 사람들은 이성적인 방법과 도덕적 태도로 세상을 대하기 시작함으로써 그 전의 원시문화로부터 탈피하여 새로운 문화형태를 확립하는 문화의 돌파를 실현하였는데 바로 그 당시 문화돌파에서 나타난 서로 다른 유형이 훗날 중국, 인도와 서양에서 서로 다른 문화를 형성하는 단초로 되었다. 다시 말하면 축심시대의 위대한 정신적 선구자들이 제시한 사상원칙들이 서로

---

32 [德]Karl Jaspers, 『歷史的起源與目標』, 魏楚雄·俞新天 역. 北京: 華夏出版社, 1989, 8쪽.

다른 문화전통을 만들어냈으며 오늘날까지도 줄곧 사람들의 생활에 영
향을 주고 있다.

오늘날에 이르기까지 인류는 줄곧 축심기(軸心期)에 나타나고
사고하고 창조한 모든 것에 의존하여 생존하고 있다. 매번의 새로운
비약은 언제나 이 시기를 돌이켜봄으로써 또 다시 새로운 불꽃을
지핀다. 그로부터 축심기 잠재력의 소생과 축심기 잠재력에 대한 회
고 혹은 부흥은 언제나 정신적 동력을 제공하여 주었다. 이러한 발
단으로의 복귀는 중국, 인도와 서양에서 끊임없이 발생하고 있는 일
이다.[33]

야스퍼스는 상술한 문명들과 달리 축심시대 문화의 돌파를 실현하지
못한 고대문명들은 설령 규모가 거대하였다고 할지라도 모두 멸망의 운
명에서 벗어나지 못하고 문화의 화석으로 돼버렸다고 지적하였다.

모든 지역에서 축심기는 몇 천 년의 고대문명을 종결지었다. 축심
기는 고대문명을 융합, 흡수 혹은 묻어버렸다.…… 축심기 이전의
바빌론 문화, 애급 문화, 인더스 강 유역의 문화와 중국의 토착 문화
는 그 규모가 아주 거대했을지라도 각성의 의식을 보여주지 못했다.
고대문화의 어떤 요소들은 축심기로 들어가 새로운 발단의 구성부
분으로 되었는데 오직 이런 요소들만이 비로소 보존되어 내려왔

---

33 [德]Karl Jaspers, 『歷史的起源與目標』, 14쪽.

중국문화와 덕치사상

다.[34]

야스퍼스의 축심시대 개념보다 앞서 막스 베버는 '철학적 돌파'라는 개념을 제시하였는데 이 개념은 파슨스(Talcott Parsons)에 의하여 제창되어 1960년대 후에 상당히 유행되었다.

파슨스는 기원전 천 년간에 희랍, 이스라엘, 인도와 중국 4대 고대문명들이 모두 선후로 서로 연관 없이 방식도 서로 다르게 '철학적 돌파(philosophical breakthrough)'를 경과하였다고 주장하였다. 소위 '철학적 돌파'란 인류의 상황을 구성하는 우주의 본질에 대하여 일종의 이성적인 인식이 발생하게 됨으로써 인류의 상황 및 그 기본적인 의미에 대하여 새로운 이해를 얻게 된 것을 말한다. 희랍에서는 소크라테스, 플라톤, 아리스토텔레스가 철학적 돌파의 절정이며 서양문명에서 이성적 인식의 기초는 이로부터 다져졌다. 이스라엘에서는 '예언자 운동'으로 표현되어 조물주로서의 하나님 관념이 두드러지게 부각되었다. 인도에서는 업보(業報)와 윤회(輪廻)의 관념을 중심으로 하는 종교철학이 출현하였다.[35]

이로부터 알 수 있듯이 파슨스가 말한 '철학적 돌파'란 바로 야스퍼스가 말한 축심시대의 위대한 정신적 각성을 가리키는 것이다. 1970년대, 축

---

34 [德]Karl Jaspers, 『曆史的起源與目標』, 13쪽.
35 陳來, 『古代宗教與倫理』, 北京: 生活·讀書·新知三聯書店, 1996, 3쪽.

심시대 및 그와 관련된 문화의 돌파는 서양 학술계의 문명사 토론에서 주요 쟁점으로 되었다.

의심할 바 없이 인류 문명사에서 축심시대는 지극히 중요한 역사적 의의를 갖고 있는 전환점이다. 야스퍼스는 축심기 위대한 정신적 선구자들의 공통된 특징은 이성으로 신화를 반대한 것으로 축심시대의 의식과 신화시대의 의식이 서로 대립된다고 주장하였다. 축심시대 의식의 발전과정에서 종교는 윤리화되어 신의 위엄은 그로 인하여 더 강화되고 반대로 신화는 언어의 소재로 되어 본래의 의미와 완전히 다른 함의를 표현하는 우화로 되어버렸다.

'돌파'라는 표현법은 야스퍼스가 보기에 축심시대 문화와 축심시대 이전 문화 간 관계는 대립, 단절과 돌변의 관계임을 의미한다. 그러나 각개의 문명이 축심시대 이전 시대로부터 축심시대로 발전한 경로와 방식은 결코 서로 같은 것이 아니다. 파슨스는 4대 고대문명이 모두 철학적 돌파를 경과하였으나 각자의 돌파는 모두 그 특정적인 역사적 연원이 있음을 인지하고 있었을 뿐만 아니라 철학적 돌파가 중국에서의 표현이 가장 온화하였음을 인지하고 있었다.

진래(陳來)는 "중국 고대문명 발전과정의 일대 특징은 문명발전의 연속성이다. 물론 춘추전국시대의 정신적 약동은 그 이전의 문화발전 과정에 비하면 일대 비약이지만 이 시기의 사상과 서주(西周) 사상 간, 하상주(夏商周) 삼대(三代)의 문화 간에는 바로 공자가 일찍 지적한 바와 같이 계승발전의 관계가 존재한다."[36]고 지적하였다.

---

36 陳來, 『古代宗教與倫理』, 4쪽.

즉 역사적 시각에서 보면 중국에서 축심시대의 변화는 단절적인 돌변이 아니라 기원전 500년 전후 시기의 중국문화와 하상주 삼대 이래의 문화발전 간에는 계승 속에 돌파가 있고 돌파 속에 계승이 있는 계승발전의 관계로 "초기 중국문화의 진화과정을 보면 하상주의 문화양식은 서로 간에 차별이 존재한다.…… 그러나 삼대 이래로 일종 연속성의 기질도 발전하여 왔으며 이런 기질은 황하 중하류의 문화를 총체적 배경으로 하였다.…… 이런 기질은 서주에서부터 정형화되기 시작하였으며 축심시대의 발전을 거쳐 중국문화의 기본적인 특질로 되었다."[37]

상술한 바와 같이 축심시대 문화의 돌파 현상은 인류문명의 발전사에서 위대한 역사적 의의를 가지는 사건이다. 인류는 그로부터 그 전의 원시적인 문화를 초월하여 이성적인 방식으로 세계를 대하게 되었다.

그런데 어찌하여 축심시대의 사람들은 이성적인 방식으로 세계를 대하게 되었는가? 어찌하여 똑같이 이성적인 방식으로 세계를 대하였으나 중국과 서양에서 문화의 돌파는 서로 다른 유형으로 나타나게 되었고 그럼으로써 완전히 서로 다른 문화, 혹은 서로 상반된 문화를 형성하게 되었는가? 어찌하여 중국에서 축심시대의 돌파는 연속과 계승의 특징을 나타낸 반면에 서양에서 축심시대의 돌파는 단절과 대립의 특징을 나타내게 되었는가?

37　陳來, 『古代宗教與倫理』, 7쪽.

2. 추장사회의 형성과정과 덕치사상의 자연발생과정

가. 부락사회의 빅맨(Big man)과 추장사회의 형성과정

엘만 서비스의 사회발전단계론에서 수렵채집사회, 부족사회, 추장사회
는 서로 다른 발전단계에 속하는 사회들이다. 서로 다른 발전단계에 속하
는 사회들로서 이들 간에는 차이가 존재하지만 아주 중요한 공통점이 존
재한다. 이런 사회들은 모두 친척관계를 가장 중요한 사회관계로 하는 사
회들로서 사회의 각 방면에서 친척관계 특성에서 비롯되는 여러 가지 특
징들을 나타낸다.

사회의 규모와 복잡한 정도로 보면 일반적으로 부족사회는 수렵채집
사회보다 규모가 더 크고 더 복잡하며 추장사회는 부족사회보다 규모가
더 크고 더 복잡하다.

사회지위의 평등과 불평등의 시각에서 보면 수렵채집사회와 부족사회
가 평등한 사회라면, 추장사회는 비록 수렵채집사회나 부족사회와 마찬
가지로 친척관계를 기초로 하는 사회이지만 서로 다른 혈통들 간에 고귀
하거나 비천한 차별이 존재하는 불평등한 사회이다.

사회통합의 시각에서 보면 수렵채집사회와 부족사회는 총체적 연계가
비교적 약한 분산적인 사회라면 추장사회는 정치, 종교, 사회, 경제 등 각
종 활동에서 전체 사회를 조직하고 관리하는 중심이 존재하는 사회이다.

경제적 시각에서 보면 부족사회와 추장사회는 모두 수렵채집사회와
달리 식물을 재배하거나 가축을 기르는 생산방식을 기초로 하는 사회이

지만, 추장사회에는 생존에 필요한 기본 물자들에 대하여 통일적으로 생산을 조직하고 재분배하는 안정적인 중심이 존재하므로 부족사회와 달리 추장사회의 경제활동은 '재분배경제(再分配経濟)'의 특징을 나타낸다.

총체적으로 보면 엘만 서비스의 사회발전단계론은 주요 사회관계로서의 친척관계, 사회지위 방면에서의 평등과 불평등, 사회의 분산과 통합, 사회의 경제기초 등 여러 가지 특징으로부터 출발하여 사회발전단계를 파악하였으나 근본적으로는 평등과 불평등의 시각에서 사회발전단계를 파악하였다고 할 수 있다. 그것은 사회의 통합과 부족사회와 구별되는 추장사회의 '재분배경제'가 모두 사회지위 방면의 불평등을 전제로 하기 때문이다.

이렇게 사회발전단계를 평등과 불평등을 근본적인 척도로 하여 파악하는 시각은 모튼 프리드의 모델에서 더욱 뚜렷하게 나타난다. 모튼 프리드는 수렵채집사회의 근본적인 특징은 구성원 간의 평등이라고 하여 사회발전의 첫 번째 단계를 평등사회라고 지칭하면서 부족사회는 본질적으로 수렵채집사회와 구별이 없는 평등사회라고 하여 사회발전단계에서 부족사회를 아예 취소하여 버렸다.

결론적으로 엘만 서비스의 사회발전단계론은 외적인 특징에 초점을 맞추어 사회발전단계를 파악하였으며 근본적으로 평등과 불평등이라는 사회지위 방면의 특징에 초점을 맞추어 사회발전단계를 파악하였다고 할 수 있다. 따라서 서로 다른 발전단계 간의 내적인 연계를 밝혀내지 못함으로써 사회발전의 동력과 원리를 제시하지 못하였다.

엘만 서비스의 외적인 특징으로부터 출발하여 사회발전단계를 파악하는 것과는 달리 이 책에서 필자는 문화관념과 사회구조의 시각에서 사회발전단계를 파악하면서 내적인 원인과 원리의 차원에서 사회발전과정을 파악하는 데 초점을 맞추었다.

그러므로 필자는 수렵채집사회와 모계가족 공동체사회는 각자의 경제기초가 서로 다르므로 비록 모두 평등한 사회라고 하지만 서로 다른 사회발전단계에 속한다고 판단한 것이 아니라 문화관념과 사회구조의 시각에서 양자는 본질적으로 완전히 다르므로 서로 다른 사회발전단계에 속한다고 판단하고 수렵채집사회로부터 모계가족 공동체사회로의 전환 원인을 인간의 생물심리학적 특성인 애착욕구와 모성애에서 찾았다. 마찬가지로 모계가족 공동체사회로부터 부계가족 공동체사회로의 전환, 부계가족 공동체사회의 발전 및 해체과정을 문화관념과 사회구조의 시각에서 파악하고 모계가족 공동체사회로부터 부계가족 공동체사회로의 전환, 부계가족 공동체사회의 발전 및 해체의 원인을 가족 공동체사회의 문화관념이 지향하는 최고의 원칙 혹은 가치에서 찾음으로써 사회발전과정의 일관된 원리를 밝혀내는데 초점을 맞추었다.

이렇듯 문화관념과 사회구조의 시각에서 사회발전단계를 파악하게 됨으로써 필자는 엘만 서비스의 부족사회를 모계가족 공동체사회, 부계가족 공동체사회, 부계가족 공동체사회의 해체에서 비롯된 부락사회로 나누어 파악하게 되었다. 다시 말하면 이 책에서는 엘만 서비스의 부족사회를 서로 다른 세 개 단계로 나누어 파악하였으므로 여기서 말하는 부락사회는 엘만 서비스가 말하는 부족사회에 속하지만 부족사회의 후반 부분에 해당되는 사회로 추장사회가 출현하기 바로 전의 사회단계를 가리킨다.

부락사회는 부계가족 공동체사회의 해체로부터 출현한 사회로서 핵가족을 사회의 기본단위로 하고 부계친척관계를 주요 사회관계로 하는 사회이다. 핵가족들은 비록 자립능력을 갖고 있다고 하지만 가족 공동체에 비해 규모와 기능에서 상당한 한계를 갖고 있으므로 자체의 힘으로 해결하기 어려운 일들은 자연히 이런 저런 친척관계를 기초로 핵가족 간 협력방식으로 해결하게 된다. 그러므로 부락사회에서는 보통 중요한 사회적 기능을 담당하는 사회집단으로 『백호통덕론(白虎通德論)』에서 말하는 오복에 드는 9세대로 구성된 가족이 가장 친밀하고 가장 응집력이 강한 사회집단으로 등장하게 되면서 전체 사회는 다수의 가족들 간에 이런 저런 친척관계를 유대로 서로 연결된 구도를 나타낸다.

이렇게 친척관계를 주요 사회관계로 하는 부락사회는 엘만 서비스가 지적한 바와 같이 가족 간에나 개인 간에 모두 평등한 사회로 공식적인 권력을 가진 사회계층이나 지도자들이 존재하지 않으나 개인의 자질에 따른 사회적 명망의 차이로 인하여 각종 사회활동에서 상당한 권위를 발휘하는 카리스마적인 수령 혹은 지도자들이 늘 존재한다. 이런 수령 혹은 지도자들의 권위는 그들의 개인적인 품성과 재능에 대한 추종자들의 존경에 의하여 유지되거나 소실되는 일시적인 특징을 갖고 있는데 인류학에서는 보통 이런 인물들을 빅맨(Big Man)이라고 한다.

한 집단의 우두머리라는 점에서 빅맨은 추장과 유사하나 추장과 달리 세습제도에 의하여 지위를 획득하는 것이 아니며 대중의 선출로 생겨나는 것도 아니다. 빅맨의 권위는 사람들로 하여금 자기를 추종하도록 하는 지극히 개인적인 활동의 결과로 얻어지므로 한 마을에 빅맨이 여러 명 있을 수도 있다. 빅맨의 권위는 개인적인 명망 혹은 영향력에 의존하므로 언제든지 인망을 잃게 되면 추종자들을 잃어 권위를 상실할 수도 있다. 따라서 빅맨의 지위는 제도적으로 확립되어 있지 않을 뿐더러 자손에게 상속되지도 않는다.

빅맨들은 아량이 넓고 언변에 능할뿐더러 자기가 가진 것들을 다른 사람들에게 기꺼이 베푸는 것이 특징인데 이들은 다른 사람들한테 베풀기 위하여 그 누구보다도 부지런히 일한다. 하지만 빅맨으로 되려면 근근이 개인의 근면함과 즐겨 베푸는 것에만 의존하는 것으로는 부족하다. 그들은 반드시 다른 사람들을 동원하여 그들의 인솔 하에 부지런히 일하도록 할 수 있는 호소력을 가져야 한다. 즉 그들은 반드시 추종자들을 확보할 수 있어야 하는데 자기의 가정성원들뿐만 아니라 가정 외의 다수의 추종자들을 조직하고 통솔할 수 있어야 한다.

이런 추종자들은 빅맨의 개인적인 카리스마에 의하여 생겨나며 주로 그가 속한 부계가족 성원들로 구성된다. "만일 운이 좋게 그의 가족에 젊은 남성들이 많고 또 그가 그들을 지휘하여 일할 수 있다면 그는 추종자들을 조직하는 부담을 덜게 된다. 만일 운이 없어 이런 유리한 조건이 없다면 그는 먼 친척들로부터 추종자들을 모집하는 노력을 시도해야 한다.(Chowning & Goodenough, 1965－1966, p.457)"[38]

그러나 조건은 반드시 지도자로서 필요한 모든 덕성을 구비함으로써 모든 사람들이 내심으로 호감을 느껴 기꺼이 따를 수 있어야 하며 추종자들의 생활에 관련된 모든 복리를 책임지고 그가 감당해야 할 모든 책임을 짊어져야 한다. 결과적으로 "가족구성원 가운데 젊은 남성들은 그의

---

38 [美]Marshall Sahlins, 『石器時代經濟學』, 張経緯·鄭少雄·張帆 역. 北京: 生活·讀書·新知三聯書店, 2009, 155쪽에서 재인용.

중국문화와 덕치사상

지지를 얻기 위하여 자진하여 그의 사업을 도와주면서 적극적으로 그의 부름에 호응하고 갖은 방법을 다하여 그의 기대에 영합하려 한다. 이들은 나이 많은 친척들보다 치부에 대한 모든 희망을 더욱 빅맨한테 기탁한다.(Chowning & Goodenough, 1965-1966, p.457)"[39]

이렇게 개인의 포부에서 비롯된 빅맨의 야심찬 노력으로 평등하고 분산적인 사회는 일시적이라고 할지라도 사회구성원 간에 서로 협력하는 통합된 집단을 형성하게 되면서 전체 사회는 크게 두 가지 유형으로 나뉘는데 하나는 빅맨 및 그 추종자들로 적극적으로 사회에 공헌하면서 사회생활을 주도하는 집단이고 다른 하나는 이들을 찬미하면서 그들의 권위 아래에서 생활하는 사람들이라고 할 수 있다. 당대 인류학자들은 모두 평등사회로부터 등급제 사회로 전환되는 과정에서 영향력을 갖고 있는 이런 빅맨들이 아주 중요한 역할을 한다고 주장한다.

"엘만 서비스는 빅맨과 추종자들 간의 관계는 어떤 방면에서 맹아 상태의 추장사회 제도와 비슷한데 지도권은 집중되어 있고 신분은 등급에 따라 안배하며 일정한 정도에서 일종의 세습귀족의 특징도 갖고 있다고 보았다."[40]

엘만 서비스는 부락사회의 빅맨으로부터 추장사회의 추장으로 진화하는 과정에서 경제재분배가 가장 관건적인 요소라고 주장하면서 재분배활동의 확장과 공식화에 따라 재분배자로서 수령의 지위가 점점 더 유용해지고 심지어 점점 더 불가결하게 되어 수령의 권위가 점점 강화되고

---

39 [美]Marshall Sahlins, 『石器時代經濟學』, 155쪽에서 재인용.

40 易建平, 『部落聯盟與酋邦』, 172쪽.

공식화된다고 보았다.

다시 말하면 평등한 부락사회에서 빅맨이 수령의 권위를 수립하고 공고히 하는 것은 후하게 베푸는 것에 의존해야 되므로 다른 사람들보다 몇 갑절 더 열심히 일해야 했다면 재분배를 실행하는 중심 관리조직의 발전과 공식화에 따라 일시적인 지도적 지위가 점차적으로 등급제도의 지위로 진화하여 가고 나아가 세습적인 등급제도의 지위로 전환되면서 영구적인 사회계층이 출현하게 되어 사회는 추장사회의 단계에 진입하게 된다는 것이다.

살린스는 이러한 과정에 관하여 "내가 만일 총체적인 역사적 평가를 내린다면 내가 보기에 한 사람이 추장으로 되려면 반드시 널리 은혜를 베풀어야 하지만 궁극적으로 백성의 재부가 어느 정도 추장의 주머니에 흘러들어간다."[41]라고 하였다. 그러나 이러한 사회체계가 백성을 포함한 전체 사회에 실질적인 이득을 가져다주므로 사회의 승인을 받게 된다.

상술한 바와 같이 엘만 서비스는 경제적인 시각에서 출발하여 평등한 부락사회로부터 불평등한 추장사회로의 진화를 해석하였다. 하지만 주지하다시피 부락사회나 추장사회나 모두 친척관계를 주요 사회관계로 하는 사회이다. 미국 인류학자 키싱(Roger M.Keesing)은 "이런 문자가 없는 사회에서는 심지어 경제이익과 정치권력의 경쟁도 모두 친척관계로 설명할 수 있다."[42]고 하였고 프리차드(Prichard) 역시 "누에르족들의 경제관계는 일

---

41 [美]Marshall Sahlins, 『石器時代經濟學』, 160쪽.

42 [美]R. Keesing, 『當代文化人類學』, 於嘉雲·張恭啓 역. 台北: 巨流圖書公司, 1980, 359쪽.

반적인 사회관계의 일부분이다."[43]라고 하면서 이런 일반적인 사회관계란 바로 친척관계라고 지적하였다. 더구나 부락사회처럼 공식적인 사회통제 기구가 전혀 존재하지 않는 사회에서는 친척관계가 정치와 경제활동에 있어서 제도적인 역할을 하고 경제관계는 친척관계에 종속되어 친척관계의 일부분으로 작동하므로 사회의 본질이나 발전과정을 경제관계에 주목하여 파악하기보다는 친척관계에 입각하여 이해하는 것이 바람직하다.

경제적 시각으로부터 출발하여 빅맨 형태의 사회가 추장사회의 형태로 발전하여 가는 과정을 파악하는 방식과 달리 영국 인류학자 에드먼드 리치(E. Leach)는 사회구조와 문화관념의 시각에서 미얀마 북동부 고산지대에 거주하는 카친(Kachin)족 사회를 분석하였는데 그는 카친족 사회에는 빅맨 형태의 굼라오(gumlao)와 추장사회의 성격을 띤 굼사(gumsa)라는 두 가지 사회형태가 혼잡하여 존재한다고 지적하였다.

리치는 카친족 사회에 관한 연구를 통하여 카친족 사회에서 굼라오와 굼사는 경직된 사회형태가 아니라 유동적인 사회형태로 양자 간에는 서로 전환할 수도 있으며 굼라오가 굼사로 진화하는가하면 굼사가 해체되어 다시 굼라오로 되돌아가기도 한다는 것을 밝혀내고 나아가 두 가지 사회형태 간에 서로 전환하는 원인에 관한 해석을 제시하였다.

카친족 사회는 핵가족을 사회의 기본단위로 하고 오복에 드는 부계가족을 가장 중요한 사회집단으로 하는 사회이다. 카친족 사회는 촌락의 규모가 작아 동일한 부계가족에 속하면서 같은 촌락에 거주하는 가정들의

---

43 [英]Prichard, 『努爾人: 對尼羅河畔一個人群的生活方式和政治制度的描述』, 褚建芳 등 역. 北京: 華夏出版社, 2001, 112쪽.

규모가 보통 10호를 초과하지 못한다. 비록 촌락마다 서로 다른 혈통으로 6개 혹은 6개 이상의 부계종족에 속하는 가정들이 거주한다고 하나 촌락의 규모가 워낙 작아 하나의 촌락에 부계가족 집단은 보통 하나 밖에 존재하지 않는다. 촌락에 거주하는 가정들은 서로 간에 친척관계를 갖고 있는 경우가 보통인데 대부분의 경우 혼인관계를 기초로 하는 인척관계이다. 또 촌락마다 촌장이 있어 보통 촌장이 속한 부계가족의 명칭을 촌락의 명칭으로 하고 장로협의체(council of elders)가 있어 마을 전체의 공동 관심사들은 이 장로협의체에서 의논하고 처리한다.

리치는 카친족은 권리와 의무에 관련하여 이야기할 때 언제나 '우리들'이라고 이야기하며 여기에서 말하는 '우리들'은 바로 부계가족 집단을 가리킨다고 하면서 자기의 체험에 근거하여 "모든 이런 지역적인 혈연집단들은 일체 공공이익과 관련되는 사무들에서 놀라울 정도로 단합한다."[44]고 지적하였다. 리치는 카친족 사회에서 가장 중요한 사회관계는 대부분 부계가족 집단 간의 관계로서 촌락들 간의 관계는 이론적으로 각 촌락들의 핵심 부계가족 집단 간의 관계로 귀결되며 각 촌락의 촌장들 간에는 부계친척관계나 인척관계가 존재한다고 하였다.

조직화의 시각에서 보면 카친족 사회에는 여러 가지 사회 형태가 존재하는데 이들은 총체적으로 굼라오와 굼사라는 두 가지 유형으로 귀납될 수 있다.

굼라오는 일종의 '민주적'인 정치조직으로 하나의 촌락을 단위로 하며

---

44 [英]E.R. Leach, 『緬甸高地諸政治體系』, 楊春宇·周歆紅 역. 北京: 商務印書館, 2010, 95쪽.

중국문화와 덕치사상

서로 다른 부계종족들 간에 평등하고 귀족과 평민 간 계층차별이 존재하지 않으며 공식적인 수령이 없이 개인적인 카리스마에 의하여 권위를 확립한 빅맨들이 지도자 역할을 한다.

이와는 반대로 굼사는 일종의 '귀족제도'와 같은 정치조직으로 일반적으로 다수의 촌락들로 구성되며 전체 사회는 혈통에 따라 귀족, 평민, '노예'(mayam)로 나뉘어 세습 영주(領主) 두와(duwa)를 최고 수령으로 한다. 두와가 소속된 부계가족 집단은 영지(領地)의 소유자로서 최상층 귀족으로 된다.

사회구조의 시각에서 보면 굼라오와 굼사 모두 부계가족 집단 간의 관계를 주요 사회관계로 하지만 평민의 계보는 비교적 짧아 보통 4~5대를 초과하지 않는 반면에 두와의 계보는 상당히 길며 보통 명망이 높은 두와일수록 그 가족의 계보는 더 길다.

두와가 거주하는 집은 다른 집들에 비하여 훨씬 규모가 큰데 이는 주인의 명망을 현시하는 것이기도 하다. 그러므로 두와 외의 능력 있는 사람들도 늘 실제 수요보다 더 큰 집을 짓는다. 두와의 큰 집은 실제 용도도 있는데 카친족 사회에는 비록 일부다처제가 희소하나 두와는 늘 하나 이상의 아내를 둔다. 또한 전에는 거의 모든 두와들이 집에 적지 않은 '노예'(mayam)들과 종자(從者)들을 두었다고 한다.

비록 규모가 크다고 할지라도 구조로 보면 두와의 집은 보통 사람들의 집과 별반 차이가 없으며 다만 보통 사람들의 집에 조상에게 제사를 올리는 장소가 있다면 두와의 집에는 그 외에도 천신(天神)의 왕인 무나(munat)에게 제사를 올리는 특별한 방이 하나 더 있다. 이 천신(天神)의 왕인 무나는 두와의 옛 조상의 인척이 된다고 한다. 무나에게 제사를 올리는 것은 두와의 특권으로 두와는 천신들의 비호를 받아 자기 영지의 번영을 보장하는 능력을 갖고 있다고 한다.

바로 영지의 번영은 두와가 천신에게 제사를 올리는데 의존하므로 영지 내의 사람들은 두와가 속한 부계종족의 구성원을 제외하고는 모두 사냥을 했거나 제물로 바치는 동물의 뒷다리를 두와에게 예물로 드린다. 그리하여 두와는 '허벅지 살을 먹는 사람'으로 불리는데 이 동물의 뒷다리를 갖는다는 것은 경제적으로 별 가치가 없지만 상징적 가치는 아주 크다.

이 외에도 두와의 지위를 나타내는 상징물로는 집 앞에 세워 두는 특별히 고안된 기둥을 포함하여 여러 가지가 있다. 두와는 영지 안에 있는 사람들을 동원하여 자기의 집을 짓고 자기의 토지에서 농사를 짓도록 할 수도 있으며 경우에 따라서는 매년 각 집에서 일정량의 곡식을 거두어들이기도 한다.

리치는 영국이 통치하기 전 카친족 사회에서 "전체 인구 중의 상당수 사람들(어떤 지역에서는 거의 절반 정도)은 마야무(mayam)라고 할 수 있는데 사전에서는 이 단어를 '노예'로 번역한다."[45]고 하였다. 비록 전체 인구 중에서 상당한 비중을 차지하나 이런 '노예'들은 거의 모두 두와나 촌장들이 갖고 있었다.

하지만 이런 '노예'들은 우리가 보통 이해하는 노예와 완전히 다르다. '노예'의 지위는 대체로 두와의 양자 혹은 사생아와 비슷하거나 심지어 가난한 사위와 더 비슷하다고 할 수도 있다. 따라서 역설적으로 이들 '노예'들은 사회계층으로 말하면 최하층에 속하지만 그 어느 계층의 사람들

---

45   [英]E.R. Leach, 『緬甸高地諸政治體系』, 155쪽.

보다도 두와와 더 가까워 두와는 친자식의 혼사를 취급하듯이 '노예'들의 혼사를 책임진다고 한다.

'노예'들 가운데는 다른 지역에서 겁탈되어 온 '노예'들도 있지만 본 지역 사람들로 스스로의 자원에 의한 '노예'들도 있는데 이들은 생계에 쪼들릴 때면 습관적으로 자기를 잠시 혹은 종신토록 그들의 두와 혹은 더 부유한 이웃에게 팔아 그들의 '노예'로 된다. 어떤 때 '노예'들은 이런 방식을 통하여 아내를 얻는다.

굼사의 관념에 의하면 두와는 독재 권력을 갖고 있는 수령이고 사회 구성원의 지위는 출생에 의하여 완전히 결정되어 종신토록 변하지 않으며 사회는 귀족, 평민, '노예'로 엄격하게 계층화되어 있다. 하지만 "역설적인 것은 계층관념이 비록 공식적인 의식(儀式)장소에서 언제나 지극히 중요하게 나타나지만 일상생활의 각종 사무에는 거의 아무런 영향도 주지 못한다."[46]

현실생활에서 두와는 비록 일상의 행정, 경제, 종교, 군사, 법률 등 사무들에서 모두 역할을 발휘한다고 하지만 일반적으로 그 역할이 그리 크지 않다. 두와는 자기의 의향에 따라 주동적으로 지령을 내리는 경우가 극히 희소하며 언제나 장로협의체나 기타 덕망이 높고 견식이 넓은 사람들의 의견을 사전에 청취하여 그들의 대변인 격으로 지령을 내린다. 그러므로 리치(E. Leach)는 현실생활에서 지도력을 발휘하는 시각에서 보면 굼사의 두와와 굼라오의 빅맨은 별로 구분되지 않는다고 하였다.

식생활로 보면 부유한 사람과 가난한 사람 간에 별로 차이가 없다. 카

---

46   [英]E.R. Leach, 『緬甸高地諸政治體系』, 131쪽.

친족은 사냥 후 육식을 먹는 경우를 제외하고는 종교적인 제사 후에 육식을 먹는데 이런 제사들이 아주 빈번하다. 카친족 사회에서 부자의 가장 중요한 표징은 다른 사람들보다 더 많은 물소를 갖고 있는 것인데 중요한 제사에서는 물소를 제물로 바친다. 부자들은 제사 때 가난한 사람들보다 더 많은 제물을 바치지만 제사를 지낸 후 고기는 모든 사람들이 다 함께 나누어 먹는다. 그러므로 부자나 가난한 사람이나 먹는 것은 다 같다고 할 수 있으며 부자들은 단지 더 많은 술을 마실 수 있을 뿐이다.

이로부터 알 수 있듯이 어느 집의 가축이든 먹을 때는 온 마을 사람들이 모두 나누어 먹으므로 누가 가축을 소유하고 있는가는 경제적으로 별 의미가 없으며 오히려 더 많은 가축을 사육한다는 것은 더 많은 대가를 지불함을 의미하므로 경제적 시각에서 보면 마이너스 가치를 가지게 된다.

총체적으로 귀족과 평민의 생활수준에는 실질적인 차이가 존재하지 않으며 모두 같은 음식을 먹고 같은 옷을 입고 같은 일에 종사한다. 주인과 '노예'는 한 처마 밑에서 살며 생활조건에서도 별반 차이가 없다.

비록 경제적으로는 이득이 되지 않으나 카친족 사회에서는 종교제사의 규모가 그 집의 신분을 과시하는 가장 대표적인 방식이므로 재산 예를 들면 물소는 명망의 상징으로 된다. 카친족 사회에서 경쟁의 목적은 재부를 얻는 것이 아니라 명성과 영예를 얻는 것이다. 그러므로 리치는 "내가 보기에 카친족은 다른 사람들한테 영향력을 행사할 수 있는 능력으로부터 개인의 만족을 얻는다."[47]고 하였다.

---

47   [英]E.R. Leach, 『緬甸高地諸政治體系』, 186쪽.

결론적으로 재물을 소유하고 있는 사람들은 다른 사람들한테 베푸는 것으로 영예와 명망을 획득한다. 따라서 "역설적으로 비록 고위 계층의 지위는 예물을 받는 사람(예를 들면 '허벅지 살을 먹는' 두와)으로 정의될 수 있지만 사회는 영원히 그로 하여금 받은 것보다 더 많은 예물을 내놓을 것을 요구한다. 그렇지 않으면 그는 인색한 사람으로 취급받게 되며 인색한 사람은 지위를 상실할 위험에 처하게 된다."[48] 여기에서 볼 수 있는 바 비록 굼사의 관념에서는 한 사람의 신분이 생득지위로 결정되어 더 높은 계층으로 올라 갈 수 없다고 주장하지만 카친족 사회에서 고위 계층에 있는 사람이 그 지위를 상실할 가능성은 충분히 존재한다.

역사과정으로 볼 때 리치는 카친족 사회의 초기 유형이 굼라오 형태라고 보았다. 즉 원래 카친족 사회는 촌락마다 독립적이고 서로 다른 부계 가족들 간에 평등하며 귀족과 평민 간의 차별이 없이 개인적인 카리스마에 의하여 권위를 확립한 빅맨들이 지도자 역할을 하였다.

하지만 이런 굼라오 형태의 사회들은 보편적으로 굼사 형태의 사회로 발전해가는 추세를 갖고 있어 현실에서 카친족 사회의 대부분이 굼사의 형태를 나타낸다. 굼사는 일반적으로 일개 촌락의 범위를 초월하여 다수의 촌락들로 구성되고 서로 다른 부계가족들 간에 귀족, 평민, '노예'로 나뉘어 계층화되어 있으며 세습 영주인 두와를 수령으로 한다.

그러므로 엘만 서비스의 사회발전단계론으로 보면 굼라오는 평등한 부족사회에 속하고 굼사는 불평등한 추장사회에 속한다고 할 수 있다. 문화관념의 시각에서 볼 때 "굼사의 의식형태는 사회를 대규모의 봉건적인

---

48   [英]E.R. Leach, 『緬甸高地諸政治體系』, 158쪽.

방국(邦國)으로 표현한다. 이런 체계는 사회의 계층화된 등급제를 의미하며 대규모의 정치적 통합을 의미하기도 한다. 각 집단 간에는 모두 고정적인 관계가 존재하며…… 이론상에서 파벌주의를 배척한다."[49] 또한 이런 관념들은 공식적인 의식(儀式)장소에서 뚜렷하게 나타나면서 지극히 강조되기도 한다.

하지만 일상생활의 시각에서 보면 굼사와 굼라오는 원칙적인 차이가 존재하지 않으며 지도력을 발휘하는 시각에서 봐도 굼사의 두와와 굼라오의 빅맨은 별로 구분되지 않는다. 그러므로 리치는 두와는 의례적(儀禮的) 권위를 갖고 있는 지위이지 실질적인 정치경제적인 특권을 갖고 있는 지위가 아니라고 생각하였다.

카친족 사회와 인접한 샨족(Shan) 사회는 카친족 사회와 다른 형태를 가진 사회이다. 샨족 사회는 수전 농사를 생업으로 하고 핵가족을 사회의 기본 단위로 하며 전체 사회는 귀족, 평민, 하층민으로 나뉘어 세습 영주 사오파(saohpa)를 최고 수령으로 한다. 그러므로 이 역시 굼사와 마찬가지로 추장사회에 속하는 사회라고 할 수 있다.

그러나 굼사의 두와와 달리 샨족의 사오파는 정치 및 경제 실권을 장악한 절대 군주 같은 존재로 백성으로부터 징수한 부세로 호화로운 궁정에서 수많은 처첩들을 거느리고 사치한 생활을 한다. 또한 샨족 사회에서는 정권을 장악하고 있는 사오파와 이런 저런 친척관계를 갖고 있는 사람들이 귀족계층을 형성하여 통치 집단으로 전체 사회 위에 군림하는 것에 반해 평민계층의 친척집단은 정치영역에서 완전히 배제되어 있어 "보통

---

49 [英]E.R. Leach, 『緬甸高地諸政治體系』, 59쪽.

중국문화와 덕치사상

샨족 사람들이 우선적으로 충성하는 것은 지역이지 친척집단이 아니다. 사실상 일반적인 상황으로 말하면 분명하고 확정적인 친척집단이 존재하지 않는다.…… 친척집단의 단합은 아주 희소하거나 존재하지 않는다."[50]고 한다.

다시 말하면 비록 카친족의 굼사와 샨족의 사회 모두 엘만 서비스가 말하는 추장사회에 속하는 계층화되어 있고 세습제 추장이 존재하는 사회라고 하지만 카친족의 두와가 의례적(儀禮的) 권위라면 샨족의 사오파는 정치 및 경제 실권을 장악한 절대 군주 같은 존재이며, 카친족 사회가 귀족이나 평민이나 모두 가족을 가장 중요한 사회집단으로 가족 간의 친척관계를 기초로 사회구조를 형성하였다면 샨족의 사회는 정권을 장악한 사오파를 중심으로 귀족들이 거대한 친척집단을 형성한 반면에 평민들의 가족은 와해되었거나 존재한다고 할지라도 정치적 역할로 보면 유명무실하여 정치권력을 장악한 귀족과 정치권력을 상실한 평민 간에 통치자와 피통치자의 권력관계로 사회구조를 형성하고 있는 사회이다. 그러므로 리치는 샨족의 사회가 '전제주의' 성격을 띤 사회라고 하였다.

현실에서 대다수 카친족 사회는 굼사의 형태를 나타내고 있지만 리치는 이런 사회 형태가 안정적이지 못하여 굼라오와 샨족의 사회 형태 간에서 좌우로 흔들린다고 하였다. 즉 리치의 말에 따르면 굼사는 굼라오의 '민주제' 형태와 샨족의 '전제주의' 형태 간의 중간에 속하는 사회이며 안정적이지 못하여 샨족의 '전제주의' 형태로 변해가거나 혹은 해체되어 굼라오의 '민주제' 형태로 되돌아가는 사회 형태이다.

---

50   [英]E.R. Leach, 『緬甸高地諸政治體系』, 204쪽.

앞에서 서술한 바와 같이 두와는 자기의 재물을 사심 없이 베푸는 것으로 추종자들을 확보하고 권위를 유지하는데 이런 추종자들은 대부분 두와와 이런 저런 친척관계를 갖고 있는 사람들이다. 따라서 카친족 사회의 일반 구조로 보면 두와는 경제적 특권을 장악할 수 없다.

그러나 권위적인 지위에 의해 외부로부터 "생기는 액외의 수입으로 하여 어떤 경우 경제자원에 대한 실질적인 통제권을 획득할 수 있게 되면 두와는 진정으로 실권을 장악한 사람으로 될 수 있다."[51] 이런 경우 두와는 늘 권력에 대한 유혹을 이기지 못하고 샨족의 사오파와 같은 지위를 획득하려고 하면서 경제적 실력을 바탕으로 자기에게 예속돼 있는 '노예'들에 의지하여 추종자들에 대한 친척으로서의 의무를 무시하고 사오파처럼 부세를 징수하면서 그들을 자기에게 예속된 '노예'처럼 대하려고 한다.

그 결과 두와는 자기이익만 추구하는 이기적인 소인배 같은 폭군으로 인지되어 추종자들의 반발을 촉발하게 되는데, 만일 두와가 성공하면 그의 지위는 사오파의 지위와 흡사하게 되어 굼사는 샨족의 사회형태로 전환될 수 있지만 실패하게 되면 굼사는 해체되어 굼라오의 형태로 되돌아가게 된다.

그러므로 리치는 카친족 사회가 굼라오에서 굼사로, 다시 굼사에서 굼라오로 전환하는 반복과정을 나타내는데 그 원인은 두와가 사회원칙을 위반하고 샨족의 사오파와 같은 지위를 취득하려고 시도하기 때문이라고 지적하였다. 하지만 사회관계의 시각에서 보면 이는 두와가 친척간의 감

---

51 [英]E.R. Leach, 『緬甸高地諸政治體系』, 197쪽.

정을 기초로 하는 도덕관계로부터 정치세력을 기초로 하는 권력관계로의 전환을 시도했기 때문이라고 할 수 있다.

결론적으로 비록 엘만 서비스의 사회발전단계론으로 보면 카친족의 굼사와 샨족의 사회 형태는 모두 추장사회에 속하는 사회이지만 문화관념과 사회구조의 시각에서 보면 양자는 질적인 차이가 존재하는 사회라고 할 수 있다.

엘만 서비스는 굼사 형태를 근근이 추장사회의 출현 초기에 나타나는 과도기 특징으로 보았다. 하지만 리치의 카친족 사회에 대한 연구로부터 문화관념과 사회구조의 시각에서 보면 굼사는 자체 특유의 문화관념과 사회구조를 갖고 있는 사회발전과정의 한 단계임을 알 수 있으며 이러한 사회 형태에 대한 고찰로부터 부족사회에서 추장사회로 발전해가는 과정에서 개인의 시각에서 보면 빅맨의 역할이 중요하지만 사회구조의 시각에서 볼 때 전체 사회가 우연적인 개인의 역할보다 가족이라는 사회집단을 기본단위로 안정적인 사회관계를 구축함으로써 사회구조와 문화관념의 꾸준한 변화를 이룩하여 간다는 것을 알 수 있다.

나. 대동사회(大同社會)와 절지천통(絕地天通)

중국은 일찍이 7~8천 년 전의 신석기시대 중기에 비교적 안정적인 농업경제 단계에 진입하였으며 특히 중원(中原)지역과 북방지역은 황토의 독특한 특성으로 인하여 큰 강에 의존하는 관개시스템이 존재하지 않고 주로 석기로 제작된 농구를 사용하는 상황에서 이미 집약농업(集約農業) 단계에 진입하여 있었다.[52]

고고학 연구에 의하면 중원 지역에서는 앙소문화(仰韶文化)의 뒤를 이어 4천여 년 전에 용산문화(龍山文化)가 출현하였다. 중국 산서성(山西省) 양분현(襄汾縣) 도사촌(陶寺村) 남쪽에 위치한 용산문화의 유적지에서는 도성, 궁전, 가옥, 천문관측 시설 등의 유적들과 규모가 크고 작은 각종 묘지 및 부장품(副葬品)들이 발견되었는데 이런 것들은 그때의 사회가 이미 서로 다른 계층으로 분화되어 있었고 왕권과 같은 권력 중심이 존재했으며 예의제도(禮儀制度)와 같은 제도들이 존재했음을 보여준다.

고고학 발견과 고대의 문헌자료들을 근거로 현재 "점점 더 많은 학자들이 도사유적(陶寺遺蹟)은 요(堯)의 도성일 가능성이 매우 높다고 주장한다."[53] 그 뿐만 아니라 선사시대에 관한 연구에서 일부 학자들은 인류학 이론을 고고학 발견과 연계시켜 "앙소문화(仰韶文化)는 부족사회에 상응한 발전단계이고 용산문화(龍山文化)는 추장사회에 상응한 발전단계라고 주장"[54]한다.

요(堯)는 전설에 나오는 중국 고대의 성왕(聖王)으로『사기(史記)』에 의하면 요는 재위 70년에 순(舜)을 얻고 그로부터 20년 후에 제위(帝位)를 순(舜)에게 선양(禪讓)했으며 퇴위한 후에도 28년 더 살았다고 한다. 90년이란 재위 기간과 적어도 118세를 넘는 수명은 불가사의한 것으로 일부 학자들은 요(堯)와 순(舜) 간의 선양은 개인적인 권력 이양이 아니라 요(堯)가 소속된 부락과 순(舜)이 소속된 부락 간의 권력 이양이라고 본다.

52 陳來,「中華文明的價値觀與世界觀」,『中華文化論壇』, 2013年 第3期, 5-15쪽.
53 韓星,「帝堯與儒家思想的淵源」,『中原文化研究』, 2016年 第1期, 29-38쪽.
54 王和,「堯舜禹時代再認識」,『史學理論研究』, 2001年 第3期, 25-37쪽.

즉 요(堯)가 제위에 있었다는 말은 요(堯)가 소속된 도당씨(陶唐氏) 부락이 여러 부락 중에서 최고 권력을 장악하고 있었음을 말하는 것이고 70년 정사를 맡아 보다가 그 뒤 20년 동안은 "'순(舜)으로 하여금 천자의 정사를 맡게 했다.'는 것은 은근히 순(舜)의 유우씨(有虞氏) 부락의 세력이 점점 강해져 도당씨(陶唐氏) 부락을 점차 따라 잡고 드디어 초월하게 된 역사적 흔적을 시사한다."[55]고 해석한다.

요(堯)는 순(舜)에게 제위를 선양하고 순(舜)은 우(禹)에게 제위를 선양하였는데 우(禹)는 요(堯)와 달리 제위에 올라 10년 만에 사망했다고 한다. 요순(堯舜)이 제위에 있은 기간과 우(禹)가 제위에 있은 기간이 이토록 차이가 나는 것은 요순(堯舜)에 관한 것이 신화로 내려오는 전설이라면 우(禹)에 관한 것은 믿을 수 있는 진실한 기록임을 의미하는 것일 수도 있으므로 일부 학자들은 고대 문헌에 나오는 상고 시대 '제왕'들의 계보에 관한 진실성으로 말할 때 우(禹)는 획기적인 분기점으로 된다고 주장한다.

다시 말하면 우(禹) 이전의 계보 예를 들면 황제가 전욱(顓頊)에게 물려주고 전욱(顓頊)이 제곡(帝嚳)한테 물려주는 등 요순(堯舜)시대에 이르기까지의 전설 속 각 인물들은 실제로 어느 한 부족이 부락연합체의 최고 권력을 관장하는 시대를 대표하는 것으로 각 인물들이 대표하는 기간은 일반적으로 모두 한 세대를 초월한다면 우(禹) 이후의 각 인물들은 진실한 개인들로서 그들이 대표하는 기간은 모두 한 세대를 초월하지 않는다. "이러한 의미에서 볼 때 우(禹) 이전은 중국 고대사의 전설시대에 속하

---

55   王和, 「堯舜禹時代再認識」, 『史學理論研究』, 2001年 第3期, 25-37쪽.

고…… 우(禹) 이후는 기본상에서 믿을 수 있는 사적(史籍)의 시대에 진입하였다고 말할 수 있다."[56]

우(禹)는 중국 고대 문헌에서 선양을 받아 제위에 오른 마지막 제왕이면서도 하(夏)나라를 개국한 첫 번째 제왕으로 우(禹)는 천하 사람들의 공천하(公天下)를 자기 가족의 사천하(私天下)로 만들었다고 하여 옛사람들은 우(禹) 이전 요순(堯舜)의 시대를 대동사회(大同社會)라고 하고 우(禹) 이후의 시대를 소강사회(小康社會)라고 하였다.

『예기·예운(禮記·禮運)』에는 공자와 그의 제자 언언(言偃) 간의 다음과 같은 대화가 있다.

전에 공자는 사제(蜡祭)에 초대 받아 참석하였는데 일을 마치고 나와 누각에서 둘러보다가 길게 탄식하였다. 공자가 탄식한 것은 아마도 노나라의 상황 때문이었을 것이다. 언언이 옆에서 뫼시고 있다가 "스승께서 어찌하여 탄식하십니까?"라고 물으니 공자는 다음과 같이 말하였다. "대도가 행해지던 때와 하상주(夏商周) 삼대 걸출한 군주들의 시대에 내가 살아보지 못하였으나 내 마음은 그 시대를 동경한다. 큰 도가 행해지어 천하(天下)가 공정해지고 현명한 사람과 능력 있는 사람들이 지도자로 선발되었으며, 사람들은 신의(信義)를 지키고 친목이 두터웠다. 그러므로 사람들은 자기 부모만 부모로 섬긴 것이 아니라 다른 사람들의 부모도 자기 부모처럼 섬겼고, 자기 자식만 자식으로 여긴 것이 아니라 다른 사람들의 자식도

---

56   王和, 「堯舜禹時代再認識」, 25-37쪽.

자기 자식처럼 여겼다. 노인들은 편안히 여생을 보낼 수 있었고, 장성한 사람들에게는 일자리가 있었으며, 어린이들은 모두 잘 자랄 수 있었다. 홀아비, 과부, 부모 없는 고아, 자식 없는 노인, 장애인과 병이 있는 사람들은 모두 보살핌을 받을 수 있었다. 남자들은 모두 자기 분수에 맞는 일이 있었고, 여자들은 모두 때에 맞춰 시집갔다. 재물이 헛되이 버려지는 것을 싫어하였으나 결코 자기 집에 감춰두는 일은 없었으며, 자기 힘을 쏟아 붙지 않는 것을 싫어하였으나 결코 자기를 위하려는 것은 아니었다. 그러므로 권모술수가 필요 없어 흥기하지 못하고 도적이나 반란이 있을 수 없어 집집마다 문을 열어두고 닫는 일이 없었다. 이러한 사회를 가리켜 대동이라고 한다. 오늘날 큰 도는 이미 사라지고 천하는 한 가족의 소유로 되었다. 사람들은 모두 자기 부모만 부모로 섬기고 자기 자식만 자식으로 여기며, 재화와 힘은 오로지 자기를 위해서만 쓴다. 천자와 제후들은 대대로 세습하는 것을 예(禮)로 삼고, 성곽을 쌓고 해자를 파서 든든히 지키면서, 예(禮)를 기강으로 삼아 군신관계를 바로 잡고, 부자 사이를 돈독하게 하고, 형제간의 친목을 도모하고, 부부를 화목하게 한다. 또 예의로 제도를 만들고 토지호적제도를 만들어, 용감한 자와 지혜 있는 자를 존중하고, 자기를 위하는 것을 공로로 한다. 이런 까닭에 권모술수가 범람하고 전쟁이 일어났는데 우(禹)와 탕(湯), 문왕(文王)과 무왕(武王), 성왕(成王)과 주공(周公)은 이러한 시대에 나타난 걸출한 인물들이다. 이 여섯 군자들은 예의를 진지하게 대하지 않는 이가 없었다. 예(禮)로써 의를 밝히고, 믿음을 이루고, 허물을 밝혀내고, 인을 준칙으로 겸양을 제창함으로써, 백성에게 지켜야 할 불변의 준칙이 있음을 보여 주었다. 만일 이를 따르지 않는 자가 있다면 권세 있는 자라 할지라도 파면시켰으므로 사람들은 예의를 따르지 않는 것을 재앙으로 여겼다. 이런 사회를 소강(小康)이라고 한다.(昔者仲尼與於蠟賓, 事畢, 出遊於觀之上, 喟然而歎. 仲尼之歎, 蓋歎魯也. 言偃在側曰: "君子何歎?" 孔子曰: "大道之行也, 與三代之英, 丘未之逮也, 而有志焉. 大道之行也, 天下爲公. 選賢與能, 講信修睦, 故人不獨親其親, 不獨子其子, 使老有所終, 壯有所用, 幼有所長, 矜寡孤獨廢疾者, 皆有所養. 男有分, 女有歸. 貨惡其棄於地也, 不必藏於己; 力惡其不出於身也, 不必爲己. 是故謀閉而不興, 盜窃亂賊而不作, 故外戶而不閉, 是謂大同. 今大道旣隱, 天下爲家, 各親其親, 各子其子, 貨力爲己, 大人世及以爲禮. 城郭溝池以爲固, 禮義以爲紀; 以正君臣, 以篤父子, 以睦兄弟, 以和夫婦, 以設制度, 以立田裏, 以賢勇知, 以功爲己. 故謀用是作, 而兵由此起. 禹, 湯, 文, 武, 成王, 周公, 由此其選也. 此六君子者, 未有不謹於禮者也. 以著其義, 以考其信, 著有過, 刑仁講讓, 示民有常. 如有不由此者, 在勢者去, 衆以爲殃, 是謂小康.[57])

간단히 말하면 대동사회는 덕을 숭상하고 현자를 존중하는 사회로 모든 가족들이 남의 부모를 자기 부모처럼 섬기고 남의 자식을 자기 자식처럼 여기면서 전체 사회가 하나의 대가족 같이 서로 화목하게 지내는 사회이다. 이와 반대로 소강사회는 권력을 숭상하고 이익을 추구하는 사회로

57 『禮記·禮運』.

중국문화와 덕치사상

가족들마다 자기 부모만 부모로 섬기고 자기 자식만 자식으로 여기면서 서로 간에 권력과 이익 다툼을 일삼는 사회라고 할 수 있다. 그러므로 소강사회에서는 반드시 현명한 군주가 나타나 예의제도로 다스려야 사회질서를 바로 세울 수 있다.

중국 고전에 나오는 대동사회를 서양의 유토피아(utopia)처럼 유가가 지향하는 이상적인 사회로서 실제 역사에는 존재하지 않은 사회라고 하는 관점이 일반적이다. 하지만 분명한 것은 『예기·예운(禮記·禮運)』의 취지는 완벽한 유토피아 사회를 묘사하려는 것이 아니라 예의제도의 기원과 발전과정 즉 예(禮)의 운행과정을 탐구하려는 것으로서 대동사회는 『예기·예운』에서 미래의 완벽한 세계에 존재하는 생활방식에 관한 묘사가 아니라 먼 옛날에 발생한 생활방식에 관한 회고로 나온다.

공자는 대동사회로 되돌아가는 것을 궁극적인 목표로 하여 대동사회를 언급한 것이 아니라 예의제도의 발전과정을 서술함으로써 예의제도의 필요성과 긴박성을 강조하려고 대동사회를 언급하였다. 이로부터 알 수 있듯이 "예악(禮樂) 생활의 긴박성과 필요성을 도출하려는 것이야 말로 '대동'이 『예기·예운』에서 개념으로서 갖고 있는 진정한 역할"[58]이다.

이는 대동사회와 소강사회에 관한 공자의 이야기를 듣고 "언언이 재차 '예가 그렇게도 긴요한 것입니까?'고 물으니 공자가 '예라는 것은 옛 왕이 하늘의 도(道)를 받아 사람들의 감정을 다스리는 것이다. 그러므로 잃는 자는 죽고 얻는 자는 산다.'고 말하였다."("言偃復問曰: '如此乎禮之急也?'

---

58 陳贇, 「大同, 小康與禮樂生活的開啓」, 『福建論壇·人文社會科學版』, 2006年 第6期, 58-63쪽.

孔子曰: '夫禮, 先王以承天之道, 以治人之情. 故失之者死, 得之者生.'"[59]라는 이야기에서 분명히 드러난다.

다시 말하면 『예기·예운』에서 공자는 예의제도의 발전과정을 회고하면서 대동사회와 소강사회를 언급하였으며 대동사회는 소강사회와 마찬가지로 구체적인 역사시대로 취급되었지 유토피아 같은 궁극적인 미래 목표로 언급된 것이 아니다.

예의제도의 시각에서 볼 때 대동사회가 소강사회와 다른 점은 대동사회가 의식적으로 제도적 수단을 사용하여 규제하지 않았어도 모든 사람들이 한 가족 같이 화목하게 지내는 사회였다면 소강사회는 반드시 의식적으로 예의제도를 만들어 사회생활을 규제해야만 권력과 이익에 대한 사람들의 탐욕을 제어함으로써 서로 화목하게 살아가게 할 수 있는 사회이다.

즉 대동사회의 민심과 소강사회의 민심은 완전히 다르다. 그러므로 우(禹)와 탕(湯), 문왕(文王)과 무왕(武王), 성왕(成王)과 주공(周公) 등 소강사회의 성왕들 혹은 성현들은 정세가 변하였으므로 부득불 현실에 입각하여 민심에 대한 깊은 통찰을 기초로 예의제도를 제정하고 예의제도를 기강으로 삼아 사회질서를 확립했다. 바로 이런 맥락에서 소강사회의 세습제에 관하여 "왕부지(王夫之)는 '삼대의 왕들은 민심이 그런 것을 알았으므로 세습제를 만들어 혼란을 제지하였다.'고 해석하였다. 민심이 그러하다는 것은 혈연을 핵심으로 하는 가족의식과 종족의식이 이미 사람들의 마음속에 깊이 새겨져 있었으므로 이런 민심에 따라 법을 만들었으며

---

59 『禮記·禮運』.

그것이 바로 세습에 관한 예의제도의 기원이다."[60]

결론적으로 공자의 목표는 대동사회로 되돌아가려는 것이 아니라 대동사회와 소강사회에 대한 역사적 고찰을 기초로 "천하를 한 가족으로 전체 나라를 한 사람"("以天下爲一家, 以中國爲一人.")으로 만들 수 있는 사상과 제도를 제시하려는 것이었다. 이는 "성인이 천하를 한 가족으로 하고 나라 사람들을 한 사람으로 할 수 있은 것은 주관적인 뜻에 의한 것이 아니라 사람들의 마음을 알고 그 의미를 깊이 살피어 그 이로움과 우환을 숙지하고 나서야 가능했다."("故聖人耐以天下爲一家, 以中國爲一人者, 非意之也, 必知其情, 辟於其義, 明於其利, 達於其患, 然後能爲之."[61])라는 공자의 말에서 분명히 드러난다.

고대 문헌에 기재된 대동사회에 관한 여러 가지 사건들 중 가장 중요한 사건은 두 가지라고 할 수 있다. 그 중 하나는 정치적 사건으로 제위(帝位)의 선양(禪讓)에 관한 것이고 다른 하나는 종교적 사건으로 절지천통(絕地天通)이다.

사마천은 『사기(史記)』에서 요(堯)와 순(舜)의 제위 선양에 관하여 다음과 같이 서술하였다.

제요(帝堯)가 바로 방훈(放勳)이다. 어진 것은 하늘과 같았고 지혜는 신과 같았다. 다가가면 태양 같이 따사롭고 바라보면 구름 같이 찬란했다. 부유했으나 교만하지 않았고 존귀하면서도 태만하지

60   陳贇, 「王船山對《禮運》大同與小康的理解」, 『船山學刊』, 2015年 第4期, 51-61쪽.
61   『禮記·禮運』.

않았다.…… 덕을 밝히니 구족이 친해졌고, 구족이 화목하니 백관을 잘 살펴 소임을 맡겼으며, 백관이 정치를 잘 하니 만방은 화합을 이루었다.…… 요(堯)는 제위에 올라 70년 만에 순(舜)을 얻었고, 20년이 지나 연로하자 순(舜)에게 천자의 정사를 대행하도록 명하고 하늘에 순(舜)을 추천했다.…… 요(堯)는 아들 단주가 불초하여 천하를 물려받기에 부족함을 알았다. 이에 권좌를 순(舜)에게 물려주기로 했다. 순(舜)에게 물려주면 천하가 득을 보게 되고 단주는 손해를 보겠지만, 단주에게 물려주면 천하가 손해를 보고 단주만 득을 보게 된다. 요(堯)는 "결코 천하에 해를 끼치면서 한 사람이 득을 보게 할 수는 없다."고 마침내 순(舜)에게 천하를 물려주었다. 요(堯)가 세상을 떠나 3년 상을 마치자, 순(舜)은 단주에게 천하를 양보하고 자신은 남하(南河)의 남쪽으로 피했다. 하지만 제후들은 조회를 드리러 단주에게 가지 않고 순(舜)한테 갔고, 소송하는 자들도 단주에게 가지 않고 순(舜)한테 갔으며, 공덕을 노래하는 자들도 단주를 칭송하지 않고 순(舜)을 칭송했다. 순(舜)은 "하늘의 뜻이다."라고 하며 도읍으로 돌아가 천자의 자리에 올랐다. 이가 제순(帝舜)이다.…… 순(舜)은 20세 때 효행으로 이름을 날렸고, 30세에는 요(堯)에게 등용되었으며, 50세에는 천자의 정사를 대행하였다.…… 순(舜)의 아들 상균도 불초하여 순(舜)은 미리 우(禹)를 하늘에 추천했다. 그 후 17년이 지나 세상을 떠났다. (帝堯者, 放勳. 其仁如天, 其知如神. 就之如日, 望之如雲. 富而不驕, 貴而不舒.…… 能明馴德, 以親九族. 九族既睦, 便章百姓. 百姓昭明, 合和萬國.…… 堯立七十年得舜, 二十年而老, 令舜攝行天子之政, 薦之於天.…… 堯知

중국문화와 덕치사상

子丹硃之不肖, 不足授天下, 於是乃權授舜. 授舜, 則天下得其利而丹
硃病; 授丹硃, 則天下病而丹硃得其利. 堯曰: "終不以天下之病而利一
人." 而卒授舜以天下. 堯崩, 三年之喪畢, 舜讓辟丹硃於南河之南. 諸侯
朝覲者不之丹硃而之舜, 獄訟者不之丹硃而之舜, 謳歌者不謳歌丹硃
而謳歌舜. 舜曰: "天也." 夫而後之中國踐天子位焉, 是爲帝舜.…… 舜
年二十以孝聞, 年三十堯擧之, 年五十攝行天子事,…… 舜子商均亦不
肖, 舜乃予薦禹於天. 十七年而崩.)[62]

절지천통은 옛 성왕인 전욱(顓頊)과 요(堯)가 사회의 종교 활동에 관
하여 내린 금지령에 관한 전설로 여러 편의 고대 문헌들에 기재되어 있으
며 『국어·초어하(國語·楚語下)』의 내용은 다음과 같다.

소호(少皞) 때 이르러 나라가 쇠하고 9려(九黎)가 덕을 어지럽히
자 사람과 신이 뒤섞여 분별할 수 없게 되었다. 사람마다 제사를 지
내고 가족마다 무당을 두어 성의가 없었다. 사람들은 제사로 궁핍
해져도 그 복을 얻지 못하였다. 제사 지내는 것은 법도를 잃어 사람
과 신이 동등한 지위를 가지게 되었다. 사람들은 맹세와 약속을 가
벼이 여기고 경외의 마음이 없었다.…… 전욱(顓頊)이 왕권을 물려
받자 남정(南正) 중(重)에게 명하여 하늘에 관한 것을 주관하여 신
과 통하게 하고, 화정(火正) 려(黎)한테 명하여 땅에 관한 것을 주관
하여 사람들과 통하게 함으로써 본래의 질서를 회복하고 서로 간에

---

62 『史記·五帝本紀』.

범함이 없도록 하였는데 이를 일컬어 절지천통(絶地天通)이라고 한
다. 그 후에 삼묘(三苗)가 구려(九黎)의 행실을 번복하니 요(堯)는
다시 중(重)과 려(黎)의 후손을 육성하여 그들로 하여금 조상들의
사업을 계승하여 직책을 맡게 하였다.(及少皥之衰也, 九黎亂德, 民
神雜糅, 不可方物. 夫人作享, 家爲巫史, 無有要質. 民匱於祀, 而不知
其福. 烝享無度, 民神同位. 民瀆齊盟, 無有嚴威.…… 顓頊受之, 乃命
南正重司天以屬神, 命火正黎司地以屬民, 使復舊常, 無相侵瀆, 是謂
絶地天通. 其後, 三苗複九黎之德, 堯複育重, 黎之後, 不忘舊者, 使複
典之.)[63]

원시사회에서 종교는 정치, 경제, 도덕, 관습 등 사회생활의 각 방면들
과 분리될 수 없이 서로 얽혀 있으면서 사회체제와 일체를 이룬다. 말리
노프스키(Bronislaw Kasper Malinowski)는 주술과 종교가 원시사회의 사회
생활에서 아주 중요한 역할을 한다고 강조하였다. 주술과 종교는 "사람들
의 개성과 인격을 정형화하고 조절하며 사람들의 도덕행위를 규정하며
사회생활을 규칙적이고 질서 있게 하며 사회의 풍습과 풍조를 규정하고
인도하며 사회 및 문화의 조직을 견고하게 하며 사회와 문화전통의 지속
성을 보장하며 인류의 생활과 행동에 신성(神聖)함을 부여한다. 그러므로
주술과 종교는 가장 강력한 사회통제 기구로 되었다."[64] 한마디로 원시사
회에서 개인의 세계관이나 사회의 의식형태는 모두 원시종교의 형식으로

---

63 『國語 · 楚語下』.
64 呂大吉, 『宗敎學通論新編』, 北京: 中國社會科學出版社, 1998, 692쪽.

존재하며 신령의 의지는 개인의 생활과 각종 사회활동에 지대한 영향을 미친다.

만일 가족마다 무당이 있어 너도나도 제 나름대로 신령과 통한다면 사회의 통합은 불가능하며 통일적인 사회적 권위도 확립될 수 없다. 이학근(李學勤)이 편집한 『중국 고대문명과 국가 형성 연구(中國古代文明與國家形成研究)』는 절지천통에 관하여 해석하면서 무당이 출현한 후의 고대 사회에서 소위 말하는 "사람마다 제사 지내고 가족마다 무당을 둔다."("夫人作享, 家爲巫史.")는 것은 규모가 작고 각자 분산된 사회에서 나타나는 현상으로 규모가 비교적 큰 부락연합체가 출현한 후 계속하여 각 부락과 씨족들이 모두 신령과 통할 수 있어 신령의 의지를 전달받을 수 있다면 필연적으로 연합체의 통일적인 의지와 행동에 영향을 미치게 되므로 "9려가 덕을 어지럽혔다."("九黎亂德.")는 것은 바로 그러한 혼란 상황을 가리키는 것이라고 하였다.

그러므로 전욱이 절지천통의 종교개혁을 단행한 핵심은 "큰 무당 '중(重)'이 '남정(南正)'의 직무를 맡아 사람과 신령이 통하는 것을 책임지어 여러 신령들의 명령을 집중하여 아래로 전달하고, 또 '려(黎)'가 '화정(火正)'의 직무를 맡아 지상의 여러 무당과 모든 백성을 관리하게 하는 것이었다. 이렇게 되어 종교 사무는 소수 사람들에 의하여 독점되기 시작하였으며 점차 통치계급의 도구로 전락하게 되었다."[65]

다시 말하면 사회의 통합이 더 높은 단계로 발전하여 감에 따라 상응한 의식형태의 통일은 필수로 되는 것이며 원시사회에서는 종교가 의식형

---

65   夏保國, 「顓頊 "絶地天通"與淩家灘 "龜蔔"」, 『東南文化』, 2012年 第3期, 80–85쪽.

태의 역할을 담당하므로 통일적인 의식형태를 확립하는 방식이 바로 통치자가 종교 권한에 대한 독점으로 나타난 것이다.

절지천통에 관하여 남정 중(重)과 화정 려(黎)가 각각 신령과 관계되는 종교적 사무와 사람들과 관계되는 지상의 사무를 나누어 맡음으로써 사람들이 하늘의 신령과 통하는 길을 끊었다는 해석은 학술계의 기존 관점이다. 이런 관점과 다른 인류학 연구에 기초한 새로운 해석이 있는데 여기에서 간단히 언급하려 한다.

고대 문헌을 보면 남정 중(重)과 화정 려(黎)는 모두 신령과 관련되는 종교 사무를 맡았었다. 화정 려(黎)의 기본 직책은 대화성(大火星)의 운행을 관측하여 '화력(火曆)'이라는 역법을 제정하는 것이었으며 화정 려(黎)의 후손들도 시종 신령과 관련되는 종교 사무를 맡은 것으로 나타난다.

고대 사회에서 특정 가족이 대대로 세습하며 동일한 직무를 맡는 일반적인 특징으로 볼 때 화정 려(黎)나 그 후손들은 모두 종교와 관련 없는 속세의 사무를 담당한 것이 아니라 하늘의 신령과 관련되는 종교 사무나 역법을 제정하기 위한 천문관측의 소임을 맡은 것이다. 따라서 남정 중(重)과 화정 려(黎) 간의 분업은 종교 사무 내부의 분업이지 종교 사무와 속세 사무 간의 분업이 아니다.

허조창(許兆昌)은 만족(滿族)의 샤머니즘에 관한 인류학 자료에 근거하여 원시종교 활동에서의 분업에 대해 다음과 같이 설명하였다.

중국 고대의 원시종교는 현대에 여전히 잔존하고 있는 북아시아 퉁구스족과 몽골족 문화 중의 샤머니즘과 아주 비슷하다. 샤먼(무당)은 신령이 몸에 붙어 보통 사람들이 가질 수 없는 각종 초자연적인 능력을 가지게 되면서 신령과 사람을 통하게 한다. 그런데 신령이 몸에 붙어 신령의 뜻을

중국문화와 덕치사상

전달하는 전 과정에서 샤먼은 줄곧 일종의 환각상태에 처한다. 그러므로 신령의 뜻을 정확하게 사람들에게 전달하고 또 사람들이 신령에게 갈구하는 바를 정확하게 표현하려면 상당한 초자연적인 능력을 구비하여 신령들에 관한 각종 정보들에 통달함과 동시에 언제나 맑은 정신을 유지하고 있으면서 샤먼을 도와 신령과 사람들 간의 교류활동을 완성할 수 있는 조수가 필요하다. 이 조수는 신령과 사람들이 서로 교류하는 전반 과정에서 의식(儀式)과 절차를 주관하는 역할도 해야 한다. 이런 조수의 역할은 필수일 뿐만 아니라 매우 중요하여 심지어 주역을 맡은 신령이 몸에 붙은 "무당의 역할이 3할이고 조수의 역할이 7할이다."라고 말할 정도이다.

이렇게 볼 때 남정 중(重)과 화정 려(黎) 간의 분업이란 신령이 몸에 붙은 무당과 그 조수 간에 역할을 분담하는 것과 유사할 가능성이 아주 크다. 하지만 문헌으로 보면 "남정 중(重)을 명하여 하늘에 관한 일을 주관하게 하여 신에 '속(屬)'하게 하고, 화정 려(黎)를 명하여 지상의 일을 주관하게 하여 민에 '속(屬)'하게 하였다."("命南正重司天以屬神, 命火正黎司地以屬民.")고 서술하고 있어 마치 하늘에 관한 종교 사무와 지상의 속세 사무를 각자 분담한 것으로 보인다.

허조창은 여기에서 "관건은 어떻게 '속(屬)'자를 이해하는 것"[66]이라고 지적하였다. 간단히 말하면 여기에서 '속(屬)'자는 '연결하다' 또는 '잇다'는 의미로 남정 중(重)은 신을 연결하여 신의 뜻을 전달하고 화정 려(黎)

66　許兆昌,「重, 黎絶地天通考辨二則」,『吉林大學社會科學學報』, 2001年 第2期, 104–111쪽.

는 사람들을 연결하여 사람들의 뜻을 전달한다는 것으로서 종교 활동에서의 분업과 협력 관계를 말해주는 것이라고 한다.

결론적으로 절지천통은 종교 사무와 속세 사무의 분화를 의미하는 것이 아니라 최고 종교 권한의 독점에 의한 의식형태의 통일을 의미한다.

다. 추장사회의 형성원리와 덕치사상의 자연발생과정

부락사회는 핵가족을 사회의 기본단위로 하고 친척관계를 주요 사회관계로 하는 사회이다. 그러나 앞에서 언급한 바와 같이 생활방식과 문화관념의 시각에서 보면 부락사회는 두 가지 대표적인 유형으로 분류되는데 하나는 전형적인 농업부락으로서 도덕주의를 지향하는 부락사회이고 다른 하나는 전형적인 유목부락으로서 공리주의를 지향하는 부락사회이다.

전형적인 농업부락이나 전형적인 유목부락 모두 가족을 가장 중요한 사회집단으로 하고 친척관계를 주요 사회관계로 하는 사회이므로 추장사회로 나아가는 과정에서 서로 간에 공통된 특징들을 나타내기 마련이나 가치관과 생활방식의 차이로 인하여 양자는 추장사회로 나아감에 있어서 지향하는 목표, 사회생활의 원칙, 제도 등 방면에서 본질적인 차이를 나타낸다. 여기서는 덕치사상에 관한 연구를 목적으로 하므로 농업부락에 초점을 맞추어 부락사회로부터 추장사회로 진화하여 가는 과정을 고찰하는 데 역점을 두고 유목부락이 추장사회로 진화하여 가는 과정에 관해서는 뒤에 비교 차원에서 간략하게 서술하려 한다.

부락사회에서 가장 기본적인 사회집단은 핵가족이지만 사회적 역할의 시각에서 보면 부락사회에서 가장 응집력이 강하면서도 중요한 사회적 역할을 담당하는 사회집단은 핵가족이 아니라 『백호통덕론(白虎通德論)』에서 말하는 오복에 드는 9세대로 구성된 가족이다. 핵가족이 부부 쌍방의 혼인으로 성립되고 이혼이나 부부의 사망과 더불어 소실되는 사회집단이라면 가족은 특정 구성원의 출생 및 사망과 관계없이 대를 이어 지속적으로 존재하는 안정적인 사회집단이다.

부계가족은 동일한 남성을 조상으로 하는 여러 세대의 사람들로 구성되므로 자연스럽게 세대, 연령과 성별에 따라 상하의 위계체계로 형성되며 이러한 위계체계는 서로 간의 자발적인 감정을 기초로 하는 도덕관계의 특성을 갖고 있다. 가족의 구성원은 태어나면서 이러한 위계체계 속에서 개인의 의사와 상관없이 자기가 차지하는 위치에 따라 특정한 지위와 역할을 부여받는다. 이들은 자발적인 감정 및 친척관계에 의하여 부여된 도덕적 의무와 권리에 따라 일상생활뿐만 아니라 각종 사회생활에서 서로 도우면서 긴밀하게 협력하므로 가족은 가장 강력한 응집력을 가진 사회집단으로 나타난다. 그러므로 부락사회에서 한 사람의 사회적 지위는 그 사람이 소속된 가족의 사회적 지위와 직결된다.

다시 말하면 부락사회에서 가족은 개체에게 가족 구성원으로서의 선천적인 지위뿐만 아니라 사회 구성원으로서의 선천적인 지위도 부여하는 역할을 한다. 바로 이러하기에 가족의 구성원은 공동의 조상으로 인하여 동질의식을 가지게 될 뿐만 아니라 조상의 덕성과 업적에 대해 마음속으로부터 감격하게 됨으로써 부락사회에서 조상숭배의 관념이 고도로 발전하게 된다. 역으로 부락사회에서 조상숭배는 가족의 구성원을 단합하고 인도하는 강력한 의식형태 역할을 하며 이런 현상은 우월한 사회적 지위를 갖고 있는 가족일수록 더욱 강화되면서 뚜렷하게 부각된다.

부락사회는 이런 저런 친척관계를 주요 사회관계로 하는 사회이다. 친척관계가 갖고 있는 차등적 질서구조의 특징으로 인하여 부락사회의 친척집단은 자연스럽게 어느 정도 폐쇄적인 특징을 나타내게 마련이며 특히 가족은 모든 유형의 친척집단 중에서 가장 응집력이 강한 친척집단으로 고도의 폐쇄성을 나타낸다. 바로 이런 이유로써 사람들은 자발적으로 자기가 소속된 가족을 사회보다 우선시하는 가족 본위주의 경향을 나타내게 되며 가족 본위주의는 친척관계를 주요 사회관계로 하는 사회에서 언제나 사회의 저변에 깔려 있으면서 모든 사회생활에서 보편적이고도 중요한 역할을 발휘한다. 그러므로 사회구조의 시각에서 보면 부락사회는 가족을 단위로 전체 사회가 분화하고 통합하는 특징을 나타내게 된다.

부락사회는 친척관계를 주요 사회관계로 하는 사회이므로 가족들 간에 분화하고 통합하는 활동은 서로 간의 친척관계를 기초로 전개되는데 부락사회의 친척관계는 자발적인 감정을 기초로 하는 도덕관계로 서로 간에 자주성을 존중하고 평등하게 대하며 도덕적 품성을 중히 여기고 덕성이 높은 현자를 존중하는 특성을 갖고 있다. 따라서 가족들 간에 분화하고 통합하는 활동은 자연스럽게 친척관계가 갖고 있는 이러한 특성에 따라 진행되는데 이를 사회생활을 지도하는 사회원칙의 시각에서 보면 친척관계가 갖고 있는 이러한 특성이 사회생활에서 자유와 평등의 원칙, 덕을 숭상하고 현자를 존중하는 원칙으로 나타난다.

결론적으로 평등한 부락사회는 가족을 단위로 자유와 평등, 덕을 숭상하고 현자를 존중하는 원칙에 따라 운영되는 사회이며 가족 본위주의와 자유와 평등, 덕을 숭상하고 현자를 존중하는 원칙은 부락사회의 문화관념에서 가장 중요한 위치를 차지하는 두 가지 핵심가치이다.

상술한 바와 같이 친척관계를 주요 사회관계로 하는 사회에서는 가족 본위주의와 자유와 평등, 덕을 숭상하고 현자를 존중하는 원칙이 사회생활의 일반원리로 병존한다. 바로 가족 본위주의가 일관적으로 작동하므로 이런 사회에서는 언제나 가족을 단위로 하는 파벌이 존재하게 되고 파벌 간에 서로 경쟁하고 대립하는 현상들이 나타나게 된다. 그러므로 리치는 카친족 사회를 분석하면서 카친족 사회에는 보편적인 파벌투쟁이 존재한다고 하였으며 "내가 보기에는 의식적으로 혹은 무의식적으로 권력을 획득하려고 하는 것은 인류생활에서 하나의 보편적 동기라고 가정할 이유와 필요가 있다."[67]고 주장하였다.

리치의 이러한 관점에 대하여 레이먼드 퍼스(Raymond Firth)는 리치 저서의 머리말에서 다음과 같이 지적하였다.

이토록 권력과 지위를 강조하면서 그들은 권위적 지위로 얻게 되는 존경을 추구한다고 하는 관점은 동기의 영역을 너무 좁게 제한하지 않았다면 권력의 개념을 너무 넓게 재해석한 것으로서 거의 모든 사회활동을 포괄하였다고 할 수 있다.…… 사람들은 이러한 일원적인 해석 중에 겉보기에 그럴 듯하지만 실제는 그런 것 같지 않은 무엇인가 존재한다는 느낌이 들 수 있다. 폴리네시아 지역사회에서 사회적 사무의 운영을 효과적으로 해석하려면 반드시 경험 자료에 근거하여 집단의 권력과 이익이라는 협애한 범주를 초월한 '충성'

---

67   [英]E.R. Leach, 『緬甸高地諸政治體系』, 23쪽.

과 '책임'이라는 관념을 고려해야 한다. 기타 민족지 연구 지역에서
도 도덕과 종교 차원의 가치판단이 개입되어 있으면서 권력과 지위
등을 추구하는 요소들과 대항하는 듯하다.[68]

바로 리치가 단순히 인간은 권력을 추구하는 존재라는 시각에서 카친
족 사회를 고찰하였기에 굼사를 사회의 계층화와 가족을 단위로 하는 파
벌투쟁에 초점을 맞추어 분석하게 되었던 것이다. 하지만 리치는 굼사의
의식형태가 이론상에서 파벌주의를 배척한다는 것도 발견하였다. 결과적
으로 리치는 자기의 가설과 상반된 역설적인 현상들에 부딪치게 되면서
굼사는 내적 모순을 안고 있는 불안정한 과도기적인 사회라고 생각하게
되었다.

실제 상황으로 보면 친척관계를 주요 사회관계로 하는 사회에서는 언
제나 가족 본위주의와 자유와 평등, 덕을 숭상하고 현자를 존중하는 원
칙이 병존하면서 어떤 때는 가족 본위주의가 우세하여 사회생활을 주도
하는 원칙으로 되고 어떤 때는 자유와 평등, 덕을 숭상하고 현자를 존중
하는 원칙이 우세하여 사회생활을 주도하는 원칙으로 되기도 한다. 이 두
가지 원칙은 언제나 충돌하면서 서로 배척하는 것이 아니라 늘 대립하면
서도 통일되는 관계를 형성하므로 사회의 통합과정은 양자 간에 대립통
일운동을 전개하면서 전체 사회가 점점 더 높은 형태의 사회통합을 실현
하는 양상을 나타내게 된다. 그것이 바로 빅맨을 중심으로 하는 굼라오
형태의 부락사회가 굼사 형태의 추장사회로 나아가고 또 굼사 형태의 추

---

68 [英]E.R. Leach, 『緬甸高地諸政治體系』, 머리말 3쪽.

중국문화와 덕치사상

장사회가 산족 형태의 추장사회로 진화하여 가는 과정으로 나타난다.

하지만 가족 본위주의와 자유와 평등, 덕을 숭상하고 현자를 존중하는 원칙 간에 대립통일운동을 전개하면서 사회통합으로 나아가므로 자유와 평등, 덕을 숭상하고 현자를 존중하는 원칙이 우세하여 굼라오 형태의 부락사회가 굼사 형태의 추장사회로 통합되어 가는가 하면 가족 본위주의의 팽창으로 인하여 굼사 형태의 추장사회가 해체되어 굼라오 형태의 부락사회로 되돌아가는 현상이 나타나기도 한다.

공식적인 권력을 가진 지도자와 사회계층이 부재하는 부락사회에서 빅맨은 솔선수범하는 본보기 역할로 주위에 추종자들을 결집시키면서 사회적 권위를 가진 지도자로 부상한다. 빅맨의 추종자들은 일반적으로 그가 소속된 가족의 구성원을 핵심으로 하여 이런 저런 친척관계를 기초로 형성되며 빅맨은 추종자들의 생활에 관련된 모든 복리를 책임져야 한다. 그러므로 빅맨과 추종자들 간의 관계는 걸출한 도덕적 품성과 재능을 겸비한 가장과 이런 가장을 내심으로 따르는 가족 구성원 간의 관계라고 할 수 있다. 이로부터 알 수 있듯이 빅맨의 역할은 자녀들의 행복을 위하여 자아희생적인 헌신정신을 발양하여 모계가족 공동체를 이룩한 어머니와 비슷한 것으로 그들 역시 솔선수범하는 도덕적 본보기의 힘으로 추종자들을 단합하여 대가족 같은 사회집단을 형성한다.

그러나 양자 간에는 근본적인 차이가 존재한다. 모계가족 공동체를 이룩한 어머니들이 자녀들을 위한 사심 없는 애착심으로부터 출발하여 자아희생적인 헌신정신을 발양하였다면 부락사회의 빅맨들은 일반적으로 사회의 존경을 추구하는 개인적인 동기로부터 출발하여 자기의 잠재능력을 발휘한다.

부락사회는 친척관계를 주요 사회관계로 하는 사회로서 자유와 평등, 덕을 숭상하고 현자를 존중하는 원칙을 사회관계를 처리하는 기본원칙으로 하므로 자기 가족처럼 남을 대하는 사람이 사람들의 호감을 사게 되고 인자한 가장 같은 인격을 지닌 사람이 사회의 존경을 받게 된다. 논리적인 시각에서 보면 자녀들을 위하여 폐쇄적인 모계가족 공동체를 건설한 어머니들과 달리 사회의 존경을 추구하는 빅맨들은 가정과 가족을 초월하여 전체 사회를 무대로 자기의 잠재능력을 최대한 발휘함으로써 모든 사람으로부터 존경 받는 최고의 가장 같은 인물로 되려고 한다. 결과적으로 빅맨들은 비록 개인적인 동기로부터 출발하지만 객관적으로는 전체 사회를 하나의 대가족 같은 사회로 건설하는 것을 사명으로 하게 됨으로써 걸출한 도덕적 품성과 재능을 구비해야 할 과제를 떠안게 된다.

　　그러므로 논리적인 시각에서 볼 때 사회의 존경을 쟁취하는 경쟁에서 성공하기 위하여 빅맨들은 완전완미한 성인 같은 인격을 가진 존재로 되기 위하여 노력해야 한다. 하지만 아무리 걸출한 품성과 업적을 쌓는다고 해도 개인적인 요소에 의한 사회의 조직화는 특정 개인의 생사와 성패에 의존하므로 일시적일 수밖에 없으며 안정적인 사회구도를 형성하기 어려울 뿐만 아니라 지속적인 발전은 더욱 불가능하다.

　　부락사회의 가족은 가장 응집력이 강하면서 가장 중요한 사회적 역할을 담당하는 사회집단일 뿐만 아니라 수명의 제한을 받는 개인과 달리 특정 구성원의 출생 및 사망과 관계없이 대를 이어 지속적으로 존재하면서 발전할 수 있는 안정적인 사회집단이다. 그러므로 걸출한 빅맨의 출현으로 인하여 빅맨의 가족은 빅맨을 중심으로 단합되어 지도적 역할을 담당하는 핵심가족으로 부상할 수 있을 뿐만 아니라 대대로 그 역할을 강화하고 발전시키면서 확고한 지도적 권위를 수립한 가족으로 발전하여 갈 수 있다. 만일 그렇게 된다면 핵심가족과 여타 가족들 간 일시적인 지도자와 추종자 간의 관계는 안정적으로 대대로 이어지면서 확고한 사회 구도를 형성하게 됨으로써 전체 사회는 그에 상응한 제도 및 관념들을 확립하게 된다.

그 결과 워낙 평등하던 부락사회의 가족들은 사회의 지도계층으로 부상한 핵심가족과 여타 가족들로 분화되면서 친척제도를 초월한 불평등한 정치적 관계를 형성하게 되므로 사회의 계층화가 출현하게 되어 사회는 세습적 특권 계층인 귀족계층이 통치하는 귀족사회로 보이고 수령을 비롯한 개인의 사회적 지위는 세습에 의하여 결정되는 생득지위로 보인다.

이러한 세습적 특징은 부락사회가 개인을 단위로 분화하고 통합하는 것이 아니라 가족을 단위로 분화하고 통합하면서 사회체계를 형성하므로 가족이 갖고 있는 특성으로부터 비롯된 것이다. 부락사회의 가족은 개체에게 가족 구성원으로서의 선천적인 지위뿐만 아니라 사회 구성원으로서의 선천적인 지위도 부여하는 기능을 갖고 있으며 특정 구성원의 출생 및 사망과 관계없이 대를 이어 지속적으로 존재하고 발전하는 사회 집단의 특성을 갖고 있다. 그러므로 어떤 가족이 걸출한 조상의 도덕적 품성과 업적을 대대로 계승하여 지속적으로 사회의 지도적 역할을 담당할 경우 개체의 시각에서 보면 그 가족의 구성원은 끊임없이 태어나서 보충되고 또 사망하여 소실되므로 특정 가족의 구성원이 대를 이어 사회적 지위를 세습하는 것으로 나타나게 된다.

수령의 지위로 말하면 수령은 전체 사회의 최고 권위이면서도 특정 가족의 족장이기도 하다. 논리적 시각에서 보면 수령은 핵심가족의 족장으로서 전체 사회의 수령 지위를 확보하게 된다. 부락사회에서 가족의 족장은 품성과 재능을 가장 중요시하지만 혈연관계가 갖고 있는 차등적 질서 구조로 인하여 족장의 후계자는 족장과 가장 가까운 육친들 중에서 세대, 성별, 연령 등의 기준에 따라 결정되므로 큰 하자가 없을 경우 족장의 지위는 자연스럽게 장자가 물려받게 되는 것이 부락사회의 일반적인 관습이다. 따라서 사회의 계층화로 인하여 핵심가족으로 부상한 가족의 족장이 전체 사회의 수령으로 등극할 경우 수령의 지위는 자연스럽게 세습적 지위로 나타나며 보통 장자상속제도(長子相續制度)의 특징을 나타내게 된다.

엘만 서비스는 "사람들은 보통 부친의 우수한 품질이 아들 특히 장자에게 전해질 수 있다고 믿는다."[69]는 관념으로 인하여 장자상속제도가 안정적인 사회제도로 확립되면서 부락사회로부터 추장사회로 진화하여 간다고 하였는데 이는 틀린 것이다. 장자상속제도는 가족을 기본단위로 사회구도를 형성하는 사회에서 가족의 특성으로 인하여 자연스럽게 사회적 지위와 직책을 계승하는 제도로 자리 잡은 것이며 이는 친척관계를 주요 사회관계로 하는 사회에서 나타나는 일반적인 현상이다.

비록 세습적 특징을 갖고 있는 사회의 계층화는 경직된 양상을 나타내면서 불평등한 권력관계로 비쳐지지만 이러한 계층화는 덕을 숭상하고 현자를 존중하는 원칙에 따라 솔선수범하는 도덕적 본보기를 중심으로 추종자들이 하나의 대가족 같은 사회집단으로 통합되는 과정에서 출현

---

69 易建平, 『部落聯盟與酋邦』, 172쪽.

한 것으로 각 계층 간의 관계는 본질적으로 도덕적 관계이며 모든 사회계층은 가족 공동체의 구성원과 마찬가지로 대가족 구성원으로서의 도덕적 의무를 짊어지고 각자의 본분을 다하는 것을 최우선으로 한다. 그러므로 이런 사회에서 지도계층과 기타 계층 간의 관계, 특히 수령과 대중 간의 관계는 본질적으로 정치적인 권력관계가 아니라 솔선수범하는 본보기와 추종자 간의 관계이다.

따라서 수령의 권위는 그의 본보기 역할로 인하여 대중이 달갑게 따르는 지지와 성원에 의하여 좌우되므로 수령은 반드시 그 누구보다도 아량이 넓고 헌신적으로 사회에 공헌하는 사람이어야 한다. 바로 그러하기에 정치적인 시각에서 보면 사회는 계층화되어 있고 의식형태로 보면 계층 관념을 매우 중요시하여 공식적인 의식(儀式)장소에서 언제나 중요하게 나타나지만 일상생활의 시각에서 보면 모든 사람들이 서로 존중하는 평등한 관계를 나타낸다. 이리하여 리치는 굼사의 두와를 의례적 권위를 갖고 있는 지위이지 실질적인 정치경제적 특권을 갖고 있는 지위가 아니라고 생각하게 되었다.

다시 말하면 얼핏 보면 사회의 계층화와 평등은 완전히 서로 대립되는 것 같으나 지도자와 대중 간에 덕을 숭상하고 현자를 존중하는 원칙에 따라 솔선수범하는 본보기와 추종자 간의 관계를 형성했을 경우 정치적 차원의 계층화와 사회적 차원의 평등은 반드시 대립되는 것이 아니다.

분산적인 부락사회의 통합과정에서 첫 번째 단계는 각 촌락들이 핵심 가족들을 중심으로 뭉치고 이를 기초로 두 번째 단계는 여러 촌락들이 함께 뭉쳐 카친족의 굼사와 같이 계층화된 추장사회를 형성하고 그다음 다수의 추장사회들이 뭉쳐 더 높은 차원의 추장사회를 형성하는 방향으로 나아가는데 이 경우 솔선수범하는 본보기 역할을 발휘하는 걸출한 추장이 여타 추장들의 옹위를 받아 대추장(大酋長)으로 등극하게 된다.

따라서 대추장과 각 지역 추장 간 관계도 지역 추장과 대중 간의 관계와 마찬가지로 솔선수범하는 본보기와 그 추종자 간의 관계로 구축된다. 그러므로 대추장의 권위는 지역 추장들의 지지와 성원에 의하여 좌우되며 대추장이 솔선수범하는 본보기 역할을 보여주지 못할 경우 그의 권위는 자연히 추락하게 된다. 그 결과 다른 걸출한 지역 추장이 여타 추장들의 옹위를 받아 대추장으로 등극하게 되면서 권력 교체가 발생하게 된다.

이로부터 알 수 있듯이 이런 사회에서 수령과 대중 간의 관계는 솔선수범하는 본보기와 추종자 간의 관계로 비록 표면상에서 경직된 세습적 특징을 나타내나 수령의 권위는 근본적으로 세습에 의하여 결정되는 것이 아니라 덕성과 업적에 의하며 결정되므로 수령이 솔선수범하는 본보기 역할을 보여주지 못할 경우 결국에는 덕을 숭상하고 현자를 존중하는 원칙에 따라 교체될 수밖에 없다. 따라서 자연스럽게 덕망 있는 인물에게 제위를 물려주거나 제위가 넘어가는 선양 현상이 나타나게 된다. 바로 그러하기에 1993년에 출토된 전국시대의 곽점초간(郭店楚簡) 『당우지도(唐虞之道)』에서는 "선양이란 것은 덕을 숭상하고 현자에게 자리를 수여한다는 것이다."("禪也者, 上德授賢之謂也.")라고 한 것이다.

이렇듯 최고 지도자의 선양을 표징으로 최고 지도자를 중심으로 하는 지도계층과 대중 간에 솔선수범하는 본보기와 추종자 간의 관계를 구축하게 되면 덕을 숭상하고 현자를 존중하는 원칙이 가족 본위주의를 극복하고 자연스럽게 사회생활을 주도하는 지도원칙으로 확립되게 된다. 이리하여 전체 사회는 솔선수범하는 지도자를 중심으로 덕을 숭상하고 현자를 존중하는 원칙에 따라 점점 더 높은 수준의 사회통합으로 나아가게 되는데 그 극치가 바로 전체 사회가 하나의 대가족 같이 단합되는 천하일가의 대동사회이다.

상술한 바와 같이 대동사회란 모계가족 공동체와 마찬가지로 모성애로 충만한 솔선수범하는 본보기와 추종자 간의 종적인 관계를 주축으로 하는 집단을 형성하면서 모성애의 정신을 최고 원칙으로 하고 덕을 숭상하고 현자를 존중하는 원칙을 집단생활을 주도하는 지도원칙으로 확립함으로써 전체 사회가 하나의 대가족 같이 서로 사랑하게 되는 천하일가의 공동체로 바로 모계가족 공동체의 확대판이라고 할 수 있다.

하지만 대동사회가 출현하는 과정과 모계가족 공동체가 출현하는 과정으로 보면 양자 간에는 본질적인 차이가 존재한다.

모계가족 공동체는 생물심리학적인 모성애와 애착욕구에서 비롯된 자발적인 감정으로 인하여 서로 사랑하게 되어 모성애로 충만한 가장과 강렬한 애착욕구를 가진 구성원 간에 솔선수범하는 본보기와 추종자 간의 관계를 구축하면서 모성애의 정신을 최고 원칙으로 하고 덕을 숭상하고 현자를 존중하는 원칙을 집단생활을 주도하는 지도원칙으로 하는 도덕집단을 형성하게 된다.

이와는 반대로 대동사회는 걸출한 도덕적 품성을 구비한 지도자가 자각적으로 솔선수범하는 본보기를 보여줌으로써 사람들이 감복되어 그 주위에 뭉치게 되면서 솔선수범하는 본보기와 추종자 간의 관계를 주축으로 하는 도덕집단을 형성하게 되고 이러한 도덕집단이 덕을 숭상하고 현자를 존중하는 원칙을 집단생활을 주도하는 지도원칙으로 확립함으로써 구성원 간에 한 가족 같이 서로 사랑하게 되어 대가족 같은 사회를 형성하게 된다.

즉 모계가족 공동체가 자발적인 감정을 기초로 도덕적인 집단을 형성하였다면, 대동사회는 솔선수범하는 도덕적 본보기와 추종자 간의 관계를 주축으로 하여 덕을 숭상하고 현자를 존중하는 원칙을 집단생활을 주도하는 지도원칙으로 하는 도덕집단을 형성함으로써 서로 한 가족 같이 사랑하는 대가족 같은 사회로 된 것이다.

이로부터 대동사회로 나아가는 관건이 첫 번째는 지도자와 대중 간에 솔선수범하는 본보기와 추종자 간의 관계를 주축으로 하는 사회체계를 구축하는 것이고, 두 번째는 덕을 숭상하고 현자를 존중하는 원칙을 사회생활을 주도하는 권위적인 의식형태로 확립하는 것임을 알 수 있다.

인류역사의 초기 단계에는 피아제의 인지발달이론에서 말하는 전조작기(Preoperational Stage)의 감성적인 인식방식으로 인하여 인류의 가치관과 세계관이 모두 신비한 비이성적인 특징을 띠게 되며 사회의 의식형태는 원시종교의 형태로 나타나게 된다. 따라서 원시사회에서는 원시종교가 정치, 경제, 도덕, 관습 등 사회생활의 각 방면들과 분리될 수 없이 서로 얽혀 있으면서 사회생활을 규제하고 인도하는 양상을 나타낸다. 이렇듯 원시사회에서는 사회의 의식형태가 원시종교의 형태로 나타나므로 의식형태의 변화는 원시종교의 변화로 표현된다.

분산적인 부락사회로부터 추장사회로 나아가는 과정에서 사회 통합의 수요로 인하여 전체 사회는 반드시 통일적인 의식형태를 확립해야 한다. 그러므로 이 과정에서 소위 말하는 절지천통과 같은 종교개혁이 불가피할 수밖에 없다. 이런 종교개혁은 현상의 차원에서 보면 통치자가 종교 권한에 대한 독점으로 나타나지만 실질적인 차원에서 보면 의식형태로서의 원시종교가 질적인 변혁을 일으키는 과정이다.

분산적인 부락사회에서는 사회 전반을 체계적으로 지도하는 체계적인 의식형태가 필요치 않지만 통합된 추장사회에서는 반드시 사회 전반을 통제하고 인도하는 체계적인 의식형태를 확립해야 하므로 추장사회의 원시종교는 반드시 사회 전반을 통제하고 인도하는 체계적인 의식형태의 역할을 담당해야 한다. 그러므로 추장사회의 원시종교에서 신령세계는 점점 자연과 사회 전반에 대해 체계적인 권력을 행사하는 절대적인 지배자로 승화하게 되면서 신령세계의 지위는 점점 높아지고 인간의 지위는 상대적으로 점점 낮아지는 양상을 나타내게 된다.

그 결과 원시종교는 개인이나 특정 집단이 사적인 목적을 위하여 신령을 부리는 주술 형태를 선명한 특징으로 하던 데로부터 점차 전체 사회가 경외의 심정으로 신령 앞에 엎드려 제사를 올리면서 은혜를 비는 제사문화를 선명한 특징으로 하게 된다. 즉 원시종교는 총체적으로 도구적 색채가 짙은 주술 형태로부터 자연과 사회 전반에 대한 절대적인 지배력을 가진 초자연적인 존재를 숭배하는 제사문화의 형태로 진화하여 간다.

따라서 주술 형태의 종교 활동과 제사 형태의 종교 활동이 분화되면서 제사 형태의 종교 활동은 공적인 사회생활과 연관되는 어용문화로 확립되고 주술 형태의 종교 활동은 사적인 개인생활과 연관되는 민간문화로 전락하게 될 뿐만 아니라 인간은 초자연적인 존재 앞에서 주술을 부리던 능동적인 존재로부터 오직 배복하여 은혜를 갈구하는 수동적인 존재로 전락하게 된다. 비록 주술을 부리는 무당의 지위는 격하되고 제사활동을 관장하는 성직자와 통치자의 지위는 격상되나 이들은 전지전능한 초자연적인 지배자의 대리인으로 전락됨으로써 정치활동은 신권통치(神

權統治)의 특색을 나타내게 된다.

비록 현상의 차원에서 보면 대동사회의 의식형태가 원시종교의 형태를 나타내지만 실질 내용으로 보면 대동사회의 의식형태는 모계가족 공동체와 마찬가지로 모성애의 정신을 최고 원칙으로 하고 덕을 숭상하고 현자를 존중하는 원칙을 사회생활을 주도하는 지도원칙으로 한다. 이는 대동사회의 경제활동에서 뚜렷하게 표현되는데 대동사회는 모계가족 공동체와 마찬가지로 공동체를 본위로 공동체생활의 수요에 따라 구성원 간에 역할을 분담하고 모든 사람은 맡은바 역할에 따라 능력을 다하고 수요에 따라 분배하는 원칙을 경제활동의 최고 원칙으로 한다.

그러므로 대동사회의 경제활동은 전체 사회가 수령을 핵심으로 하는 중앙 조직의 계획과 지도하에 생산을 조직하고 생산물을 분배하는 재분배경제의 특징을 나타내게 된다. 다시 말하면 소위 재분배경제란 전체 사회가 대가족 같은 공동체로 통합되는 과정에서 나타나는 자연적인 현상으로 이는 모계가족 공동체의 경제원칙이 전체 사회의 차원에서 체현된 것이지 엘만 서비스가 주장한 것처럼 재분배경제가 사회에 경제적 이득을 가져다주므로 사회구성원들이 경제적 동기로부터 출발하여 재분배경제로 나아간 것이 아니다.

결론적으로 분산적인 부락사회로부터 통합된 추장사회로 나아가는 과정은 최고 지도자를 비롯한 지도계층과 대중 간에 솔선수범하는 본보기와 추종자 간의 종적인 관계를 주축으로 하는 사회체계를 구축하고 이를 기초로 모성애의 정신을 최고 원칙으로 하고 덕을 숭상하고 현자를 존중하는 원칙을 사회생활을 주도하는 지도원칙으로 하는 권위적인 의식형태를 확립하여 가는 과정으로서 그 최고의 성과가 바로 대동사회이다.

　　　　　　　　　　　　　　　중국문화와 덕치사상

그러므로 솔선수범하는 본보기와 추종자 간의 종적인 관계를 주축으로 하는 사회체계의 구축을 의미하는 제위(帝位)의 선양, 권위적인 의식형태의 확립을 의미하는 절지천통(絶地天通)이 대동사회의 중대한 사건으로 중국 역사에서 전해 내려오는 것은 너무나도 자연스러운 일이다.

부락사회로부터 대동사회로 나아가는 과정은 사회의 규모가 꾸준히 확장되는 과정일 뿐만 아니라 사회 각 부분들 간의 분화 정도와 통합 정도가 꾸준히 제고되는 과정이기도 하다. 따라서 부락사회로부터 대동사회로 나아가는 과정에서 전체 사회의 분업 및 협력관계가 꾸준히 발전하게 되면서 사회의 각 부분들 간에는 전문성, 차별성과 상호 의존성의 특징을 나타내게 되며 이러한 특징들은 시간의 흐름에 따라 점점 강화된다.

사회가 전문성, 차별성과 상호 의존성의 특징을 가진 긴밀히 통합된 유기체로 성장해감에 따라 사회의 중추신경계통 역할을 담당하는 중앙조직을 핵심으로 하는 귀족계층의 정치적 역할도 시간의 흐름에 따라서 점점 강화될 수밖에 없다. 이는 귀족계층과 기타 계층들 간의 관계에서 귀족계층이 정치, 종교, 경제, 군사 등 모든 사회 권력을 장악한 전문화하고 조직화된 거대한 정치세력으로 성장하여 가는 반면에 기타 계층은 점점 정치 영역에서 배제되면서 정치적 역할을 상실하는 양상으로 나타난다.

귀족들은 거대 종족을 형성해 가면서 강대한 정치세력으로 성장해가는 반면, 기타 계층에서는 워낙 가장 긴밀한 사회집단으로 가족 구성원의 이익을 대변하는 정치적 역할을 발휘하던 가족이 점점 정치적 영향력을 상실하면서 유명무실하게 되어 기타 계층들은 점점 귀족에 종속된 예속민으로 전락하여 간다. 결과적으로 사회의 전문성과 상호 의존성이 꾸준히 강화됨에 따라 귀족계층과 기타 계층들 간의 관계는 서로 간 기능적 역할의 강화로 인하여 권력관계의 색채가 점점 짙어지는 반면에 솔선수범하는 본보기와 추종자 간의 관계는 점점 퇴색하게 되면서 서로 간의 감정이 점점 소원해지게 된다.

그 결과 권력을 독점한 귀족계층의 가족 본위주의 경향이 권력에 의지하여 점점 팽창하게 되면서 귀족계층과 기타 계층들 간 관계는 점점 적나라한 권력관계로 전락하게 되는데, 바로 이런 가족 본위주의의 팽배가 카친족 사회에서 두와가 기존의 사회원칙을 무시하면서 샨족(Shan)의 사오파(saohpa)와 같은 통치자로 되려고 하는 개인적인 야욕으로 나타난 것이다.

결론적으로 가족 본위주의의 팽창으로 인하여 귀족계층과 기타 계층 간 솔선수범하는 본보기와 추종자 간의 관계는 점점 통치자와 피통치자 간의 권력관계로 전락되고 통치계층 내부의 관계도 자기 이익을 추구하는 정치세력들 간의 권력관계로 전락된다. 이리하여 비록 전체 사회가 계속하여 친척관계의 외관을 유지하고 있다고 하지만 그 본질로 보면 자발적인 감정을 기초로 하는 친척관계는 점점 권력관계를 기초로 하는 이익관계로 대체되어 대동사회는 무너지고 추장사회의 다른 한 유형인 소강사회가 출현하게 되었다.

3. 덕치사상의 확립과 이론화 과정

우(禹)는 선양을 받아 제위에 오른 마지막 제왕이면서 하(夏)나라를 개국한 첫 번째 제왕이기도 하다. 바로 우(禹)가 천하 사람들의 공천하(公

天下)를 일개 가족의 사천하(私天下)로 만들었다고 하여 옛사람들은 우(禹) 이전 요순(堯舜)의 시대를 대동사회(大同社會)라고 하고 우(禹) 이후의 시대를 소강사회(小康社會)라고 하였다.

전하는 바에 의하면 우(禹)는 워낙 요순(堯舜)을 본받아 익(益)에게 왕위를 선양하려고 했지만 결국에는 우(禹)의 아들 계(啓)가 왕위에 오르게 됨으로써 왕위의 세습제도가 선양의 전통을 대체하게 되어 공천하(公天下)의 대동사회가 사천하(私天下)의 소강사회로 되었다고 한다. 하지만 『예기(禮記)』에서 지적한 바와 같이 대동사회와 소강사회 간의 구별은 단순한 왕위의 선양과 세습 간의 차이에 있는 것이 아니라 사회문화 방면에서의 질적인 차이에 있다.

사회문화의 총체적 특징으로 볼 때 대동사회는 모든 사람이 자기 부모만 부모로 섬긴 것이 아니라 다른 사람들의 부모도 자기 부모처럼 섬기고 자기 자식만 자식으로 여긴 것이 아니라 다른 사람들의 자식도 자기 자식처럼 여기는 '천하일가(天下一家)'의 화목한 사회라면, 소강사회는 사람마다 모두 자기 부모만 부모로 섬기고 자기 자식만 자식으로 여기는 협애한 가족 본위주의가 범람하여 서로 간에 이익을 다투는 사회라고 할 수 있다.

이러한 사회적 특징으로 하여 하상주(夏商周) 삼대를 통틀어 소강사회라고 하지만 바로 왕국유가 『은주제도론(殷周制度論)』에서 지적한 바와 같이 "중국의 정치와 문화의 변혁은 은(殷)나라와 주(周)나라 간 교체시기보다 더 격렬한 때가 없었다."[70] 즉 상(商)나라가 멸망하고 주(周)나라가

---

[70]   王國維, 「殷周制度論」, 『觀堂集林』卷十, 北京: 中華書局, 1959, 451쪽.

건립될 초기 중국문명사에서 심원한 의미를 가지는 획기적인 변혁이 일어났는데 사회제도와 문화관념의 시각에서 보면 주(周)나라는 하(夏)나라와 상(商)나라에 비하여 근본적인 차이가 있는 왕조라고 해도 추호도 과언이 아니다.

총체적으로 사회제도와 문화관념의 시각에서 보면 하(夏)나라와 상(商)나라는 소강사회가 자발적으로 전개되는 과정이라면 주(周)나라는 이와 달리 소강사회의 한계에 대한 체계적인 반성을 기초로 사회변혁을 시도함으로써 소강사회가 질적인 변화를 일으킨 역사 단계로서 엘만 서비스의 사회발전단계론에서 말하는 추장사회의 단계를 초월한 역사단계이다.

역사적 시각으로 볼 때 소강사회의 자발적인 전개과정으로서의 하(夏)나라는 초기 단계의 소강사회라고 한다면, 상(商)나라는 소강사회의 특성이 충분히 발달한 성숙단계의 소강사회라고 할 수 있다. 그러므로 아래에 상(商)나라를 중심으로 소강사회의 사회문화적 특성을 고찰하려 한다. 이런 접근법을 선택하는 또 하나의 중요한 이유는 갑골문의 발견으로 인하여 상(商)나라는 그 당시 문자자료가 존재하는 중국 최초의 왕조로 되었기 때문이기도 하다.

가. 상(商)나라의 제사(祭祀)문화

상나라는 고대 문헌에서 은(殷)나라로 지칭되기도 하는데 은(殷)은 상왕조의 마지막 수도로 상나라를 은나라로 지칭하기 시작한 것은 상왕조가 멸망한 뒤 주나라 때부터이다.

중국문화와 덕치사상

고대 문헌에 의하면 상나라 때 천하에는 곳곳에 방국(方國) 즉 추장사회들이 널려 있어 "은나라 초기 '3천여 개의 방국들이 있었다.'고 한다.…… 그러므로 소위 말하는 은왕조(殷王朝)란 실제는 큰 읍(邑)인 상(商)을 수령으로 하는 수많은 방국들로 구성된 방국연맹(方國聯盟)에 불과하다."[71] 실제 상왕조가 직접 통치한 지역은 황하 중하류의 일부 지역으로 상왕조는 수많은 방국 가운데 하나의 방국에 불과하나 세력이 여타 방국들에 비하여 훨씬 강대하였으므로 연맹의 맹주로서 대추장의 역할을 하게 된 것이다.

비록 상왕조의 세력이 여타 방국들에 비하여 훨씬 강대하다고 하지만 여기 저기 널려 있는 방국들은 언제나 상왕조에 고분고분 복종한 것만은 아니고 상왕조 세력의 강약변화에 따라 복종하거나 이탈하거나 심지어 반기를 들기도 하였다. 그러므로 상왕조의 왕권은 아주 제한적이라고 할 수 있다.

이미 발견된 갑골문이 새겨져 있는 뼛조각은 대략 15만개 정도 된다. 갑골문의 내용을 보면 "은나라 사람들은 크게는 전쟁, 홍수, 가뭄, 기타 재해 등 나라의 흥망성쇠와 관련된 일들, 작게는 왕과 귀족들의 의식주행(衣食住行)에 관련된 일 등 생활의 모든 방면에 관련된 것들을 모두 신령에게 점괘로 길흉을 물었다."[72]는 것을 알 수 있다. 이는 그 당시 국가 대사와 개인생활 모두 모든 방면에서 종교 활동과 분리될 수 없이 서로 얽혀져 있었음을 의미한다.

---

71   王和, 「商周人際關系思想的發展與演變」, 『歷史研究』, 1991年 第5期, 112-126쪽.
72   王和, 「商周人際關系思想的發展與演變」, 112-126쪽.

상나라 사람들은 아주 빈번하게 각종 제사를 지내면서 신령에게 제물을 바쳤으며 제물의 귀중한 정도와 수량도 참으로 놀라울 정도였다고 한다. 그러므로 『예기(禮記)』는 "은나라 사람들은 신을 높이 모셨는데 지배자들은 백성을 통솔하여 신을 섬기면서 귀신을 앞세우고 예는 뒤로 하였다."("殷人尊神, 率民而事神, 先鬼而後禮."[73])고 하였다.

상나라 사람들이 믿는 지상신(至上神) 즉 최고의 신은 제(帝) 혹은 상제(上帝)라고 한다. 상나라 초기에 이미 지상신에 관한 관념이 존재하였다. 지상신으로서의 상제는 자연과 인간사회를 포함한 우주 전체를 지배하는 최고의 통치자이다. 농업사회의 지상신으로서 상제의 가장 중요한 권한은 농사와 밀접한 연관이 있는 천시(天時)를 관리하는 것이지만 상제는 인간세상의 행복과 불행을 좌우하는 최고의 신이기도 하므로 국가의 흥망성쇠와 제왕의 운명도 궁극적으로는 상제에게 달려 있다.

상나라 사람들이 믿는 이 상제는 상당히 인격화된 신이다. 상제는 인간세상의 제왕처럼 지령을 내릴 뿐만 아니라 자기의 조정과 대신들도 갖고 있다. 하지만 상제는 우주의 창조자는 아니고 단지 우주를 지배하는 최고의 통치자일 뿐이다.

인간세상의 길흉화복은 궁극적으로 상제에게 달려 있으므로 인간의 삶에서 가장 중요한 것은 상제의 비호를 받는 것이다. 그러나 상나라 사람들의 상제는 일반 신령들과 달리 제사에서 바치는 제물을 받지 않는다. 그러므로 사람들은 직접 상제에게 제물을 바치면서 소원을 성취하게 해달라고 갈구할 수 없다.

---

73 『禮記·表記』.

중국문화와 덕치사상

인간과 상제 간에는 인간이 바치는 제물을 받고 가교역할을 하는 신령들이 있는데 이들이 바로 조상신들이다. 조상신들은 후손들이 올리는 제물을 받고 상제의 조정에 들어가 사람들의 소원을 상제한테 전달해줄 수 있다. 근데 조상신들은 사람들을 도와 비를 내려 풍년이 들게 해달라는 등 인간 세상에 혜택을 내리게끔 상제한테 간청하기도 하지만 인간 세상에 가뭄이나 기타 재앙들을 내려 달라고 상제한테 청구하기도 한다. 즉 조상신들은 결코 한마음으로 후손들을 사랑하는 인자한 존재가 아니라 상제에게 자기의 자손들에게도 재앙을 내려달라고 청구하기도 하는 변덕스러운 존재이다.

사실 상나라 사람들의 상제도 그 마음을 가늠할 수 없는 변덕스러운 존재이기는 조상신과 마찬가지이다. 복사(卜辭)를 보면 상나라 사람들이 믿는 상제는 결코 사람들을 사랑하고 보살피는 인자한 지배자가 아니다. 사람들은 오직 전전긍긍하면서 제사를 지내고 제물을 바침으로써 신령들의 환심을 얻어 상제의 혜택이 내려지기를 기대할 수밖에 없다.

그러므로 진래는 "어느 학자가 갑골복사(甲骨卜辭) 중에 도덕적 지혜에 관한 용어가 하나도 없다고 지적하였는데 이는 은나라 사람들이 믿는 상제는 인간세상의 윤리와 무관함을 표명한다."[74]고 결론지었다. 다시 말하면 상나라 사람들이 믿는 상제는 오직 전지전능(全知全能)할 뿐이지 인자한 도덕적 속성을 가진 지상신이 아니다. 상제의 이러한 특징은 상나라 종교 관념의 성격을 가장 선명하게 보여주는 것이라고 할 수 있다.

---

74 陳來, 「殷商的祭祀宗教與西周的天命信仰」, 『中原文化研究』, 2014年 第2期, 18-24쪽.

하늘의 상제나 조상신이나 모두 제멋대로 권력을 휘두르는 변덕스러운 신령들이라면 지상의 제왕도 그보다 더 나을 것 없었다. 소강사회를 확립한 우(禹)의 아들 계(啓)는 만년에 점점 타락하여 술, 사냥, 가무에 빠져 정사를 소홀히 하였다. 계(啓)를 이어 아들 태강(太康)이 왕위에 올랐는데 그는 사냥과 놀음에만 탐닉하면서 국정을 소홀히 하여 민심을 잃었다. 그 결과 태강(太康)이 낙수(洛水) 남쪽으로 사냥을 나가 백일이 넘도록 돌아오지 않은 기회를 타서 유궁씨(有窮氏)의 수령인 예(羿)가 백성이 견디지 못함을 내세워 그가 돌아오지 못하게 막아 태강(太康)은 나라를 잃게 되었다. 그 때 태강(太康)의 동생 다섯이 모친과 함께 낙수 북쪽에서 그를 기다려 조부인 우(禹)의 훈계를 노래로 지어 불렀다고 하여 오자지가(五子之歌)에 관한 전설이 전해 내려오고 있다.

오자지가의 가사는 대체로 백성은 나라의 근본이고 근본이 튼튼해야 나라가 편안케 되므로 절대로 백성을 얕보지 말아야 하며 향락을 즐기지 말고 덕을 쌓아야 한다는 내용을 담고 있다. 하지만 이러한 교훈에도 불구하고 하나라의 마지막 군주 걸(桀)과 상나라의 마지막 군주 주(紂)는 모두 백성의 고혈을 빨아 주지육림(酒池肉林)의 황음무도한 생활을 하면서 잔혹한 형벌을 즐긴 폭군들로 결국 모두 민심을 잃어 하나라와 상나라는 멸망하고 말았다.

추장사회에서 수령과 민중들 간 솔선수범하는 본보기와 추종자 간의 관계가 무너지게 되면 최고 권력을 장악한 추장들의 사욕이 점점 팽배하게 되는 것은 불가피한 추세라고 할 수 있다. 이러한 현상에 관하여 살린스는 "추장들은 모두 하나의 공통된 특징이 있는데 '정치 소유욕이 극도로 팽창한다.'는 것이다. 다시 말하면 경제 방면에서 인민들을 압박하고 착취한다. 통치 영역이 확장됨에 따라 그들은 저도 모르게 이런 방향으로 나아가면서 부족의 한 성원으로서, 추장으로서 인민들의 복지에 대해 응당 짊어져야 할 책임에 대해 개의치 않게 여긴다."[75]고 지적하였다.

하와이(Hawaii) 사회에서는 허다한 추장들이 불만에 찬 민중들에게 살해되었거나 쫓겨난 이야기가 전해 내려오고 있다. 어느 한 인류학자는 "바로 이런 원인으로 어떤 고대 국왕들은 그들의 인민들을 두려워한다.(Malo, 1951, p. 195.)"[76]고 지적하였다.

문제의 관건은 살린스가 지적한 바와 같이 친척관계를 주요 사회관계로 하는 추장사회에서는 "일단 추장들이 친척관계의 도덕규범을 준수하지 않는다면 대중의 원한을 사게 된다."는 것이다.[77] 『상서(尙書)』에는 "옛 사람들이 이르기를 '나를 어루만져 주면 군주이고, 나를 학대하면 원수이다.'라고 하였다."("古人有言曰: '撫我則後, 虐我則仇.'"[78])는 구절이 있다. 다시 말하면 솔선수범하는 본보기 역할로 인하여 민중의 수령으로 추대되었던 추장들이 도덕적 책임을 무시하게 되면 결국에는 민중의 원수로 전락하게 된다.

그 결과 추장사회는 추장들의 사욕이 팽창하여 민중에 대한 압박과 착취가 가중되면 점점 민심을 잃게 되어 결국에는 살해당하거나 쫓겨나 다른 추장으로 교체되고 새로운 추장이 등극하면서 어느 정도 사회 모순

---

75 [美]Marshall Sahlins, 『石器時代經濟學』, 張経緯·鄭少雄·張帆 역. 北京: 生活·讀書·新知三聯書店, 2009, 166쪽.
76 [美]Marshall Sahlins, 『石器時代經濟學』, 168쪽에서 재인용.
77 [美]Marshall Sahlins, 『石器時代經濟學』, 170쪽.
78 『尙書·周書·泰誓下』.

이 완화되어 안정을 되찾았다가 어느 날인가 추장의 사욕이 다시 팽창하게 되고 결국 살해당하거나 쫓겨나는 일을 되풀이하게 된다.

나. 주(周)나라의 천명관(天命觀)과 봉건제도

1) 천명에 대한 반성과 덕치사상의 확립

상나라의 상제는 자연과 사회를 포함한 우주의 최고 지배자이다. 따라서 국가의 흥망성쇠와 제왕의 운명 모두 궁극적으로는 상제에게 달려 있는 것으로 군권의 궁극적인 근거는 상제에게 있다. 이런 군권신수(君權神授) 혹은 군권천수(君權天授)의 관념이 상나라에서 확고한 신념으로 자리 잡고 있었음은 상나라의 마지막 군주인 주(紂)가 곧 망하게 되었음에도 불구하고 "내가 천자로 태어남에 명이 하늘에 달려 있지 않은가!"("嗚呼, 我生不有命在天!"[79])라고 호언장담하는데서 생동하게 드러난다.

하지만 거듭되는 역사적 교훈은 상나라를 멸망시킨 주나라의 통치자들로 하여금 천명과 정권교체 간의 관계에 관하여 신중하게 반성해 보지 않을 수 없게 하였다. 역사의 교훈으로부터 이들은 상제 혹은 하늘이 군주에게 내리는 천명은 결코 영원히 불변하는 것이 아니며 천명을 받을 수 있고 계속하여 지속할 수 있는가 하는 여부는 인간 자체의 도덕적 행위와 밀접한 관련이 있다는 결론을 얻게 되었다. 이리하여 비록 정치적 신념으로 말하면 주나라와 상나라 모두 군권천수를 통치 권력의 궁극적인 근거로 확신하였다고 하지만 군권천수에 관한 이해에서 양자 간에 근본적

---

79 『尙書·西伯戡黎』.

인 차이가 발생하게 되었다.

군권천수에 대한 주나라 통치자들의 독특한 이해는 주무왕(周武王)이 상나라를 정벌할 때 결의문에서 이미 선명하게 나타났다.『상서(尙書)』에 의하면 주무왕은 상나라 군주의 죄악에 관하여 "자기한테 천명이 있다고 하고, 하늘은 공경할 필요가 없다고 하며, 제사가 득이 되지 않는다고 하고, 포학무도해도 해를 보지 않는다고 한다."("謂己有天命, 謂敬不足行, 謂祭無益, 謂暴無傷."[80])고 성토하였다. 그 뜻인즉 상나라 군주 주(紂)는 하늘의 뜻을 공경히 받들지 않고 백성을 학정으로 다스렸다는 것이다.

주무왕은 하늘은 분명한 의지를 갖고 있으며 "하늘은 백성을 불쌍히 여기므로 백성이 원하는 바는 반드시 따른다."("天矜於民, 民之所欲, 天必從之."[81])고 생각하였다. 바로 이런 맥락에서 주무왕은 "하늘은 우리 백성이 보는 것을 통해서 보고, 하늘은 우리 백성이 듣는 것을 통해서 듣는다."("天視自我民視, 天聽自我民聽."[82])고 하면서 하늘은 백성을 사랑하고 백성의 소리에 귀를 기울이므로 백성의 요구를 자기의 의지로 삼아 인간 세상을 지배한다고 주장하였다.

이렇듯 하늘은 백성의 요구를 자기의 의지로 삼기에 주무왕은 "하늘은 백성을 보우하여 임금과 스승을 세우는 것이고, 임금은 오직 상제를 도와 백성을 보살피고 사방을 안정시키는 것이다."("天佑下民, 作之君, 作之師, 惟其克相上帝, 寵綏四方."[83])라고 하면서 "진정으로 현명한 자가 천자로

---

80 『尙書·周書·泰誓中』.
81 『尙書·周書·泰誓上』.
82 『尙書·周書·泰誓中』.
83 『尙書·周書·泰誓上』.

되고 천자는 백성의 부모로 되어야 한다."("亶聰明, 作元後, 元後作民父母."[84])고 역설하였다.

만일 이와 같이 하늘은 백성을 보우하기 위하여 임금을 세우는 것이라면 임금이 백성을 학대하는 것은 하늘의 뜻에 위배되는 것으로 반드시 하늘의 노여움을 사게 되며 결국에는 하늘이 징벌을 내리게 되어 망하게 된다. 이로부터 천명에 대한 주나라 통치자들의 이해는 상나라의 관념과 근본적인 차이가 있음을 알 수 있다. 이런 하늘은 백성의 요구를 자기의 의지로 한다는 천의(天意)가 바로 민의(民意)이고 민의(民意)가 바로 천의(天意)라는 "'천민합일(天民合一)'의 사상은 세계 문화사에서 매우 독특한 것이다."[85]

천의가 바로 민의이고 민의가 바로 천의라는 천명관에서 그 이전의 종잡을 수 없었던 변덕스러운 천의는 민의라는 명확한 내용을 가지게 되었다면, 반대로 민의는 하늘이라는 궁극적인 지지자와 최고의 대변자를 가지게 되었다. 이렇듯 민의는 바로 천의라는 것은 민의가 신성한 종교적 근거를 갖고 있다는 것을 의미한다면 이와 달리 하늘이 군주에게 천명을 내리는 목적은 하늘의 뜻을 받들어 백성을 보호하고 보살피게 하려는 것이므로 논리적인 차원에서 보면 민의는 하늘의 명을 받은 군주보다 우선적인 지위를 가지게 된다.

"이러한 사상과 신념에서 인민과 군주는 하늘 앞에서 결코 평등한 것이 아니라 인민은 군주에 비하여 본체론적으로, 가치론적으로 우선시되

---

84 『尙書·周書·泰誓上』.
85 陳來, 「殷商的祭祀宗教與西周的天命信仰」, 『中原文化硏究』, 2014年 第2期, 18–24쪽.

　　　　　　　　　　　　　중국문화와 덕치사상

고 중요시된다."[86] 따라서 백성은 군주에게 무조건 복종하면서 압박과 착취를 감내해야 할 의무가 있는 것이 아니라 반대로 하늘의 궁극적인 지지를 바탕으로 군주에게 어진 정치를 실행할 것을 요구할 수 있는 권리를 갖고 있다.

이로부터 알 수 있듯이 군주가 어진 정치를 실행하지 않고 학정을 실행할 때 인민들이 저항하거나 반란을 일으키는 것은 십분 정당하며 민의의 궁극적인 대변자로서 하늘은 군주를 징벌하거나 심지어 군주에게 내린 천명을 거두어드릴 수도 있다. 이러한 정치사상에서 천의는 이미 민의로 되어 신앙의 형태로 보면 천명은 여전히 종교적 특징을 갖고 있다고 하지만 실질 내용으로 보면 민본주의를 핵심으로 하는 것이므로 이는 주나라의 정치가 이미 신권정치로부터 멀어지기 시작하였음을 의미한다.

결론적으로 "상나라와 주나라 세계관의 근본적인 차이는 상나라 사람들의 '제(帝)' 혹은 '천(天)'에 관한 신앙에는 윤리적 내용이 존재하지 않았다면…… 주나라 사람들의 이해에서 '천(天)'과 '천명(天命)'에는 이미 확정적인 도덕적 내용이 내포되어 있었는데 이런 도덕적 내용은 '경덕(敬德)'과 '보민(保民)'을 주요 특징으로 하였다."[87]

만일 인간의 삶을 지배하는 하늘이 윤리적 속성을 지닌 존재이고 인간은 이러한 하늘의 본질을 이해할 수 있다면 인간이 자기의 삶을 위하여 반드시 해야 할 일은 자각적으로 도덕적 원칙에 따른 의무를 짊어짐으로써 자기의 운명에 대해 책임지는 것이다. 특히 통치자는 반드시 천의

---

86   陳來,「中國早期政治哲學的三個主題」,『天津社會科學』, 2007年 第2期, 46-50쪽.
87   陳來,「殷商的祭祀宗教與西周的天命信仰」, 18-24쪽.

는 바로 민의임을 명기하고 어진 정치를 펼쳐야 한다.

그러므로 주공은 하나라와 상나라는 천명을 받았지만 "덕을 공경하지 않아 일찍이 천명을 잃은 것이다."("惟不敬德, 乃早墜厥命."[88])라고 하면서 반드시 덕치를 베풀어야 한다고 하여 "하늘은 친한 사람이 없어 오직 덕이 있는 사람을 도와줄 뿐이고 민심은 일정하지 않아 오직 은혜를 베푸는 자를 따른다. 선을 행함은 같지 않으나 다 같이 다스려지게 되고, 악을 행함은 같지 않으나 다 같이 어지러워지게 된다."("皇天無親, 惟德是輔; 民心無常, 惟惠之懷. 爲善不同, 同歸於治; 爲惡不同, 同歸於亂."[89])고 역설하였다.

소위 하늘은 친한 사람이 없다는 것은 하늘은 철저하게 도덕을 자기의 의지로 하므로 하늘이 인간에게 내리는 혜택과 재앙은 오로지 인간의 덕에 의하여 결정됨을 의미한다. 바로 이러한 천명관을 바탕으로 하였으므로 주나라의 정치사상은 '숭덕귀민(崇德貴民)', 즉 덕을 공경하고 백성의 요구를 중시함을 핵심으로 하는 특징을 나타내게 되었는데, 진래가 지적한 바와 같이 "공자 이전의 시대에서 도덕을 정치의 중심에 놓는 이런 입장은 '하늘(天)'의 권위를 빌어 실현되었다."[90]

총체적으로 주공을 핵심으로 하는 주나라 통치자들은 역사의 교훈에 대한 자각적인 반성을 기초로 '숭덕귀민(崇德貴民)'을 핵심으로 하는 덕치 관념을 정치활동의 지도사상으로 확고하게 확립하였다. 그러나 이러한

---

88 『尙書·周書·召誥』.
89 『尙書·蔡仲之命』.
90 陳來, 「中國早期政治哲學的三個主題」, 『天津社會科學』, 2007年 第2期, 46–50쪽.

반성은 경험적인 차원에서 이룩한 성과로 비록 종교적인 하늘 혹은 신령에 윤리적인 속성을 부여하였다고 하지만 결국 사회와 인간의 본질에 관한 이성적인 인식에는 도달하지 못함으로써 종교적인 천명관의 한계를 초월하는 이론체계를 정립할 수는 없었다.

바로 노사광이 지적한 바와 같이 "주나라 사람들이 나타낸 인문정신은 오직 그 정치제도에 제한되어 아직 명확하고 투철한 이론적 기초를 갖고 있지는 않았다."[91] 다시 말하면 총체적으로 볼 때 주공을 핵심으로 하는 주나라 사람들의 자각적인 반성은 논리적인 이론체계를 창립한 것이 아니라 구체적인 정치제도를 창설하는데 그쳤을 뿐이다.

이론적 시각에서 보면 이는 주나라 정치사상의 제한성을 보여주는 것이라고 할 수 있으나 역사적 시각에서 볼 때 이러한 제한성은 그들이 추구하는 목적에서 비롯되었는데 그들이 추구하는 목적은 바로 역사의 교훈으로부터 출발하여 소강사회의 문제를 해결할 수 있는 수단으로서의 새로운 정치제도를 창설하는데 있었기 때문이다. 따라서 그들의 입장에서는 이러한 제한성을 절감할 수 없었으므로 이런 제한성을 초월하여 논리적인 이론체계를 정립하려는 동기가 생겨날 수 없었다.

주지하다시피 비록 인간은 거대한 잠재능력을 갖고 있는 존재라고 하지만 잠재능력이란 필요에 따라 작동되고 발전하는 특성을 갖고 있는 능력으로서 이러한 능력의 발단은 언제나 먼저 이를 유발할 수 있는 동기를 필요로 한다. 바로 주나라 통치자들이 필요로 하는 것은 통치 수단으로서의 구체적인 제도였으므로 그들은 자각적으로 체계적인 반성을 진행하

---

91   勞思光, 『新編中國哲學史‧一卷』, 桂林: 廣西師範大學出版社, 2005, 78쪽.

였으나 경험적인 차원을 초월할 수 없었으며 경험적 이성의 단계에 국한될 수밖에 없었다.

이런 경험적 차원을 초월하지 못하는 정치사상은 피아제의 인지발달 이론으로 볼 때 구체적 조작기(具體的 操作期, concrete operational stage)단계에 속하는 것으로 형식적 조작기(形式的 操作期, formal operational stage)단계의 추상적인 이성 단계에는 이르지 못하였다고 하지만 정치사상의 발전이 이미 감성적인 느낌에 의존하는 자연발생적인 단계를 초월하여 체계적인 자각적 반성을 특징으로 하는 이성의 단계에 진입하였음을 의미한다. 그러므로 역사적 시각에서 볼 때 이는 인류의 정치사상이 자연발생적인 단계를 초월하여 자각적인 발전단계에 진입하였음을 의미한다.

2) 종법적(宗法的)인 봉건제도와 예악제도(禮樂制度)

기원전 1046년 무렵, 주무왕은 상나라를 멸망시키고 주나라를 세웠는데 그 때의 주나라는 상나라와 마찬가지로 수많은 방국들의 연맹으로 구성된 왕조였다.

주무왕은 한편으로 상나라의 마지막 임금인 주왕(紂王)의 아들 무경(武庚)으로 하여금 옛 상나라 도읍인 은(殷, 지금의 河南 安陽)에서 상나라의 유민(遺民)들을 다스리게 하고 다른 한편으로는 무경(武庚)을 감시하기 위하여 자신의 세 동생인 관숙(管叔), 채숙(蔡叔)과 곽숙(霍叔)을 그 근처 인접한 세 개 지역의 제후로 봉하였다. 이들은 무경(武庚)과 상나라 유민들에 대한 감시를 맡았으므로 '삼감(三監)'이라고 불렸다.

기원전 1043년, 주무왕은 나라를 세운지 3년 만에 병사하고 태자 희송(姬誦)이 뒤를 이어 즉위하였으니 그가 바로 성왕(成王)이다. 그러나 성

중국문화와 덕치사상

왕은 아직 나이가 어려 주무왕의 동생 주공이 섭정(攝政)이 되어 나라를 다스렸다. 관숙(管叔), 채숙(蔡叔)과 곽숙(霍叔)은 이에 불만을 품고 주공이 왕위를 빼앗을 것이라는 말을 사방에 퍼뜨리면서 무경(武庚)과 연합하여 반란을 일으켰다. 이를 '삼감(三監)의 난(亂)'이라고 한다.

3년이란 세월을 거쳐 천하를 평정한 주공은 역사의 교훈에 비추어 새로운 정치제도를 창설하였는데 이것이 바로 중국 역사에서 유명한 주나라의 종법적인 봉건제도이다. 그 결과 주나라는 상나라와 달리 수많은 방국들로 구성된 방국연맹을 초월하여 중국 역사에서 최초의 통일 왕조를 건립하게 되었다.

종법적인 봉건제도란 천자를 중심으로 하는 중앙정부가 전체 국가를 여러 지역으로 나누어 천자의 종친들과 공신들을 각 지역의 제후로 봉하여 토지와 백성을 분배해주고 해당 지역의 통치를 일임하는 통치제도이다. 제후들은 분봉(分封) 받은 지역으로 이주해 가서 천자를 대신하여 통치를 실행하는데 이들은 또 자신의 영지를 여러 지역으로 나누어 그 자제들이나 가신들인 경대부(卿大夫)들에게 재분봉(再分封)하여 주고 해당 지역의 통치를 맡긴다. 마찬가지로 경대부들도 자신의 영지를 여러 지역으로 나누어 그 자제들이나 가신인 사(士)들에게 재분봉하여 준다. 이같은 분할 통치의 방식으로 귀족계층을 천자—제후—경대부—사로 서열화한 피라미드식 구조로 조직함으로써 하나의 통일적인 정치체제를 형성하였다.

이러한 분봉제도는 종법제도를 기초로 하였으므로 주나라 초기 분봉한 주요 제후국들은 주나라 왕실의 종친들과 왕실과 인척관계가 있는 귀족들이 대부분이었다. 그러므로 순자는 "71개의 제후국을 세웠는데 그

중 희씨(姬氏) 성을 가진 제후들이 53개를 차지하였다."("立七十一國, 姬姓
獨居五十三人."[92])고 하였다.

총체적으로 종법적인 봉건제도의 핵심은 혈연관계를 기초로 하는 종
법제도에 따라 특정 종족의 구성원 간에 정치권력을 분할하는 통치체제
를 구축함으로써 정치권력의 일체화를 실현하는 것이다. 종법적인 봉건제
도에서 제후국들과 주왕조 간의 관계는 상나라 때 방국들과 상왕조 간의
관계와 같은 가맹자와 맹주와의 관계가 아니라 신하와 군주와의 관계이
다. 그러므로 『시경(詩經)』에서 "하늘 아래 왕토(王土)가 아닌 것이 없고
온 세상 사람들 왕신(王臣)이 아닌 자 없네."("溥天之下, 莫非王土; 率土之
浜, 莫非王臣."[93])라고 한 것이다.

종법적인 봉건제도를 수호하기 위하여 주공은 친척관계에서 비롯된
도덕원칙을 기초로 최고 통치자인 왕으로부터 최하층 관리들에 이르는
모든 정치조직 및 그 구성원이 지켜야 할 체계적인 제도를 제정하였는데
그것이 바로 주나라의 예악제도(禮樂制度)이다. 다시 말하면 예악제도란
정치체제 전반에 관한 제도규범으로서 그 목적은 통치 집단 나아가 사회
전체를 하나의 화목한 대가족 같은 공동체로 만드는 것이다.

그러므로 진래는 서주로부터 춘추시대까지의 중국사회를 종법적인 사
회라고 하면서 "종법 사회에서 모든 사회관계는 모두 가족화되어 종법관
계는 바로 정치관계이고 정치관계는 바로 종법관계이다. 따라서 정치관계
및 기타 사회관계는 모두 종법의 친척관계에 따라 관리되고 조정된다. 이

---

92 『荀子·儒效』.
93 『詩經·小雅·穀風之什·北山』.

런 사회는 속성상에서 양수명(梁漱溟)이 이야기한 '윤리를 본위로 하는 사회'에 가깝다."[94]고 지적하였다.

결론적으로 주나라의 창업자들은 덕치관념을 정치활동의 지도사상으로 하면서 친척제도를 기초로 정치체제를 구축하고 친척관계에서 비롯된 도덕원칙을 기초로 정치제도를 제정함으로써 전체 사회를 하나의 화목한 대가족 같은 사회로 만들려고 하였다.

그러므로 왕국유는 "옛날의 국가라는 것은 정치적 기구일 뿐만 아니라 도덕적 기구이기도 하다. 천자, 제후, 대부, 사로 하여금 각자 상응한 제도의식(制度儀式)을 받들게 하여, 친해야 할 사람을 친하고 존경해야 할 사람을 존경하고 현능한 사람을 숭배하는 원칙으로, 위로는 남녀의 구분이 밝혀지고 아래로는 민풍이 다스려지면 그것이 바로 치세이고 그 반대는 난세이다. 그러므로 천자, 제후, 경, 대부, 사라는 것은 백성의 본보기이고, 제도의식이라는 것은 도덕의 도구이다. 주나라 사람들이 실행한 정치의 정수는 바로 여기에 있다."[95]고 하면서 이러한 정치는 "그 목적이 상하 모두를 도덕의 틀 안에 넣어 천자, 제후, 경, 대부, 사, 서민 모두를 통합하여 하나의 도덕적 집단으로 만드는 것이다."[96]라고 하였다.

하지만 주나라의 종법적인 봉건제도와 예악제도는 춘추시대 중반 이후부터 무너지기 시작하여 춘추시대 말기에 이르러 걷잡을 수 없이 붕괴되기 시작하였다. 사회의 정치체제와 규범체계가 뿌리째 흔들림에 따라

---

94 陳來, 「中國早期政治哲學的三個主題」, 『天津社會科學』, 2007年 第2期, 46-50쪽.

95 王國維, 「殷周制度論」, 『觀堂集林』卷十, 北京: 中華書局, 1959, 475쪽.

96 王國維, 「殷周制度論」, 454쪽.

사회문화 전반에 대한 체계적 반성의 필요가 대두되었고 결과적으로 종교적인 사고방식으로부터 이성적인 사고방식으로의 전환이 출현하게 되었다.

다. 이성적 사고방식의 확립과 유가학파의 출현

1) 종교 관념의 변화와 이성의 발전

기원전 827년, 주선왕(周宣王)이 즉위하였는데 주선왕은 군주가 직접 농사를 지어 보이는 친경의식(親耕儀式)을 지내지 않았다. 이는 전통에 위배되는 중요한 사안으로 괵문공(虢文公)은 이의 부당함을 간언하면서 백성의 삶이나 신령에게 올리는 제물은 모두 농사에 의존하므로 역대 천자들은 농업을 지극히 중요시하여 "신령을 즐겁게 해드리고 백성과의 화합을 굳건히 하였다."("媚於神而和於民."[97])고 역설하였다.

여기에서 볼 수 있듯이 그 당시 사람들은 신령을 즐겁게 해주는 것과 백성과의 화합을 굳건히 하는 것을 가장 중요한 국가대사로 여겼다. 즉 신령과 백성은 함께 정치활동의 가장 중요한 요소로 강조되었다. 이러한 관념은 상나라의 통치자들이 오로지 신령을 즐겁게 해주는 것만 강조하고 백성을 멀리한 것과 판이한 것으로 관념상의 일대 진보라고 할 수 있다. 하지만 춘추시대에 들어 이런 관념에는 변화가 나타나기 시작하였다.

기원전 706년, 수(隨)나라의 대신 계량(季粱)은 국사를 논하면서 "이른바 도(道)란 백성에게 충성하고 신에게 신임을 얻는 것이다. 위에 있는

---

97 『國語·周語』.

자가 백성을 이롭게 하는 것을 생각함은 충(忠)이고, 축관(祝官)과 사관(史官)이 신(神)에게 말을 바르게 하는 것은 신(信)이다."("所謂道, 忠於民而信於神也. 上思利民, 忠也; 祝史正辭, 信也."[98])라고 하였다.

여기에서 보면 백성과 신령이 여전히 정치활동의 가장 중요한 두 가지 요소로 함께 강조되고 있으나 백성을 앞에 놓고 신령은 뒤로 하였다. 이런 변화가 함축하고 있는 의미는 그다음 말에서 분명하게 드러나는데 그는 뒤이어 "백성은 신의 주인이다. 그러므로 성왕은 먼저 백성을 편안하게 해주고 난 후에 신에게 힘을 쏟은 것이다."("夫民, 神之主也, 是以聖王先成民而後致力於神."[99])라고 하였다.

다시 말하면 국가대사에서 백성과 신령은 가장 중요한 두 가지 요소이므로 언제나 어떻게 하면 백성을 편안하게 해줄 수 있겠는가를 고민하고 또 신령에게 성실한 태도로 이실직고해야 한다. 하지만 백성과 신령으로 말하면 백성이 신령의 주인이기에 백성을 우선시해야 하므로 훌륭한 통치자는 반드시 먼저 백성을 편안하게 하고난 다음 신령을 섬겨야 한다는 것이다.

이런 백성을 보살피는 것이 신령을 섬기는 것보다 우선순위에 있고 결정적인 역할을 한다는 관념은 그냥 종교 내부의 변화라기보다는 종교적인 사고가 이성적 사고의 영향을 받아 사회의 문화관념이 바야흐로 이성적인 방향으로 나아가고 있음을 분명하게 보여준다.

기원전 515년, 초소왕(楚昭王)과 관사부(觀射父) 간 제사에 관한 대화

---

98 『左傳·桓公六年』.
99 『左傳·桓公六年』.

가 있었다. 초소왕이 관사부에게 "제사를 그만 두면 안 되는가?"라고 물으니 관사부는 "제사는 효도를 밝히고 백성을 번성하게 하며 나라를 보호하고 백성을 안정시키는 것이므로 그만 두면 안 된다."고 답하였다.("王曰: '祀不可以已乎?' 對曰: '祀所以昭孝息民, 撫國家, 定百姓也, 不可以已.'"[100])

주지하다시피 예로부터 제사는 줄곧 국가 대사로 받들려 왔다. 춘추시대 이전의 상나라나 서주(西周)시기에 통치자가 이런 물음을 제기한다는 것은 상상도 할 수 없는 일이다. 그러므로 제사를 폐지해서는 안 되는가 묻는 초소왕의 태도 그 자체가 이미 전통과는 완전히 배치되는 것으로 이는 이 시대에 전통적인 종교 관념이 크게 흔들리면서 신령의 지위가 유례없이 하락하였음을 의미한다.

더욱 흥미로운 것은 초소왕의 물음에 대한 관사부의 응답이다. 관사부는 신의 초자연적인 존재와 그 위력을 강조하면서 제사를 올려 신의 보우를 빌어야 한다고 주장한 것이 아니라 제사를 통하여 얻게 되는 사회적 효과를 강조하면서 제사는 정치적 수단으로서 가치가 있으므로 폐지해서는 안 된다고 설명하였다. 다시 말하면 제사에 대한 관심은 종교적 태도에서 비롯된 것이 아니라 실용적인 사회적 기능으로부터 비롯된 것이다.

비록 실용적인 차원에서 제사의 가치를 강조한다고 해도 이런 태도는 그나마 종교 활동에 중요한 가치를 부여함으로써 종교가 갖고 있는 사회적 가치를 인정하는 태도라고 할 수 있다. 하지만 춘추시대 관념의 변화는 이에 그치지 않고 사회 영역으로부터 아예 종교의 영향력을 배제해버

---

100 『國語·楚語·觀射父論祀牲』.

리는 추세를 보여주기까지 하였다.

기원전 524년, 점성가가 장차 화재가 있을 것이라고 하면서 신령에게 제사를 올려 미리 막아야 한다고 건의하니 정(鄭)나라의 대신 자산(子産)은 "천도(天道)는 멀고 인도(人道)는 가까운 것으로 서로 미칠 수 있는 것이 아닌데 어떻게 알 수 있는가?"("天道遠, 人道邇, 非所及也, 何以知之?"[101])라고 하면서 제사를 지내지 않았다. 즉 자산은 별이 멀리 하늘 끝에 있고 인간의 활동은 바로 코앞에 있어 천도와 인도는 서로 관련 없다고 보았다. 그러므로 점성가의 말은 그냥 근거 없는 억측에 불과하여 어쩌다가 맞아 떨어질 때가 있을 뿐이다.

또 기원전 715년, 송양공(宋襄公)이 송(宋)나라에서 발생한 일에 관하여 주나라 내사(內史) 숙흥(叔興)에게 길흉을 물으니 숙흥은 응답하고 물러나와 사람들에게 "임금은 이상한 질문을 하였다. 음양에 의한 자연의 변화로 길흉과는 관계없다. 길흉은 사람으로 하여 일어나는 것이다. 내가 그런 대답을 드린 것은 임금을 거역할 수 없었기 때문이다."("君失問. 是陰陽之事, 非吉凶所在也. 吉凶由人. 吾不敢逆君故也."[102])라고 하였다. 즉 자연현상은 음양으로 인하여 일어나는 것이고 인간세상의 길흉은 하늘이 내리는 것이 아니라 사람의 행위로 말미암아 일어나는 것으로 서로 간에 연관이 없다는 것이다.

사회현상은 반드시 인간의 품성과 행위로부터 출발하여 이해해야 한다는 것을 민자마(閔子馬)는 "화와 복은 드나드는 문이 있는 것이 아니라

---

101 『左傳·昭公十八年』.
102 『左傳·僖公十六年』.

오로지 사람이 불러들이는 것이다."("禍福無門, 唯人所召."[103])라는 말로 아주 직설적으로 표현하였는데 총체적으로 이러한 사례들은 이 시기 진보적 인사들은 이미 신령이 행복과 불행을 내린다는 미신을 완전히 초월하여 인간의 모든 행복과 불행을 인간 스스로의 덕행에 귀결시킴으로써 종교적인 사고방식을 완전히 초월하여 이성적인 사고방식으로 인간의 삶과 사회현상을 이해하였음을 분명하게 보여준다.

춘추시대 종교적인 사고방식으로부터 이성적인 사고방식으로의 발전을 그 내용으로 보면 총체적으로 덕(德)과 민(民)을 핵심으로 '숭덕귀민(崇德貴民)'("덕을 숭상하고 백성을 귀히 여긴다.")하여 '이덕화민(以德和民)'("덕으로 백성을 화합하게 한다.")하는 사상을 중심내용으로 하는 특징을 나타내고 있는데 이 시대 덕에 대한 강조는 심지어 점복활동의 전제 조건으로 덕을 강조하기에까지 이르렀다.

기원전 530년, 노(魯)나라의 대부(大夫) 계손씨(季孫氏)의 가신인 남괴(南蒯)가 반란을 꿈꾸며 점을 봤는데 점괘가 크게 길할 것으로 나왔다. 이를 자복혜백(子服惠伯)에게 보여주니 자복혜백은 "내 일찍 이에 관하여 배운 적이 있는데, 충신(忠信)에 관한 일이라면 괜찮겠지만, 그렇지 않으면 반드시 실패한다."("吾嘗學此矣, 忠信之事則可, 不然, 必敗."[104])고 하였다. 즉 자복혜백은 도덕에 어긋나는 일에 관하여 점을 쳐서 길흉을 알아보려 한다면 반드시 실패한다고 보았다.

주지하다시피 "점복(占卜)활동은 원시종교의 중요한 부분으로 춘추시

---

103 『左傳·襄公二十三年』.
104 『左傳·昭公十二年』.

중국문화와 덕치사상

대 중반 이전의 점복문화와 점복활동에는 모두 덕행에 관한 요구가 없었다. 하지만 지금은 점을 보는 사람의 덕행과 점을 보는 사람이 실행하려고 하는 행동의 성격이 모두 점을 쳐 정확하게 미래를 예측할 수 있는지 여부를 결정하는 전제조건으로 되었다."[105]

다시 말하면 점괘가 정확하게 미래를 예측할 수 있게 하려면 반드시 점을 보는 사람이 기본적인 덕성을 갖추어야 할뿐만 아니라 알아보려고 하는 일도 도덕에 어긋나지 말아야 한다. 이렇듯 도덕적인 요소가 점복활동 그 자체가 요구하는 중요한 전제조건으로 되었음은 도덕의식이 점복활동에 깊이 침투되었음을 의미한다.

기원전 719년, 위(衛)나라의 주우(州籲)가 위환공(衛桓公)을 시해하고 왕위에 올랐는데 그는 군사를 일으켜 전쟁을 벌임으로써 불안정한 지위를 확고히 굳히려 하였다. 이에 노(魯)나라의 은공(隱公)이 중중(衆仲)에게 주우의 장래가 어떻게 될 것인지를 물으니 중중은 "신은 덕으로 백성을 화합하게 한다는 말을 들었지만 소란을 일으켜 백성을 화합하게 한다는 말은 듣지 못했습니다. 소란을 일으켜 백성을 화합하게 하려는 것은 마치 엉킨 실을 풀려고 할 때 실마리를 찾지 못해 오히려 더 엉켜지는 것과 같습니다.…… 주우는 그 왕을 시해하고 그 백성을 학대하면서 훌륭한 덕을 쌓는 데는 힘쓰지 않고 오히려 소란을 일으켜 성공하려 하니 반드시 화를 면치 못할 것입니다."("臣聞以德和民, 不聞以亂. 以亂, 猶治絲而棼之也.…… 夫州籲弑其君, 而虐用其民, 於是乎不務令德, 而欲以亂成, 必不免

---

105 陳來, 「春秋時期的人文思潮與道德意識」, 『中原文化研究』, 2013年 第2期, 5-19쪽.

矣."[106])라고 하였다. 다시 말하면 정치의 관건은 백성을 화합하게 할 수 있는지 여부에 달려 있으며 백성을 화합하게 하려면 오직 덕에 의존해야만 가능하므로 통치자가 성공하려면 반드시 훌륭한 덕을 닦아야 한다.

총체적으로 자각적인 반성을 기초로 하는 이성화의 특징, 또 덕과 민을 핵심으로 '숭덕귀민(崇德貴民)', '이덕화민(以德和民)'을 강조하는 특징으로 보면 춘추시대는 주나라 초창기와 맥락을 같이한다. 그러므로 현상의 차원에서 보면 마치 양자 간의 차이는 단순히 이성적인 사고방식의 발전과정에서 나타나는 이성화(理性化) 정도의 차이로서 실질적 내용에는 근본적인 차이가 없는 것 같아 보인다. 하지만 발전수준의 차이로 보이는 이면에 사실은 가치 관념의 근본적인 변혁을 함축하고 있었다.

기원전 655년, 우(虞)나라의 임금은 국사를 논하면서 내가 올리는 제물은 풍성하고 깨끗하니 신은 반드시 나를 보호해 줄 것이라고 하였다. 하지만 대부 궁지기(宮之奇)는 "신이 듣기에 귀신은 어느 사람과 진실로 친한 사이가 아니라 오로지 덕이 있는 사람만을 따른다고 하나이다.…… 그렇다면 덕이 아니면 백성은 화합하지 못하며 귀신은 제사를 받지 않나이다. 귀신이 의지하는 것은 바로 덕이오이다."("臣聞之, 鬼神非人實親, 惟德是依.…… 如是, 則非德, 民不和, 神不享矣. 神所馮依, 將在德矣."[107])라고 하였다.

즉 귀신이 사람에 대한 태도는 친척이고 아니고 상관없이 오직 덕행에 의하여 결정되므로 귀신에게 올리는 제사에서 중요한 것은 풍성한 제물

---

106 『左傳·隱公四年』.
107 『左傳·僖公五年』.

중국문화와 덕치사상

이 아니라 어진 정치를 베풀어 백성이 화합하였는지 여부에 있다. 여기에서 볼 수 있듯이 "원래 사람들은 '귀신은 동족의 제사가 아니면 받지 않는다.'고 하면서 귀신은 오로지 자기 동족 후손들의 제사만 받는다고 생각했다면 지금에 와서 진보적 인사들은 귀신은 친척이란 것이 없고 귀신의 보우는 완전히 '덕'에 의하여 결정된다고 생각하게 되었다."[108]

이런 신령의 의지는 협애한 혈연관계와 관계없이 오로지 인간의 덕행에 의하여 좌우된다는 관념은 종교적인 사고방식으로부터 이성적인 사고방식으로의 전환을 의미할 뿐만 아니라 가족 본위주의가 가장 핵심적인 가치로서 절대적으로 우선시되던 전통 관념이 뿌리째 흔들리고 있음을 의미한다. 그러므로 사고방식의 차원에서 보면 춘추시대의 사상발전은 종교적인 사고방식으로부터 이성적인 사고방식으로의 발전으로 보이지만 실질 내용으로 보면 가치관의 근본적인 변혁을 함축하고 있었다.

2) "예지본(禮之本)"과 "예지문(禮之文)"

정치적 시각에서 볼 때 춘추시대 이성의 발전은 예의제도의 본질에 관한 자각적인 반성으로부터 분명히 알아볼 수 있다.

춘추시대 노(魯)나라는 모두가 공인하는 주나라 예악문화의 충실한 계승자였다. 기원전 544년, 오(吳)나라의 공자 계차(季箚)가 노나라의 예악을 관람하고 감탄하여 마지않았다. 또 기원전 540년, 진(晉)나라 대부 한선자(韓宣子)가 노나라에 왔다가 "주나라 예는 몽땅 노나라에 있구나."

---

108 陳來, 「春秋時期的人文思潮與道德意識」, 『中原文化硏究』, 2013年 第2期, 5-19쪽.

("周禮盡在魯矣"[109])라고 하면서 절찬하였다. 그러므로 노나라는 예에 관하여 가장 잘 안다고 할 수 있다.

하지만 이로부터 3년 뒤 기원전 537년, 노나라 임금 노소공(魯昭公)이 진(晉)나라를 방문하였을 때 각종 행사에서 예의범절(禮儀凡節)에 어긋남이 없었음에도 불구하고 진나라의 대부 여숙제(女叔齊)는 노나라 임금이 예를 모른다고 하였다. 예의범절(禮儀凡節)에 어긋남이 없는데 왜 예를 모른다고 하는가 물으니 여숙제(女叔齊)는 "저런 것은 의례로서 예라고 할 수 없다. 예란 그 나라를 지키고 그 정령을 시행함으로써 그 백성을 잃지 않는 것이다."("是儀也, 不可謂禮. 禮, 所以守其國, 行其政令, 無失其民者也."[110])라고 하였다. 즉 예의(禮儀)에 숙달한다고 하여 예를 아는 것이 아니다.

"이로부터 알 수 있듯이 '예'의 관념은 이 시기에 이미 질적인 변화가 일어났으며 이런 질적인 변화는 바로 '예'와 '의(儀)'를 구분함을 중요시하는데 있었다. 이런 구분 속에서 '예'의 의미는 점점 모종의 변화가 발생하게 되어 다시는 제도, 의식, 문화의 총체로 인지되지 않고 '예'가 갖고 있는 정치질서의 핵심원칙으로서의 의미가 두드러지게 부각되었다."[111] 다시 말하면 예의 핵심은 도덕관계에 관한 원칙이지 형식적인 의식이 아니다.

예에 함축된 정치적 도덕적 원리를 중시하는 관념은 춘추시대 중반 이후부터 꾸준히 발전하는 추세를 나타내면서 춘추시대 후반에 갈수록

---

109 『左傳·昭公二年』.
110 『左傳·昭公五年』.
111 陳來,「春秋時期的人文思潮與道德意識」, 5~19쪽.

'예'와 '의(儀)'의 구분이 점점 더 중요시되었다. 이런 '예'와 '의(儀)'의 구분에 대한 강조는 훗날 『예기(禮記)』에서 '예지본(禮之本)' 즉 예의 근본과 '예지문(禮之文)' 즉 예의 문양으로 표현되었는데 여기에서 '본(本)'이란 근본적인 원칙을 가리키고 '문(文)'이란 원칙을 체현하는 구체적인 형식을 가리키는 것으로서 본질과 현상의 구분을 말한다.

예에 관한 관념이 춘추시대 전반으로부터 후반으로 가면서 변화하게 된 원인은 춘추시대 중반 이후의 사회변화와 밀접한 관련이 있다. 춘추시대 중반 이전까지 종법적인 봉건제도는 상대적으로 안정적인 체제를 유지하였다면 춘추시대 중반 이후 혼란과 위기가 점점 더해지면서 예붕악괴(禮崩樂壞)의 국면이 나타났다. 현실의 위기는 이 시대의 사상가들로 하여금 반성하지 않을 수 없게 하였는데 위기를 초래하게 된 근본원인은 바로 정치활동의 근본적인 기초로 되는 가치관에 있었으므로 구체적인 제도가 아니라 근본적인 원칙에 대해 반성할 수밖에 없었다. 그러므로 현상의 차원을 초월하여 본질의 차원에서 탐구하게 되면서 '예지본(禮之本)'과 '예지문(禮之文)'의 분화가 발생하게 되었다.

3) 예의제도의 붕괴 원인과 이성의 필연성

춘추시대의 상황에 관하여 장음린(張蔭麟)은 주나라의 운명을 대대로 한 집에서 살아가는 대가족에 비유하여 다음과 같이 설명하였다.

초창기에는 시조가 아들들을 거느리고 열심히 창업하여 풍족하면서도 화목한 가정을 이루어 낸다. 그 다음 아들들이 성장하여 각자 결혼하고 자녀들이 있게 되자 부모와 자식, 형제 서로 간의 감정이 조금씩 멀어지기 시작한다. 그 다음 대에 가면 서로 간의 감정이 더 멀어지고 식구도 많아지니 잘난 사람 못난 사람 뒤섞이게 되면서 말썽이 점점 많아지게 된다. 또 그 다음 대에 가서는 식구들끼리 그냥 말다툼을 하는 정도가 아니라 서로 싸우기도 하게 되어 마침내 소송을 걸기도 하면서 반목하여 원수로 되기까지 한다. 장음린(張蔭麟)은 "늦어도 동주(東周) 초기에 전체 제국에는 이와 비슷한 상황들이 이미 나타났다. 이 시대의 역사는 왕실과 제후 간의 충돌, 제후들 서로 간의 충돌, 제후와 경대부들 간의 충돌, 경대부들 서로 간의 충돌로 점철되어 있었다."[112]고 지적하였다.

장음린이 춘추시대의 상황에 관한 묘사는 아주 생동하면서도 설득력 있다고 해야 할 것이다. 그렇다면 춘추시대의 위기를 초래하게 된 근본원인은 바로 종법적인 봉건체제 내부의 친척관계가 소원해졌기 때문인가? 이에 관하여 진래는 다음과 같이 지적하였다.

주나라의 종법적인 귀족 영주 소유제를 근본 구조로 하는 예치 질서(禮治秩序)는 그 자체에 내적 모순을 포함하고 있기에 종법적인 정치가 춘추시대에 맞이하게 되는 변화는 거의 그 필연성을 갖고 있다. 그 중에서 장음린이 지적한 육친의 정이 쇠퇴해진 것 외에 가장 중요한 것은 예치의 구조에 존재하는 '친친(親親)'과 '상현(尙賢)'의 대립이다. 주나라의 봉건제도는 '친친'을 중심 원칙으로 하는 제도이다. 즉 주나라 왕이 자기의 친족을 제후로 봉하고 제후는 자기의 친족을 경대부로 봉하고 경대부는 그 친족을 이종(貳宗)으로 봉하는 등 각급 봉군(封君)들은 모두 자손들이 세습한다. 이러한 종법

---

112 張蔭麟, 『中國史綱』, 上海: 上海古籍出版社, 1999, 52쪽.

중국문화와 덕치사상

제도의 정치적 의의는 친척계통으로 하나의 안정적인 통치체계를 형성함으로써 전체 통치계급 내부로 하여금 혈연의 친화성(親和性)을 지니게 하고 통치계급의 권력과 이익의 분배, 이전, 계승은 모두 혈연의 친소를 따르게 하는 것이다.[113]

즉 종법적인 봉건제도의 핵심은 친척관계를 기초로 안정적인 통치체계를 형성함으로써 특정 종족이 장악한 정권을 확고히 하고 친척관계의 친소에 따라 정치권력을 분배하고 계승하는 것이다. 그러므로 비록 관념상에서는 덕치를 주장하지만 "주나라 예의제도의 기본정신은 그래도 '친친(親親)'이며 '친친(親親)'은 주공이 제정한 예악제도에 내재한 가장 기본적인 이념으로서 그는 바로 '친친(親親)' 관념에 입각하여 예악제도를 창립하였다."[114] 다시 말하면 주나라의 예악제도는 근본적으로 친친의 원칙에 입각하여 만든 정치제도로서 가족 본위주의를 핵심으로 하는 정치제도이지 덕을 숭상하고 현자를 존중하는 현현(賢賢)의 원칙을 핵심으로 하는 정치제도가 아니다.

이에 관하여 진윤(陳贇)은 "주공이 제정한 예악제도로 말하면 천하를 얻을 때는 예가 아니라 덕(德)에 의존하였으나 천하를 지킬 때는 덕(德)이 아니라 예에 의존하였다."[115]고 지적하였다. 즉 주공은 특정 종족이 이미 취득한 천하를 지키려고 예악제도를 제정하였는데 예악제도의 기능은 덕

---

113 陳來, 「春秋禮樂文化的解體和轉型」, 『中國文化研究』, 2002年 秋之卷, 15-37쪽.
114 陳贇, 「"家天下"與"天下一家": 三代政敎的精神」, 『安徽師範大學學報: 人文社會科學版』, 2012年 第5期, 535-542쪽.
115 陳贇, 「"家天下"與"天下一家": 三代政敎的精神」, 535-542쪽.

을 유지하는 것으로 주공은 예악제도로 천하를 취득한 주문왕과 주무왕의 덕을 계승함으로써 이미 취득한 천하를 대대로 후손들에게 물려주려고 하였다. 따라서 예악제도로 보장하려는 덕은 반드시 가천하의 틀 안에서 실현되어야 하므로 가천하의 한계를 초월할 수 없다.

이러한 예악제도에서 비록 개국시기의 창업자들은 덕에 의하여 제왕의 지위를 취득하였지만 그 후손들은 예악제도의 규정에 따라 즉위하게 됨으로써 왕위의 계승이 근본적으로 덕에 따라 결정되는 것이 아니라 예악제도에 따른 세습에 관한 규정에 의하여 결정된다. 자손들 간의 권력다툼을 근절함으로써 가족 내부의 단합을 도모하려는 적장자상속제도(嫡長子相續制度)에서 왕위를 계승하는 적장자(嫡長子)는 출신에 의하여 선천적으로 결정되므로 이러한 승계제도에는 덕의 의미가 완전히 결여되어 있다. "이로 말하면 주공이 제정한 예악제도는 덕에 배치되는 것이지 덕을 이루는 것이 아니다."[116]

총체적으로 예악제도는 비록 상하 모두 각자의 본분에 따르는 도덕적 의무를 다할 것을 강조하는 정치제도라고 하지만 친척관계의 친소에 따라 권력을 분배하고 계승하는 정치제도로서 근본적으로 가족 혹은 종족의 이익을 우선시하는 가족 본위주의를 핵심으로 하는 정치제도이지 덕을 숭상하고 현자를 존중하는 원칙을 핵심으로 하는 정치제도가 아니다.

하지만 주공이 예악제도를 제정한 목적은 단순히 특정 종족의 권력과 이익을 보장하기 위한 것만은 아니었다. 바로 왕국유가 지적한 바와 같이 국가 정치의 시각에서 보면 예악제도의 목적은 천자, 제후, 대부, 사 각자

---

116 陳贇, 「"家天下"與"天下一家": 三代政教的精神」, 535-542쪽.

중국문화와 덕치사상

로 하여금 예악제도에 따라 본분을 지키게 함으로써 상하 모두를 도덕의 틀 안에 넣어 통치계층을 하나로 통합된 도덕적인 집단으로 만들고 나아가 이러한 통치 집단의 솔선수범하는 본보기 역할로 전체 사회를 화목한 대가족 같은 천하일가의 사회로 만드는 것이다.

다시 말하면 주공이 제정한 예악제도에는 종족의 이익을 우선시하는 가족 본위주의에서 비롯된 가천하(家天下)의 목적과 전체 사회를 하나의 대가족 같이 화목한 천하일가의 공천하(公天下)로 만들려는 도덕적 이상, 이 두 가지 요소가 함께 내포되어 있다. 하지만 예악제도는 가족 본위주의를 핵심으로 하는 제도로서 천하일가의 공천하 이상은 가천하의 제한을 받게 되는데 문제의 관건은 바로 이 두 가지 목표가 근본적으로는 대립된다는 것이다.

천하일가의 공천하를 실현하려면 사회의 지도계층과 대중 간, 특히 최고 지도자와 대중 간에 반드시 솔선수범하는 도덕적 본보기와 추종자 간의 관계를 구축해야 한다. 주공이 제정한 예악제도는 주문왕과 주무왕이 천하를 취득한 덕을 지키고 계승하는 것이었다면, 주문왕과 주무왕이 천하를 취득한 덕의 실질은 다름 아니라 바로 지도자와 대중 간에 솔선수범하는 도덕적 본보기와 추종자 간의 관계를 형성하는 덕성이다. 그러므로 주공은 예의제도로 상하 모두 각자의 본분에 따라 도덕적 의무를 지키게 하여 통치계층 내부 나아가 통치계층과 백성 간에 솔선수범하는 본보기와 추종자 간의 관계를 형성함으로써 안정된 정치체제를 구축하고 전체 사회를 화목한 대가족 같은 천하일가의 공천하로 만들려고 했던 것이다.

하지만 정치체제의 관건으로 되는 권력의 분배와 승계를 적장자상속제도를 핵심으로 하여 친척관계의 친소에 따라 결정하게 되면 비록 초창기 창업자들이 이룩한 업적과 전통으로 인하여 일정기간 동안은 이미 이룩한 솔선수범하는 본보기와 추종자 간의 관계가 유지될 수도 있겠으나 궁극적으로는 무너질 수밖에 없다.

다른 한편 친척관계는 차등적인 질서구조를 특징으로 하므로 세월의 흐름에 따라 후손들 간의 친척관계는 자연히 점점 멀어지게 되고 혈연관계에서 비롯되는 자발적인 감정은 점점 소원해지게 된다. 따라서 통치계층 내부에는 각자 자기 이익을 중심으로 하는 가족 본위주의가 팽창하게 되면서 자연스럽게 장음린이 묘사한 상황이 연출되는 것이다.

그리하여 현상의 차원에서 보면 마치 육친의 정이 쇠퇴해져 정치체제의 혼란과 위기가 초래된 것 같아 보인다. 하지만 본질적 차원에서 보면 혼란과 위기의 근본원인은 바로 진래가 지적한 바와 같이 '친친(親親)'과 '상현(尙賢)'의 대립으로 인하여 솔선수범하는 본보기와 추종자 간의 관계가 무너졌기 때문이다.

역사의 교훈은 집단의 지도자와 구성원 간에 솔선수범하는 본보기와 추종자 간의 관계를 형성하게 되면 아무리 친척관계가 소원해졌다고 할지라도, 심지어 설령 친척관계가 없다고 할지라도 화목한 대가족 같은 집단을 형성하고 유지할 수 있음을 거듭 보여주었는데 그 최고의 모범이 바로 요순의 대동사회이다. 반대로 만일 집단의 지도자와 구성원 간에 솔선수범하는 본보기와 추종자 간의 관계를 형성하지 못하게 되면 가장 친밀한 혈연관계를 갖고 있는 일개 가족의 구성원 간에도 서로 다투게 되고 결국 그 가족은 산산이 깨지고 만다.

결론적으로 천하일가의 공천하를 구축하려면 최고 통치자를 비롯한 통치자들과 대중 간에 솔선수범하는 도덕적 본보기와 추종자 간의 관계를 형성해야 하므로 반드시 협애한 가족 본위주의를 타파하고 덕을 숭상하고 현자를 존중하는 현현의 원칙을 정치체제를 구축하는 최고 원칙으로 해야 한다. 이는 정치활동에서 가장 중요한 핵심원칙의 전환을 의미하는 것으로서 정치활동의 근본 기초로 되는 가치관의 전환을 의미한다.

가족 본위주의와 덕을 숭상하고 현자를 존중하는 현현의 원칙은 인류 역사에서 오랜 세월 내려오면서 전체 사회가 공인하는 가장 중요한 두 가지 원칙 혹은 가치였다.

최초의 인류사회인 수렵채집사회의 핵가족은 부부 쌍방의 수요, 즉 개인의 욕구를 기초로 형성된 집단이다. 하지만 수렵채집사회로부터 출현한 모계가족 공동체는 핵가족과 달리 모성애로 충만한 가장을 핵심으로 가장과 구성원 간에 모자간의 종적인 관계와 같은 솔선수범하는 본보기와 추종자 간의 관계를 형성하는 집단이다. 따라서 모계가족 공동체의 구성원은 가장을 본보기로 추호의 사심도 없는 모성애의 정신으로 서로 간에 조건 없이 사랑하는 관계를 형성할 뿐만 아니라 가장의 자아희생적인 헌신정신을 본받아 개인보다 가족을 우선시하고 이해득실보다 도덕을 더 중요시하면서 덕을 숭상하고 현자를 존중하는 원칙에 따라 행동한다.

이로부터 우리는 모계가족 공동체 생활에서 구현되는 구성원 간에 조건 없이 서로 사랑하는 친친의 원칙과 덕을 숭상하고 현자를 존중하는 현현의 원칙이 모두 모성애로 충만한 가장과 구성원 간 솔선수범하는 본보기와 추종자 간의 관계를 기초로 하는 생활방식에서 비롯된 것으로 근원적으로 말하면 이 두 가지 원칙이 모성애의 자녀에 대한 사심 없는 애착심과 자아희생적인 헌신정신에서 비롯된 것임을 알 수 있다.

다시 말하면 모계가족 공동체에서 솔선수범하는 본보기와 추종자 간의 관계란 바로 모자관계를 의미하며 솔선수범하는 본보기의 덕이란 다름 아니라 바로 모성애의 정신이다. 모계가족 공동체 생활에서 구현되는 친친의 원칙과 현현의 원칙은 모두 모성애의 정신에서 비롯되었으며 바로 이 친친의 원칙과 현현의 원칙이 동전의 양면처럼 서로 분리될 수 없이 긴밀히 결합되어 이루어진 것이 모계가족 공동체의 생활방식이다.

모계가족 공동체사회는 농업을 기초로 하는 안정적인 사회이다. 모계가족 공동체들은 경제적 수요나 기타 사회생활의 수요로 하여 필요에 따라 여러 가지 사회집단들을 형성한다. 이런 사회집단들은 모두 모계가족 공동체들이 각자 자기 이익으로부터 출발하여 공통의 이익을 도모하기 위하여 형성하는 것이므로 집단의 이익보다 자기 이익을 우선시하는 가족 본위주의를 기초로 하는 공리주의 성격의 집단들이다. 따라서 이런 사회집단들은 모계가족 공동체 간에 자주와 평등의 원칙에 따라 결성되고 개인의 카리스마로 하여 집단 구성원의 추대를 받는 사람이 지도자로 되며 책임을 공평하게 분담하고 이익을 공평하게 분배하는 공정의 원칙을 최고 원칙으로 한다.

바로 프리드가 지적한 바와 같이 평등사회에서 사람들 간의 관계는 명령과 복종의 관계가 아니라 서로 간에 건의하고 건의를 받아들이는 관계로 일반적인 상황은 어느 사람이 건의를 했으면 그 사람이 먼저 실행에 옮긴다. 이렇듯 평등사회에서는 카리스마적인 지도자들이 솔선수범하는 본보기 역할을 발휘함으로써 추종자들을 결집하는 방식으로 집단행동이 형성되므로 덕을 숭상하고 현자를 존중하는 현현의 원칙을 사회집단의 조직원칙으로 하게 된다. 그러므로 조직원칙의 시각에서 보면 모계가족 공동체나 모계가족 공동체 간에 결성하는 공리주의 성격의 사회집단이나 모두 똑 같이 덕을 숭상하고 현자를 존중하는 현현의 원칙을 집단의 조직원칙으로 한다.

하지만 모계가족 공동체는 가족 구성원 간에 모성애의 사랑으로 서로 사랑하는 정서생활을 목적으로 하여 가장과 구성원 간 솔선수범하는 본보기와 추종자 간의 종적인 관계를 주축으로 집단을 형성하게 되면서 덕을 숭상하고 현자를 존중하는 현현의 원칙을 집단생활을 주도하는 지도원칙으로 하게 된다면 모계가족 공동체들로 구성된 공리주의 성격의 사회집단은 각자 자기이익을 도모하는 것을 목적으로 하여 모계가족 공동체 간에 평등한 횡적인 관계를 주축으로 집단을 형성하게 되면서 자유와 평등의 원칙을 집단생활을 주도하는 지도원칙으로 하게 된다.

그러므로 비록 모계가족 공동체들로 구성된 공리주의 성격의 사회집단들도 덕을 숭상하고 현자를 존중하는 현현의 원칙에 따라 지도자와 구성원 간에 솔선수범하는 본보기와 추종자 간의 관계를 형성하지만 현현의 원칙은 단지 집단을 형성하는 조직원칙으로 기능하지 집단생활을 주도하는 지도원칙으로 되지는 않는다.

더욱 중요한 것은 모계가족 공동체는 모성애의 정신을 최고 원칙으로 하므로 가장이 구비해야 할 가장 근본적인 덕성이 모성애의 정신이라면 모계가족 공동체들로 형성된 사회집단은 공정의 원칙을 최고 원칙으로 하므로 지도자가 구비해야 할 가장 근본적인 덕성은 모성애의 정신이 아니라 구성원 간의 이익을 공평하게 처리할 수 있는 대공무사한 공정심이다.

총체적으로 집단이 추구하는 목적, 최고 원칙, 구조, 집단생활을 주도하는 지도원칙의 시각에서 보면 모계가족 공동체는 모성애의 사랑으로 서로 사랑하는 정서생활을 목적으로 하고 정서와 관련된 모성애의 정신을 최고 원칙으로 하며 가장과 구성원 간 솔선수범하는 본보기와 추종자 간의 종적인 관계를 주축으로 하면서 덕을 숭상하고 현자를 존중하는 현현의 원칙을 집단생활을 주도하는 지도원칙으로 한다면, 모계가족 공동체들로 형성된 공리주의 성격의 사회집단은 각자 자기이익을 도모하는 것을 목적으로 하고 이익과 관련된 공정의 원칙을 최고 원칙으로 하며 모계가족 공동체들 간 평등한 횡적인 관계를 주축으로 하면서 자유와 평등의 원칙을 집단생활을 주도하는 지도원칙으로 한다.

상술한 바와 같이 모계가족 공동체사회에는 두 가지 유형의 사회집단이 존재한다. 따라서 모계가족 공동체사회의 사회생활은 크게 두 가지 유형으로 나누어진다고 할 수 있는데 모계가족 공동체의 폐쇄성으로 하여 이 두 가지 유형의 사회생활은 모계가족 공동체 내의 생활방식과 공동체 외의 생활방식으로 엄격하게 구분된다.

모계가족 공동체 내의 생활에서 사람들은 덕을 숭상하고 현자를 존중하는 현현의 원칙에 따라 도덕적인 태도를 취한다면 공동체 외의 생활에서는 친친의 원칙에서 비롯된 가족 본위주의로부터 출발하여 공리적인 태도를 취한다. 하지만 결코 개인의 이익으로부터 출발하는 것이 아니라 철저하게 자기 공동체의 이익으로부터 출발하므로 이들은 결코 개인을 본위로 하는 공리주의자들이 아닐 뿐더러 근본적으로 자기가 귀속된 모계가족 공동체를 삶의 절대적인 중심으로 하므로 본질적으로는 철저한 도덕주의자들이라고 할 수 있다.

결론적으로 친친의 원칙에서 비롯된 가족 본위주의와 덕을 숭상하고 현자를 존중하는 현현의 원칙은 모계가족 공동체사회에서 동시에 병존하는 두 가지 가장 중요한 원칙 혹은 가치이다. 하지만 모계가족 공동체가 갖고 있는 폐쇄성으로 하여 이 두 가지 원칙은 각자 엄격히 구분된 서로 다른 영역에서 주도적 역할을 발휘하므로 모계가족 공동체로 말하면 이 두 가지 원칙 간의 대립은 존재하지 않는다.

또한 전체 사회의 시각에서 보면 모계가족 공동체사회는 모든 사람들이 각자 자기의 모계가족 공동체를 절대적인 중심으로 하는 분산적인 사회이므로 이 두 가지 원칙 간의 대립은 심각한 사회문제를 야기하지 않는다. 이러한 상황은 부계가족 공동체사회에서도 마찬가지였으나 부락사회가 출현하면서 상황이 복잡하게 변하였다.

부계가족 공동체의 해체로 인하여 부부간의 혼인관계를 기초로 하는 핵가족이 사회의 가장 기본적인 구성단위로 되면서 핵가족 간의 차등적인 질서구조를 특징으로 하는 친척관계를 주요 사회관계로 하는 부락사회가 출현하게 되었는데 부락사회는 역사과정에서 다시 농업경제를 기초로 하는 농업부락과 유목경제를 기초로 하는 유목부락으로 분화되었다.

차등적인 질서구조를 특징으로 하는 부락사회에서 모든 사람은 자기를 중심으로 친척관계의 친소에 따라 층층이 밖으로 퍼져나가는 여러 층의 동심원 같은 사회 관계망을 형성한다. 이런 동심원들은 모두 동심원 밖의 사무와 관련해서는 내부 구성원이 서로 단합하는 경향을 나타내고 동심원 내부의 사무와 관련해서는 내부 구성원이 각자 자기 이익을 우선시하면서 서로 대립하는 경향을 나타낸다.

그러므로 부락사회는 사회구조의 각 차원마다 언제나 단합과 대립의 경향이 혼재해 있으면서 복잡한 상황을 나타낼 뿐만 아니라 모든 사람들은 언제나 동시에 여러 차원의 동심원에 귀속되어 있으므로 상황에 따라 서로 간의 단합 혹은 대립을 더 중요시하게 됨으로써 사람들 간의 관계와 태도도 상황에 따라 복잡하게 변한다.

부락사회의 이러한 생활 속에서 가장 근본적인 문제는 모계가족 공동체사회와 부계가족 공동체사회에서 가족 공동체를 기초로 확고하게 자리 잡았던 모성애의 정신을 최고의 가치로 하는 도덕주의 가치관이 차등적인 질서구조를 특징으로 하는 사회구조로 인하여 흔들리게 되면서 도덕주의 가치관과 공리주의 가치관이 복잡하게 서로 얽혀 대립하는 상황이 나타나게 된 것이다.

그 결과 농업부락과 유목부락 간 생활방식의 차이로 하여 농업부락이 도덕주의 가치관을 강조하는 방향으로 나아가면서 가족 공동체사회의 전통을 계승하는 방향으로 나아간 반면, 유목부락은 공리주의 가치관이 점점 강화되어 결국 도덕주의 가치관을 압도하고 지배적인 지위를 차지하는 가치관으로 자리 잡으면서 가족 공동체사회의 전통과 완전히 배치되는 방향으로 나아가게 되었다.

부락사회가 통합되어 추장사회로 나아가는 과정에서 차등적인 질서구조로 인하여 사회구조의 각 차원에서 단합과 대립의 경향이 복잡하게 혼재하여 존재하지만 전체 사회가 총체적으로 가장 중요한 사회집단인『백호통덕론(白虎通德論)』에서 말하는 오복에 드는 9세대의 친척들로 구성된 가족을 단위로 통합하고 대립하면서 사회구도를 형성해나가는 특징, 또한 이런 가족들이 솔선수범하는 본보기를 핵심으로 추종자들이 결집하면서 긴밀한 사회집단으로 뭉치고 가족 간에도 솔선수범하는 본보기와 추종자 간의 관계를 형성하면서 더 높은 차원의 사회집단으로 통합되어 가는 과정은 농업부락이나 유목부락이나 모두 마찬가지이다.

바로 이러한 사회통합과정이 빅맨의 솔선수범하는 본보기 역할로 인하여 먼저 가족의 구성원이 빅맨을 중심으로 긴밀하게 단합되면서 사회활동에서 지도적 역할을 발휘하는 핵심가족으로 부상하고, 그다음 이런 핵심가족들이 대를 이어 지도적 역할을 발휘하면서 핵심가족과 기타 가족들 간에 솔선수범하는 본보기와 추종자 간의 관계를 기초로 하는 사회구도를 확립하게 되어 귀족가족과 평민가족 간의 분화가 발생하면서 전체 사회는 추장을 중심으로 통합된 추장사회로 성장하여 가는 과정으로 나타난다.

이러한 사회통합과정은 사회생활에서 현현의 원칙이 가족 본위주의를 극복함으로써 한 단계 한 단계 점점 더 높은 차원의 사회통합을 실현하는 과정으로서 사회원칙의 시각에서 보면 부락사회로부터 추장사회로 통합되어 가는 과정은 현현의 원칙과 가족 본위주의 간에 끊임없이 모순운동을 전개하는 과정이다.

양자 간의 모순운동 중에서 현현의 원칙이 가족 본위주의를 압도하면서 더 높은 차원의 사회통합을 이루는가 하면 가족 본위주의가 현현의 원칙을 압도하면서 이미 이룩한 사회통합이 무너지기도 한다. 카친족 사회에서 사회 형태가 굼라오 형태로부터 굼사 형태로 통합되어 나아가거나 굼사 형태의 사회가 해체되어 다시 굼라오 형태의 사회로 되돌아가는 현상은 바로 이런 현현의 원칙과 가족 본위주의 간의 모순운동을 생동하게 보여주는 것이라고 할 수 있다.

총체적으로 차등적인 질서구조를 특징으로 하는 친척관계를 기초로 가족을 주요 사회집단으로 하여 현현의 원칙과 가족 본위주의 간의 대립

통일운동 중에서 가족 본위주의를 극복하고 한 단계 한 단계 더 높은 차원의 사회통합을 실현하여 감으로써 전체 사회가 추장을 중심으로 하나의 유기체로 통합된 추장사회로 나아가는 것은 농업부락이나 유목부락 모두 마찬가지이다.

하지만 발전과정에서 나타내는 상술한 형식상의 공통점과 달리 가치관의 차이로 인하여 농업부락과 유목부락은 서로 다른 목표를 향하여 통합되어 간다.

총체적으로 전형적인 농업부락은 도덕주의 가치관으로부터 출발하여 모성애로 충만한 인자한 지도자들이 솔선수범하는 본보기 역할을 발휘함으로써 한 단계 한 단계 더 높은 차원에서 가족 공동체와 마찬가지로 모성애로 충만한 지도자와 사회구성원 간에 솔선수범하는 본보기와 추종자 간의 종적인 관계를 주축으로 하는 대가족 같은 사회집단을 구축하는 방향으로 나아간다면, 전형적인 유목부락은 공리주의 가치관으로부터 출발하여 공정심으로 충만한 용맹한 지도자들이 솔선수범하는 본보기 역할을 발휘함으로써 한 단계 한 단계 더 높은 차원에서 사회구성원 간에 평등한 횡적인 관계를 주축으로 하는 공정한 사회집단을 구축하는 방향으로 나아가게 되는데 이러한 통합과정에서 농업부락이 현현의 원칙으로 지도자와 사회구성원 간에 솔선수범하는 본보기와 추종자 간의 관계를 구축하면서 가족 본위주의를 극복하여 이룩한 최고의 성과가 바로 천하일가의 대동사회이다.

『상서(尙書)』는 요(堯)의 업적에 관하여 요(堯)는 "공경한 태도로 정사를 처리하고 검소했으며, 시비에 밝고 천하를 질서 있게 다스렸으며, 사려 깊고 온화하면서도 너그러웠다. 성실하고 맡은바 일에 충실하면서도 잘 양보하여, 그 빛이 천하를 덮어 하늘과 땅 사이에 가득 찼다. 능히 큰 덕을 밝히니 구족이 사이좋게 지내고, 구족이 화목하니 백관을 잘 살피고 격려하여, 백관이 사리에 밝아지고 천하 만방이 화목하게 지내게 되어, 백성은 착하고 서로 화목하게 되었다."("欽明文思安安, 允恭克讓, 光被四表, 格於上下. 克明峻德, 以親九族. 九族既睦, 平章百姓; 百姓昭明, 協和萬邦, 黎民於變時雍."[117])고 하였다.

다시 말하면 요(堯)는 천하를 덮는 거룩한 덕으로 솔선수범하는 본보기를 보여줌으로써 우선 가족을 화목하게 단합하고 그 다음 현자들을 등용하고 이끌어 천하를 다스림으로써 대가족 같이 화목한 천하일가의 사회를 이룩하였다. 이렇듯 솔선수범하는 본보기와 추종자 간의 종적인 관계를 주축으로 사회체계를 확립함으로써 대동사회를 실현하는 가장 대표적이면서도 가장 관건적인 제도가 바로 가장 출중한 덕을 가진 사람에게 제위를 수여하는 선양의 제도이다.

비록 대동사회는 현현의 원칙이 가족 본위주의를 극복하여 이룩한 최고의 성과라고 하지만 양자 간의 모순이 결코 사라진 것은 아니다. 이는 요(堯)가 순(舜)에게 전하고 순(舜)이 우(禹)에게 전했다는 치국의 최고 방침에서도 감지된다. 『논어(論語)』에 의하면 요(堯)는 순(舜)에게 제위를 선양하면서 치국의 방침으로 "일심전력하여 중도를 지켜야 한다."("允執其中."[118])고 충고하였다. 또 『상서(尙書)』에는 순(舜)이 우(禹)에게 제위를 선양하면서 치국의 방침으로 "사람들의 마음은 위태롭기만 하고 도를 지

---

117 『尙書·堯典』.
118 『論語·堯曰』.

키려는 마음은 극히 희미하니 정성을 다해 일심전력하여 중도를 지켜야 한다."("人心惟危, 道心惟微, 惟精惟一, 允執厥中."[119])고 충고했다는 말이 있다.

한마디로 요순(堯舜)은 모두 나라를 다스림에 가장 중요한 것은 중도를 지켜 공정하게 일을 처리하는 것이며 공정한 사회에 대한 위협은 바로 인간의 사욕이라고 생각하였다.

주지하다시피 공천하의 대동사회는 특정 가족의 사천하로 전락되면서 소강사회가 나타났는데 대동사회는 모든 사람들이 남의 부모를 자기 부모처럼 섬기고 남의 자식을 자기 자식처럼 여기면서 전체 사회가 하나의 대가족 같이 서로 화목한 천하일가의 사회라면, 이와 반대로 소강사회는 사람들이 각자 자기 부모만 부모로 섬기고 자기 자식만 자식으로 여기면서 서로 간에 권력과 이익 다툼을 일삼는 것을 특징으로 하는 사회이다. 이로부터 알 수 있듯이 대동사회를 위협하는 인간의 사욕이란 다름 아니라 바로 가족 본위주의이다.

소강사회에서는 왕위의 세습제가 선양의 제도를 대체함에 따라 솔선수범하는 본보기와 추종자 간의 종적인 관계를 주축으로 하는 사회체계를 위한 가장 관건적인 제도적 장치가 소실되고 사회의 정치권력은 전반적으로 친친의 원칙에 따라 건립되고 세습제를 원칙으로 승계됨에 따라 최고 통치자와 통치계층의 도덕적 품성은 보장받을 수 없게 되었다.

그 결과 통치계층의 가족 본위주의가 점점 팽창하면서 민중에 대한 압박과 착취가 점점 가중되어 민심을 잃게 되면 본보기 역할로 민심을 얻으

---

119 『尚書·虞書·大禹謨』.

중국문화와 덕치사상

면서 추종자들을 결집하여 정권을 탈취하는 영웅 인물이 나타나 새로운 왕조를 세운다. 하지만 그 후손들은 또 점점 덕을 잃어가면서 민심을 잃게 되어 결국에는 나라를 말아먹고 마는 일을 다시 되풀이한다.

바로 이러한 역사적 교훈으로부터 주나라의 창업자들은 통치계층 특히 최고 통치자가 출중한 도덕적 품성을 갖춤으로써 통치자들과 민중 간에 솔선수범하는 본보기와 추종자 간의 관계를 구축하는 것이 정치활동의 관건임을 의식하게 되었으므로 통치자들의 도덕적 품성과 민심에 대한 강조를 핵심내용으로 하는 덕치사상을 주창하게 되었다.

민심과 통치자의 도덕적 품성을 극히 중요시하는 덕치사상의 특징은 주나라를 세운 주무왕의 민심은 천심이라고 하는 "하늘은 백성을 불쌍히 여기므로 백성이 원하는 바는 반드시 따른다."("天矜於民, 民之所欲, 天必從之."[120])든가 "하늘은 우리 백성이 보는 것을 통해서 보고, 하늘은 우리 백성이 듣는 것을 통해서 듣는다."("天視自我民視, 天聽自我民聽."[121])든가, "진정으로 현명한자가 천자로 되고 천자는 백성의 부모로 되어야 한다."("亶聰明, 作元後, 元後作民父母."[122])는 등 말들에서 분명하게 드러난다.

주나라의 창업자들이 통치자들과 민중 간에 솔선수범하는 본보기와 추종자 간의 관계를 구축하는 것이 정치활동의 관건임을 충분히 의식하였음은 이런 관계를 구축하기 위한 현현의 원칙을 반드시 정치활동의 핵심원칙으로 해야 함을 충분히 인지하였음을 의미한다. 그러므로 주나라

---

120 『尙書·周書·泰誓上』.
121 『尙書·周書·泰誓中』.
122 『尙書·周書·泰誓上』.

의 창업자들은 소강사회의 정치활동에서 가장 중요한 핵심원칙인 친친의 원칙과 현현의 원칙 간에 심각한 모순이 존재함도 충분히 인지하고 있었다고 해야 할 것이다.

『회남자(淮南子)』에 의하면 옛날에 강태공(姜太公)과 주공이 제후로 되어 영지를 분봉 받은 후 서로 만났다고 한다.

> 태공이 주공에게 "어떤 방법으로 노나라를 다스리겠는가?"고 물으니 주공은 "어른을 존경하고 친족을 가까이 하겠다."라고 답했다. 이에 태공은 "노나라는 이제 약해질 것이다."라고 하였다. 주공이 태공에게 "어떤 방법으로 제나라를 다스리겠는가?"고 물으니 태공은 "현자를 등용하고 공로 있는 사람을 장려할 것이다."라고 답했다. 이에 주공은 "후세에 반드시 찬탈 당하여 살해되는 군주가 있을 것이다."라고 하였다. 그 뒤 제나라는 날로 강성하여 패자로 되었으나 24대에 이르러 전씨(田氏)에게 넘어가고, 노나라는 날로 약해져 32대에 이르러 망하고 말았다.(太公問周公曰: '何以治魯?' 周公曰: '尊尊親親.' 太公曰: '魯從此弱矣.' 周公問太公曰: '何以治齊?' 太公曰: '舉賢而上功.' 周公曰: '後世必有劫殺之君.' 其後, 齊日以大, 至於霸, 二十四世而田氏代之; 魯日以削, 至三十二世而亡.[123])

주공과 강태공은 주나라 개국 공신들 중에서 가장 걸출한 두 인물이다. 그러므로 두 사람의 대화는 주나라의 창업자들이 친친의 원칙과 현현

---

123 『淮南子·齊俗訓』.

의 원칙의 함의 및 두 원칙 간의 모순을 충분히 인지하고 있었음을 의미한다.

상술한 이야기가 혹시 후세 사람들이 지어낸 이야기라고 할지라도 주공이 주도하여 창설한 주나라의 예악제도가 바로 제도적 수단으로 친친의 원칙과 현현의 원칙 간의 모순을 해결하려는 의도를 담고 있는 것으로부터 주나라의 창업자들은 친친의 원칙과 현현의 원칙의 함의 및 두 원칙 간의 모순을 충분히 인지하고 있었음을 알 수 있다.

한마디로 주공이 예악제도를 제정한 목적은 바로 친친의 원칙을 핵심으로 하면서도 제도적 수단으로 현현의 원칙을 체계적으로 체현함으로써 통치계층의 전체 구성원이 예악제도에 따라 각자 본분을 지키는 방식으로 통치자와 민중 간에 솔선수범하는 본보기와 추종자 간의 관계를 구축하여 현현의 원칙과 가족 본위주의 간의 대립을 해소하고 천하일가의 사회를 실현하려는 것이었다.

하지만 예의제도에서 친척관계의 친소에 따라 권력을 분배하고 승계하는 제도는 솔선수범하는 본보기와 추종자 간의 관계를 확립하려는 의도와 근본적으로 상충된다. 이렇듯 통치자와 민중 간에 솔선수범하는 본보기와 추종자 간의 관계를 구축하는 것이 정치활동의 관건이고 이러한 관계를 구축하려면 정치활동은 반드시 현현의 원칙을 근본적인 지도원칙으로 해야 함을 충분히 인지하였음에도 불구하고 여전히 친친의 원칙을 핵심으로 하면서 제도적 수단으로 친친의 원칙과 현현의 원칙 간의 모순을 해결하려 시도하였음은 다름 아니라 이 시대 사람들로 말하면 친친의 원칙이 의심할 나위 없는 최고의 가치였기 때문이다.

그러므로 친친의 원칙을 핵심으로 하면서도 역사의 교훈으로부터 출발하여 현현의 원칙을 정치활동의 필수 원칙으로 하여 체계적으로 현현의 원칙을 구현할 수 있는 제도를 창설함으로써 두 가지 원칙 간의 모순을 해결하려는 시도는 자연히 시대적 경향으로 되었을 것이다.

하지만 예악제도는 적장자상속제도를 핵심으로 친척관계의 친소에 따라 권력을 분배하고 계승하는 정치제도로서 결국 통치자들과 민중 간에 솔선수범하는 본보기와 추종자 간의 관계를 지속하도록 보장해줄 수 없었으므로 춘추시대 중반 이후부터 예붕악괴(禮崩樂壞)의 국면이 나타나면서 위기와 혼란은 날이 갈수록 더하게 되었다.

이러한 상황에 직면하여 위기의 원인에 관하여 반성하지 않을 수 없었으며 위기를 초래하게 된 직접적인 원인은 바로 통치자들의 가족 본위주의가 팽창하면서 통치자와 민중 간에 솔선수범하는 본보기와 추종자 간의 관계가 무너져 민심을 잃은 것이었으므로 이 시대의 반성 역시 주나라 초창기와 마찬가지로 덕과 민을 핵심으로 '숭덕귀민(崇德貴民)', '이덕화민(以德和民)'을 강조하는 특징을 나타내게 되었다.

그러나 위기의 본질은 친친의 원칙과 현현의 원칙 간의 모순으로서 바로 이 두 가지 원칙 간의 모순을 제도적 수단으로 해결하려는 시도가 결국에는 실패하여 위기를 초래한 것이다.

친친의 원칙은 모계가족 공동체사회에서 확립되어서부터 오랜 세월 줄곧 의심할 나위 없이 가장 중요한 가치로 공인받아 온 소중한 가치였다면, 역사의 교훈은 정치활동이 반드시 현현의 원칙을 지도원칙으로 해야 함을 거듭 증명해주었다. 이러한 두 가지 원칙 간에 제도적 수단으로 해결할 수 없는 근본적인 대립이 존재한다면 어느 것을 선택해야 하는가?

맹자는 "물고기도 내가 원하는 바이고, 곰의 발바닥도 내가 원하는 바

중국문화와 덕치사상

이나, 두 가지를 함께 얻을 수 없다면 물고기를 버리고 곰의 발바닥을 취하리라. 삶도 내가 원하는 바이고, 의도 내가 원하는 바이나, 두 가지를 함께 얻을 수 없다면 삶을 버리고 의를 취하리라."("魚, 我所欲也; 熊掌, 亦我所欲也, 二者不可得兼, 舍魚而取熊掌者也. 生, 亦我所欲也; 義, 亦我所欲也, 二者不可得兼, 舍生而取義者也."[124])고 하였는데 이러한 선택은 최고의 가치에 관한 맹자의 믿음에서 비롯된 것이다. 그러므로 친친의 원칙과 현현의 원칙 간의 대립에 관한 사고는 궁극적으로 인간이 추구하는 최고의 가치 및 그 궁극적인 근원으로 되는 인간성에 대한 탐구로 이어질 수밖에 없다.

상술한 바와 같이 춘추시대의 반성은 주나라 초창기와 달리 친친의 원칙과 현현의 원칙 간의 모순을 해결할 수 있는 구체적인 제도적 수단을 탐구하는 것에 초점이 맞춰진 것이 아니라 결국에는 구체적인 제도적 차원을 초월하여 정치활동의 근본적인 기초로 되는 가치관의 차원에서 인류가 추구하는 최고의 가치 및 그 궁극적인 근원으로 되는 인간성에 초점을 맞추게 됨으로써 구체적인 경험의 차원을 초월하여 보편적인 원리의 차원에서 반성할 수밖에 없었으므로 피아제의 인지발달이론에서 말하는 구체적 조작기(具體的 操作期, concrete operational stage)단계의 경험적인 이성을 초월하여 형식적 조작기(形式的 操作期, formal operational stage)단계의 추상적인 이성으로 나아갈 수밖에 없었다.

결론적으로 춘추시대의 반성은 주나라 초창기와 달리 정치활동에서 결정적인 요소로 되는 도덕적 품성과 민심의 향배에 대한 강조를 초월하

---

124 『孟子・告子章句上』.

여 기존의 가치관에 대한 근본적인 반성으로 나아가면서 인간이 추구하는 최고의 가치 및 그 궁극적인 근원으로 되는 인간성에 대한 탐구로 이어지게 되었다. 그 결과 백화제방(百花齊放), 백가쟁명(百家爭鳴)의 국면이 출현하게 되어 소위 야스퍼스(Karl Jaspers)가 말하는 축심시대가 나타나게 되었다.

그 와중에서 공자는 인을 최고의 가치로 제시하고 맹자는 성선설을 제시하여 공자의 인을 형이상학적인 인간성 위에 확립함으로써 유가학파가 출현하게 되었다.

4) 가국일체(家國一體)의 덕치사상과 중서문화의 차이

공자를 대표로 하는 유가학파가 체계적인 이론을 확립하기까지 덕치사상의 발전과정은 세 단계의 발전과정을 거쳤다고 할 수 있다.

첫 번째 단계는 덕치사상의 자연발생 단계라고 할 수 있다.

전형적인 농업부락은 도덕주의 가치관으로 인하여 가족 공동체와 같은 사회생활을 추구하는 경향을 나타낸다. 다른 한편 부락사회는 친척관계를 주요 사회관계로 하는 평등하고 분산적인 사회로서 사회생활은 친척관계에 내재한 자유와 평등, 덕을 숭상하고 현자를 존중하는 원칙에 따라 진행된다. 따라서 부락사회에서는 솔선수범하는 본보기를 중심으로 추종자들이 결집하는 방식으로 집단행동이 출현하며 솔선수범하는 본보기와 추종자 간에 안정적인 관계를 구축하면서 사회집단을 형성하게 된다.

이렇듯 농업부락은 개체가 갖고 있는 가치관, 주요 사회관계로서의 친척관계에 내재한 사회생활의 원칙으로 인하여 걸출한 도덕적 품성을 구비한 지도자들과 대중 간에 솔선수범하는 본보기와 추종자 간의 종적인 관계를 주축으로 하는 가족 공동체와 같은 사회집단을 형성하는 방향으로 사회통합이 진행되며 그 결과 전체 사회는 자발적으로 천하일가의 대동사회를 목표로 나아가게 된다.

이러한 통합과정에서 통일적인 의식형태에 대한 수요로 인하여 가족 공동체의 모성애의 정신을 최고 원칙으로 하고 덕을 숭상하고 현자를 존중하는 원칙을 집단생활을 주도하는 지도원칙으로 하는 집단의식(集團意識)이 자연스럽게 전체 사회의 의식형태로 확립되면서 덕치사상이 출현하게 되었다. 즉 덕치사상은 농업부락에서 개체가 갖고 있는 가치관 및 사회관계에 내재한 사회생활의 원칙으로 인하여 사회의 통합과정에서 자연발생적으로 형성되었다.

두 번째 단계는 덕치사상의 제도적 차원에서의 전개과정이라고 할 수 있다.

주나라의 창업자들은 역사의 교훈으로부터 가족 본위주의의 팽창으로 인하여 최고 통치자를 핵심으로 하는 통치계층과 대중 간에 솔선수범하는 본보기와 추종자 간의 관계가 무너진 것이 망국의 원인임을 의식하게 되었다. 따라서 반드시 덕치사상을 정치활동의 지도사상으로 확립해야 한다는 것을 자각하게 되었고 제도적 수단으로 협애한 가족 본위주의를 극복하여 친친의 원칙과 현현의 원칙 간의 모순을 해소함으로써 천하일가의 사회를 구축하려고 시도하였다. 그 결과 친친의 원칙을 핵심으로 하면서도 현현의 원칙을 체계적으로 체현하는 예악제도를 창설하게 됨으로써 덕치사상은 정치제도로 확립되게 되었다.

세 번째 단계는 체계적인 덕치이론의 창립단계라고 할 수 있다.

춘추시대 예붕악괴(禮崩樂壞)의 상황에 직면하여 친친의 원칙과 현현의 원칙 간에 제도적 수단으로 해결할 수 없는 근본적인 대립이 존재함을 의식하게 됨으로써 구체적인 제도적 차원을 초월하여 정치활동의 근본적인 기초로 되는 가치관의 차원에서 인류가 추구하는 최고의 가치 및 그 궁극적인 근원으로 되는 인간성에 대한 탐구로 나아가게 되었다. 그 결과 공자를 대표로 하는 유가학파는 인을 최고의 가치로 하고 형이상학적인 인간성에 관한 성선설을 그 기초로 하는 체계적인 학설을 창립하게 됨으로써 덕치사상은 체계적인 이론으로 정립될 수 있게 되었다.

유가학설은 공자가 창설하여 3백년도 더 지나 한무제(漢武帝)에 이르러서야 국가의 정통사상으로 확립되었다. 그러나 그 후 2천여 년 간 중국 문화의 정통으로 자리 잡게 되면서 사회의 주류 사상으로 되었고 덕치는 줄곧 정치활동의 지도사상으로 받들렸다. 이리하여 중국 역사는 가족을 단위로 정치권력을 분할하는 종법적인 봉건제도를 대체한 중앙집권의 정치체제를 기초로 하고 덕치이론을 지도사상으로 하여 전체 사회의 문화관념, 정치제도와 사회구조를 꾸준히 개조하는 방향으로 전개되기 시작하였다.

그러므로 덕치사상의 시각에서 보면 중국 역사는 처음에 대동사회로 나아가면서 덕치사상이 자연발생적으로 출현하고 마지막에는 덕치사상의 지도하에 천하일가의 사회를 목표로 의식적으로 문화관념, 정치제도와 사회구조를 꾸준히 개선하여 나아가는 과정이었다고 할 수 있다.

유가의 덕치사상이 의미하는 천하일가의 사회란 최고 지도자를 핵심으로 하는 지도계층과 대중 간에 솔선수범하는 본보기와 추종자 간의 종적인 관계를 주축으로 하여 인을 최고 원칙으로 하고 덕을 숭상하고 현자를 존중하는 원칙을 사회생활을 주도하는 지도원칙으로 하는 사회로서 모든 사람이 서로 가족처럼 사랑하는 대가족 같은 사회라고 할 수 있다.

사회구조의 시각에서 보면 천하일가의 사회를 실현한다는 것은 사회의 기본단위로 되는 가정으로부터 시작하여 사회 전반에 걸쳐 솔선수범하는 본보기와 추종자 간의 종적인 관계를 주축으로 하여 전체 사회체제를 구축함을 의미하며, 사회원칙의 시각에서 보면 천하일가의 사회를 실현한다는 것은 사회의 기본단위로 되는 가정으로부터 시작하여 모든 차원의 사회생활에서 인을 최고 원칙으로 하고 덕을 숭상하고 현자를 존중하는 원칙을 사회생활을 주도하는 지도원칙으로 확립함을 의미한다. 이로부터 알 수 있듯이 덕치사상은 가국일체의 덕치사상일 수밖에 없으며 유가가 주장하는 최고의 가치인 인이란 바로 모성애의 정신이다.

상술한 바와 같이 중국은 전형적인 농업사회로서 가족 공동체사회로부터 전승되어 내려온 도덕주의 가치관으로 인하여 천하일가의 대동사회를 목표로 부락사회에서 추장사회로 나아가면서 덕치사상을 확립하게 되었다.

이와 반대로 전형적인 유목사회는 공리주의 가치관과 생활방식의 차이로 하여 농업사회와 완전히 다른 목표를 향하여 완전히 다른 방식으로 사회통합을 이루면서 추장사회로 나아가게 되었다.

농업부락이나 유목부락이나 사회집단의 시각에서 보면 모두 『백호통덕론』에서 말하는 오복에 드는 9세대의 친척들로 구성된 가족을 가장 중요한 사회집단으로 한다. 하지만 농업부락과 달리 늘 여기저기로 이동하는 유목부락에서는 가족의 구성원이 서로 멀리 떨어져 있게 되므로 일상의 생활 및 경제활동에서는 서로 관계없이 지내다가 외부의 위협으로부터 자기의 이익을 보호하거나 대외 약탈을 감행하기 위하여 가족 구성원이 함께 모여 일시적인 무장집단을 결성하곤 한다.

그러므로 농업부락의 가족은 구성원에게 가족 공동체와 같은 생활방식을 제공하는 안정적인 사회집단이라면, 유목부락의 가족은 구성원에게 필요시 생명과 재산에 대한 보호를 제공해주거나 대외 약탈을 감행하여 전리품을 제공해주는 일시적인 무장집단이라고 할 수 있다.

이러한 생활방식의 차이로 하여 사회생활의 시각에서 볼 때 농업부락의 가치관은 개인의 이익보다 가족 구성원 간의 친밀한 감정을 우선시하는 경향을 나타낸다면, 유목부락의 가치관은 가족 구성원 간의 친밀한 감정보다 개인의 이익을 우선시하는 경향을 나타낸다. 한마디로 농업부락의 가치관은 개인의 이익보다 화목한 대가족 같은 생활방식을 중요시하고 개인보다 가족을 우선시하는 도덕주의 특징을 나타낸다면, 유목부락의 가치관은 개인의 이익을 중심으로 하는 공리주의 특징을 나타내게 된다.

그 결과 가치관과 생활방식의 차이로 인하여 농업부락이 전체 사회를 하나의 대가족 같은 사회집단으로 통합함으로써 가족 공동체와 같은 생활방식을 실현하기 위하여 추장사회로 나아갔다면 유목부락은 강력한 무장집단을 결성함으로써 그 구성원의 이익을 극대화하기 위하여 추장사회로 나아가게 되었다.

비록 가치관의 차이로 인하여 추장사회로 나아가는 목표가 서로 다르다고 하지만 농업부락이나 유목부락 모두 친척관계를 주요 사회관계로 하므로 자유와 평등, 덕을 숭상하고 현자를 존중하는 원칙을 사회생활의

중국문화와 덕치사상

기본원칙으로 하여 수령과 대중 간에 솔선수범하는 본보기와 추종자 간의 관계를 형성하는 방식으로 사회통합을 이루면서 추장사회로 나아간다.

하지만 농업부락은 대가족 같은 사회를 목표로 하므로 인자한 가장 같은 수령의 본보기 역할로 인하여 그 가족의 구성원이 우선 그 주위에 뭉치면서 지도적 역할을 발휘하는 핵심가족으로 부상하고 이런 핵심가족을 중심으로 다른 가족들이 뭉치면서 가족 공동체와 같은 집단을 형성하고 다시 이런 집단들이 통합되어 나아가는 방식으로 추장사회로 나아간다면, 이와 달리 유목부락은 강력한 무장집단을 결성하는 것을 목표로 하므로 용맹하면서도 대공무사한 공정심을 가진 장수 같은 수령의 본보기 역할로 인하여 그 가족의 구성원이 먼저 그 주위에 뭉치고 이를 핵심으로 기타 추종자들이 뭉치면서 무장집단을 형성하고 다시 이런 무장집단들이 통합되어 더 큰 무장집단을 결성하는 방식으로 추장사회로 나아간다.

다시 말하면 농업부락의 빅맨이 인자한 가장 같은 본보기라면 유목부락의 빅맨은 용맹하면서도 대공무사한 공정심을 가진 장수 같은 본보기이다. 이런 용맹하면서도 대공무사한 공정심을 가진 장수 같은 수령의 본보기 역할로 인하여 먼저 가족과 친지들이 뭉치고 그 다음 이를 핵심으로 다른 추종자들이 뭉쳐 결성된 무장집단이 바로 유목사회의 정치생활에서 아주 중요한 핵심역할을 발휘하는 친병대(親兵隊, warband)이다.

"친병대(warband)는 인도유럽어족 사회에서 아주 일찍부터 존재한 제도이다."[125] 친병대의 수령은 강압적인 명령으로 병사들을 지휘하는 것이

---

125 D. Bodde(n.d.), Unpublished Monograph, dealing with the intellectual and so-

아니라 선두에서 솔선수범하는 본보기가 되어 병사들을 이끌어야 하며 병사들도 반드시 누구에게 뒤질세라 앞 다투어 앞으로 나아가야 한다. 따라서 "싸움터에서 수령이 다른 사람보다 용맹하지 못하면 이는 그의 치욕으로 되고 만일 친병들이 수령보다 용맹하지 못하다면 이는 그들의 치욕으로 된다."[126]고 한다.

수령은 솔선수범하여 용맹하게 싸워야 할 뿐만 아니라 반드시 전쟁에서 취득한 전리품을 병사들에게 공정하게 분배해야 하는데 유목사회에서는 오직 이러한 사람만이 친병대를 결집하여 수령으로 등극할 수 있다.

바로 이렇게 유목부락은 친병대라는 무장집단을 핵심으로 사회가 통합되어 나아감으로 "무사들은 사회조직의 중견이 됨으로써 많은 방면에서 사회의 버팀목 역할을 담당하게 되며 무사계층은 단독으로 따로 분류되어 성직자와 농민과 분명히 다른 지위를 차지하게 된다."[127]

다시 말하면 농업부락이나 유목부락 모두 수령과 대중 간에 솔선수범하는 본보기와 추종자 간의 관계를 형성하면서 전체 사회가 통합되어 계층화된 추장사회로 나아가지만, 전형적인 농업부락은 추장사회로 나아가면서 인자한 가장 같은 군자형(君子型) 귀족계층이 출현한다면 전형적인 유목부락은 추장사회로 나아가면서 친병대의 수령에서 비롯된 무사형

---

cial factors that may have encouraged ordiscouraged the development of science in pre-modern China. 1991, 292쪽. 龐卓恒, 「中西古文明比較」, 『社會科學戰線』, 2001年 第4期, 111-138쪽에서 재인용.

126 [古羅馬] 塔西佗, 『阿古利可拉傳 日耳曼尼亞志』, 馬雍·傅正元 역. 北京: 商務印書館, 1985, 62쪽

127 G. Dumezil(1970: 4.), *The Destiny of the Warrior*, trans. by A. Hiltebeitel. University of Chicago Press: Chicago. 龐卓恒, 「中西古文明比較」, 111-138쪽에서 재인용.

중국문화와 덕치사상

(武士型) 귀족계층이 출현하게 될 뿐만 아니라 귀족가족을 중심으로 하는 친병대라는 무장집단이 통치 집단으로 등극하게 됨으로써 무장집단의 구성원 즉 무사들이 기타 사회계층 위에 군림하는 통치계층의 구성원으로 등극하게 된다.

고대 희랍에서 폴리스(polis)는 워낙 요새나 성채를 뜻하는 단어로 나중에 도시국가의 뜻을 지니게 되었다. 희랍인들은 희랍 반도와 부근의 도서들에 정착한 후 수많은 도시국가들을 건립하였는데 미케네문명 시기 희랍인들의 도시는 독립적인 군사 요새의 특징을 갖고 있었다. 그 당시 희랍인들은 언제나 몸에 무기를 지니고 다녔고 바다에서나 육지에서나 서로 간에 겁탈하는 것이 일상사였으며 국왕들은 모두 군사수령(軍事首領)이었는데 오직 군사수령만이 국왕으로 될 수 있었다.

하지만 "군사수령이 되려면 반드시 자기의 친병을 갖고 있어야 한다. 수령과 친병들 간의 연결 유대는 종법적인 혈연관계가 아니라 동료(companions)관계로 친병은 수령의 용맹과 의리감으로 인하여 달갑게 수령을 위하여 사력을 다하고 수령은 승리의 영예와 전리품으로 친병들을 결집시킨다. 수령은 친병들의 지지에 의존하여 다른 사람들을 복종하게 함으로써 공동체의 왕으로 된다. 일단 친병들의 지지를 잃게 되면 더는 군사수령도 국왕도 아니다."[128]

고대 희랍에서 시민을 의미하는 폴리테스(polites)는 폴리스(polis)로부터 파생되었다. 아리스토텔레스는 "단순한 의미에서의 시민은 바로 법정 심판과 행정 통치에 참여하는 사람으로 그 외에는 다른 어떤 요구도 없

---

128 龐卓恒, 「中西古文明比較」, 『社會科學戰線』, 2001年 第4期, 111-138쪽.

제3장 덕치사상의 자연발생과정 및 이론체계의 확립

다."[129]고 하면서 "아마도 이는 시민에 관한 가장 적절한 정의"[130]라고 하였으며 또 "시민은 두 부분 즉 무장인원과 의회(議會)인원으로 나뉜다."[131]고 하였다. 이로부터 알 수 있듯이 시민의 원초적 의미는 요새에 속하는 사람들로 바로 무장집단의 구성원을 의미하며 고대 희랍의 시민이란 무장인원의 자격으로 통치 집단의 구성원 자격을 가지게 된 사람들로 일반적인 민중이 아니라 정치권력을 독점한 통치 집단의 구성원이다.

결론적으로 유목사회는 친병대라는 무장집단을 핵심으로 점점 더 큰 무장집단을 결성하는 방식으로 추장사회로 나아가면서 결과적으로 무장집단이 정치권력을 독점하여 기타 사회계층 위에 군림하는 통치 집단으로 등극하게 됨으로써 무장집단의 구성원이 정치권력을 행사하는 통치계층을 구성하게 된다.

인도유럽어족 사회의 또 하나 돌출한 특징은 민중 집회(assembly)이다. "민중 집회는 논쟁의 장소, 군사회의, 범죄를 징벌하는 법정 등 여러 가지 기능을 하며 특히 의식(儀式)을 진행하는 중심으로 된다."[132] "게르만인은 작은 일들은 수령들이 의논하여 결정하고 큰일들은 전체 부락이 의결하여 결정한다."[133] 비록 어떤 안건이 있으면 수령들이 먼저 서로 상의하지만

129 [古希臘] 亞裏士多德, 『政治學』, 顏一 · 秦典華 역. 北京: 中國人民大學出版社, 2003, 72쪽.
130 [古希臘] 亞裏士多德, 『政治學』, 73쪽.
131 [古希臘] 亞裏士多德, 『政治學』, 245쪽.
132 E. Benveniste(1973: 311.) *Indo-European Language and Society.* Trans. E. Palmer. University of Miami Press: Frolida. 龐卓恒, 「中西古文明比較」, 『社會科學戰線』, 2001年 第4期, 111-138쪽에서 재인용.
133 [古羅馬] 塔西佗, 『阿古利可拉傳 日耳受尼亞志』, 馬雍 · 傅正元 역. 北京: 商務印書館, 1985, 60쪽.

최후의 의결권은 민중한테 있으며 민중 집회는 정기적으로 소집되고 사람들은 무기를 지니고 참석한다. 즉 민중 집회에 참석하는 사람들은 일반 사람들이 아니라 무사들이다.

이런 민중 집회에서는 어떤 소임을 맡는 '관리'들도 선출한다. 고대 희랍에서 "모든 자유인들로부터 관심 받는 평화와 전쟁의 문제는 부락 전체 무사들의 집회에서 결정한다. 그들은 한곳에 모여 그들의 태도를 묻는 문제에 관하여 높은 소리로 '동의한다.'거나 '반대한다.'고 외친다. 수령들은 그들의 의사회가 있는데 여기에는 명망 높은 현자, 장로와 특수한 명성이나 용맹한 업적이 있는 사람들이 참석하며 이들은 수령들과 함께 집행조직을 구성하여 전체 무사들로부터 인가 받은 정책방침을 실행한다."[134]

이렇듯 "민중 집회가 사회 분쟁의 해결 및 소송 안건의 심리 등 방면에서 차지하는 중요한 지위는 모두 혈연집단이 인도유럽어족 사회의 주요 조직원칙이 아님을 표명"[135]하는데 인도유럽어족 사회의 정치생활에서 결정적인 역할을 하는 이 민중 집회는 일반적인 민중 집회가 아니라 특별한 사회구성원인 무사들의 집회이다.

가족이 친밀하고 안정적인 사회집단으로 기능하는 전형적인 농업사회

---

134 W. A. Chaney(1970: 12), *The Cult of King shipin Anglo-Saxon England. The Transition from paganism to Christianity.* Manchester University Press: Manchester. 龐卓恒,「中西古文明比較」,『社會科學戰線』, 2001年 第4期, 111–138쪽에서 재인용.

135 D. Bodde(n.d.), Unpublished Monograph, dealing with the intellectual and social factors that may have encouraged ordiscouraged the development of science in pre-modern China. 1991, 292쪽. 龐卓恒,「中西古文明比較」, 111–138쪽에서 재인용.

는 대가족과 같은 생활방식을 추구하므로 개인의 이익보다 가족의 이익을 우선시하게 되어 근본적으로 말하면 사회의 의사결정 과정에서 개인의 입장을 반영하는 것이 아니라 가족의 입장을 반영해야 한다. 따라서 전체 사회의 의사결정 과정에 모든 개인이 참여하여 각자 자기의 입장을 표명하는 것이 아니라 가족을 단위로 족장들이 각자의 가족을 대표하여 의사결정에 참여하게 된다.

이와 반대로 가족이 일시적인 군사집단으로 기능하는 전형적인 유목사회에서 모든 핵가족들은 각자 자기 이익을 중심으로 핵가족의 이익을 가족의 이익보다 우선시하므로 사회의 의사결정 과정에서 근본적으로 말하면 가족의 입장을 반영해야 하는 것이 아니라 핵가족들의 입장을 반영해야 한다. 따라서 전체 사회의 의사결정 과정에서 족장들이 각자의 가족을 대표하여 의사결정에 참여하는 것이 아니라 핵가족의 이익을 대표하는 가장들이 참여하여 스스로 자기의 이익을 대변해야 한다.

바로 이러하기에 농업사회에서 장로협의체가 전체 사회의 의사결정 과정에서 가장 중요한 역할을 한다면 유목사회에서는 민중 집회가 전체 사회의 의사결정 과정에서 가장 중요한 역할을 하게 된다.

유목사회에서 통치 집단의 역할을 담당하는 친병대는 인도유럽어족 사회에서 아주 일찍부터 존재한 제도이며 "특히 대략 기원전 2천 년경 전차가 도입됨에 따라 이런 친병대는 부유한 가정의 자제들로 구성되었다. 이들은 동년배들일 가능성이 매우 크나 친병대가 공통의 혈연집단을 기초로 구성되었음을 표명하는 증거는 없다."[136] 즉 비록 친병대의 "전투 대

---

136 D. Bodde(n.d.), Unpublished Monograph, dealing with the intellectual and so-

중국문화와 덕치사상

형은 임시 임의로 편성되는 것이 아니라 각각의 가정과 혈연관계에 따라 편성"[137]되지만 이런 혈연관계는 구성원 간의 친밀한 개인적 관계에 불과하며 비록 귀족가족을 중심으로 결성되지만 친병대는 공통의 혈연집단을 기초로 결성된 무장집단이 아니라 근본적으로는 각자 자기이익을 추구하는 무사 개인을 기본단위로 하는 집단이다.

이런 무장집단은 개인을 단위로 책임을 짊어지고 개인을 단위로 전리품을 분배하는 집단으로 개인을 본위로 하는 공리주의 집단이다. 그러므로 친병대는 비록 수령의 솔선수범하는 본보기 역할로 인하여 추종자들이 결집하면서 조직되나 솔선수범하는 본보기와 추종자들 간의 종적인 관계를 주축으로 하는 사회집단이 아니라 개인들 간의 평등한 횡적인 관계를 주축으로 하는 사회집단이다. 따라서 이런 무장집단은 의사결정과정에서 모든 무사들이 참여하여 각자 자기의 입장을 표명함을 원칙으로 한다.

이로부터 알 수 있듯이 유목사회의 사회생활에서 중요한 기능을 하는 민중 집회란 통치 집단의 역할을 하는 무장집단의 구성원 집회를 의미하는 것으로 모든 사회구성원을 포함하는 민중 집회를 가리키는 것이 아니라 통치 집단의 내부 집회를 가리키는 것이다.

바로 이러한 무사 개개인을 기본단위로 하는 공리주의 무장집단이 사

---

cial factors that may have encouraged ordiscouraged the development of science in pre-modern China. 1991, 292쪽. 龐卓恒, 「中西古文明比較」, 111-138쪽에서 재인용.

137 [古羅馬] 塔西佗, 『阿古利可拉傳 日耳曼尼亞志』, 馬雍·傅正元 譯. 北京: 商務印書館, 1985, 59쪽.

회의 통치 집단의 역할을 담당하므로 유목사회의 정치활동에서는 덕을 숭상하고 현자를 존중하는 원칙보다는 개인의 자유와 평등 원칙이 우세하게 되어 정치생활을 주도하는 지도원칙으로 등극하면서 사회의 제도화를 이끌어가며 사회의 통합과정에서 자유와 평등의 원칙이 점점 강화된다.

다시 말하면 농업부락과 유목부락 모두 친척관계를 주요 사회관계로 하여 자유와 평등, 덕을 숭상하고 현자를 존중하는 원칙을 사회생활의 기본원리로 하지만 추장사회로 진화하여 가는 과정에서 하나는 덕을 숭상하고 현자를 존중하는 원칙을 사회생활을 주도하는 지도원칙으로 하여 사회의 제도화를 실현하는 방향으로 나아가고 다른 하나는 자유와 평등의 원칙을 사회생활을 주도하는 지도원칙으로 하여 사회의 제도화를 실현하는 방향으로 나아간다.

그 결과 농업사회에서는 솔선수범하는 본보기와 추종자 간의 종적인 관계를 주축으로 하는 사회체제가 형성된다면 유목사회에서는 사회구성원 간에 평등한 횡적인 관계를 주축으로 하는 사회체제가 형성된다.

상술한 바와 같이 농업부락이나 유목부락이나 모두 친척관계를 주요 사회관계로 하여 수령과 대중 간에 솔선수범하는 본보기와 추종자 간의 관계를 형성하면서 사회가 통합되어 추장사회로 나아간다.

사회의 통합과정에서 농업사회는 성인군자(聖人君子)와 같은 본보기의 통솔 하에 전체 사회를 하나의 거대한 가족 공동체와 같은 사회로 구축하는 방향으로 나아감에 따라 그 극치는 '천하일가(天下一家)'의 대동사회로 나아가게 된다. 이러한 과정에서 덕치관념은 자연스럽게 전체 사회를 통합하는 의식형태로 확립되어 사회의 전통으로 자리 잡게 되는데 그 대표적인 사례가 바로 고대 중국이라고 할 수 있다.

　　　　　　　　　　중국문화와 덕치사상

이와 반대로 유목사회는 철혈무사(鐵血武士)와 같은 본보기의 통솔 하에 친병대를 핵심으로 하는 강력한 무장집단을 구축하는 방향으로 나아가면서 적극적인 약탈과 정복에 나선다. 하지만 유목사회들 간의 약탈과 정복은 근본적으로 유목사회 자체가 갖고 있는 제한성을 극복할 수 없으므로 약탈과 정복의 극치는 농업사회를 정복하여 그 땅을 점유하고 그 사람들을 노예로 전락시킴으로써 노예제도를 선명한 특징으로 하는 노예사회를 건립하는 것이다. 이러한 과정에서 개인의 자유와 평등을 강조하고 모든 구성원이 평등하게 의사결정 과정에 참여하는 민주관념은 자연스럽게 정치활동의 원칙으로 확립되어 유목사회 정치활동의 전통으로 자리 잡게 되는데 그 대표적인 사례가 바로 고대 희랍이라고 할 수 있다.

고대 희랍에서 가장 먼저 출현한 정치제도는 아리스토텔레스가 지적한 바와 같이 중앙집권의 군주제였다. 출토된 점토판의 출납 기록을 보면 미케네문명은 위계질서가 강한 제도적 특성을 나타내며 군주를 중심으로 하는 체계적인 관료제도가 정치, 군사, 경제, 종교 등 사회활동을 총괄하는 기능을 담당하였다. 따라서 왕궁은 정치활동의 중심이었을 뿐만 아니라 경제활동의 중심이기도 하였다. 아리스토텔레스는 "공통의 이익을 추구하는 군주정체(君主政體)를 군주제라고 한다."[138]고 하면서 영웅시대의 군주제는 세습제였으면서도 민중들의 옹위를 받았다고 하였다.

아리스토텔레스는 이런 공통의 이익을 추구하는 군주제에서 "왕실은 일반적으로 군사 능력 혹은 전쟁 방면의 여러 가지 공적으로 인하여 그

---

138 [古希臘] 亞裏士多德, 『政治學』, 顔一·秦典華 역. 北京: 中國人民大學出版社, 2003, 84쪽.

지위를 취득하게 되었는데 군주들은 민중들을 단합하여 함께 뭉치도록 하였거나 나라를 세움으로써 사람들의 옹위를 받는 군주로 되었으며 또 대대로 세습하게 되었다. 그들은 군대를 통솔하였을 뿐만 아니라 상설적인 제사장이 있는 경우를 제외하고는 종교 제사활동도 주관하였다."[139]고 하였다.

이로부터 알 수 있듯이 유목부락으로부터 출현한 이런 군주제는 공통의 이익을 위하여 솔선수범하는 군주의 걸출한 품성과 업적으로 인하여 추종자들이 결집하면서 형성된 것으로 조직화의 시각에서 보면 농업부락에서 솔선수범하는 본보기의 걸출한 품성과 업적으로 인하여 추종자들이 결집하면서 대동사회로 나아가는 것과 똑같은 이치이다. 다만 그 결과물은 완전히 상반되어 하나는 노예사회를 건립하였다면 다른 하나는 대동사회를 건립하였다.

희랍역사에서 중앙집권의 군주제 다음에 출현한 것은 바실레우스(basileus)들이 사회의 주역으로 활약하는 시대였는데 호메로스(Homeros) 서사시의 영웅인물들이 바로 그들이다.

중앙집권의 군주제에서 최고 통치자 군주를 와나카(wanaka)라고 하는데 점토판의 기록을 보면 바실레우스(basileus)의 원형으로 되는 파시레우(pasireu)는 와나카 수하의 관원들 중에서 별로 중요한 관원이 아닌 것 같아 보인다. "한 파시레우는 어느 한 관원들의 명단에서 썩 뒷부분에 위치하여 있었으며 그의 종자(從者)는 제빵사, 피혁공 심지어 다른 사람들의 노예들과 함께 언급되기도 하였다."[140] 그러나 파시레우가 종자를 갖고 있

---

139 [古希臘] 亞裏士多德, 『政治學』, 104쪽.

중국문화와 덕치사상

었다는 것은 적어도 사회의 상층계층에 속함을 의미한다.

호메로스의 서사시에서 와나카라고 불리는 인물은 몇 안 되고 대부분의 주요 인물들은 바실레우스이다. 그런데 호메로스의 서사시에서 바실레우스는 귀족을 가리키는가 하면 국왕을 가리키기도 한다. 이는 중앙집권의 군주제가 붕괴되면서 워낙 지방 혹은 촌락의 수령들이었던 바실레우스들이 지역의 통치권을 장악하게 되었고 심지어 어떤 바실레우스는 그 세력이 국왕을 칭하기에까지 이르렀음을 의미한다고 할 수 있다.

그러나 바실레우스들은 관료체제를 기초로 하는 중앙집권의 군주와 비교할 수 없는 통치자들로 주로 가족세력과 개인의 능력에 의존하여 작은 지역의 통치권을 장악한 아주 불안정한 국왕들이었다.

호메로스의 서사시『오디세이아(Odysseia)』는 이타케 섬의 국왕인 오디세우스가 집을 떠나 오래 동안 돌아오지 않아 생사도 알 수 없는 상황에서 왕위를 두고 벌어진 이야기를 다뤘다. 왕위를 탐내는 구혼자들이 궁전에 모여들어 밤낮으로 연회를 열어 오디세우스의 재산을 탕진하면서 방약무인하게 행동하였으나 아직 나이 어린 오디세우스의 아들 텔레마코스는 오직 자기 혼자 힘으로 구혼자들과 맞설 수밖에 없었으며 오디세우스가 돌아와서도 오직 자기와 아들 및 노예의 힘에 의거하여 구혼자들을 죽이고 구혼자 가족들의 복수를 물리칠 수밖에 없었다.

이렇듯 이 시대의 국왕들이란 주로 자기 가족의 힘과 개인의 능력에 의존할 수밖에 없는 통치자라면 이 시대 또 하나 독특한 특징은 핀리(Fin-

---

140 晏紹祥,「邁錫尼國家的起源及其特徵」,『華中師範大學學報(人文社會科學版)』, 2006年 第6期, 92–99쪽.

ley)가 지적했듯이 국왕이 죽으면 어떤 제도화된 절차에 따라 왕위의 승계가 이루어지는 것이 아니라 "국왕이 죽었다. 왕위를 쟁탈하는 싸움이 시작되었다!"[141]고 하면서 너도나도 앞 다투어 왕위를 취득하려 한다는 것이다.

이런 왕위를 쟁탈하는 투쟁에서 죽은 왕의 아들은 단지 수많은 후계자 가운데 한사람에 불과하며 기껏해야 어느 정도의 우선권을 갖고 있을 뿐이다. 이는 오디세우스의 아들 텔레마코스가 오디세우스가 사망하였으므로 이타케 섬의 바실레우스들 뿐만 아니라 다른 바실레우스들도 왕위를 취득할 수 있다고 하는 말에서 분명히 드러난다.[142] 따라서 누가 왕위를 취득하고 또 유지할 수 있는가 하는 것은 결국 힘에 의하여 결정된다. 그 시대의 이러한 특징은 호메로스 서사시의 다른 부분 예를 들면 오디세우스가 아킬레스의 망령을 만났을 때 아킬레스가 그의 부친이 연로하고 또 자기의 보호가 없음으로 인하여 왕위를 잃지 않을까 몹시 우려하는 모습을 나타내는 것으로부터도 알 수 있다.[143]

총체적으로 이 시대는 야심찬 귀족들이 가족을 단위로 서로 간에 권력과 이익 다툼을 일삼는 사회로서 중국 역사에서 대동사회의 뒤를 이어 출현한 소강사회와 마찬가지로 최고 통치자를 비롯한 통치계층의 가족 본위주의가 팽창하여 솔선수범하는 본보기와 추종자 간의 관계가 무너져 중앙집권의 군주제가 붕괴되면서 출현한 것이다.

---

141 M. I. Finley, *The World of Odysseus*, London, 1956, P97. 郭長剛,「試論荷馬社會的 性質」,『史林』, 1999年 第2期, 97–105쪽에서 재인용.

142 [古希臘] 荷馬,『奧德賽』, 王煥生 譯. 北京: 人民文學出版社, 2001, 15쪽.

143 [古希臘] 荷馬,『奧德賽』, 213쪽.

중국문화와 덕치사상

중국과 다른 것은 소강사회는 통치계층의 가족 본위주의가 팽창하여 솔선수범하는 본보기와 추종자 간의 종적인 관계를 주축으로 하는 사회 체계가 무너진 결과라면 호메로스의 서사시에서 묘사한 시대는 통치계층의 가족 본위주의가 팽창하여 평등한 횡적인 관계를 주축으로 하는 사회 체계가 무너진 결과로 소강사회는 가족 본위주의가 덕을 숭상하고 현자를 존중하는 현현의 원칙을 압도한 결과라면 호메로스의 서사시에서 묘사한 시대는 가족 본위주의가 평등의 원칙을 압도한 결과라고 할 수 있다.

상술한 바와 같이 호메로스의 서사시에서 묘사한 시대는 중국 역사의 소강사회와 마찬가지로 가족 본위주의가 팽창하여 서로 간에 이익과 권력 다툼을 일삼는 시대였다. 바로 이러한 시대에 대한 반성으로부터 체계적인 법률제도를 특징으로 하는 귀족공화제가 출현하였는데 이는 중국 역사에서 소강사회에 대한 반성으로부터 예약제도를 특징으로 하는 종법적인 봉건제도가 출현한 것과 같은 이치로 제도적 수단으로 사회모순을 해결하려는 시도에서 비롯된 것이다.

다만 예약제도를 특징으로 하는 종법적인 봉건제도는 가족 본위주의를 핵심으로 하면서도 덕을 숭상하고 현자를 존중하는 원칙을 체계적으로 체현하는 제도를 창설함으로써 가족 본위주의와 덕을 숭상하고 현자를 존중하는 원칙 간의 모순을 해소하려는 시도에서 비롯되었다면, 체계적인 법률제도를 특징으로 하는 귀족공화제는 가족 본위주의를 핵심으로 하면서도 평등의 원칙을 체계적으로 체현하는 제도를 창설함으로써 가족 본위주의와 평등의 원칙 간의 모순을 해소하려는 시도에서 비롯되었을 뿐이다.

하지만 춘추전국시대의 중국과 마찬가지로 제도적 수단으로 가족 본위주의와 평등의 원칙 간의 모순을 해소하려는 시도는 결국 위기를 맞게 됨으로써 구체적인 제도적 차원을 초월하여 정치활동의 근본적인 기초로 되는 가치관에 대한 반성으로 나아가면서 인간이 추구하는 최고의 가치와 그 궁극적인 근원으로 되는 인간성에 대한 탐구로 나아갈 수밖에 없었다.

그 결과 철인들이 구름처럼 나타나는 백화제방(百花齊放), 백가쟁명(百家爭鳴)의 국면이 출현하게 되면서 소위 야스퍼스(Karl Jaspers)가 말하는 축심시대가 도래하게 되었으며 가족 본위주의를 타파하고 평등의 원칙을 정치활동의 최고 원칙으로 하는 정치체제가 출현하게 되었는데 그것이 바로 아테네의 민주제이다.

그 와중에서 소크라테스는 "성찰 없는 삶은 살 가치가 없다."고 하면서 정의(正義)의 본질에 대하여 끈질기게 캐묻고 "너 자신을 알라."고 역설하였으며 아리스토텔레스는 정치체제가 교체되는 원인에 관하여 논술하면서 "어떤 지역이든지 막론하고 불평등은 언제나 동란을 초래하는 원인이다.…… 총체적으로 기존의 정치체제에 반항하는 사람들은 모두 평등을 추구한다."[144]고 지적하였다. 바로 아리스토텔레스가 지적한 바와 같이 고대 희랍의 역사는 총체적으로 평등의 원칙과 가족 본위주의 간에 끊임없는 모순 운동을 전개하는 과정에서 평등의 원칙이 한 단계 한 단계 가족 본위주의를 극복하고 궁극적으로 정치활동의 최고 원칙으로 확립되는 과정이었다고 할 수 있다.

---

144 [古希臘] 亞裏士多德, 『政治學』, 顔一 · 秦典華 역. 北京: 中國人民大學出版社, 2003, 160쪽.

결론적으로 고대 중국과 고대 희랍은 모두 사회문제에 대한 반성으로부터 출발하여 체계적인 이론을 기초로 하는 가치관을 확립함으로써 가족 본위주의를 타파하는 방향으로 나아갔다.

가족은 혈연관계에서 비롯된 자발적인 감정을 기초로 형성된 사회집단으로 친척관계를 주요 사회관계로 하는 사회에서는 가장 중요한 사회적 기능을 발휘하는 사회집단이다. 비록 사회적 기능의 내용으로 볼 때 농업사회의 가족과 유목사회의 가족 간에는 본질적인 차이가 존재하지만 대외로는 가족의 이익을 우선시하여 공리주의적인 태도를 나타내고 대내로는 감정과 도덕을 중요시할 것을 강조함은 농업사회의 가족이나 유목사회의 가족이나 다를 바 없으므로 농업사회나 유목사회 모두 가족적인 특징을 나타내기는 마찬가지이며 가족 본위주의는 양자 모두 가장 중요시하는 핵심가치였다.

하지만 이러한 가치가 사회통합으로 나아가는 과정에서 통합을 저해하는 근본적인 원인으로 나타남에 따라 결국에는 자각적인 반성을 거쳐 가족 본위주의를 초월하는 방향으로 나아가게 되었는데, 고대 중국은 천하일가의 도덕주의 가치관으로 가족 본위주의를 초월하는 방향으로 나아갔다면 고대 희랍은 개인을 본위로 하는 공리주의 가치관으로 가족 본위주의를 초월하는 방향으로 나아갔다.

그 결과 고대 중국은 가족적인 감정과 도덕을 전체 사회로 확장하는 가국일체의 사회로 나아가게 되면서 "먼저 자기의 심신을 바르게 닦고, 그런 다음 집안을 바르게 하고, 그런 다음 나라를 다스리며, 그런 다음 천하를 평정한다."는 "수신(修身), 제가(齊家), 치국(治國), 평천하(平天下)."[145]의 덕치사상이 출현하게 되었다면, 고대 희랍은 가족적인 감정과 도덕을 핵가족 내부로 국한시키는 방향으로 나아가게 되면서 가정과 사회는 완전히 서로 다른 영역으로 나눠지게 되어 가정과 국가 간에 근본적인 차이가 존재한다고 역설하는 아리스토텔레스의 『정치학』이 출현하게 되었다.[146]

정치사상의 시각에서 볼 때 고대 중국과 고대 희랍의 또 하나 아주 중요한 차이는 고대 중국이나 고대 희랍 모두 사회의 통합과정에서 통일적인 의식형태에 대한 수요로부터 정치사상이 출현하고 발전하였으나 고대 중국의 덕치사상은 전체 사회의 생활방식에 관한 정치사상으로 출현하고 발전하였다면, 고대 희랍의 민주사상은 통치 집단 내부 구성원 간의 이해관계에 관한 정치사상으로 출현하고 발전하였다.

총체적으로 중국문명은 전형적인 농업사회로부터 비롯된 것이라면 서양문명은 전형적인 유목사회로부터 비롯되었다고 할 수 있다. 처음에는 서로 다른 생활방식으로 인하여 가치관의 분화가 발생하면서 사회통합으로 나아가는 과정에서 자연발생적으로 서로 다른 문화를 형성하였다면 축심시대의 자각적인 반성을 거쳐 각자 체계적인 이론을 기초로 스스로의 독특한 가치관, 정치사상, 세계관 및 사고방식을 확립하게 되면서 인류사회에는 완전히 상반된 특징을 가진 두 가지 유형의 문명이 출현하게 되었다.

가치관과 정치사상의 시각에서 보면 고대 중국은 전형적인 농업사회로서 도덕주의 가치관을 기초로 대동사회로 통합되어 나아가면서 덕치

---

145 『禮記·大學』.
146 [古希臘] 亞裏士多德, 『政治學』, 제1편.

사상을 형성하게 되었고 축심시대의 자각적인 반성을 거쳐 천하일가의 도덕주의 가치관과 인을 최고 원칙으로 하여 덕을 숭상하고 현자를 존중하는 원칙을 정치활동을 주도하는 지도원칙으로 하는 덕치사상을 체계적인 이론으로 정립하게 되었다면, 고대 희랍은 전형적인 유목사회로 공리주의 가치관을 기초로 사회통합으로 나아가면서 민주사상을 형성하게 되었고 축심시대의 자각적인 반성을 거쳐 개인을 본위로 하는 공리주의 가치관과 공정을 최고 원칙으로 하여 평등의 원칙을 정치활동을 주도하는 지도원칙으로 하는 민주사상을 체계적인 이론으로 정립하게 되었다.

세계관과 사고방식의 시각에서 보면 고대 중국이나 고대 희랍 모두 가치관의 모순을 해결하려는 시도로 인하여 인간이 추구하는 최고의 가치 및 그 궁극적인 근거로 되는 인간성에 대한 탐구로 나아가면서 추상적인 이성능력이 발달하게 되었으나 양자가 부딪친 문제의 내용이 다름에 따라 중국은 우주를 가족 공동체와 마찬가지로 하나의 절대적인 최고 원리에 따라 운행되는 유기적인 총체로 인식하고 모든 사물을 가족 공동체의 구성원과 마찬가지로 총체와 분리될 수 없는 구성부분으로 보면서 모든 사물의 근본 속성은 모두 우주의 최고 원리 예를 들면 도(道)에서 비롯되었으며 우주 만물이 조화를 이룬다고 주장하게 되었다면, 희랍은 우주를 공리주의 집단과 마찬가지로 각자 자체의 독립적인 속성을 가진 구성단위들로 형성된 조합체로 인식하면서 우주 만물은 개체의 속성을 초월하는 어떤 절대적인 최고 원리에 따라 운행되면서 조화를 이루는 것이 아니라 우주를 구성하는 기본적인 구성단위들이 갖고 있는 공통 속성으로 인하여 규칙성을 나타낸다고 주장하게 되었다.

따라서 중국은 근본적으로 총체와 부분 간의 관계에 입각하여 사물을 인식하는 사고방식을 특징으로 하게 되었다면, 희랍은 부분과 부분 간의 관계에 입각하여 사물을 인식하는 사고방식을 특징으로 하게 되었다. 다시 말하면 중국문화는 총체론적인 세계관과 총체론적인 사고방식을 특징으로 한다면 서양문화는 원자론적인 세계관과 원자론적인 사고방식을 특징으로 한다고 할 수 있는데 중서문명이 세계관과 사고방식에서 나타내는 이러한 차이는 중의학과 서양 의학의 차이에서 가장 생동하게 표현된다고 할 수 있다.

사회생활의 시각에서 보면 영국의 철학자 버드란트 러셀(Bertrand Arthur William Russell)이 "중국인들의 생활목표와 백인들의 생활목표는 완전히 다르다. 소유권과 자기를 지키고 타인을 지배하는 것은 서양 민족과 개인들이 꿈속에서도 갈구하는 목표이다.…… 중국인들은 자기를 지키고 타인을 지배하는 것은 죄악이라고 생각하므로 이는 우리 서양인들이 중국인들과 왕래할 때 확실한 이득을 가져다준다.…… 중국인들은 본질적으로 일종의 관용과 우호적인 태도를 갖고 있어 그들은 겸허하고 예절 바르며 다른 사람들도 같은 태도로 대해 주기를 바란다."[147]고 지적한 바와 같이 중국문화는 가족 공동체와 같은 생활방식을 추구하면서 감정과 도덕을 중히 여기고 서로 간의 겸양과 조화를 강조하는 것이 특징이라면, 서양문화는 개인을 중심으로 각자의 이익을 추구하면서 이익과 권력을 중히 여기고 서로 간의 경쟁과 대립을 강조하는 것이 특징이라고 할 수 있다.

---

147 王正平主編, 『羅素文集』, 北京: 改革出版社, 1996, 36-37, 50쪽. 龐卓恒, 「尙和與尙爭: 中西傳統文化主導價値歧異和現代交融趨勢」, 『社會科學戰線』, 2008年 第2期, 98-109쪽에서 재인용.

이렇듯 축심시대를 거치면서 완전히 서로 다른 가치관, 정치사상, 세계관과 사고방식을 확립하게 됨으로써 중국과 서양은 의식적으로 서로 다른 이념에 따라 전체 사회의 문화관념, 정치제도와 사회구조를 구축하는 방향으로 나아가게 되어 중국 역사와 서양 역사는 완전히 서로 다른 논리로 전개되는 양상을 나타내게 되었다.

4. 덕치의 근본적인 의의와 원초적 형태

인류 최초의 사회는 수렵채집사회이다. 수렵채집사회는 체계적인 운영원리를 가진 안정적인 사회적 틀이 존재하지 않는 사회로서 확고한 전통이 결여되어 있는 사회이다.

하지만 수렵채집사회로부터 출현한 모계가족 공동체사회는 특정 구성원의 출생과 사망에 관계없이 대를 이어 지속적으로 존재하는 안정적인 가족 공동체를 사회의 기본적인 구성단위로 하는 사회로서 모성애의 정신을 최고의 가치로 하는 도덕주의 가치관을 핵심으로 하는 확고한 전통을 확립한 사회이다.

그러므로 가족 공동체사회는 도덕주의 가치관의 기치를 들고 모계가족 공동체사회로부터 부계가족 공동체사회로 나아가고, 부계가족 공동체사회는 또 일체성 경제를 기초로 하는 민주형 가족 공동체사회로부터 다원 경제를 기초로 하는 민주형 가족 공동체사회로 꾸준히 발전하여 갔다.

부락사회에 이르러 인류사회는 생활방식이 서로 다른 농업부락과 유목부락으로 분화되면서 농업부락은 가족 공동체사회의 도덕주의 가치관을 계승하는 방향으로 나아간 반면에 유목부락은 가족 공동체사회의 도덕주의 가치관으로부터 점점 이탈하여 공리주의 가치관으로 나아갔다.

중국은 전형적인 농업사회로서 가족 공동체사회의 도덕주의 가치관을 계승하는 방향으로 나아갔는데 그 결과 요순(堯舜)의 대동사회가 출현하게 되었다. 하지만 협애한 가족 본위주의가 범람하면서 도덕주의 가치관이 무너지게 되어 천하일가의 대동사회는 가족들 간에 이익과 권력 다툼을 일삼는 소강사회로 전락하게 되었다.

소강사회의 문제점에 대한 자각적인 반성으로부터 주공을 핵심으로 하는 주나라 통치자들은 응당 요순(堯舜)을 본받아 덕치를 행해야 한다는 결론을 얻게 되어 예악제도를 특징으로 하는 종법적인 봉건제도를 창설하게 되었다. 하지만 또 다시 협애한 가족 본위주의가 범람하면서 종법적인 봉건제도는 춘추시대에 이르러 붕괴의 위기에 직면하게 되었다.

그 결과 이성적인 반성을 특징으로 하는 백화제방(百花齊放), 백가쟁명(百家爭鳴)의 국면이 출현하면서 축심시대가 도래하게 되었고 그 와중에서 공자는 주공을 계승하여 요순(堯舜)의 덕치를 주창하는 유가학설을 창설하였다.

이로부터 알 수 있듯이 유가의 덕치사상은 요순(堯舜)의 덕치에 대한 자각적인 계승에서 비롯된 것이고 요순(堯舜)의 덕치는 가족 공동체사회의 전통으로부터 비롯된 것이다. 그러므로 유가의 덕치사상은 가족 공동체사회의 전통이 역사적으로 꾸준히 계승되고 발전한 결과물이라고 할 수 있다. 따라서 우리는 덕치사상의 시각에 입각하여 인류역사를 다음과 같은 덕치사상의 발전단계들로 나누어 이해할 수 있다.

첫 번째는 덕치사상이 잠재적으로 존재하는 단계라고 할 수 있는데 인류 최초의 사회인 수렵채집사회가 이 단계에 속한다.

두 번째는 덕치사상의 맹아 단계로 여기에는 모계가족 공동체사회, 일체성 경제를 기초로 하는 민주형 부계가족 공동체사회, 다원 경제를 기초로 하는 민주형 부계가족 공동체사회가 포함된다.

세 번째는 덕치사상의 자연발생 단계로 여기에는 부락사회, 대동사회, 소강사회가 포함된다.

네 번째는 덕치사상의 자각적인 발전 단계로 여기에는 종법적인 봉건제 사회와 유가학설을 정통사상으로 하는 중앙집권제 사회가 포함된다.

총체적으로 역사적 시각에서 볼 때 덕치사상은 처음에 인간의 생물심리학적 특성인 애착욕구와 모성애로 하여 모계가족 공동체가 생겨나면서 가족 공동체 내에서 움트기 시작하였고, 그다음 부계가족 공동체의 해체로 인하여 생겨난 부락사회에서 가족 공동체사회로부터 물려받은 전통으로 하여 전체 사회가 자발적으로 가족 공동체와 같은 사회로 나아가는 과정에서 형성되었으며, 마지막으로 자각적으로 전체 사회를 가족 공동체와 같은 사회로 건설하려고 노력하는 과정에서 체계적인 정치이론으로 성장하여 갔다. 이로부터 알 수 있듯이 덕치의 내용과 형식은 반드시 가족 공동체에 초점을 맞춰 파악해야 한다.

가족 공동체의 발전과정은 모계가족 공동체, 일체성 경제를 기초로 하는 민주형 부계가족 공동체, 다원 경제를 기초로 하는 민주형 부계가족 공동체라는 세 단계를 거쳤다. 가족 공동체는 부부간의 혼인관계로 이루어진 핵가족처럼 어느 일방의 사망과 함께 소실되는 사회집단이 아니라 특정 구성원의 출생과 사망에 관계없이 대를 이어 지속적으로 성장하는 유기생명체와 같은 존재이다. 그러므로 가족 공동체는 유기생명체와 마찬가지로 그 자체에 함축된 내용과 형식을 점진적으로 전개하면서 성장하여 가는 특성을 가지고 있는 사회집단이다.

유기생명체에 함축되어 있는 내용은 초기의 단순한 형태에서 가장 순수하게 드러난다면 유기생명체가 지향하는 형식은 성숙단계에 이르러서야 비로소 충분히 표현되므로 덕치의 의의는 가족 공동체의 첫 단계인 모계가족 공동체에서 가장 순수하게 드러나고 덕치의 형식은 가족 공동체의 마지막 단계인 다원 경제를 기초로 하는 민주형 부계가족 공동체에서 가장 충분히 표현된다고 볼 수 있다.

모계가족 공동체 내부에서 생활하는 남편들은 가족 공동체의 구성원이 아니라 '외인'들이다. 그러므로 남녀 간의 혼인관계를 가정에서 완전히 배제한 모쒜족 가정은 가장 순수한 형태의 모계가족 공동체라고 할 수 있다.

모쒜족 가정은 순수한 모계 혈연집단으로서 종적인 모자관계와 횡적인 자매형제들 간의 관계로 형성되며 모친들과 자녀들 간의 종적인 애착관계를 주축으로 하고 모성애의 정신을 절대적인 최고 원칙으로 한다. 모쒜족 가정에서 모성애의 정신은 체계적인 조직구조, 제도규범과 사상관념으로 객관화되어 모성애의 사랑으로 넘치는 애착관계가 모자간의 관계에만 국한되어 있는 것이 아니라 모든 구성원 간의 관계에 깊숙이 침투되어 있다. 그러므로 모쒜족 가정은 철저히 모성애로 충만한 가족 공동체라고 할 수 있다.

이런 모성애로 충만한 가족 공동체는 모성애라는 생물심리학적 특성을 지닌 어머니들이 수렵채집사회의 한계를 극복하고 자녀들의 애착욕구를 충족시켜 주기 위해 사심 없는 헌신정신을 발양하면서 의식적으로 노력한 결과이다. 즉 모계가족 공동체는 자녀들의 형이상학적인 인간성에서 비롯된 애착욕구를 충족시켜 주기 위해 어머니들이 형이상학적인 인간성에서 비롯된 모성애의 정신을 발양하여 창조한 것으로서 근본적으로 형이상학적인 인간성의 실현을 위해 창조된 것이다.

부계가족 공동체는 모계가족 공동체와 달리 부자간의 종적인 관계를 주축으로 하는 공동체라고 하지만 부계가족 공동체 역시 모계가족 공동체와 마찬가지로 모성애의 정신을 절대적인 최고 원칙으로 하는 가족 공동체이다. 부계가족 공동체와 모계가족 공동체 간의 가장 큰 차이는 그 내부에 혼인관계를 기초로 하는 핵가족들이 가족 공동체의 구성단위로 존재하는 것이다. 그러므로 부계가족 공동체의 구조는 핵가족들 간 협력 방식의 변화에 따라 변화한다.

부계가족 공동체의 진화과정은 모계가족 공동체와 마찬가지로 모든 생산 수단과 생활 수단이 공동체에 귀속되고 핵가족 단위의 경제가 존재하지 않는 일체성 경제 형태의 가족 공동체로부터 점차 생산 수단들의 점용과 수확물들의 분배 방면에서 전체 가족 공동체가 공유하고 균등하게 분배하는 방식, 가족 공동체 내에서 몇몇 핵가족씩 조를 묶어 생산수단을 점용하고 그로부터 얻게 되는 수확물은 그 안에서 균등하게 분배하는 방식, 하나의 핵가족이 단독으로 점용하고 수확물을 독점하는 등 여러 가지 경제 형태들이 함께 병존하는 다원 경제를 기초로 하는 가족 공동체로 진화하여 가는 과정으로 나타난다.

모계가족 공동체와 마찬가지로 모성애의 정신을 절대적인 최고 원칙으로 삼고 형이상학적인 인간성의 실현을 근본 목적으로 하는 부계가족 공동체가 일체성 경제를 기초로 하는 민주형 부계가족 공동체로부터 구조적 변화를 일으키면서 다원 경제를 기초로 하는 민주형 부계가족 공동체로 진화하여 가는 근본 원인은 형이상학적인 인간성에 있다.

형이상학적인 인간성은 상호 애착능력과 자주실현능력이라는 두 가지 요소를 내포하고 있는데 처음에는 상호 애착능력이 강렬하게 표출되면서 주도적인 역할을 하고 후에는 자주실현능력이 점점 강화되면서 주도적인 역할을 하는 방향으로 나아가다가 결국에는 두 가지 잠재능력이 충분히 실현되면서도 서로 완벽한 조화를 이루는 방향으로 나아가려는 경향을 갖고 있다.

이런 형이상학적인 인간성이 부계가족 공동체 내에서 핵가족을 단위로 전개되는 과정이 바로 부계가족 공동체가 상호 애착능력이 주도적 지위를 차지하는 일체성 경제를 기초로 하는 민주형 가족 공동체로부터 핵가족들의 자주실현능력이 점점 강화되어 다원 경제를 기초로 하는 민주형 가족 공동체로 나아가고 결국 핵가족들이 성장하여 어머니 품을 떠나듯이 독립함으로써 부계가족 공동체가 궁극적으로 해체되는 과정으로 나타난 것이다.

상술한 바와 같이 가족 공동체의 발전과정은 모계가족 공동체로부터 일체성 경제를 기초로 하는 민주형 부계가족 공동체로 나아가고, 마지막에는 다원 경제를 기초로 하는 민주형 부계가족 공동체로 나아가는 과정이다. 가족 공동체의 발전과정을 통하여 우리는 가족 공동체의 근본적인 의의는 형이상학적인 인간성을 실현하는 것이고 가족 공동체가 지향하는 형식은 다원 경제를 기초로 하는 민주형 가족 공동체임을 알 수 있다.

전체 사회를 가족 공동체와 같은 사회로 건설하는 것을 목표로 하는 덕치의 기본 관념들은 가족 공동체의 발전과정에서 움트면서 형성되었다. 가족 공동체의 발전과정으로부터 우리는 덕치의 근본적인 의의는 형이상학적인 인간성을 실현하는 것이고 덕치가 지향하는 원초적 형태는 다원 경제를 기초로 하는 민주형 가족 공동체임을 알 수 있다.

　　결론적으로 우리는 덕치란 형이상학적인 인간성의 실현을 근본 목적으로 하고 다원 경제를 기초로 하는 가족 공동체형 혹은 가족형 민주주의라고 정의할 수 있을 것이다.

제4장 덕치사상이 의미하는 사회문화 및 그 과제

1. 덕치사상이 의미하는 사회문화

　축심시대의 자각적인 반성을 거쳐 중국과 서양은 모두 자발적인 감정에서 비롯된 협애한 가족 본위주의를 타파하고 이성에 기초한 체계적인 정치사상에 의하여 사회문화를 전개하는 방향으로 나아가게 되었다. 하지만 가치관의 차이로 인해 중국이 천하일가의 도덕주의 가치관을 핵심으로 사회문화를 전개하는 방향으로 나아갔다면, 서양은 개인을 본위로 하는 공리주의 가치관을 핵심으로 사회문화를 전개하는 방향으로 나아가 중국과 서양은 문화관념, 정치제도, 사회구조 각 차원에서 서로 다른 특징 심지어 완전히 상반된 특징들을 나타내게 되었다.

		중국		서양
문화	최고 가치	인(仁)		공정, 정의
	일반 원칙	의(義)	상덕존현(尙德尊賢)	자유 평등
			정명(正名)	권리 의무
사회	정치제도	중앙집권제		민주제
		예의제도(禮義制度)		법률제도
	사회구조	종족들의 연합체		계층 혹은 계급
		종족(宗族)		
		가족(家族)		
		핵가족		핵가족
		개체		개체

　　중국의 전통 문화에서 가장 핵심적인 관념은 인의이다. 맹자는 "인은 사람이라는 뜻이니, 인과 사람을 합하여 말하면 도(道)이다."("仁也者, 人也. 合而言之, 道也."[1])라고 하였다. 즉 인이란 인간으로서 반드시 따라야 할 가장 근본적인 이치이다. 다시 말하면 인은 인간이 추구하는 최고의 가치이며 인간의 삶에서 반드시 받들어야 할 최고의 원칙이다. 『예기(禮記)』는 "인이란 사람이라는 뜻으로 친척을 사랑하는 것을 으뜸으로 하고, 의란 마땅함으로 현자를 높이는 것을 으뜸으로 한다."("仁者人也, 親親爲大; 義者宜也, 尊賢爲大."[2])고 하였다. 이는 인의 실현을 위하여 반드시 지켜야 할 원칙 가운데 가장 중요한 것은 덕을 숭상하고 현자를 존중하는 것임을 의미한다.

　　『예기(禮記)』는 "사람의 의란 무엇인가? 아비는 인자하고 자식은 효도

1　『孟子·盡心下』.
2　『禮記·中庸』.

하며, 형은 어질고 아우는 공경하며, 남편은 의롭고 아내는 따르며, 어른은 사랑하고 어린이는 순종하며, 임금은 인자하고 신하는 충성하는 이 열 가지 인간관계의 원칙을 가리켜 의라고 한다."("何謂人義? 父慈, 子孝, 兄良, 弟弟, 夫義, 婦聽, 長惠, 幼順, 君仁, 臣忠, 十者, 謂之人義."[3])고 하였다. 이로부터 알 수 있듯이 의란 덕을 숭상하고 현자를 존중하는 원칙을 가장 중요한 지도원칙으로 모든 사회구성원이 사회생활에서 각자의 역할에 따라 반드시 지켜야 할 의무에 관하여 규정한 도덕체계라고 할 수 있다.

한마디로 덕치는 덕을 숭상하고 현자를 존중하는 원칙에 따라 모든 사회구성원이 반드시 지켜야 할 명분을 규정하고 바로잡는 정명(正名)사상을 지도사상으로 하여 인을 최고의 가치로 하는 생활방식을 실현함으로써 전체 사회를 가족 공동체와 같은 대동사회로 건설하는 것을 목표로 한다.

덕치가 추구하는 이런 목표는 모성애의 정신을 최고 원칙으로 삼고 덕을 숭상하고 현자를 존중하는 원칙을 집단생활을 주도하는 지도원칙으로 하여 모든 구성원이 책임을 분담하고 서로 협력하는 가족 공동체의 생활방식과 인의도덕의 함의를 비교해 보면 쉽게 이해된다.

이로부터 알 수 있듯이 인이란 근본적으로 가족 공동체생활에서 최고 원칙으로 받드는 모성애의 정신에서 비롯된 것이며 덕을 숭상하고 현자를 존중하는 원칙을 가장 중요한 지도원칙으로 사회구성원이 각자 반드시 지켜야 할 의무에 관하여 규정하는 정명(正名)을 핵심내용으로 하는 의란 근본적으로 덕을 숭상하고 현자를 존중하는 원칙을 집단생활을 주

---

3 『禮記·禮運』.

도하는 지도원칙으로 하여 모든 구성원이 책임을 분담하고 서로 협력하는 가족공동체의 생활방식에서 비롯되었다.

덕치사상과 달리 서양의 정치사상은 공정한 사회의 실현을 목표로 공정(公正) 혹은 정의(正義)를 최고 가치로 삼고 자유와 평등을 사회생활을 주도하는 가장 중요한 지도원칙으로 하여 사회구성원의 권리와 의무를 규정한다.

비록 공정의 관념은 중국의 전통사회에서도 줄곧 전해져 내려오면서 강조되었으나 이는 정부 관리들이 사심 없이 맡은 바 사무를 대공무사(大公無私)한 마음가짐으로 바르게 처리해야 함을 의미하는 관념으로서 정부 관리들이 반드시 갖추어야 할 덕성으로 인지되었지 서양과 같이 사회의 최고 가치 혹은 최고 원칙이라는 의미의 공정관념은 아니었다.[4]

또한 권리라는 단어도 고대 중국어에 일찍부터 존재하였으나 '권세와 재물'을 가리키는 대체로 부정적인 의미를 가지는 단어였는데 1864년에 헨리 휘튼(Henry Wheaton)의 *Elements of International Law*를 번역한 『만국공법(萬國公法)』에서 영어의 'right'를 중국어의 '권리(權利)'로 번역하면서부터 부정적인 의미에서 벗어나 현재의 의미를 가지기 시작하였다.[5]

중국과 서양의 정치사상에서 나타나는 이러한 차이는 양자가 추구하는 목표와 원칙이 서로 다른데서 비롯되었다. 서양의 정치사상은 사회구성원 간에 공정한 이익관계를 실현하는 것을 목표로 하므로 공정을 사회의 최고 가치로 한다면, 덕치사상은 사회구성원 간의 공정한 이익관계가

---

4 朱貽庭, 「"公正"二字是撑持世界底」, 『探索與爭鳴』, 2010年 第11期, 11-13쪽.
5 申衛星, 「"權利"一詞何處來?-取自東瀛, 還是"回歸詞"?」, 『淸華法治論衡』, 2005年 第1期, 254-262쪽.

중국문화와 덕치사상

아니라 사회 전체에서 대가족 같은 생활방식을 실현함을 목표로 하므로 이익관계에서 비롯된 공정의 원칙이 아니라 대가족 같은 생활방식에서 받들어야 할 인의 원칙을 사회의 최고 가치로 하게 된다.

그러므로 서양의 정치사상이 사회구성원 간의 이익관계에 입각하여 사회구성원의 권리와 의무를 규정한다면, 덕치사상은 사회 전체의 대가족 같은 생활방식의 요구에 따라 사회구성원이 각자 분담해야 할 의무를 규정한다. 다시 말하면 서양의 정치사상은 개체의 이익에 입각하여, 즉 근본적으로 개체로부터 출발하여 사회구성원의 권리와 의무를 규정한다면 덕치사상은 사회 전체의 생활방식, 즉 근본적으로 전체로부터 출발하여 사회구성원이 각자 분담해야 할 의무를 규정한다.

바로 사회 전체의 생활방식과 개체 간의 관계에 입각하여 전체 사회구성원이 각자 분담해야 할 역할을 규정하므로 모든 사회구성원은 사회 전체의 생활방식에서 비롯되는 요구에 따라 각자 반드시 짊어져야 할 의무를 부여 받게 되고 또 이러한 생활방식으로부터 각자에게 주어지는 응분의 대우를 받게 된다. 따라서 덕치사상에서는 그 누구도 개인의 이익으로부터 출발하여 자신의 권리를 주장하거나 개인과 개인 간의 이익관계로부터 출발하여 서로 간의 대등한 권리와 의무를 주장할 수 없으므로 서양의 정치사상과 같은 개인의 이익에 입각한 권리 개념이 존재할 수 없다.

논리적인 시각에서 볼 때 덕치사상에서 모든 사회구성원이 짊어져야 할 의무와 받게 되는 응분의 대우는 모두 사회 전체의 생활방식과 개체 간의 관계에 의하여 결정되므로 사회구성원 간의 대등한 권리라든가 대등한 의무라든가 하는 것은 존재하지 않는다. 따라서 어느 누가 자신이 응당 짊어져야 할 의무를 소홀히 했거나 저버려 다른 사람에게 피해가 발생했을 경우 가해자와 피해자 간의 대등한 권리와 의무에 입각하여 가해자의 책임과 피해자에 대한 보상을 결정할 수 있는 것이 아니라 사회 전체의 생활방식으로부터 가해자와 피해자가 각자 짊어져야 할 의무와 받게 되는 응분의 대우에 입각하여 가해자의 책임과 피해자에 대한 보상을 결정할 수 있을 뿐이다.

다시 말하면 덕치사상에서 사회구성원 간의 관계에는 언제나 사회 전체의 생활방식이라는 공통의 요소가 개입되어 있으므로 어떤 사회생활에서도 단순히 개체와 개체 간의 관계에 입각하여 사고하고 처리하는 것이 아니라 언제나 사회 전체의 생활방식과 개체, 즉 전체와 개체 간의 관계에 입각하여 개체와 개체 간의 관계를 사고하고 처리해야 한다.

서양의 정치사상에서는 개인의 사적인 영역과 사회의 공적인 영역을 엄격히 구분하고 삶의 가치에 관하여 일원론을 반대하고 다원론을 주장하면서 개인의 선택에 맡긴다. 모든 사회구성원은 각자 개인의 행복을 추구하는 것을 근본 목표로 하므로 공정한 사회를 실현하는 것은 개인의 정당한 이익을 보장해줌으로써 행복한 삶을 위한 여건을 제공해주는 것이지 공정한 사회 그 자체가 개인이 추구하는 근본 목표로 되는 것은 아니다. 즉 정치사상의 최고 가치로 되는 공정 혹은 정의는 개인의 행복과 바로 직결되는 것이 아니라 단지 개인의 행복을 위한 도구적인 가치에 불과할 뿐이다.

이와는 반대로 덕치사상은 인간의 진정한 본성은 형이상학적인 인간성으로서 인간이 추구하는 것은 인을 최고의 가치로 하는 가족 공동체와 같은 생활방식이며 인간의 행복이란 몸과 마음을 닦아 도덕군자(道德君子)의 경지에 이르는 것이라고 주장한다. 그러므로 사회 전반에 걸쳐 가족 공동체와 같은 생활방식을 실현하여 천하일가의 대동사회를 건설하는 것은 인간의 진정한 본성으로부터 비롯되는 요구이며 이러한 사회문화에서 사회생활과 개인의 행복은 직결된다고 주장한다. 즉 정치활동의 최고 가치로 되는 인은 개인이 추구하는 궁극적인 목표와 완전히 합치되므로 천하일가의 대동사회를 건설하는 것과 개인의 행복은 바로 직결된다.

정치제도의 차원에서 보면 덕치에서는 예의제도로 덕을 숭상하고 현자를 존중하는 원칙을 가장 중요한 지도원칙으로 하여 모든 사회구성원의 명분을 규정하는 정명(正名)사상을 그 내용으로 하는 의를 구현함으로써 대가족 같은 화목한 사회를 실현하려고 한다. 이에 관하여 『좌전(左傳)』에서는 "명분으로 의를 규정하고, 의로부터 예가 나오며, 예로써 정치를 구현하고, 정치로 백성을 바로 잡는다."("夫名以制義, 義以出禮, 禮以體政, 政以正民."[6])고 하였다. 즉 "예는 명분으로부터 나오고 명분은 예로 구현된다."("禮由分出, 分以禮顯."[7])는 것으로 일반적인 도덕원리로서의 의는 현실에서 예라는 구체적인 정치제도로 구현되어 사회질서를 확립한다는 것이다.

이렇게 예의제도의 방식으로 확립하는 사회질서에 관하여 『예기(禮記)』에서는 "인이란 사람이라는 뜻으로 친척을 사랑하는 것을 으뜸으로 하고, 의란 마땅함으로 현자를 높이는 것을 으뜸으로 한다. 친척을 사랑함에는 가까운 친척과 먼 친척 간의 차이가 있고, 현자를 높이는 데는 높

---

6   『左傳·恒公二年』.
7   孫希旦, 『禮記集解』, 北京: 中華書局, 2007, 605쪽.

고 낮음의 차등이 있어 예는 그로부터 생기는 것이다."("仁者人也, 親親爲
大; 義者宜也, 尊賢爲大. 親親之殺, 尊賢之等, 禮所生也."[8])고 하였고, 이러한
예의제도의 기능에 관하여 『논어(論語)』에서는 "예의 효용은 조화를 가
장 귀중하게 여긴다."("禮之用, 和爲貴."[9])고 하였다. 그 뜻인즉 예의제도는
계층화된 사회체계를 구축하는 방식으로 대가족 같이 화목한 조화로운
사회를 건설한다는 것이다.

이렇듯 예의제도는 차등적인 계층화의 방식으로 사회체제를 확립하고
계층에 따라 각각의 명분을 규정함으로써 마치 사회구성원을 존비귀천의
불평등한 사회계층으로 나누어 차별화된 권리를 부여하고 권력관계에 의
존하여 사회질서를 확립하고 유지하는 것 같아 보인다. 그러나 예의제도
의 본질은 덕을 숭상하고 현자를 존중하는 원칙에 따라 사회구성원의 덕
성에 근거하여 차등적인 역할을 부여하고 상응한 의무를 규정하는 것으
로 더 큰 덕성을 구비한 사람에게 더 높은 지위를 부여한다는 것은 더 중
대한 의무를 짊어지게 한다는 것이지 존비귀천의 불평등한 계층으로 나
누어 차별화된 권리를 부여한다는 것이 아니다.

그러므로 순자(荀子)는 덕을 숭상하고 현자를 존중하는 예의제도의
본질에 관하여 다음과 같이 말하였다.

군주가 아랫사람 대하기를 마치 갓난아기를 아끼듯 하여, 정령이
나 제도로 백성을 대함에 있어서, 이치에 어긋나는 것이 털끝만큼

---

8   『禮記·中庸』.
9   『論語·學而』.

이라도 있게 되면, 비록 고아나 자식이 없는 노인이나 홀아비나 과부라 할지라도 절대로 그들에게 강요하지 않는다. 그러므로 아랫사람들이 윗사람을 친근히 대하는 모습이 부모를 대하는 것처럼 즐거워하게 되어, 그들을 죽일 수는 있을지언정 따르지 못하게 할 수는 없게 된다. 군주와 신하, 윗사람과 아랫사람, 귀한 이와 천한 이, 어른과 아이, 서민들에 이르기까지 예를 최고의 표준으로 삼지 않는 이가 없게 된다. 그런 후에 모두 내심으로 반성하면서 삼가 본분을 지키게 되는데, 이는 모든 성왕(聖王)들이 똑 같이 실행한 것으로서 예의법도(禮義法度)의 관건이다.(上之於下, 如保赤子. 政令制度, 所以接下之人百姓, 有不理者如豪末, 則雖孤獨鰥寡必不加焉. 故下之親上歡如父母, 可殺而不可使不順. 君臣上下, 貴賤長幼, 至於庶人, 莫不以是爲隆正. 然後皆內自省以謹於分, 是百王之所以同也, 而禮法之樞要也.[10])

총체적으로 덕치사상은 요순(堯舜)과 같이 천하 사람들의 본보기가 되는 성왕(聖王)을 중심으로 덕망이 높은 현자들로 사회의 지도계층을 형성함으로써 지도계층과 대중 간, 특히 최고 지도자와 대중 간에 솔선수범하는 본보기와 추종자 간의 종적인 관계를 구축하는 것이 정치체제의 관건이라고 보며, 이렇게 지도계층과 대중 간, 특히 최고 지도자와 대중 간에 솔선수범하는 본보기와 추종자 간의 관계를 형성하게 되면 모든 사람은 내심으로 예의제도에 따라 본분을 지키려고 노력하면서 서로 존경

---

10   『荀子·王霸』.

하고 양보하게 되어 전체 사회가 자연스럽게 대가족 같이 화목한 사회로 된다고 주장한다. 그러므로 덕치의 정치제도는 서양식 민주체제와 권리 및 의무에 관한 법률제도로 구현되는 것이 아니라 성왕을 중심으로 하는 중앙집권체제와 명분에 관한 예의제도로 구현된다.

사회구조의 차원에서 보면 덕치사상은 독립적인 개인을 사회의 구성 단위로 하는 것이 아니라 핵가족, 가족, 종족, 종족들의 연합체 등 가족 공동체와 같은 집단들을 사회의 구성단위로 한다.

서양의 정치사상에서는 개인 본위의 공리주의 가치관으로 인하여 각자 자기 이익을 추구하는 독립적인 개인들이 이익에 따라 공통의 이해관계를 갖고 있는 계층이나 계급으로 나뉘면서 사회구조를 형성한다.

이와 달리 덕치사상에서는 천하일가의 도덕주의 가치관으로 인하여 사회의 기본 단위로 되는 핵가족부터 시작하여 사회 전반에 걸쳐 솔선수범하는 본보기와 추종자 간의 종적인 관계를 주축으로 하는 사회집단들을 형성하면서 전체 사회는 핵가족들이 모여 가족을 이루고, 가족들이 모여 종족을 이루고, 종족들이 모여 종족 연합체를 이루는 식으로 사회의 각 차원에서 크고 작은 가족 공동체와 같은 집단들을 형성하면서 피라미드식 사회구조를 구축하는데 이 피라미드식 사회구조의 최상층은 덕망이 높은 현자들로 구성된 지도계층이고 피라미드의 정점은 바로 천하 사람들의 도덕적 본보기가 되는 성왕(聖王)이다.

상술한 내용들은 덕치가 함축하고 있는 문화관념, 정치제도와 사회구조에 관한 논리적인 분석으로서 실제 역사에 관한 서술은 아니다. 결론적으로 덕치가 의미하는 사회문화는 서양의 사회문화와 근본적으로 구별될 뿐만 아니라 심지어 완전히 상반된 특징을 갖고 있기도 하다. 양자의 이러한 차이는 사회구성원의 덕성에 관한 요구에서도 선명하게 드러난다.

덕치에서는 인, 의, 예, 지, 신을 사회구성원이 반드시 구비해야 할 다섯 가지 기본적인 덕목이라 하여 오상(五常)이라고 한다. 서양이나 중국 모두 전체 사회구성원이 사회의 최고 가치를 받들고 사회의 도덕원칙에 관한 사상관념을 수립하며 제도규범에 따라 행동할 것을 요구함은 다를 바가 없다. 단지 사회문화의 차이로 인하여 내용상에 차이가 있어 중국은 인, 의, 예를 강조한다면 서양은 공정, 자유와 평등, 개인의 권리와 의무, 법을 강조할 뿐이다. 상술한 바와 같이 인, 의, 예가 사회질서와 직결되는 덕목이라면 지와 신은 이와 달리 주로 개인의 품성과 관련된 덕목인데, 이러한 덕목을 사회구성원이 반드시 구비해야 할 기본적인 덕목이라고 주장하는 것은 덕치의 특성과 관련 있다.

오상(五常)에서 말하는 지는 보통 말하는 지식이나 지혜를 가리키는 것이 아니라 형이상학적 인간성의 실현 요구에서 비롯된 인의도덕으로 시비도리를 가려 개인의 자발적인 욕구를 절제하는 자각적인 도덕의식을 의미하는 도덕적 지혜를 가리킨다.

서양은 사회의 공적인 영역과 개인의 사적인 영역을 엄격히 구분하므로 정치활동은 사회구성원의 이익과 관련된 공정한 사회를 목표로 삼고 공정, 권리와 의무, 법에 관련된 덕목을 강조하면서 기타 가치에 관해서는 개인의 선택에 맡긴다.

이와 달리 덕치에서는 사회의 공적인 영역과 개인의 사적인 영역이라는 양분화의 구분이 없이 사회 전반에 걸쳐 가족 공동체와 같은 생활방식을 실현함으로써 천하일가의 대동사회를 건설함을 궁극적인 목표로 하므로 국가적 차원으로부터 가정에 이르기까지 사회의 모든 차원에서 인의도덕의 요구에 따라 행동할 것을 요구한다.

서양의 정치사상에서 최고의 가치로 되는 공정이 근본적으로 인간의 경험적인 욕구에서 비롯되었다면 덕치의 최고 가치로 되는 인은 이와 반대로 형이상학적인 인간성에서 비롯되었다. 따라서 덕치에서는 언제나 형이상학적 차원의 인간성이 요구하는 도덕원칙에 따라 반드시 경험적 차원의 자발적인 욕구를 절제해야 함을 강조하게 되므로 도덕원칙과 개인의 자발적인 욕구 간에는 늘 긴장관계가 나타날 수 있다.

덕치의 인의도덕은 본래 혈연관계를 기초로 하는 가족 공동체에서 비롯된 것으로 친밀한 혈연관계를 기초로 하는 가정생활이나 좁은 범위의 가족생활에서는 도덕적인 요구와 자발적인 욕구 간의 긴장관계가 별로 심각하지 않을 수 있으나 친밀한 혈연관계를 초월하는 사회 영역으로 나아가면 나아갈수록 자발적인 감정에서 비롯되는 가족 본위주의 경향으로 인하여 양자 간의 긴장관계는 점점 더 심각하게 나타난다.

그러므로 덕치에서는 점점 더 넓은 사회 영역으로 나아가면 나아갈수록 점점 더 자각적인 도덕의식에 의존할 수밖에 없으므로 사회구성원이 형이상학적인 인간성의 요구에 따라 스스로 자발적인 욕구를 절제하는 자각적인 도덕의식을 수립할 것을 점점 더 강조하게 된다.

이렇듯 사회 전반에 걸쳐 가족 공동체와 같은 생활방식을 실현함을 목표로 하는 덕치에서는 점점 더 넓은 사회 영역으로 나아가면 나아갈수록 자각적인 도덕의식이 점점 더 강조될 수밖에 없으므로 사회구성원이 사회생활에서 반드시 구비해야 할 기본적인 덕목으로 요구될 수밖에 없다.

신의 덕목도 덕치에서는 사회구성원이 반드시 구비해야 할 기본적인 덕목으로 될 수밖에 없는데 오상(五常)에서 말하는 신의 본질은 현대 생

중국문화와 덕치사상

활에서 아주 중요시되는 신용이나 믿음이 아니다.

동한시대 허신(許愼)이 지은 『설문해자(說文解字)』에서는 "신이란 성(誠)을 가리킨다."("信, 誠也.")고 하고 또 "성(誠)이란 신을 가리킨다."("誠, 信也.")고 하였다. 즉 두 글자는 서로 통한다는 것이다. 장재(張載)는 성심성의로 사람들을 대해야만 신임을 얻을 수 있으므로 "성실하기에 믿는다."("誠故信."[11])고 하였고 반대로 성심성의로 사람들을 대하지 않으면 신임을 잃으므로 제갈량(諸葛亮)은 "성실하지 못한 자는 신뢰 받지 못한다."("不誠者失信."[12])고 하였다.

즉 신임은 성실한 마음가짐의 결과로 얻어지는 것으로서 "안으로 자기 마음이 참되어야만 밖으로 남의 믿음을 얻을 수 있다." 한마디로 성실한 마음가짐은 신용의 기초이고 신용은 성실한 마음가짐의 결과이므로 오상에서 말하는 신의 본질은 사람들을 성심성의로 대하는 마음가짐을 가져야 한다는 것이다.

덕치에서 오상(五常)의 하나로 사회구성원 간에 성심성의로 대하는 마음가짐을 가질 것을 요구함은 덕치가 사회구성원의 이익과 관련된 공정한 사회를 목표로 하는 것이 아니라 대가족 같은 화목한 사회를 목표로 하는데서 비롯된 것이다. 왜냐하면 사회구성원이 성심성의로 대하는 마음가짐이 없을 경우 설령 모든 사람이 제도규범에 따라 질서를 지킨다고 할지라도 서로 간에 가족애와 같은 감정관계를 형성할 수 없으므로 대가족 같은 화목한 사회의 실현은 불가능하기 때문이다.

---

11 『張載集·正蒙·天道』.
12 『諸葛亮集』卷三『便宜十六策·明察』.

결론적으로 자각적인 도덕의식과 서로 간에 성심성의로 대하는 마음가짐이 없다면 가족 공동체와 같은 생활방식을 실현할 수 없으므로 대가족 같은 화목한 사회를 목표로 하는 덕치에서 지와 신의 덕목은 모든 사회구성원이 반드시 구비해야 할 기본적인 덕목으로 될 수밖에 없다. 따라서 덕치에서는 인, 의, 예, 지, 신을 사회구성원이 반드시 구비해야 할 기본적인 덕목으로서 오상(五常)이라고 주장한다.

상술한 바와 같이 덕치사상이 의미하는 사회문화와 서양의 사회문화 간에는 근본적인 차이가 존재한다. 그러므로 덕치사상이 의미하는 사회문화와 서양의 사회문화는 서로 다른 문제에 봉착하게 됨으로써 서로 다른 과제를 해결하는 과정에서 각자의 독특한 역사를 전개하게 된다.

문화관념의 차원에서 보면 덕치가 해결해야 할 가장 근본적인 과제는 '천인합일(天人合一)'의 문제이다.

덕치사상은 인간의 진정한 본성이 형이상학적인 인간성으로서 인간의 진정한 행복은 바로 이 형이상학적인 인간성을 실현하는 것이며 오직 인의도덕의 요구에 따라 살아가야만 형이상학적인 인간성을 실현할 수 있으므로 인의도덕으로 인간의 자발적인 욕구를 절제하는 것은 정당할 뿐만 아니라 필수라고 주장한다.

이 때문에 덕치에서는 인의도덕과 개인의 자발적인 욕구 간에 늘 긴장관계가 출현할 수 있으며 이런 긴장관계는 사람들로 하여금 내심의 자연적인 감정이 억압받고 개인의 자주성이 압제당하는 느낌이 들게 한다. 그러므로 사람들로 하여금 덕치의 정당성을 인정하고 달갑게 받아들이게 하려면 덕치사상은 반드시 인간의 진정한 본성이 형이상학적인 인간성이며 인의도덕은 형이상학적인 인간성의 실현을 위하여 반드시 지켜야 할 원칙임을 납득시켜야 한다.

이론적 시각에서 보면 이는 덕치가 그 정당성을 궁극적으로 확립하려면 반드시 최고의 가치 인과 형이상학적인 인간성이 일치한다는 것을 증명해야 함을 의미하는데 바로 덕치가 내포하고 있는 이 근본적인 과제가 '천인합일(天人合一)'의 문제로서 유가사상의 발전과정에서 줄곧 근본적인 문제로 대두하게 되어 '천인합일'의 관념은 중국문화사의 중요한 특징으로 부각되게 되었다.

정치제도의 차원에서 보면 덕치가 해결해야 할 가장 관건적인 과제는 지도계층 특히 최고 지도자와 대중 간에 솔선수범하는 도덕적 본보기와 추종자 간의 관계를 구축하는 것이다.

덕치가 추구하는 천하일가의 대동사회를 건설하려면 반드시 사회 전반에 걸쳐 솔선수범하는 본보기와 추종자 간의 종적인 관계를 주축으로 하는 사회체계를 구축해야 하는데 이런 종적인 관계를 주축으로 하는 계층화된 피라미드식 사회체계에서 최고 지도자를 핵심으로 하는 지도계층과 대중 간의 관계는 전체 사회체계의 근간으로 된다. 따라서 지도계층 특히 최고 지도자가 사회의 본보기 역할을 충분히 감당할 수 있는지 여부가 정치활동의 성패를 결정하는 관건으로 된다.

만일 최고 지도자를 핵심으로 하는 지도계층이 민지부모의 덕성을 갖추어 솔선수범하는 본보기 역할로 사회구성원을 이끌어 나아간다면 사회구성원은 본분에 충실하려고 노력하면서 서로 존경하고 양보하게 되어 전체 사회가 화목한 대가족 같은 사회로 될 수 있다.

반대로 만일 지도계층과 대중 간에 솔선수범하는 본보기와 추종자 간의 관계가 무너지게 되면 지도계층과 대중 간의 관계는 통치자와 피통치자 간의 권력관계로 변질하게 되어 덕치는 권력을 장악한 위선자들의 사욕을 도모하는 학정으로 전락하고 만다.

그 결과 중국 역사에서 늘 볼 수 있는 "관리가 핍박하여 백성이 반란을 일으킨다."는 '관핍민반(官逼民反)'의 현상이 출현하게 되고 궁극적으로는 정권교체가 발생하게 된다. 이로부터 알 수 있듯이 서양에서는 이익관계에서 비롯된 사회 계층 간 혹은 계급 간의 모순이 가장 근본적인 사회문제로 된다면 덕치에서는 지도계층과 대중 간의 모순이 가장 근본적인 사회문제로 된다.

사회구조의 차원에서 보면 덕치가 해결해야 할 가장 기본적인 과제는 사회 전반에 걸쳐 솔선수범하는 본보기와 추종자 간의 종적인 관계를 주축으로 다차원의 공동체들을 구축함으로써 덕치의 사회기초를 마련하는 것이다.

덕치의 목적은 사회 전반에 걸쳐 가족 공동체와 같은 생활방식을 실현하는 것으로서 요순(堯舜)과 같은 성왕을 핵심으로 하는 민지부모의 덕성을 갖춘 지도계층이 있다고 할지라도 솔선수범하는 본보기와 추종자 간의 종적인 관계를 주축으로 하는 공동체들을 구축하지 않는다면 가족 공동체와 같은 생활방식은 현실생활에서 관철될 수 없으며, 이런 공동체들을 구축하였다고 할지라도 모든 공동체들이 통합되어 솔선수범하는 본보기와 추종자 간의 종적인 관계를 주축으로 하는 사회체계를 형성하지 못한다면 전체 사회는 대가족 같이 화목한 사회로 될 수 없다. 따라서 사회 전반에 걸쳐 솔선수범하는 본보기와 추종자 간의 종적인 관계를 주축으로 하는 다차원의 공동체들을 구축하는 것이 덕치의 기본과제로 된다.

결론적으로 문화관념의 차원에서 보면 덕치는 반드시 '천인합일(天人

合一)'의 문제를 해결함으로써 그 정당성을 확립하고 문화관념과 개인의 자주성 간의 긴장관계를 근본적으로 해소해야 하며, 정치제도의 차원에서 보면 덕치는 반드시 만민의 도덕적 본보기가 될 수 있는 최고 지도자를 핵심으로 민지부모의 덕성을 갖춘 성인군자들로 사회의 지도계층을 구성함으로써 지도계층과 대중 간에 솔선수범하는 본보기와 추종자 간의 관계를 구축해야 하며, 사회구조의 차원에서 보면 덕치는 반드시 사회 전반에 걸쳐 솔선수범하는 본보기와 추종자 간의 종적인 관계를 주축으로 하는 다차원의 공동체들을 구축함으로써 덕치의 사회기초를 마련해야 한다.

2. 천인합일(天人合一)과 유가학설(儒家學說)의 발전과정

가. 동중서(董仲舒)의 천인감응설(天人感応說)과 삼강오상(三綱五常)

한나라 초기 치국의 지도사상은 유가사상이 아니라 "오랜 전란에 지친 백성을 쉬게 해야 한다."는 소위 무위(無爲)를 숭상하는 황로학(黃老學)이었다.

기원전 141년, 한무제가 즉위한 후 널리 인재를 구하면서 치국의 근본 방침에 관하여 자문을 구하였다. 그 결과 국가의 통일과 안정을 확고히 하려면 반드시 사상을 통일해야 하며 사상의 통일은 "백가를 물리치고 오로지 유가만을 숭상한다."("罷黜百家, 獨尊儒術.")는 원칙을 세워 유가사상을 치국의 지도사상으로 확립해야 한다는 동중서의 건의를 받아들이게 되었다. 이리하여 유가사상이 정통사상의 지위에 오르게 되었으며 그 후 2천 년 동안 줄곧 중국 정치에서 치국의 지도사상으로 자리 잡게 되었다.

동중서는 유가사상을 핵심으로 하면서도 다른 학파들, 예를 들면 묵가(墨家), 도가(道家), 음양가(陰陽家) 심지어는 법가(法家) 등 학파들의 사상을 받아들여 우주론을 기초로 자연과 사회 모두에 관하여 체계적인 해석을 제시하는 학설을 만들어냈다.

그의 우주론은 주로 음양가의 음양오행설을 받아들여 만들어진 것으로서 자연과 사회를 포함한 우주 만물은 모두 음양오행의 법칙을 따른다고 주장하면서 음양오행설을 모든 자연현상과 사회현상을 해석하는 일반원리로 삼았다.

동중서의 음양오행설은 그 나름의 독특한 특징을 갖고 있는데 하나는 양(陽)과 음(陰) 간에 존비귀천의 차별을 두어 "양(陽)은 존귀하고 음(陰)은 비천하다."는 '양존음비(陽尊陰卑)'를 주장하는 것이고, 다른 하나는 우주의 일반원리로 되는 음양오행의 배후에는 전체 우주를 지배하는 천(天), 즉 하늘이라는 지배자가 있어 우주의 진정한 지배자는 음양오행이 아니라 하늘이라는 것이다. 하지만 이 우주의 지배자로서의 하늘은 형이상학적인 존재로서 인간이 직접 인식할 수 없으므로 인간은 우주의 일반원리로 되는 음양오행의 운행을 통해서만 하늘의 의지 혹은 천도(天道)를 인식할 수 있다고 주장하였다.

즉 동중서는 하늘의 의지는 음양오행의 운행을 통하여 체현된다고 여겼는데 "동중서의 음양오행설에서 '하늘'과 음양오행은 본질상에서 일치

중국문화와 덕치사상

한다. 천도(天道)가 가장 높고 음양오행의 법칙도 가장 높아 모두 위배할 수 없다. 하늘의 외적 표현은 음양오행이고 음양오행은 천도(天道), 하늘의 의지와 하늘의 뜻을 대표하고 상징한다."[13]

동중서는 상술한 음양오행설을 기초로 하늘과 인간, 천도(天道)와 인간사 간에는 근본적인 관련이 존재하여 하늘과 인간은 서로 교감한다는 천인감응설(天人感応説)을 주장하였다. 이렇듯 동중서는 우주론을 기초로 하는 천인감응설로 하늘과 인간을 서로 연결하여 천인합일(天人合一)의 사상체계를 확립함으로써 하늘과 인간의 관계에 대한 공맹(孔孟)의 막연한 설명방식을 구체적인 방식으로 체계화하였으므로 사회의 도덕적 원칙을 우주론 혹은 본체론의 기초 위에 확립하는 체계적인 학설을 정립하게 되었다.

천인감응설에 의하면 하늘과 인간은 서로 교감하기 때문에 황제가 정치를 잘하면 하늘이 상서로운 징조를 내려주고, 정치를 잘못하면 하늘은 재앙을 내려준다. 이런 관점은 황제로 하여금 하늘을 두려워하여 어진 정치를 베풀도록 하는 의미를 갖고 있지만 황제의 권위를 우주의 최고 지배자로 뒷받침해 주는 의미도 내포하고 있어 황제의 권위를 신성화(神聖化)하는 의미도 갖고 있다.

이렇듯 천인감응설에 의하면 하늘은 국가나 개인의 행위에 근거하여 길흉화복을 내리는 최고의 지배자로서 도덕적인 의지에 따라 우주를 지배하는 인격신(人格神)이라고 할 수 있으므로 동중서의 학설은 농후한 종

---

13   鄭明璋, 「論董仲舒與陰陽五行學說的政治化」, 『管子學刊』, 2006年 第4期, 64-67쪽.

제4장 덕치사상이 의미하는 사회문화 및 그 과제

교적 혹은 신학적 성격을 갖고 있었다.

유가학설의 발전과정에서 동중서는 제일 처음으로 인, 의, 예, 지, 신을 사회구성원이 반드시 구비해야 할 기본적인 덕목이라고 강조하면서 오상(五常)의 내용을 인, 의, 예, 지, 신으로 규정한 유가학자이다. 그 뿐만 아니라 동중서는 "신하는 임금을 섬기는 것을 근본으로 해야 한다."는 "군위신강(君爲臣綱)", "아들은 아버지를 섬기는 것을 근본으로 해야 한다."는 "부위자강(父爲子綱)", "아내는 남편을 섬기는 것을 근본으로 해야 한다."는 "부위부강(夫爲婦綱)", 즉 소위 말하는 삼강(三綱)을 예의제도(禮義制度)의 근간으로 확립한 첫 사람이기도 하다.

동중서는 음양오행설을 보편적인 법칙으로 하는 우주론으로부터 출발하여 인, 의, 예, 지, 신의 근거가 음양오행에 있고 군신(君臣), 부자(父子), 부부(夫婦)에 관한 삼강(三綱)도 양(陽)과 음(陰)간의 '양존음비'에서 비롯되었다고 여겨 "군신, 부자, 부부 간의 도리는 모두 음양의 도리에서 비롯된 것이다. 군주는 양에 속하고 신하는 음에 속하며, 아비는 양에 속하고 아들은 음에 속하며, 남편은 양에 속하고 아내는 음에 속한다.…… 왕도(王道)의 삼강은 하늘로부터 구할 수 있다."("君臣父子夫婦之義, 皆取諸陰陽之道. 君爲陽, 臣爲陰; 父爲陽, 子爲陰; 夫爲陽, 妻爲陰.…… 王道之三綱, 可求於天."[14])고 주장하였다.

다시 말하면 자연계에서 양(陽)이 주도적 지위를 차지하는 기(氣)라면 인류사회에서도 양은 통치적 지위를 차지하므로 삼강(三綱)이라는 것은 바로 이러한 자연의 섭리 혹은 천도를 본받아 건립된 도덕원칙이다. 이렇

---

14 『春秋繁露·基義』.

중국문화와 덕치사상

게 동중서의 학설에서 천도(天道)와 인도(人道)의 통일은 삼강오상(三綱五常)이라는 구체적인 원칙으로 체현되었다.

'군위신강', '부위자강', '부위부강'이라는 삼강(三綱)에서는 '양존음비'의 원리에 따라 전자에 대한 후자의 종속성을 강조하므로 전자와 후자는 지배와 종속의 관계를 가진다. 이는 각자 명분을 지켜야 한다는 공맹의 정명(正名)사상과 비슷한 것 같지만 공맹의 정명사상에서는 윗사람과 아랫사람 간에 솔선수범하는 본보기와 추종자 간의 관계를 확립해야 한다고 주장하면서 윗사람의 본보기 역할이 관건이라고 강조한다면 삼강에서는 윗사람에 대한 아랫사람의 종속성을 강조하면서 윗사람과 아랫사람 간의 관계를 지배와 종속의 관계로 도식화하였다고 할 수 있다.

윗사람과 아랫사람 간의 관계를 지배와 종속의 관계로 도식화한 것은 법가의 관념으로서 한비(韓非)에서 비롯되었는데 한비는 "신하는 군주를 섬기고, 자식은 아비를 섬기며, 아내는 남편을 섬긴다. 이 세 가지를 따르면 천하가 다스려지고, 이 세 가지를 어기면 천하가 어지러워진다. 이는 세상의 변하지 않는 도리이다."("臣事君, 子事父, 妻事夫, 三者順則天下治, 三者逆則天下亂, 此天下之常道也."[15])라고 주장하였다.

이렇듯 동중서는 윗사람과 아랫사람 간 지배와 종속의 관계를 강조하는 법가의 관념을 유가사상에 끌어들임으로써 솔선수범하는 본보기와 추종자 간의 관계를 우선시하면서 강조하는 입장과 달리 지배와 종속의 관념을 강화하였다.

총체적으로 동중서는 우주론을 기초로 하여 음양오행의 법칙을 우주

---

15 『韓非子·忠孝』.

의 보편원리로 삼고 삼강오상(三綱五常)을 사회생활의 핵심적인 도덕원칙으로 하는 체계적인 학설을 건립함으로써 사회의 통일과 안정을 위한 의식형태를 확립하는데 지대한 역할을 하였다. 하지만 동중서의 학설은 인격신(人格神)으로서의 하늘을 최고의 지배자로 하는 신학적 색채가 농후할 뿐더러 천인감응설과 삼강의 원칙으로 지배와 종속의 관계를 강조하면서 사회 질서를 중요시하는 쪽으로 치우쳤다고 할 수 있다.

나. 위진(魏晉)시대 유학(儒學)과 현학(玄學) 간의 논쟁

유가사상이 정통사상으로 확립되면서 유가사상의 기준에 부합되는 우수한 품성을 지닌 사람들을 선발하여 관리로 등용하는 '찰거제도(察擧制度)'가 생겨나게 되었다.

그 결과 한나라 말에 이르러 수단방법을 가리지 않고 명성을 얻어 출세하려는 풍조가 성행하면서 겉으로는 공맹의 어록을 외우며 도덕군자의 행세를 하지만 속은 사욕으로 가득 찬 위선자들이 득실거리게 되었다. 이리하여 유가사상은 점점 내심으로 믿는 신조가 아니라 케케묵은 설교로 전락하게 되고 삼강오상(三綱五常)은 어쩔 수 없이 지켜야 할 강제적인 사회규범으로 느껴지게 되었다.

위진(魏晉)시대에 들어서서 정치는 점점 더 부패해지고 사회풍기는 점점 더 문란해졌다. 권세 있는 귀족계층에서는 부화방탕한 생활을 추구하는 풍조가 만연하고 사회에는 배금주의가 성행하여 "돈만 있으면 귀신도 부릴 수 있다."("錢無耳, 可使鬼.")는 말이 유행되었으며 오로지 육체적 쾌락을 추구하면서 삶의 이상이나 도의라는 것은 아예 염두에도 두지 않는

중국문화와 덕치사상

쾌락주의가 범람하였다.

정치의 부패와 반세기도 안 되는 사이에 두 번이나 '선양(禪讓)'의 사기극을 벌리면서 정권이 바뀌니 하늘은 도덕적인 의지를 갖고 있는 최고의 지배자로서 "착한 자에게는 복을 내리고 악한 자에게는 벌을 내린다."는 천인감응설을 더는 믿을 수 없게 되었다.

가치 관념의 혼란이 삶의 가치에 관하여 고민하게 하였다면 천인감응설의 파탄은 자연과 사회를 포함한 전체 우주를 지배하는 궁극적인 요인 혹은 법칙이 무엇인가 하는 문제를 재반성하도록 하였는데 이 와중에 출현한 것이 바로 형이상학을 선명한 특징으로 하는 현학(玄學)이다.

본래 유가학설은 형이상학적인 인간성을 진정한 인간성이라고 주장하면서 형이상학적인 본체론을 근본기초로 하는 학설로서 유가학설에서 논하는 인간성의 문제나 천인합일(天人合一)의 문제는 본질상에서 모두 형이상학적인 범주에 속한다. 그러므로 동중서의 학설에 대한 믿음이 흔들림에 따라 삶의 가치와 우주의 궁극적인 요인 혹은 법칙에 관하여 재반성하게 되면서 자연히 형이상학적 차원의 논쟁이 전개되었고 그 결과 도가학설과 불교학설을 끌어들여 형이상학적 문제들을 해결하려는 시도가 나타나게 되었다.

이리하여 유가학설의 지위는 점점 추락하게 된 반면에 도가학설과 불교학설의 지위가 점점 상승하게 되어 형이상학적 특징을 가진 사조가 흥행하게 되었는데 이것이 바로 현학이다. 즉 현학은 하나의 체계적인 학설이 아니라 모종 특징을 가진 일종의 사조에 불과할 뿐이다.

그렇다면 "현학이 주목하는 것은 어떤 주제인가? 현학은 유가, 도가, 불교의 합류로 유가 학설이 정치에 관한 학설이라면 도가와 불교의 학설은 생명에 관한 학설이라고 할 수 있어 유가와 도가 및 불교 간의 관계는 정치와 생명 간의 관계라고 할 수 있다. 그러므로 현학의 주제는 정치와 생명 간의 관계에 관한 것이다.…… 노장(老莊)의 도가학설과 불교학설 은…… 본질상에서 모두 생명에 관한 학설과 생사(生死)에 관한 관심으로 이들이 토론하는 핵심내용들은 모두 우주에서 인류생명의 근원, 생명의 본질, 정신과 육체 간의 관계, 안신입명(安身立命)의 근거 등에 관한 것이다."[16]

유가학설은 형이상학적인 본체론을 근본기초로 하는 체계적인 이론이다. 하지만 유가학설은 자연에 관한 이론이 아니라 주로 사회 질서와 삶의 가치에 관한 학설로서 구체적인 내용으로 보면 정치철학과 인생철학이라는 두 가지 분야를 포함하고 있는데, 이는 유가학설이 공적인 사회 영역과 사적인 개인 영역을 구분하지 않고 정치철학과 인생철학이 근본적으로 완전히 일치한다고 주장하는데서 비롯되었다.

그러므로 유가학설은 본체론의 차원에서 보면 사회질서의 궁극적인 근거로 되는 천도(天道)와 삶의 궁극적인 근거로 되는 형이상학적인 인간성 및 양자 간의 관계에 관한 문제를 함축하고 있고, 구체적인 사상 내용의 차원에서 보면 사회질서에 관한 정치철학과 인간성의 실현에 관한 인생철학 및 양자의 관계에 관한 문제를 함축하고 있는데, 이러한 유가학설을 현실사회에서 관철하는 시각에서 보면 유가학설은 예의제도와 인간의 자발적인 욕구 간의 대립이라는 사회문제를 해결해야 할 과제를 내포하

---

16 張榮明, 『信仰的考古-中國宗教思想史綱要』, 天津: 南開大學出版社, 2010. 張榮明, 「魏晉思想的世俗與超俗」, 『天津師範大學學報(社會科學版)』, 2013年 第2期, 6-9쪽에서 재인용.

고 있다.

바로 유가학설 그 자체가 함축하고 있는 상술한 과제들로 인하여 위진시대에 유가학설의 권위가 추락함에 따라 본체론 차원에서는 '본말과 유무(本末有無)' 등 형이상학적인 문제에 관하여 탐구하면서 천인감응설을 비판하고, 구체적인 사상 내용의 차원에서는 삶의 가치와 심신의 수양에 관한 인생철학을 중요시하면서 유가의 정치철학을 비판하고, 현실생활의 차원에서는 인간의 감정과 욕구를 긍정하면서 개체의 자주성을 강조할 뿐만 아니라 존비귀천의 지배와 종속의 관계를 부정하면서 심지어 '무군론(無君論)'까지 주장하게 되어 예의제도의 근간으로 되는 삼강(三綱)을 전반적으로 부정하는 현학 사조가 출현하게 되었다.

그 결과 문화관념의 차원에서 '위진현학은 중국 고대 지식인들의 종교 사조를 유발'[17]하게 되어 신앙을 찾아 출가하여 사찰에 몸을 담는 지식인들이 나타났는가 하면 사회생활의 차원에서 '삼강'의 권위가 크게 추락하여 위진(魏晉)시대로부터 수당(隋唐)시대는 '삼강'의 권위가 상당히 약화된 시기로 역사에 남게 되었다.[18]

총체적으로 위진시대로부터 수당시대에 이르기까지 정치 영역에서는 유가사상이 주도적 지위를 차지하고 사회 영역에서는 명문거족들이 예의제도를 중요시하면서 강화하는 방향으로 나아갔으나 '삼강'의 권위는 크게 추락되었으며 관념문화의 영역에서는 유가사상의 영향력이 점점 쇠퇴해지면서 불교가 흥행하고 발전하는 양상이 출현하였다.

---

17   張榮明, 「魏晉思想的世俗與超俗」, 6-9쪽.
18   劉學智, 「"三綱五常"的歷史地位及其作用重估」, 『孔子研究』, 2011年 第2期, 19-29쪽.

다. 주희(朱熹)의 성리학(性理學)

당나라 중반에 이르러 유가학설은 다시 부흥하기 시작하여 송나라에 이르러 새롭게 거듭난 유가학설이 탄생하였는데 이것이 바로 불교의 영향을 받아 형이상학적인 본체론을 핵심으로 하는 성리학이다. 성리학은 남송의 주희(朱熹)에 이르러 집대성되어 정교한 학설로 정립되었으며 그 후 국가의 정통적인 학설로 지정되어 청나라 말까지 줄곧 그 지위를 유지하였다.

성리학은 우주의 최고 지배자로서의 '천(天)' 혹은 '하늘'에 관하여 "하늘이란 바로 이치이다.(天者理也.)"라고 하면서 우주의 최고 지배자는 인격신이 아니라 '이(理)'라는 보편적인 법칙이라고 주장한다. 자연과 사회를 포함한 우주 만물은 형이상학적인 '이(理)'와 형이하학적인 '기(氣)'로 형성되는데 '기(氣)'가 모이고 흩어짐에 따라 사물이 생성되거나 소실되고 이런 '기(氣)'의 운동과정은 '이(理)'의 지배를 받는다고 한다. 이로부터 알 수 있듯이 '기(氣)'는 우주 만물을 형성하는 구성요소이고 '이(理)'는 우주 만물에 내재하는 보편적인 본질과 원리로서 현실에서 형이상학적인 '이(理)'와 형이하학적인 '기(氣)'는 분리될 수 없이 서로 의존하면서 함께 공존한다.

우주 만물 중의 하나인 인간도 형이상학적인 '이(理)'와 형이하학적인 '기(氣)'로 형성된 존재이므로 성리학은 인간의 근본적인 본성이 바로 '이(理)'라고 하면서 '성즉이설(性卽理說)'을 주장한다. 이렇듯 인간의 진정한 본성은 '이(理)'에서 비롯된 것으로 지극히 순수하고 착한 것이지만 '기(氣)'의 불순함으로 인하여 마음속에는 선과 악이 혼재하여 존재한다. 그

　　　　　　　　　　　　　　　중국문화와 덕치사상

러므로 진정한 인간성을 실현하려면 반드시 '이(理)'를 인식하여 자각적으로 '이(理)'에 따라 행동하면서 심신을 닦아가야 한다.

하지만 비록 인간의 진정한 본성은 '이(理)'에서 비롯된 것으로 마음속 깊은 곳에 '이(理)'가 있다고 하지만 '기(氣)'의 불순함으로 인하여 인간은 마음속 깊은 곳에 있는 '이(理)'를 바로 인식할 수 없다. 인간은 오직 끈질긴 노력으로 세상 만물에 관한 지식을 꾸준히 공부해야만 어느 때인가 비로소 우주 만물을 지배하는 '이(理)'를 터득할 수 있다. 그런 다음 '이(理)'에 따라 성심성의로 심신을 닦아가는 자아수양에 매진한다면 어느 날인가 "마음에 천리를 품고 사욕을 깨끗이 제거(存天理, 滅人欲.)"하는 경지에 이를 수 있어 진정한 인간성을 철저히 실현할 수 있게 되는데 그것이 바로 인생의 극치이고 진정한 행복이다.

주희는 인류사회의 도덕법칙도 우주의 보편적인 법칙인 '이(理)'에서 비롯된 것으로서 '삼강오상(三綱五常)'은 바로 '이(理)'의 체현이며 '삼강오상'을 어기는 것은 바로 '천리(天理)'를 해치는 것이라고 주장하였다. "성리학가들 특히 주희의 주창으로 '삼강오상(三綱五常)'은 위진수당(魏晉隋唐) 시대의 냉대 받고 저조하던 상황으로부터 송나라 이후 널리 주목받는 도덕 신조로 되었으며 반드시 준수해야 할 최고의 정치 및 윤리 원칙으로 되었다."[19]

그 후 원나라와 명나라에 이르러 '삼강'에 대한 강조는 더 말할 나위 없이 강화되었다. 역사적 시각에서 보면 중국 역사에서 '삼강오상'은 송나라와 원나라에 이르러 비로소 전반적으로 강화되어 윤리도덕의 근간과

---

19   劉學智, 「"三綱五常"的歷史地位及其作用重估」, 19-29쪽.

실행 강령으로 되었는데 이는 성리학의 공헌과 떼어놓을 수 없다.

총체적으로 주희는 '천인합일(天人合一)'의 형이상학적인 본체론을 기초로 정치철학과 인생철학을 아우르는 체계적인 이론을 건립함으로써 유가학설을 새로운 단계로 발전시켰다. 하지만 장기간의 꾸준한 노력을 거쳐 상당한 지식을 쌓아야만 '이(理)'를 터득할 수 있어 진정한 인간성을 실현할 수 있다고 주장하고 또 지배와 종속의 관계를 강조하는 '삼강(三綱)'을 우주의 근본적인 법칙인 '이(理)'의 체현이라고 주장함으로써 주희의 성리학은 권위와 질서를 강조하는 쪽으로 치우쳤다고 할 수 있다.

라. 왕양명(王陽明)의 심학(心學)

주희가 '성즉이설(性卽理說)'을 주창할 때 육구연(陸九淵)은 '심즉이설(心卽理說)'을 주창하면서 '이(理)'가 인간의 마음속에 존재하므로 밖으로 세상 만물에 관한 지식을 꾸준히 축적해야만 비로소 어느 때인가 우주 만물을 지배하는 '이(理)'를 터득할 수 있다는 주희의 관점을 부정하고 오로지 안으로 마음속에서 '이(理)'를 인식해야 한다고 주장하였는데 이를 심학이라고 한다.

심학은 원나라를 거쳐 명나라에 이르기까지 꾸준한 발전을 이룩하였으나 영향력 있는 학설이 아니었다. 하지만 명나라 중반에 이르러 왕양명에 의하여 심학이 체계적인 이론으로 정립되면서 명나라 중후반에는 상당한 영향력을 가진 학설로 등극하게 되었다. 심학은 대표 인물들의 이름을 따 육왕심학(陸王心學)이라 부르기도 하고 양명학(陽明學)이라 부르기도 한다.

왕양명의 심학과 주희의 성리학 간 가장 중요한 차이는 우선 먼저 우주의 근본적인 법칙이면서 인간의 근본적인 본성의 근원으로 되는 '이(理)'를 인식하는 방법론에서 근본적인 대립이 존재하는 것이다. 그러므로 왕양명의 심학과 주희의 성리학은 심신을 닦아 인간성을 실현하는 과정에 관한 이론에서도 근본적인 차이를 나타낸다.

주희는 밖으로 세상 만물에 관한 지식을 꾸준히 축적해야만 비로소 어느 날인가 '이(理)'를 터득할 수 있다고 주장한 반면, 왕양명은 오로지 안으로 진정한 인간성을 가리는 각종 욕망들을 꿰뚫고 마음속 깊은 곳에서 울려 나오는 진정한 인간성의 부름을 인지하는 것만이 '이(理)'를 터득하는 올바른 길이라고 주장하였다.

또한 주희는 세상 만물에 관한 지식을 꾸준히 축적하여 '이(理)'를 터득한 후에야 비로소 지식에 의지하여 심신을 닦아 인간의 진정한 본성을 실현할 수 있다고 주장한 반면에 왕양명은 세상 만물에 관한 지식이 결여되더라도 마음속 깊은 곳의 진정한 본성의 부름을 인지하여 그 부름에 따라 행동하기만 하면 인간은 진정한 본성을 실현할 수 있으므로 세상 만물에 관한 지식을 장악한 박식한 사람이 아닐지라도 오로지 마음속 깊은 곳의 진정한 본성의 부름을 인지하여 그 부름에 따라 행동하는 사람이라면 그 누구나 심신을 닦아 성인으로 될 수 있다고 주장하였다.

총체적으로 주희의 성리학이나 왕양명의 심학 모두 형이상학적인 본체론에 기초한 학설이지만 주희의 성리학이 권위를 숭상하고 '이(理)'와 인간의 경험적인 욕구 간의 대립을 강조하는 쪽으로 치우쳤다면, 왕양명의 심학은 개체의 자주성과 경험적인 욕구를 긍정하는 쪽으로 치우쳤다고 할 수 있다. 그러므로 주희의 성리학이 지식인들을 대상으로 하는 학설로 국한되었다면 왕양명의 심학은 지식인들의 범위를 초월하여 일반 대중에게까지 파급되는 사조로 번졌을 뿐만 아니라 심지어 민간 종교의 방향으로 나아가는 양상을 나타내기까지 하였다.

명나라 중반 이후 왕양명의 심학은 사상영역에서 거의 주희의 성리학을 대체할 정도로 그 성세가 커져 왕양명의 신도들이 만천하에 널려 있을 정도였으나 명나라 말기에 이르러 영향력이 점점 쇠퇴해졌다.

마. 명청시기(明淸時期) 민간 종교의 흥기

명나라 중반 이후 중국은 인구의 증가, 상업의 번성, 대중문화의 흥기, 도시 규모의 확장, 기존의 종족제도를 중심으로 하는 생활방식과 판이한 시민생활의 발달 등 현상들이 출현하면서 사회문화 전반에 걸쳐 총체적인 변화가 나타나기 시작하였다.

따라서 기존의 예의제도가 흔들리면서 그 구속력이 점점 느슨해지게 되었으며 관료계층의 날로 더해가는 부패로 하여 "마음에 천리를 품고 사욕을 깨끗이 제거해야 한다.(存天理, 滅人欲.)"는 성리학의 주장은 점점 인간성을 억압하는 위선적인 설교로 느껴지게 되면서 사람들로 하여금 거부감을 갖게 하였다.

그 결과 사람들의 사상, 감정, 행위방식이 주희의 성리학과 점점 더 멀어져 갔을 뿐만 아니라 기존의 유가학설을 초월하여 안신입명의 궁극적인 근거를 찾으려는 사회 조류가 형성되면서 민간 종교가 흥기하는 국면이 출현하게 되었다.

왕양명의 사후 그의 문하생들이 왕양명의 사상으로부터 각자 서로 다른 요소들을 강조하고 발전시키면서 여러 학파로 분화되었는데 그 중에서 영향력이 가장 큰 학파가 태주학파(泰州學派)였다. 태주학파는 왕양명의 학설을 민간화, 종교화의 방향으로 발전시키는 길로 나아갔다.

태주학파의 시조는 왕양명의 제자 왕간(王艮)이다. 왕간은 소금을 생산해서 판매하는 염업노무자(塩業勞務者)로서 당시 신분제도에서는 미천한 신분에 속하여 평생 관직에는 나가지 못하고 상인으로서 천하를 주유하였다. 비록 어릴 때부터 서당에서 글과 학문을 익혔지만 본격적으로 학업에 종사하지 못했고 학식이 있는 사람을 만나면 문답을 통해 깨치며 배웠다. 그러다 왕양명(王陽明)의 강학을 듣고 감동을 받아 그의 문하생이 되었다. 왕간은 전도(傳道)에 열중하여 많은 사상가들과 실천가들을 양성하였는데 왕간 외 태주학파의 대표 인물들로는 안균(顔均), 나여방(羅汝芳), 하심은(何心隱), 경정향(耿定向), 이지(李贄) 등이 있다.

안균은 문화수준이 그다지 높지 않아 정통적인 유가학자와는 판이한 인물로서 민간 종교의 길로 왕양명의 사상을 발전시킨 아주 중요한 인물이다. 그는 자신의 신비한 체험을 기초로 널리 설교활동을 벌리면서 적극적으로 민간화, 종교화의 방향으로 나아갔으며 종교조직의 성격을 지닌 '삼도췌화회(三都萃和會)'라는 단체를 창립하기도 하였는데 그의 학설은 도가학설과 유가학설을 결합하는 특징을 지니고 있었다.

나여방은 안균의 학생으로 강학에 열중하였는데 현묘한 도리를 통속 언어로 알아듣기 쉽게 표현함으로써 대중의 열렬한 호응을 받았다.

하심은은 취화당(聚和堂)이라는 것을 설립하여 어린이들과 젊은이들을 교육하고 노인들을 봉양하면서 서로 사랑하고 서로 돕는 가족 공동체와 같은 집단생활을 주창한 것으로 유명하다.

태주학파의 강학활동에 관하여 어느 한 학자는 다음과 같이 지적하였다. "유가 지식인들 모임에서의 강학이든지 사회 대중을 대상으로 하는 설교활동을 막론하고 대규모의 모임과 강학은 명나라 중기와 말기 유학이 종교화로 나아가는 두 가지 서로 다른 방향과 유형에서 모두 갖고 있은 공통 형식이다."[20] 다시 말하면 이런 집단적인 강학활동들은 모두 종교단체의 집회와 유사한 특징을 갖고 있었다.

왕양명의 문하생들로부터 비롯된 유가학설의 대중화와 종교화 사조 외에도 명청시대에 유가학설의 대중화, 종교화 사조는 여기저기에서 나타났다.

삼일교(三一教)는 명나라 중엽에 임조은(林兆恩)이 창립하였는데 그 의미는 '유불도(儒仏道)', 즉 유가학설, 불교학설, 도가학설 세 가지를 통합한 '삼교합일(三敎合一)'의 사상체계라는 것이다. 삼일교는 처음에 비교적 느슨한 학술단체로 출발하였지만 후에는 사회 각 계층을 포함한 조직화된 종교단체로 발전하여 갔다. 명청시기 복건성을 중심으로 여러 지역에서 상당한 영향력을 과시하였을 뿐만 아니라 대만과 동남아 지역에까지 전파되어 현재까지도 전해 내려오고 있다.

태곡교(太穀敎)는 주태곡(周太穀)이 청나라의 가경(嘉慶), 도광(道光) 연간에 창립하여 20세기 항일전쟁이 발발할 때까지 한 세기 남짓 유행되었는데 삼일교와 비슷한 성격을 갖고 있었다.

유문교(劉門敎)는 청나라 중엽 유원(劉沅)이 창립하였는데 역시 '삼교

---

20 彭國翔, 「王畿的良知信仰論與陽明學的宗敎化」, 『中國哲學史』, 2002年 第3期, 54-62쪽.

합일(三敎合一)'의 취지를 가진 민간종교로 근현대에 사천에서 특히 그 영
향력이 컸고 멀리 다른 지역에도 파급되었다.

총체적으로 "삼일교(三一敎), 태곡교(太穀敎)와 유문교(劉門敎)는 본질
적으로 모두 학파 겸 종교의 성격을 갖고 있었는데 유가학설의 발전역사
로 볼 때 이는 유가학설이 민간화, 종교화로 나아가는 하나의 중요한 문화
현상이었다."[21]

위에 언급한 삼일교(三一敎), 태곡교(太穀敎), 유문교(劉門敎) 외에도
명청시기 흥기한 유가 성격을 가진 기타 민간 종교들로는 나교(羅敎), 황
천교(黃天敎), 장생교(長生敎), 홍양교(弘陽敎), 팔괘교(八卦敎), 일관도(一
貫道) 등이 있다.

나교(羅敎)는 명나라의 성화(成化), 정덕(正德) 연간에 나몽홍(羅夢鴻)
이 창립하였는데 무위교(無爲敎) 혹은 나조교(羅祖敎)라고 불리기도 하
며 이 또한 '삼교합일(三敎合一)'을 주장하였다.

황천교(黃天敎)는 명나라 가정(嘉靖) 연간에 이빈(李賓)이 창립하였는
데 황천도(黃天道), 황천도(皇天道), 무위도(無爲道) 등으로 불리기도 하
며 '삼교합일'을 주장하였다.

장생교(長生敎)는 왕장생(汪長生)이 명나라 만력(萬曆) 연간에 창립하
였는데 삼교합일을 주장하였으며 비록 장생불로를 추구하나 유가사상에
더 치우친 민간종교이다.

홍양교(弘陽敎)는 명나라 만력(萬曆) 연간에 한태호(韓太湖)가 창립하

---

21 韓星, 「明淸時期儒學的民間化, 宗敎化轉向及其對現代的啓示」, 『徐州工程學院學
報(社會科學版)』, 2013年 第5期, 13-18쪽.

였는데 홍양교(紅陽敎), 혼원문(混元門), 원돈교(元沌敎) 등으로 불리기도 하며 '삼교합일'을 주장하였다.

팔괘교(八卦敎)는 유좌신(劉佐臣)이 청나라 강희(康熙) 연간에 창립하였는데 역시 '삼교합일'을 주장하였다.

일관도(一貫道)는 명나라 중엽에 창립되어 명나라 말기와 청나라 때 성행하였으며 현재에도 대만과 해외에서 전해지는 영향력이 상당한 비밀 종교이다. 이 또한 '삼교합일'을 주장하였는데 후에 기독교와 이슬람교를 추가함으로써 '오교합일설(五敎合一說)'을 주장하게 되었다.

상술한 민간 종교들은 모두 학술단체로부터 종교단체로 나아갔다는 공통성을 갖고 있는데 이에 관하여 마서사(馬西沙)와 한병방(韓秉方)은 이들의 공통된 특징은 "모두 왕양명의 심학으로 기울면서 '삼교(三敎)'의 융합을 주장하는 저명한 학자들이 창립한 학술단체들로 점진적으로 종교로 진화하여 갔다. 이는 명청(明淸) 이래의 사회사상사에서 주목할 만한 새로운 영역이다. 명나라 중말엽(中末葉) 이후 정통적인 불교와 도교는 급속히 쇠퇴해지고 민간 종교가 광대한 하층 민중들의 일상생활에 침투되었다. 바로 백성의 일상생활 속에서 세속화한 불교 및 도교의 신앙과 전통적인 유가의 윤리도덕이 서로 결합하면서 사실상에서 '삼교합일'이라는 거창한 민간 신앙의 흐름을 형성하게 되었다."[22]라고 지적하였다.

총체적으로 명청시기에 사회문화의 전반적인 변화와 더불어 민간 종교

---

22   馬西沙·韓秉方, 『中國民間宗敎史: 下』, 上海: 人民出版社, 2004, 1005쪽. 韓星, 「明淸時期儒學的民間化, 宗敎化轉向及其對現代的啓示」, 『徐州工程學院學報(社會科學版)』, 2013年 第5期, 13~18쪽에서 재인용.

가 흥기하는 현상이 출현하면서 하나의 거창한 사조를 형성하게 되었는데 이런 현상이 나타나게 된 원인에 관하여 여영시(餘英時)는 이토록 종교가 흥행하면서 사회의 각 계층으로 파급되게 된 것은 "가능하게 사회심리가 장기간 극심하게 동요하면서 불안해진 표현일 수 있다. 다시 말하면 명나라 말기 이래 중국인들은 장기간에 걸친 신앙 혹은 정신적 위기를 경과한 듯하다."[23]고 추측하였다.

바. 청나라의 고증학(考証學)

명나라 말 청나라 초, 유가학파 내부에서 주희의 성리학이나 왕양명의 심학 모두 형이상학적 차원에 입각하여 사변적인 방법으로 이기(理氣)니 심성(心性)이니 하는 것을 논하는 추상적인 학설로서 현실의 사회문제를 해결하는데 별 도움이 없는 공허한 학설이라고 반발하는 기류가 나타나면서 현실에 입각하여 사회문제를 해결할 수 있는 학문, 즉 경세학(経世學)을 추구하는 사조가 일어나기 시작하였다.

그 결과 고증(考証)의 방법으로 유가의 경전과 기타 고전들을 연구하여 현실 문제를 해결할 수 있는 방도를 찾는 것을 목적으로 하는 고증학(考証學)이 흥기하게 되었으며 청나라의 건륭(乾隆), 가경(嘉慶) 연간에는 학술계의 주류로 군림할 정도로 흥성하게 되었다.

그러나 시간의 흐름에 따라 초창기의 경세학(経世學)을 중시하던 학풍

---

23 餘英時, 「士商互動與儒學轉向」, 『現代儒學的回顧與展望』, 北京: 生活·讀書·新知 三聯書店, 2004, 251쪽.

과 달리 고증에 의하여 고전을 정비하고 해명하는 순수한 학문연구에만 몰두하면서 현실 문제에 관해서는 관심을 가지지 않는 풍조가 점점 만연하게 되었다.

능정감(淩廷堪)은 이러한 풍조를 바로 잡기 위하여 학술은 현실 문제를 해결할 수 있는 경세학을 목적으로 해야 하며 현실 문제를 해결하는 데 절실히 필요한 것은 제도규범에 관한 연구라고 주장하면서 예의제도에 관한 연구에 주력하였다. "그는 송나라와 명나라 이래 학설들은 정주학(程朱學, 성리학)이나 육왕학(陸王學, 양명학)을 막론하고 모두 불교의 선학(禪學)으로서 주공과 공자의 학설과는 추호의 관계도 없다고 질타하였다."[24]

능정감은 주희의 성리학과 왕양명의 심학을 전반적으로 부정하는 입장을 취하였는데 그는 "주공과 공자의 도(道)란 예학(禮學)으로 세상을 다스리는 도(道)"[25]라고 주장하면서 "예를 떠나 도(道)를 논하게 되면 공허하여 어디 의지할 데가 없게 되고 예를 떠나 본성(本性)을 논하게 되면 막연하여 종잡을 수 없게 된다고 보았다."[26]

그러므로 능정감(淩廷堪)은 예를 아주 중요시하여 "예란 몸과 마음이 지켜야할 규칙일 뿐만 아니라 본성과 도(道)의 구체적인 체현"[27]이라고 주장하면서 "결국 '성인의 도(道)라는 것은 오로지 예일 뿐이다.'라는 결

---

24 張壽安, 『以禮代理-淩廷堪與淸中葉儒學思想之轉變』, 石家莊: 河北敎育出版社, 2001, 36쪽.
25 張壽安, 『以禮代理-淩廷堪與淸中葉儒學思想之轉變』, 36쪽.
26 張壽安, 『以禮代理-淩廷堪與淸中葉儒學思想之轉變』, 40쪽.
27 張壽安, 『以禮代理-淩廷堪與淸中葉儒學思想之轉變』, 40쪽.

중국문화와 덕치사상

론"[28]을 얻게 되어 "예로써 이(理)를 대체해야 한다.(以禮代理)"고 역설하였으며 심지어 "예 외에는 소위 학술이란 것이 없다."[29]고 할 정도로 예를 치켜세운 나머지 예학으로 성리학을 대체해야 한다는 주장을 펼치게 되었다.

고증학의 발전으로 인하여 유가학파는 두 개 학파로 나눠졌는데 형이상학적인 차원에 입각하여 사변적인 방법으로 '이기(理氣)'나 '심성(心性)'을 논하는 성리학과 심학을 송학(宋學)이라 하고 고증의 방법으로 유가의 경전과 기타 고전을 연구하는 학파를 한나라의 학풍을 계승하였다고 한학(漢學)이라 하였다.

비록 두 개 학파로 나눠졌지만 송학과 한학은 성질상 서로 다른 학문이라고 여겨져 서로 간에 상대방의 학문을 탐탁지 않게 여기는 경향은 있었으나 심각한 대립까지는 치닫지 않았다. 하지만 능정감이 "예로써 이(理)를 대체해야 한다."("以禮代理.")는 기치를 내걸고 송학을 전면적으로 부정하면서 예학을 고취하게 되니 송학과 한학 간에는 정면 대결의 국면으로 치닫게 되어 격렬한 논쟁을 야기하게 되었다.

그 결과 예를 숭상하는 사조는 학계에 커다란 파장을 몰고 왔을 뿐만 아니라 가경(嘉慶), 도광(道光) 연간에는 사상계를 주도하는 사조로까지 번지는 위세를 보였는데 심지어 증국번(曾國藩)도 "바로 예가 국가 정치와 풍습 교화의 근본이라고 하면서 '예학(禮學)'으로 세상을 다스려야 한

---

28   張壽安, 『以禮代理−淩廷堪與淸中葉儒學思想之轉變』, 41쪽.
29   張壽安, 『以禮代理−淩廷堪與淸中葉儒學思想之轉變』, 59쪽.

다.'고 주창하였다."[30]고 할 정도였다.

송학과 한학 간의 대립은 크게 두 가지 방면으로 나타난다고 할 수 있다. 송학은 형이상학적인 '이(理)'가 안신입명(安身立命)의 궁극적인 근거이고 '예'는 근근이 형식에 지나지 않으므로 '이(理)'가 예의제도보다 우위에 있으며 '예'의 궁극적인 원칙이므로 '예'만 담론하게 되면 표면적인 현상의 차원에 국한되어 현상의 배후에 있는 근본을 상실하게 된다고 주장한다. 즉 형이상학적인 추상적인 '이(理)'는 구체적인 예의제도가 대체할 수 없을 뿐만 아니라 '예'를 배워서 터득할 수 있는 것도 아니라는 것이다.

이와 반대로 능정감을 비롯하여 송학을 전반적으로 부정하면서 예학을 주창하는 학자들은 '이(理)'가 '예'에 내포되어 있으며 모든 원칙은 모두 구체적인 제도에 내재하여 존재하므로 오직 제도에 내재한 원칙을 파악해야만 비로소 구체적이고 현실적인 원칙을 파악할 수 있으며 이러한 원칙만이 현실에서 실행될 수 있다고 주장한다. 다시 말하면 원칙은 제도 밖에 존재할 수 없으며 제도를 떠나 담론할 수 없다. 이로부터 분명히 알 수 있듯이 "예학자(禮學者)들이 배척하는 것은 바로 이학자(理學者)들이 주장하는 형이상학적인 추상적인 '이(理)'다."[31]

송학과 한학 간 대립의 또 하나 초점은 인간의 감정과 욕구에 대한 태도이다. 송학은 형이상학적인 '이(理)'가 안신입명(安身立命)의 궁극적인 근거이므로 인간은 반드시 "마음에 천리를 품고 사욕을 깨끗이 제거해야 한다."("存天理, 滅人欲.")고 역설하면서 천리와 경험적인 욕구 간의 근

---

30 張壽安, 『以禮代理−淩廷堪與淸中葉儒學思想之轉變』, 5쪽.
31 張壽安, 『以禮代理−淩廷堪與淸中葉儒學思想之轉變』, 182쪽.

　　　　　　　　　　　　　　　　　　　　중국문화와 덕치사상

본적인 대립을 강조한다면, 한학은 인간의 경험적인 욕구에 대하여 긍정
적인 태도를 취하면서 '예'는 인간의 경험적인 욕구에 근거하여 만들어진
것으로서 본질상 양자는 대립의 관계가 아니라 조화의 관계이며 '예'는
인간의 경험적인 욕구를 충족시켜주는 동시에 인간의 경험적인 욕구를
절제하는 기능을 한다는 것을 강조한다.

다시 말하면 송학이 형이상학적 차원에 입각한 학설로서 안신입명의
궁극적인 근거로부터 출발하여 천리와 경험적인 욕구 간의 대립을 강조
한다면, 한학은 경험적 차원에 입각한 학설로서 경험적인 욕구에 대하여
긍정적인 태도를 취하면서 인지상정(人之常情)으로부터 출발하여 예의제
도를 제정해야만 제도와 경험적인 욕구 간의 조화를 실현할 수 있어 현실
문제를 해결할 수 있다고 주장한다.

양자 간 논쟁의 결과 서세창(徐世昌)의 말에 따르면 "도광(道光), 함풍
(咸豊) 연간 이래 유가학자들은 대부분 의리(義理)학과 고증학 어느 한쪽
에만 치우치지 말고 양자를 모두 중시해야 한다는 것을 알아 두 가지 학
문을 종합적으로 연구하는 학자들이 적지 않았다."[32]고 한다. 하지만 양
자 간의 대립을 해소할 수 있는 통합적인 학설은 '5·4운동(五四運動)'이
폭발할 때까지 끝내 출현하지 못하고 유가학설은 정통적인 지위에서 밀
려나는 결과를 맞이하게 되었다.

역사적 시각에서 보면 유가학설은 초창기부터 그 내부에 서로 대립되
는 두 가지 입장 혹은 경향이 혼재하여 있었는데 하나는 안신입명의 궁

---

[32] 徐世昌, 『淸儒學案·心巢學案』, 陳居淵, 「淸代 "乾嘉新義理學" 探究」, 『求索』, 2003
年 第5期, 226−229쪽에서 재인용.

극적인 근거를 우선시하여 형이상학적인 본체론을 중요시하고 천리와 인간성에 초점을 맞추어 형이상학적인 천리 혹은 인간성과 경험적인 욕구 간의 대립을 강조하는 입장으로서 맹자가 바로 그 대표인물이다.

다른 하나는 사회질서의 확립을 우선시하여 구체적인 예의제도를 중요시하고 경험적 차원의 인간의 욕구에 초점을 맞추어 예의제도와 경험적인 욕구 간의 조화를 강조하는 입장으로서 순자가 바로 그 대표인물이다.

한무제에 이르러 유가학설이 정통적인 지위를 획득했을 때 급선무는 체계적인 의식형태로 사회질서를 확립하는 것이었으므로 "한나라 유가 학자들은 맹자와 순자를 함께 언급하였으나 순자의 지위가 맹자보다 위였다."[33] 이 시기 유가학설이 안신입명의 궁극적인 근거를 제시하는 것보다 체계적인 의식형태로 사회질서를 확립함을 우선시하였다는 것은 인격신을 자연과 사회를 포함한 우주의 최고 지배자로 하고 '천인감응설(天人感応説)'을 사회의 질서와 인간의 운명을 좌우하는 궁극적인 원리로 하는 동중서의 엉성한 본체론으로부터 쉽게 알아볼 수 있다.

위진시대에 이르러 정치의 혼란과 관료의 부패 및 사회질서의 확립을 우선시하면서 지배와 종속의 관계를 강조하는 '삼강(三綱)'으로 인하여 인간의 감정과 욕구가 억압받게 된 결과 사회질서의 궁극적인 근거로 되는 '천인감응설'이 무너지고 예의제도에 대한 반발이 거세지게 되었다.

이리하여 안신입명의 궁극적인 근거에 관한 형이상학적인 문제를 비롯한 인간의 삶에 관한 인생철학이 시대의 과제로 부상하게 되었고 그 결과 형이상학과 인생철학을 핵심 과제로 삼는 도가학설과 불교학설이 관심을

---

33 張壽安, 『以禮代理-凌廷堪與清中葉儒學思想之轉變』, 47쪽.

　　　　　　　　　　　중국문화와 덕치사상

받게 되어 소위 현학이라는 것이 성행하게 되었다.

하지만 도가학설이나 불교학설은 안신입명의 궁극적인 근거와 인생철학을 특징으로 하는 학설로서 사회질서의 확립과 관련된 체계적인 정치이론은 제공할 수 없었으므로 비록 관념문화의 영역에서는 유가사상의 영향력이 점점 쇠퇴해지면서 불교가 흥행하고 발전하는 양상이 출현하였으나 정치 영역에서는 유가사상이 주도적 지위를 차지하고 사회 영역에서는 '삼강(三綱)'의 권위가 크게 추락하였다고 하지만 명문거족들이 여전히 예의제도를 중요시하는 양상이 출현하게 되었다.

상술한 상황은 유가학설이 전체 사회문화를 주도할 수 있는 권위를 다시 회복하려면 반드시 관념문화의 영역에서 불교의 영향력을 압도할 수 있어야 하며 이를 위해서는 반드시 형이상학적인 본체론을 확립하여 유가학설의 궁극적인 기초로 삼아야 한다는 것을 의미한다.

그 결과 당나라 중반에 이르러 다시 부흥하기 시작하여 남송의 주희(朱熹)에 이르러 집대성된 유가학설이 바로 형이상학을 핵심으로 하는 성리학이었으며 이 과정에서 형이상학적인 인간성에 입각하여 '성선설(性善說)'을 주장한 맹자의 사상이 점점 중요시되어 맹자의 저서는 '사서(四書)' 중의 하나로 그 지위가 격상되고 원나라에 이르러 맹자는 공자에 버금가는 성인(聖人)이라 하여 아성(亞聖)으로 받들린 반면에 순자의 '성악설(性惡說)'은 비판의 대상이 되면서 순자의 지위는 여지없이 추락하는 양상이 출현하게 되었다.

하지만 경제와 문화의 발전으로 인하여 새로운 사회문제들이 대두하면서 명나라 말 청나라 초에 이르러 주희의 성리학이나 왕양명의 심학 모두 현실의 사회문제들을 해결하는데 별 도움이 없는 공허한 학설이라고 반발하는 기류가 형성되어 고증(考証)의 방법으로 유가의 경전과 기타 고전들을 연구하여 현실 문제들을 해결할 수 있는 방도를 찾는 것을 목적으로 하는 고증학(考証學)이 흥기하게 되었고 결국에는 현실 문제를 해결하는 경세학으로 예학의 지위가 뚜렷이 부상하게 되었다.

이 과정에서 순자의 사상이 재조명 받게 되면서 "순자의 학설이 청나라 중엽에 다시 부흥하게 된 것은 청나라 학술 사상사에서 하나의 큰 사건"[34]이라고 할 정도로 순자의 지위가 재부상하게 되어 맹자만이 공자의 진정한 계승자라고 주장하면서 순자를 비난하는 관점은 후세의 편견이라고 비판받게 되었다.

이처럼 유가학설의 발전 과정에서 맹자와 순자가 번갈아 중시 받게 되는 현상이 출현하게 되는 원인은 바로 유가학설 그 자체에 있다.

"유가학설은 일종의 단순한 철학이거나 종교가 아니라 인간사회의 질서를 전반적으로 안배하는 사상체계로서 한 사람이 태어나서부터 죽을 때까지 전체 과정을 포함하여 가정, 국가, 천하의 구성에 이르기까지 모두 유가학설의 범위에 속한다."[35]

그러므로 유가학설은 우선 형이상학적인 차원에서 본체론을 확립하여 우주의 근본원리로 되는 천리와 인간의 근본적인 본성으로 되는 인간성을 밝힘으로써 안신입명의 궁극적인 근거를 제시하여 유가학설의 근본 기초를 마련해야 하는데 이러한 형이상학적인 본체론은 반드시 천리와 인간성 간의 관계에 관한 문제 즉 '천인합일(天人合一)'의 문제를 해결해

---

34 張壽安, 『以禮代理-淩廷堪與淸中葉儒學思想之轉變』, 49쪽.
35 餘英時, 「現代儒學的困境」, 『現代儒學的回顧與展望』, 北京: 生活·讀書·新知三聯書店, 2004, 54쪽.

야 할 과제를 안고 있다.

그다음 유가학설은 형이하학적인 차원에서 사회의 질서에 관한 정치이론과 개체의 인생에 관한 인생론을 통합한 사회 전반에 관한 이론체계를 확립해야 하는데 이러한 이론체계는 반드시 사회의 질서에 관한 정치이론과 개인의 인생에 관한 인생론 간의 관계에 관한 문제를 해결해야 할 과제를 안고 있다.

마지막으로 유가학설은 형이상학적인 본체론으로 형이하학적인 정치이론과 인생론의 근본 기초를 마련해주고 반대로 형이하학적인 정치이론과 인생론은 형이상학적인 본체론을 구체적으로 체현하여 현실 문제를 해결함으로써 형이상학적인 본체론의 정당성을 증명해야 할 과제를 안고 있다.

주희의 성리학에 이르러 유가학설은 형이상학적인 본체론을 핵심으로 형이상학과 형이하학을 통합한 체계적인 이론을 확립하는 성과를 이룩하였다. 하지만 주희의 생전에 이미 안신입명의 궁극적인 근거가 되는 형이상학적인 천리를 인식하는 문제와 심신을 닦아 천리와 인간성 간의 통일을 실현하는 '천인합일(天人合一)'의 경지에 이르는 문제 등에 관하여 주희의 성리학과 육구연(陸九淵)의 심학이 서로 대립하면서 격렬한 논쟁을 벌였다.

그 후 비록 주희의 성리학이 정권에 의하여 정통적인 학설로 지정되었으나 성리학과 심학 간의 대립은 계속되다가 명나라 중엽에 이르러서는 왕양명에 의하여 심학의 영향력이 크게 확장되면서 주희의 성리학이 크게 위축되는 양상까지 출현하였는데 이는 유가의 형이상학에 심각한 문제가 내재해 있음을 의미한다.

비록 주희의 성리학이나 왕양명의 심학 모두 형이상학적인 '이(理)'를 안신입명의 궁극적인 근거로 하고 본체론을 핵심으로 하는 학설이지만, 주희의 성리학이 권위주의와 교조주의의 경향을 갖고 있다면 왕양명의 심학은 인간의 자주성을 강조하는 측면이 있으나 상대주의의 경향을 갖고 있다고 할 수 있다.

따라서 바로 대진(戴震)이 "이치를 갖고 사람을 죽인다."("以理殺人.") 고 지적한 바와 같이 주희의 성리학이 경직된 교조로 되어 위선적인 도덕설교로 전락될 수 있다면, 왕양명의 심학은 각자 제 나름대로 마음속의 천리를 터득하므로 서로 간에 의견이 분분할 수밖에 없어 심지어 "명나라 말기 양명학의 한 분파에 속하는 이지(李贄) 등은 '술·여색·재물·각종 잡기 같은 끼는 모두 깨달음으로 가는 길에 전혀 방해되지 않는다.'(酒色財氣不碍菩提路.')고 역설하였다."³⁶ 이렇듯 왕양명의 심학은 상대주의로 나아갈 수밖에 없었으므로 궁극적으로 허무주의에 빠지게 되는 결과에 이를 수밖에 없다.

권위주의와 교조주의 특징으로 인하여 위선적인 도덕설교로 전락되거나 상대주의 특징으로 인하여 허무주의로 전락하거나를 막론하고 결국은 모두 안신입명의 궁극적인 근거를 제시할 수 없었으므로 성리학이나 심학 모두 명나라 중반 이후 경제와 문화의 발전으로 인하여 자주성이 고양되면서 적극적으로 인간성의 실현을 추구하는 대중의 요구에 부응할 수 없게 되었다.

그 결과 신앙위기에 빠진 위진시대의 귀족들이 안신입명의 궁극적인

36　張壽安,『以禮代理-淩廷堪與淸中葉儒學思想之轉變』, 10쪽.

근거를 찾아 유가학설을 부정하면서 종교학설에 매료되고 심지어 종교에 귀의하는 국면이 나타났던 것과 마찬가지로 유가학설을 초월하여 안신입명의 궁극적인 근거를 찾으려는 대중운동으로 인하여 '삼교합일(三敎合一)'의 사조가 일어나면서 민간종교가 흥기하는 국면이 출현하게 되었다.

민간 종교의 흥기는 유가의 형이상학에 심각한 문제가 존재함을 의미한다면 형이하학적 차원에서 유가학설은 경제와 문화의 발전으로 나타난 새로운 사회현상들에 직면하여 사회문제를 해결하기는커녕 대진(戴震)이 "이치를 갖고 사람을 죽인다."(以理殺人.)고 지적한 바와 같이 주희의 성리학은 경직된 교조로 되어 오히려 사회문제를 격화시키는 요인으로 전락하게 되었다.

이리하여 현실 문제를 해결할 수 있는 경세학을 추구하는 기류가 형성되면서 고증학 사조가 나타나더니 능정감(淩廷堪)에 이르러 송학을 전반적으로 부정하면서 예학으로 송학을 대체하려는 사조가 일어나게 되어 예학과 성리학 간에 정면 대결로 치닫게 되었다. 이는 유가학설이 형이하학적인 차원에서도 심각한 문제에 봉착하였을 뿐만 아니라 형이상학과 형이하학 간에도 심각한 모순이 존재함을 의미한다.

결론적으로 명청시기에 이르러 유가학설은 형이상학과 형이하학 및 양자 간의 관계 등 모든 방면에서 총체적인 위기에 직면하기 시작하였다. 하지만 유가학설이 명청시기에 직면한 위기는 위진시기에 직면했던 위기와 근본적인 차이가 있다.

유가학설이 위진시기에 직면한 위기는 주로 형이상학적 차원의 위기로서 정치영역과 사회영역에서 비록 삼강의 권위가 크게 추락하였다고 하지만 여전히 유가의 예의제도가 주도적인 지위를 차지하고 있었으며 형이상학적 차원에서 직면한 신앙위기도 주로 귀족계층의 일부 성원들에 국한된 국지적인 현상에 불과하였다.

이에 반하여 명청시기 유가학설이 직면한 위기는 경제와 문화의 발전으로 인하여 사회문화 전반에 총체적인 변화가 일어나면서 유발된 위기로서 이때의 신앙위기는 대중에게까지 파급된 광범위한 사회현상이었다.

그러므로 명청시기의 신앙위기는 위진시기의 신앙위기와 달리 심각한 사회문제의 출현을 의미하는 것으로서 안신입명의 궁극적인 근거를 제시하는 것이 시대의 절박한 과제로 되었음을 의미한다.

위진시기 유가학설이 형이하학적인 차원에서 봉착한 문제는 주로 예의제도가 인간의 감정과 욕구에 대한 압제로 인하여 반발하면서 출현한 것으로서 초기에는 예의제도를 근본적으로 부정하는 사조가 흥기하였으나 후에는 인간의 감정과 욕구를 긍정하면서 인지상정에 부합되는 예의제도를 구축해야 한다는데 공감대를 형성하게 되었다. 그리하여 비록 삼강의 지위가 크게 추락하였다고 하나 명문거족들을 중심으로 예의제도를 강화하는 방향으로 나아갔다. 이로부터 알 수 있듯이 위진시기 유가학설이 형이하학적 차원에서 봉착한 문제의 실질은 예의제도가 인간의 감정과 욕구에 대한 압제를 극복하는 것이었다.

이와 달리 비록 명청시기 예의제도에 대한 비판도 위진시기와 마찬가지로 인간의 감정과 욕구를 긍정하면서 인지상정에 부합되는 예의제도를 구축해야 한다는 주장을 뚜렷한 특징으로 하지만 명청시기에 직면한 위기는 경제와 문화의 발전으로 인하여 사회문화 전반에 총체적인 변화가 일어나면서 예의제도의 근본적인 변혁을 요구하는 데서 비롯된 것이다. 그러므로 명청시기 직면한 과제는 단순히 예의제도가 인간의 감정과 욕구에 대한 압제를 극복하는 것이 아니라 시대의 요구에 부응하는 체계적인 제도규범을 창설하는 것이었다.

이로부터 알 수 있듯이 현실 문제의 해결을 급선무로 하는 예학이 시대의 사조로 출현하였을 뿐만 아니라 형이상학을 전면적으로 부정하면서 예학으로 송학을 대체하려고까지 하였음은 예의제도의 근본적인 변혁이 이미 시대의 절박한 과제로 부상하였음을 의미한다.

하지만 앞에서 언급한 바와 같이 유가학설에서 형이상학과 형이하학은 서로 분리될 수 없다. 유가학설에서 형이상학이 형이하학의 근본 기초를 마련해주지 못한다면 형이하학은 뿌리 없는 나무로 되어버리고 형이하학이 형이상학을 구체화하여 현실 문제를 해결하지 못한다면 형이상학은 공허한 설교로 되어버린다. 그러므로 양자 간의 모순을 해결하지 못한다면 양자 모두 근본적으로 성립될 수 없게 된다.

이로부터 알 수 있듯이 현실 문제를 해결하는 것을 급선무로 하여 출현한 예학이 송학과 정면 대결로 치달으며 첨예한 논쟁을 벌이면서 형이상학과 형이하학 간의 관계 문제가 관심의 초점으로 부상하게 되었음은 형이상학과 형이하학 간에 심각한 모순이 존재함을 의미하는 것일 뿐만 아니라 양자 간의 모순을 해결하는 것이 이미 절박한 시대적 과제로 되었음을 의미하는 것이기도 하다.

결론적으로 명청시기에 이르러 경제와 문화의 발전으로 하여 사회문화 전반에 총체적인 변화가 일어나면서 유가학설은 형이상학과 형이하학 및 양자 간의 관계 등 이론체계 전반에 걸쳐 그 한계를 드러내게 되어 총체적인 위기에 직면하게 되었는데 유가학설이 직면한 이러한 위기는 단순한 학술적 문제가 아니라 사회문화의 발전과 직결되는 절박한 시대적 과제였다.

3. '상덕존현(尙德尊賢)'과 과거제도의 발전과정

가. '찰거제도(察擧制度)'

제도화의 시각에서 볼 때 진나라 이전 관리의 등용제도는 특정 가문이 대대로 그 지위와 녹봉을 세습 받는 '세경세록제도(世卿世祿制度)' 혹은 '세관제도(世官制度)'였다.

기원전 134년, 한무제는 동중서(董仲舒)의 건의를 받아들여 정부 관리의 임용제도로 '찰거제도(察擧制度)'라는 것을 제정하였는데 이는 정기적으로 실행되는 상설제도였다. 찰거제도란 각급 관리들, 주로 고급 관리들이 품행과 재능이 출중한 유능한 인재들을 추천하여 정부 관리로 등용하게 하는 제도이다.

한나라 찰거제도의 주요 내용으로는 효렴(孝廉)과 수재(秀才) 두 가지가 있었다. 효렴이란 품행이 효성스럽고 청렴하여 선발된 사람을 가리키고 수재란 재능이 출중하여 선발된 사람을 가리킨다. 효렴은 이미 서한시대에 정기적으로 실행되는 상설적인 제도로 확립되었으나 수재는 동한시대에 와서 정기적으로 실행되는 상설제도로 확립되었다. 수재는 무재(茂才)로 불리기도 하였다.

동한 말년에 이르러 수단방법을 가리지 않고 명성을 얻어 추천 받아 출세하려는 풍조가 만연하고 관료와 명문거족들이 서로 결탁하여 제도를 악용하면서 사욕을 도모하는 사례들이 빈발하여 찰거제도는 극도로 어지러워졌다. 심지어 항간에는 "수재에 천거되었으나 글자도 모르고, 효렴으로 천거되었으나 부친과 별거한다. 가난하고 깨끗하다는 청백리가 진흙처럼 더럽고, 무과에 장원급제한 훌륭한 장수가 닭과 같이 겁쟁이다."("擧秀才, 不知書. 擧孝廉, 父別居. 寒素淸白濁如泥, 高第良將怯如雞.")라는 동요가 유행되기도 하였다.

그 결과 기원 132년, 상서령(尚書令) 좌웅(左雄)의 건의로 제도 개혁을 단행하게 되었다. 그 주요 내용 가운데 하나는 천거 받을 수 있는 연령을 만 40세 이상으로 한정한 것이고, 다른 하나는 과목을 나누어 시험을 치는 것이었다.

나. '구품중정제도(九品中正制度)'

'구품중정제도(九品中正制度)'는 '구품관인법(九品官人法)'이라고도 하며 위진남북조(魏晉南北朝)시기의 중요한 관리 임용제도였다. 기원 220년, 위문제(魏文帝)가 상서(尚書) 진군(陳群)의 건의에 따라 제정하였으며 수나라에 이르러 과거제도가 확립되면서 폐지되어 약 4백년 간 존속하였다.

'구품중정제도'와 찰거제도 간의 가장 큰 차이는 인재의 선발을 전담하는 중정관(中正官)이라는 관직을 설치한 것이다. 주(州)에는 대중정(大中正)이 있고 군(郡)에는 소중정(小中正)을 두었으며 기존에 벼슬하던 사람들 중 명망이 높은 사람을 선정해서 그 소임을 맡게 하였다.

'구품중정제도'란 대체로 군의 소중정이 언행이 훌륭한 자를 선발하여 주의 대중정에게 추천하고, 대중정이 이를 다시 살펴 중앙의 사도에게 추천하면 사도가 평가한 후 상서에게 올려 보내 임용하도록 하는 제도이다. 중정관은 대상자를 평소 관찰한 바의 언행에 따라 향품(鄕品)이라는 품등(品等)을 매겨 1품에서 9품까지 등급을 나누며 상신서를 작성하여 추천한다. 중앙정부는 중정의 상신서를 받고 해당 인재의 등용 여부를 결정하는데 등용한다면 처음에 향품보다 4단계 낮은 품계를 준다. 그 후 해당 인재가 성실하게 근무하여 실적을 쌓으면 중정이 준 향품까지 승진이 가능하다.

구품중정제도는 관리의 임용권을 중앙정부에서 장악함으로써 지방 관리들이 제멋대로 하급 관료들을 등용하는 권한을 박탈하여 중앙권력을 강화하는 역할을 하였다. 하지만 이 제도는 본래 개인의 재덕(才德)에 따라 등용하는 것을 목적으로 하였으나 현실에서는 오히려 반대의 결과를 초래하였다.

처음에는 인물을 평가할 때 가세(家世), 품행, 재능 세 가지를 종합적으로 다루었으나 중정관은 보통 그 지방의 유력 문벌이 장악하였으므로 품행과 재능은 점점 밀려나고 가문의 고하가 추천등급의 가장 중요한 기준으로 되었으며 심지어는 유일한 기준으로 되었다. 결국 서진시대에 이르러 "상품(上品)에는 한미한 가문 출신이 없고 하품(下品)에는 세도가 집안 출신이 없다."("上品無寒門, 下品無勢族."[37])는 말이 떠돌 정도로 명문가 출신인지 아닌지만 따져서 관직을 주는 제도로 완전히 변질되고 말았다.

---

37 『晉書·卷四十五·劉毅傳』.

중국문화와 덕치사상

이렇게 명문가에서 태어나지 않고서는 절대로 고위 관료가 될 수 없었으므로 높은 벼슬을 하는 사람의 가문이 대대손손 계속 해먹는 사태가 벌어졌다. 결과적으로 구품중정제도의 도입은 명문가들이 고위 관직에 오르는 길을 만듦으로써 대대손손 고위관직을 독점하는 문벌사족(門閥士族)이라는 계층을 유지하는데 중요한 공헌을 하였다.

다. '과거제도(科擧制度)'

구품중정제도는 수나라 때 수문제(隋文帝)에 의하여 폐지되었는데 그 후 수양제(隋煬帝)에 이르러 진사과(進士科)가 설치되면서 공평한 시험을 통하여 오직 재능에 따라 우수한 자를 뽑아 관리로 채용하는 과거제도가 확립되었다. 그러므로 진사과의 설치는 과거제도가 확립된 표징으로 된다.

수나라가 망하고 당나라가 세워진 후 과거제도는 중요한 제도로 확립되었다. 그 후 비록 몇 차례 위기를 겪는 일들이 있었으나 1300여 년 동안 줄곧 관리를 선발하는 주요 제도로 자리 잡았다.

당나라 과거시험에는 여러 가지 과목들이 있었는데 무측천(武則天)에 이르러서는 무거(武擧)를 더 추가하였다. 여러 가지 과목 중에서 가장 중요한 과목은 명경(明経)과 진사(進士) 두 과목으로 "당나라 때 명경과 진사 두 가지 경로를 거쳐 재상으로 된 사람이 142명이였다. 이는 전체 재상 수의 38.6%를 차지한다."[38]

38　張星煒, 「試析中國古代科擧制度的緣起, 延續與終結」, 『中共四川省委党校學報』,

송나라의 과거제도는 기본적으로 당나라의 제도를 본받았으나 제도가 더 엄격해졌고 응시자의 자격에 대한 제한이 더 적어졌으며 과거시험에 급제하여 관리로 등용되는 인원수는 많이 늘어났다. 누구든지 진사에 급제하면 바로 관리로 등용될 수 있었으므로 과거시험은 지식인들의 꿈을 이루는 첩경으로 되었다.

명나라 때는 정기적으로 시행되는 상설적인 과거시험이 진사과 하나로 통합되었으며 과거제도는 완벽한 제도로 성숙되어 갔다.

청나라에 이르러서는 명나라의 과거제도를 거의 그대로 답습한 것과 다름없었으나 좀 더 세밀해지고 집행과정에서 훨씬 더 엄격해졌다.

"1300년이란 과거제도의 역사에서 비록 몇 차례 중단되는 일이 있었으나 적으면 몇 년, 많아야 30여 년 지나면 다시 부활되었다."[39] 하지만 아편전쟁 이후 중국사회의 정치, 경제, 문화 등 각 방면에서 급격한 변화가 일어나기 시작하면서 변혁에 대한 요구가 점점 거세졌다. 그 결과 과거제도에 대하여 어느 정도의 개량을 진행하는 시도가 있었으나 결국은 급격히 변화하는 형세에 적응하지 못하게 되어 과거제도를 폐지하고 서양식 학당을 발전시켜야 한다는 주장이 점점 거세지면서 1905년에 이르러 과거제도는 종말을 고하게 되었다.

과거제도가 1300년이란 오랜 세월 중국 역사에서 존속하게 된 원인에 관하여 유해봉(劉海峰)은 다음과 같이 지적하였다. "그 원인은 과거제도가 현능(賢能)한 인재가 나라를 다스려야 한다는 유가의 이론에 부합되

2000年 第1期, 61-66쪽.

39 劉海峰, 「科擧制長期存在原因析論」, 『廈門大學學報(哲社版)』, 1997年 第4期, 1-6쪽.

고 공평한 경쟁을 표방하면서 객관적인 표준을 설정하였으며 천하의 인재들을 든든히 붙잡아 둘 수 있어 통치 질서를 확고히 다지는데 도움이 되었기 때문이다."[40] 한마디로 중국 역사에서 과거제도가 출현하고 오래동안 존속하면서 꾸준히 발전하게 된 가장 중요한 원인은 바로 과거제도가 '상덕존현'이라는 유가의 덕치사상을 체현하는 가장 이상적인 정치제도였기 때문이라고 할 수 있다.

총체적으로 중국 역사에서 유가학설이 정통적인 의식형태로 자리 잡으면서 관리의 임용제도는 덕치의 원칙에 따라 꾸준히 개선되는 방향으로 나아갔다. 하지만 최고의 정치권력인 황권은 줄곧 세습제로 존속해왔을 뿐만 아니라 명태조(明太祖) 주원장(朱元璋)에 이르러 재상(宰相)제도를 폐지하고 일체의 권력을 황제가 직접 장악함으로써 명나라와 청나라는 중국 역사에서 유례없이 황권이 강화된 시대로 되었다. 다시 말하면 관리의 임용제도가 덕치의 원칙에 따라 꾸준히 개선되는 방향으로 나아갔다면 정치권력의 최고 영역에서는 지배와 종속의 관계가 유례없이 강화되면서 오히려 덕치의 원칙과 상반된 방향으로 나아갔다.

그 결과 명나라 말 청나라 초의 사상가 황종희(黃宗羲)가 옛날의 군주들이 사적인 이익은 제쳐두고 천하의 공적인 이익에 전념하였다면 지금의 군주들은 천하를 사유재산으로 여기면서 사리사욕만 추구한다고 질타하기에까지 이르렀다. 그는 군주제도가 공적인 문제의 해결은커녕 오히려 사회적 해악을 조장하는 제도로 전락되었다고 하면서 "천하의 큰 해

---

40   劉海峰,「科擧制長期存在原因析論」, 1–6쪽.

악은 오직 군주다."("爲天下之大害者, 君而已矣."[41])라고 극렬하게 비판하였다.

4. 가국일체(家國一體)와 서민종족의 발전과정

가. 주나라의 종법제도

종족(宗族)과 가족은 모두 동일(同一) 남성을 시조로 하는 부계친척들로 구성된 혈연집단이다. 종족과 가족은 부계가족 공동체사회의 해체로부터 부계친척관계를 가장 중요한 사회관계로 하는 부락사회가 출현하면서 전체 사회의 조직구도를 형성하는 관건적인 사회집단으로 부상하게 되었다.

부락사회에서는 보통『백호통덕론(白虎通德論)』에서 말하는 오복에 드는 친척들로 구성된 가족이 가장 중요한 사회집단으로 역할하며 전체 사회는 다수의 가족들 간에 이런 저런 친척관계를 유대로 서로 연결된 구도를 나타낸다. 이러한 사회구도 속에서 동일 남성을 시조로 하는 다수의 가족들이 부계친척관계를 기초로 서로 뭉쳐 더 큰 혈연집단인 종족을 형성하는가 하면 조상이 서로 다른 가족들이 이런 저런 친척관계를 기초로 서로 뭉쳐 다수의 가족들로 구성된 사회집단을 형성하기도 한다.

---

41 『明夷待訪錄·原君』.

중국문화와 덕치사상

친척관계를 주요 사회관계로 하는 부락사회는 가족 간이나 개인 간에 모두 서로 평등하여 공식적인 권력을 가진 사회계층이나 지도자들이 존재하지 않으나 개인의 카리스마로 인하여 각종 사회활동에서 상당한 권위를 발휘하는 빅맨(Big Man)들이 존재한다. 이리하여 부락사회는 빅맨들을 핵심으로 조직화의 길로 나아가는데 서로 다른 생활방식에서 비롯된 가치관의 차이로 하여 농업부락과 유목부락은 각자 서로 다른 방향으로 나아가게 된다.

농업부락은 솔선수범하는 본보기와 추종자 간의 종적인 관계를 주축으로 하고 덕을 숭상하고 현자를 존중하는 원칙을 사회생활을 주도하는 지도원칙으로 하여 점점 더 높은 차원의 사회통합을 실현하는 길로 나아가는데 그 극치가 바로 대동사회다.

부락사회로부터 대동사회로 나아가는 과정에서 사회의 규모가 꾸준히 확장될 뿐만 아니라 사회의 각 부분 간에는 전문성, 차별성과 상호 의존성의 특징을 나타내게 되며 이러한 특징들은 시간의 흐름에 따라 점점 강화된다. 따라서 사회의 중추신경계통 역할을 담당하는 귀족계층의 정치적 역할이 시간의 흐름에 따라 점점 강화되면서 귀족계층은 정치, 종교, 경제, 군사 등 모든 사회 권력을 장악한 전문화하고 조직화된 거대 정치세력으로 성장하여 간다.

이와 반대로 평민계층은 점점 정치 영역에서 배제되면서 정치적 역할을 상실하여 간다. 이리하여 정치권력을 장악한 귀족계층은 거대 종족들을 형성하는 반면에 정치적 영향력을 상실한 평민계층의 종족은 와해되어 평민들은 가정을 단위로 귀족들에게 종속된 예속민으로 전락하는 양상이 출현하게 된다.

그 결과 귀족계층과 평민계층 간에는 권력관계의 색채가 점점 짙어지게 되면서 권력을 독점한 귀족계층의 가족 본위주의 경향이 권력에 의지하여 점점 팽창하게 되어 귀족계층과 평민계층 간의 관계가 적나라한 권력관계로 전락될 뿐만 아니라 통치계층 내부의 관계도 자기 이익을 추구하는 정치세력들 간의 권력관계로 전락해버림으로써 대동사회가 무너지고 소강사회가 출현하게 된다.

대동사회는 덕을 숭상하고 현자를 존중하는 사회로서 모든 가족들이 남의 부모를 자기 부모처럼 섬기고 남의 자식을 자기 자식처럼 여기면서 전체 사회가 하나의 대가족 같이 화목한 사회라면 소강사회는 가족 본위주의가 팽배하여 권력을 숭상하고 이익을 추구하는 사회로서 모든 가족들이 자기 부모만 부모로 섬기고 자기 자식만 자식으로 여기면서 서로 간에 권력과 이익 다툼을 일삼는 사회이다. 소강사회의 이러한 한계를 극복하기 위하여 주공을 핵심으로 하는 주나라의 통치자들은 역사적 교훈에 기초하여 새로운 정치제도를 창설하였는데 그것이 바로 예약제도를 특징으로 하는 종법적인 봉건제도이다.

종법적인 봉건제도에서는 최고 통치자 천자를 중심으로 하여 천자는 그 종친들과 공신들을 제후로 봉하고, 제후들은 다시 그 자제들과 가신들을 경대부(卿大夫)로 봉하고, 경대부들은 또 다시 그 자제들과 가신들을 사(士)로 봉하는 방식으로 전체 귀족계층은 천자-제후-경대부-사로 서열화한 피라미드식 구조로 조직되어 통일적인 정치체제를 형성한다.

이로부터 알 수 있듯이 주나라의 종법제도는 단순한 혈연집단에 관한 제도가 아니라 분봉제와 긴밀히 결합된 정치적 성격을 가진 제도로서 정치권력을 장악한 귀족계층에 국한된 제도였다. 따라서 오직 귀족들만이 이러한 종법제도를 기초로 정치적 성격을 가진 종족들을 형성하였다. 반면에 "평민들로 말하면 오직 소규모의 가정들만 있고 종족들이 집거하는 일이 없었으며 종법제도란 것도 실행하지 않고 가정을 단위로 귀족들의 종족들에 종속되어 있었다."[42]

춘추시대 말기에 이르러 종법제도가 총체적인 위기에 직면하면서 소위 말하는 '예붕악괴(禮崩樂壞)'의 국면이 출현하게 되었다. 서로 간의 정복 전쟁에서 강대해진 소수 제후들은 위로는 천자의 권위를 무시하면서 심지어는 천자의 지위를 엿보기까지 하는가 하면 아래로는 사대부들의 종족을 탄압하면서 분분히 세경세록제도(世卿世祿制度)와 분봉제도(分封制度)를 폐지하고 귀족들의 영지를 군현으로 전환시키는 변법을 단행하여 호적제도를 실행하였다.

그 결과 사대부들의 종족들이 와해되어 소규모의 가정이 사회의 보편적인 구성단위로 되는 국면이 출현하면서 집권통치가 강화되었다. 이러한 변법을 가장 철저하게 단행한 제후국이 진(秦)나라였으며 결국 진(秦)나라가 6국을 병합하여 통일된 중앙집권제 국가를 세우게 되었다. 총체적으로 군현제도가 분봉제도를 대체하고 관료제도가 종법제도를 대체하면서 '편호제민(編戶齊民)'의 호적제도가 실행됨으로써 중국의 사회구조는 철저하게 개변되었다.

사회구조의 이러한 변화는 진나라 말기에 천하가 크게 어지러워졌을 때 등장한 무장집단들로부터 분명히 알아볼 수 있는데 혈연관계를 기초

---

42   劉軍·王詢, 「中國古代宗族聚居與宗族形態的歷史考察」, 『北方論叢』, 2007年, 第1
        期, 105-109쪽.

로 하는 종족을 핵심으로 조직된 무장집단은 거의 없었고 대부분의 경우 모두 지연이나 기타 관계를 기초로 조직된 무장집단들이었다. 진(秦)나라가 6국을 통일한 후부터 한나라 초에 이르기까지 6국의 소수 옛 귀족들을 제외하고는 전 중국에 대규모로 집거하는 종족이 아주 적었다. 이런 작은 규모의 가정이 사회의 보편적인 구성단위로 되고 호족 혹은 세력 있는 종족이 아주 적은 국면은 서한 중엽까지 지속되었다.

결론적으로 사회구조의 차원에서 보면 선진시대에 워낙 귀족계층의 거대 종족 형태와 평민계층의 작은 가정 형태가 병존했으나 춘추시대에 이르러 귀족계층의 종족들이 해체되기 시작하면서 거의 소실되어 전체 사회는 총체적으로 작은 규모의 가정들로 구성된 사회로 변하게 되었다.

나. 동한(東漢)부터 당나라의 사족(士族)

서한시대 2백여 년간의 평화로운 환경에서 전국 각지에는 크고 작은 유(劉)씨 황족의 종족들을 비롯하여 기타 세력 있는 종족들이 형성되었다.

유가사상이 국가의 정통적인 의식형태로 확립되고 유가학자들이 대거 관리로 등용됨에 따라 세력 있는 종족들 가운데는 유가학자 출신 관리들의 종족들이 있게 되었는가 하면 다른 종족들, 예를 들면 황족의 종족들이 유가사상으로 무장하면서 유가사상의 특색을 지닌 종족으로 거듭나는 현상들이 출현하였는데 이런 종족들을 '사족(士族)' 또는 '세족(世族)'이라고 한다.

서한 말년의 전란을 보면 진나라 말기의 난세와는 달리 많은 무장 집단들의 핵심이 종족으로 구성되었는데 그 가운데 사족들의 역량이 상당히 돋보였다. 이는 사족이 이미 상당한 영향력을 가진 사회 세력으로 성장하였음을 의미한다.

동한 말년에 이르러 국가 정권과 밀접한 관계를 형성한 명문호족들, 특히 사족들이 각급 정권의 권력을 장악한 사회의 지배 세력으로 등극하였는데 위진남북조시대에 이르러 이런 현상은 더욱 강화되었다. 비록 춘추시대와 달리 이 시기의 관직은 세습하는 것이 아니고 찰거제도나 구품중정제도 등의 추천제도였으나 추천자와 추천 받는 자가 모두 사족이었으므로 서로 결탁하여 권력을 농단하는 현상이 출현하게 되면서 사족들이 대대로 권력을 세습하는 문벌사족으로 등극하게 되었다.

사회구조의 차원에서 보면 이 시기의 특징은 사회의 지배적인 지위를 차지하는 사족들이 집거하여 종족을 형성한 외에 일반 평민들도 집거하여 종족을 형성하는 경우가 일부 있었으나 총체적으로 보면 평민들이 가정을 단위로 사족들에 종속되어 있는 경우가 대부분이었다.

당나라에 이르기까지 이런 상황은 대체로 줄곧 지속되었으나 전란으로 인하여 사족들이 사라지는 경우가 종종 있었는가 하면 수나라에 이르러 과거제도가 발전하기 시작하면서 사족들이 더 이상 계속 권력을 농단할 수 없게 되었다. 따라서 사족들이 내리막길을 걷게 되었지만 수나라 말 전란에서 보면 사족들의 역량은 여전히 상당하였다.

당나라에 이르러 과거제도가 점점 더 완벽해지고 또 사족들을 의식적으로 제한함에 따라 당나라 중엽부터는 사족들이 이미 쇠락하여 더 이상 지배적인 역할을 발휘하지 못하게 되었다. 그 후 당나라 말에 전란에서 또 한 차례 치명적인 타격을 입게 되어 중국 역사에서 사족들이 정치

무대를 지배하던 세월은 완전히 종식되었다.

다. 송나라 이후의 서민 종족

송나라에 이르러 서민 종족이 흥기하는 국면이 출현하였는데 이는 유가학자들의 노력과 밀접한 연관이 있다. 1049년, 서민 종족의 발전 역사에서 제일 처음으로 '의전(義田)'을 만들어 문중의 가난한 사람들을 돕고 또 '의학(義學)'을 만들어 문중의 자제들이 공부할 수 있게끔 한 범중엄(範仲淹)이 바로 "천하 사람들이 근심하기에 앞서 근심하고 천하 사람들이 즐거워한 뒤에야 즐거워한다."("先天下之憂而憂, 後天下之樂而樂."[43])는 명언으로 유명한 유가학자이다.

서민 종족의 발전과정에서 장재(張載)와 정이(程頤)는 이상적인 사회질서를 건립하기 위하여 종족을 재건할 것을 적극적으로 제창하였고 주희는 고대의 종족제도를 참조하여 새로운 종족제도를 만들었다. 여기에는 사당(祠堂), 족전(族田), 제사(祭祀), 가법(家法), 예법(禮法), 족장(族長) 등 종족제도의 주요 내용들이 포함되어 있었다.

청나라 말에 이르기까지 서민 종족은 정부와 사회 각 계층의 성원에 힘입어 꾸준히 발전하는 추세를 보였는데 사회구조의 차원에서 보면 서민 종족이 사회의 주체로 성장되어 가면서 종족 구성원이 집거하는 지역에서는 종족이 일반 서민들의 보편적인 사회조직으로 등극하는 국면이 출현하게 되었다.

---

43   範仲淹, 『嶽陽樓記』.

그리하여 전체 사회는 핵가족들이 모여 가족을 형성하고, 가족들이 모여 종족을 형성하고, 종족들이 모여 종족 연합체를 형성하는 방식으로 모든 차원에서 가장과 그 구성원 간의 관계와 같은 종적인 관계를 주축으로 조직되어 통합된 기층사회를 형성하는 추세를 나타내게 되었다.

어떤 윤리 관념이 현실에서 관철되려면 사회기초가 전제돼야 하고 일정한 사회기초는 오직 그에 상응한 윤리 관념만을 지탱해줄 수 있을 뿐이다. 즉 "사회의 기본적인 윤리도덕의 실현은 상응한 기초를 필요로 하는데 서양사회에서는 이런 기초를 종교가 제공하였다면 중국의 송나라 이후 사회에서는 이런 기초를 가족 혹은 종족이 제공하였다."[44]

역사적인 시각에서 볼 때 중국 역사에서 전국시대로부터 한나라에 이르기까지 사회의 구성단위는 작은 규모의 가정 형태가 압도적이었다. 비록 한나라에 들어 종족들, 특히 사족들이 출현하고 위진남북조시대에 이르러 일부 사족들이 가훈과 같은 교육방식을 취하면서 가족에 학당을 두어 문중의 자제들이 공부할 수 있도록 하는 일도 있었으나 총체적으로 이 시기에 "가족 혹은 종족의 형태는 아주 적어 가끔 출현하는 현상에 지나지 않았을 뿐더러 더욱 중요한 것은 일반적으로 송나라 이후의 가족 혹은 종족과 같은 제도적인 형식을 갖고 있지 않았다. 이러한 가족과 종족은 기본적으로 단순한 지역적 집합에 불과하여 조직성과 제도성이 결여되어 있었다."[45] 중국 역사에서 이런 상황은 당나라까지 줄곧 지속되었다.

---

44 吾淳, 「宋以前中國社會倫理相對薄弱的家族因素」, 『現代哲學』, 2007年 第6期, 110–116쪽.
45 吾淳, 「宋以前中國社會倫理相對薄弱的家族因素」, 110–116쪽.

사회를 구성하는 기층 단위로 오로지 작은 규모의 가정들이 광범하게 존재하고 송나라 이후의 사회처럼 주체적 지위를 차지하는 서민 종족이 존재하지 않는 경우 이러한 사회기초 위에 건립될 수 있는 윤리 관념은 주로 부모에 대한 '효(孝)'의 관념과 형제간의 화합에 관한 '제(悌)'의 관념으로 제한될 수밖에 없으며 "극언하면 오직 '효(孝)'만 있을 뿐이다."[46]

작은 규모의 가정을 기초로 하는 사회에서는 이로부터 비롯되는 기타 여러 가지 사회현상들이 나타나기 마련인데 예를 들면 한나라 사람들의 가정들에는 재산을 공유하지 않는 현상이 보편적이었다고 한다. 형제간에 재산을 공유하지 않았는가 하면 부자간에도 재산을 공유하지 않았으며 부부간에 재산에 관련하여 상대적으로 독립하기도 하였다고 한다. 그러니 가정이 불안정하여 쉽게 깨지고 노인을 봉양함에 말썽이 많았으며 형제간과 부자간에도 이익을 다투니 분가할 때 재산을 분할하는 문제로 서로 다투고 심지어 동생이 형을 죽이고 아들이 아비를 살해하는 일들이 심심찮게 일어날 정도였다.

총체적으로 한나라 사람들은 기껏해야 작은 가정만 생각하고 처자나 생각할 정도이지 종족의 이익 같은 건 아예 염두에도 두지 않는 경우가 일반적인 상황으로 실제 종족관념이란 것이 존재했는지도 문제가 될 정도이다. 이러한 상황은 위진남북조시대에도 대체로 계속되었는데 "당시 전체 사회는 종족 관념이 일반적으로 농후하지 않았으며 종족의 구성원 간 관계는 일반적으로 비교적 담담하여 낯선 사람들 간의 관계와 비슷하

---

46 吾淳, 「宋以前中國社會倫理相對薄弱的家族因素」, 110-116쪽.

였다."⁴⁷

송나라 이전의 작은 규모의 가정을 기초로 하는 사회에 관하여 오순(吾淳)은 다음과 같이 지적하였다.

(1) 핵심관념은 응당 능히 작은 가정에 보편적으로 발붙일 수 있는 '효(孝)'의 관념이었을 것이나, (2) 동시에 작은 규모의 가정이 사회의 보편적인 형태이므로 재산, 봉양 등 각 방면에서 '효(孝)'의 관념에 대한 이탈이 발생하게 되며, (3) 사회 전체로 말하면 더 큰 집단 혹은 더 넓은 기초가 결여되어 있으므로 더 큰 집단의 경우 혹은 더 넓은 기초의 경우에 제정하게 되는 각종 윤리규범들이 결여되게 되는데 구체적으로 말하면 송나라 이후의 사회에서 볼 수 있는 그런 가법들이 결여되게 되며, (4) 우연히 출현한 일부 가훈은 이 시기 개별적인 가족 혹은 종족이 윤리 관념에서 이룩한 성과로서 근근이 우연성을 갖고 있을 뿐이지 필연성을 갖고 있지 않아 사회풍조로서의 보편적인 의의를 갖고 있지 않으며, (5) 이러한 상황들과 연관되어 아마도 작은 가정을 기초로 하는 '이익(利益)' 관념이 전체 사회에서 더욱 중심적인 위치를 차지하게 되면서 소수 사상가들의 '도의(道義)'에 관한 아름다운 바람과 선의의 인도는 확고한 제도적 기초에 의지할 수 없었으므로 대개는 모두 수포로 돌아갔을 것이다.⁴⁸

---

47 李卿, 『秦漢魏晉南北朝時期的家族, 宗族關系硏究』, 上海: 上海人民出版社, 2005, 211쪽.
48 吾淳, 「宋以前中國社會倫理相對薄弱的家族因素」, 110–116쪽.

송나라 이후 중국 기층사회의 조직 형식은 일반적으로 가족 혹은 종족이 집거하는 형식이 대세였다. 이런 종족들은 종법제도를 기초로 조직되었는데 사당과 족보는 정신적으로 종족을 뭉치게 하는 역할을 하였다면 족전(族田)을 비롯한 종족의 공유재산들은 경제적으로 종족을 뭉치게 하는 역할을 하였다.

예를 들면 토지개혁시기의 조사 자료에 의하면 복건 각 지역에서 족전의 면적이 총 경작지 면적의 상당한 비중을 차지하였는데 "복건성 서북지역에서는 약 50% 이상을 차지하였고 연해의 각 지역들에서는 약 20-30%를 차지하였다."[49] 심지어 일부 지역들에서는 족전의 비중이 전체 경작지 면적의 80%를 넘는 경우도 있었다.[50]

결론적으로 "송나라부터 출현하기 시작한 서민들의 종법제도로 체현된 가족 혹은 종족 형식은 사상가들이 적극적으로 참여하고 효과적으로 개입하는 상황에서 실현되었다.…… 사상가들이 적극적으로 참여하고 효과적으로 개입하였으므로 기층사회의 조직방식과 관리방식에는 필연적으로 사상가들의 흔적이 깊이 새겨지게 되는 것이다."[51]

총체적으로 유가학자들의 적극적인 참여로 하여 송나라 이후부터 중국 사회는 유가사상을 체현하는 사회구조를 구축하는 방향으로 나아갔다. 덕치사상의 시각에서 보면 이는 덕치의 사회적 기초를 마련하기 위하여 솔선수범하는 본보기와 추종자 간의 종적인 관계를 주축으로 하는 가

49 鄭振滿, 『明淸福建家族組織與社會變遷』, 長沙: 湖南敎育出版社, 1992, 258쪽.
50 鄭振滿, 「淸至民國閩北六件"分關"的分析」, 『中國社會經濟史硏究』, 1984年 第3期, 32-36쪽.
51 吾淳, 「宋以後中國社會的宗族倫理」, 『現代哲學』, 2005年 第4期, 93-98쪽.

족 공동체와 같은 사회구조를 구축하는 방향으로 나아간 것이라고 할 수 있다. 하지만 예의제도의 근간으로 되는 '삼강(三綱)'으로 인하여 서민종족의 발전과정은 동시에 지배와 종속의 관계를 강화하는 결과를 수반하게 되면서 개인의 자주성에 대한 압제가 점점 심각한 사회문제로 대두하게 되었다. 그 결과 '5·4운동'에 이르러 "예교(禮敎)가 사람을 잡아먹는다."고 성토하는 상황이 출현하기까지 하였다.

5. '5·4운동(五四運動)' 및 그 이후

상술한 바와 같이 명청시대에 이르러 중국 사회는 문화관념, 정치제도, 사회구조 각 차원에 걸쳐 총체적인 위기에 직면하기 시작하였다.

문화관념의 차원에서는 경제와 문화의 발전으로 인하여 유가학설이 형이상학과 형이하학 두 차원에서 모두 위기에 직면하게 되었을 뿐만 아니라 형이상학과 형이하학 간에 심각한 모순을 드러내면서 총체적인 위기를 맞이하게 되었다.

정치제도의 차원에서는 과거제도를 통하여 덕을 숭상하고 현자를 존중하는 원칙을 정치영역에서 관철하는 제도적 기반을 구축하는 성과를 이룩하였으나 덕치의 관건으로 되는 정치권력의 최고 영역에서는 오히려 세습 황권이 유례없이 강화되어 덕치의 근간이 철저히 무너지게 되었다.

사회구조의 차원에서는 체계적인 종법제도를 특징으로 하는 서민종족이 기층사회의 주체로 성장함으로써 덕치의 사회적 기초를 마련하는 성과를 이룩하였으나 예의제도의 근간으로 되는 '삼강(三綱)'으로 인하여 지배와 종속의 관계가 강화되는 결과를 수반하게 되어 개인의 자주성에 대한 압제가 심각한 사회문제로 대두하게 되었다.

설상가상으로 아편전쟁이 발발하면서 생사존망의 위기까지 겹치니 부득이 변혁을 꾀할 수밖에 없는 처지에 빠지게 되었다. 그 결과 처음에는 부국강병을 도모하기 위한 '양무운동(洋務運動)'을 벌이게 되었다. 하지만 '갑오전쟁(甲午戰爭)'의 처참한 패배로 급기야는 정치제도의 변혁을 시도하게 되어 '무술변법(戊戌變法)'을 단행하였으나 '백일유신(百日維新)'으로 끝나게 되었다. 결국에는 '5·4운동(五四運動)'이 폭발하면서 '사람을 잡아먹는 예교(禮敎)'를 부정하고 개인의 해방을 실현해야 한다며 오직 '공가점을 타도(打倒孔家店)'하고 서양의 '과학과 민주'를 본받는 것만이 유일한 출로라고 주장하기에 이르게 되어 문화관념, 정치제도, 사회구조 각 차원에서 전반적으로 전통을 부정하는 국면이 출현하게 되었다.

'5·4운동(五四運動)'은 '5·4신문화운동(五四新文化運動)'이나 '5·4계몽운동(五四啓蒙運動)'이라고 불리기도 한다. 하지만 '5·4운동(五四運動)'은 서양의 계몽운동과 같이 하나의 통일적인 방법론을 기초로 한 계몽운동이 아니라 "서로 모순되는 각종 학설들이 '태도의 동일성'을 기초로 형성된 사상운동으로서 유력한 사상체계가 없었을 뿐만 아니라 그런 사상체계를 건립할 수도 없었다. 그러므로 체계적인 사회실천과 과학의 발전을 위한 이론적 기초를 제공할 수 없었다."[52]

52　汪暉, 「預言與危機(上篇)−中國現代歷史中的"五四"啓蒙運動」, 『文學評論』, 1989年, 第3期, 17−25쪽.

서로 모순되는 각종 학설들은 가치판단의 차원에서 모두 전통에 대하여 부정적인 판단을 내림으로써 서로 간에 '태도의 동일성'을 형성한 것일 뿐으로 그들이 주장하는 "민주, 과학, 진화론 등은 주로 과학적인 이론으로서가 아니라 가치, 신앙 혹은 도덕적 명령으로 '5·4(五四)'계몽사상에 존재하였다."[53] 다시 말하면 "'민주'와 '과학'은 신문화운동이 중국의 전통과 현실을 비판하고 부정하는 가운데서 그 의의를 가진 것이다."[54]

그 결과 '5·4운동(五四運動)'에서 서로 대립되는 세 가지 사조, 즉 자유주의 사조, 문화보수주의 사조, 마르크스주의 사조가 나타났다. 총체적으로 '5·4운동(五四運動)'에서 숭배 받고 적극적으로 전파된 새로운 사상들은 주로 서양으로부터 수입된 것으로서 중국 자체의 사회문화와 역사과정에 대한 분석으로부터 얻어진 것이 아니었다.

20세기 말엽 개혁개방 이후, 구소련이 붕괴되어 동구권 사회주의 진영이 무너지는 사태가 발생하면서 한때 자유주의 사조가 득세하는 듯하였다. 그러나 서양 문화 그 자체에도 심각한 문제들이 내재하여 있으며 서양의 모델을 그대로 본받으면서 전통을 무시할 것이 아니라 반드시 스스로의 전통에 입각하여 현대화로 나아가는 길을 개척해야 한다는데 점차 공감대를 형성하게 되면서 문화보수주의가 점점 득세하는 국면이 출현하게 되었다. 그 결과 오늘날 중국 대륙에는 '국학열(國學熱)'이 만연하는 진풍경이 나타났다.

하지만 아직도 소위 '중국철학의 합법성 문제'에 관한 논쟁이 벌어지고

53　汪暉, 「預言與危機(上篇)－中國現代曆史中的"五四"啓蒙運動」, 17~25쪽.
54　汪暉, 「預言與危機(上篇)－中國現代曆史中的"五四"啓蒙運動」, 17~25쪽.

있음은 중국문화에 관한 방법론에 여전히 심각한 문제들이 존재함을 의미하며 이는 '5·4운동(五四運動)'의 과제가 오늘날까지도 여전히 해결을 보지 못하고 미결로 남아있음을 의미한다.

'5·4운동(五四運動)'시기와 달리 오늘날 중국은 이미 생사존망의 위기에서 벗어났을 뿐만 아니라 부국강병의 목표도 상당한 정도 달성한 단계에 와있다. 따라서 생사존망의 위기에서 벗어나는 것이 급선무로 되었던 '5·4운동(五四運動)'시기와 달리 중국 자체의 사회문화와 역사과정에 대한 체계적이고도 투철한 인식을 기초로 사회문화의 발전방향에 관한 문제를 해결하는 것이 시급히 해결해야 할 시대적 과제로 등장하게 되었다. '국학열(國學熱)'이 일어나게 된 근본 원인도 바로 여기에 있다.

역사가 보여주다시피 서양의 이론과 경험으로 중국의 사회문화와 역사과정을 이해하려는 시도는 커다란 한계를 갖고 있을 뿐만 아니라 오히려 오해를 가져올 소지가 있다. 그러므로 이 책에서는 문화관념, 정치제도, 사회구조의 차원에서 중국의 사회문화를 총체적으로 파악함과 아울러 역사적인 시각에서 중국의 사회문화를 이해하려고 시도하였을 뿐만 아니라 역사적인 시각에서 중국의 사회문화를 파악함에 있어서 선후 사건들 간 인과관계의 차원을 초월하여 잠재능력의 전개과정 혹은 유기생명체의 성장과정으로 역사과정을 파악함으로써 중국문화를 이해하는 새로운 틀을 제시하려고 하였다.

중국문화와 덕치사상

제5장 중국 문화와 인간의 본성에 관한 방법론

1. 환원론과 전체론

　지난 몇 백년간 자연과학이 이룩한 거대한 발전은 그 연구방법과 밀접한 연관이 있는데 주지하다시피 자연과학의 주요한 방법론 기초는 환원론(reductionism, 還元論)이다.

　환원론은 아무리 복잡한 사물이라도 그 사물을 구성하는 각 구성 요소들의 속성 및 상호관계와 상호작용을 이해하게 되면 그 사물을 이해할 수 있다고 주장한다. 즉 전체와 부분 간의 관계 문제에서 환원론은 전체를 구성하는 부분들에 관한 정확하고 완벽한 정보를 가지고 있으면 그 부분들로 이루어진 전체도 알 수 있다고 주장한다.

그러므로 환원론은 "전체는 부분들의 합"이라고 보면서 아무리 복잡한 구조를 가지고 있는 사물이라도 그것을 구성하고 있는 가장 단순한 요소들과 상호관계를 분석하면 그 사물을 이해할 수 있으며 상위 차원의 현상과 법칙은 하위 차원의 현상과 법칙으로 설명될 수 있다고 주장한다. 예를 들면 세포는 그 구성 요소들인 원자와 분자 및 서로 간의 관계를 분석하여 설명할 수 있으며 생물학의 법칙은 화학이나 물리학의 법칙으로 귀결된다. 이렇듯 근대 과학은 자연 현상을 최대한 부분으로 나누어 이해하고 이를 기초로 세계를 재구성하는 방식을 취하였다.

전체론(holism, 全體論)은 상술한 환원론 입장과 완전히 상반된 입장을 주장하는 방법론이다. 전체론은 사물을 구성하는 각 구성 요소들의 속성 및 서로 간의 관계와 작용을 이해하였다고 그 사물을 이해할 수 있는 것이 아니라고 주장한다. 즉 전체와 부분 간의 관계 문제에서 전체론은 전체를 구성하는 부분들에 관한 정확하고 완벽한 정보를 가지고 있다고 해도 그 부분들로 이루어진 전체를 완전히 알 수 없다고 주장한다.

전체론은 전체에는 부분에서 볼 수 없는 새로운 속성과 기능이 존재하므로 "전체는 부분들의 합 이상"이라고 보면서 그것을 구성하고 있는 가장 단순한 요소들과 서로 간의 관계를 파악하였다고 그 사물을 이해할 수 있는 것이 아니며 상위 차원의 현상과 법칙을 하위 차원의 현상과 법칙으로 설명할 수 있는 것이 아니라고 주장한다.

예를 들면 물은 수소나 산소와는 다른 성질을 갖고 있으며 세포는 화학이나 물리학 법칙만으로는 설명할 수 없는 성질을 갖고 있다고 주장한다. 특히 생물에는 그 자체의 정상적인 기능을 유지하는 속성이 있어 부분이 전체의 동작을 결정하는 것이 아니라 전체가 그것을 이루고 있는

중국문화와 덕치사상

부분들의 동작을 결정하므로 오히려 전체가 부분에 선행하면서 부분이 존재하는 조건으로 된다고 주장한다. 그러므로 전체론은 전체를 부분으로 분해하고 다시 조합하는 방식으로 전체에 접근하는 것을 반대한다.

그렇다면 전체론에서 말하는 전체란 도대체 무엇인가?

미국 철학가 밤(Archie J. Bahm)은 전체와 부분 간의 관계에 근거하여 보통 말하는 전체를 집합체(aggregate collection), 기계적 통일체(mechanical whole)와 유기적 통일체(organic whole)라는 세 가지 유형으로 나눌 수 있다고 하였다.[1]

집합체란 전체를 이루는 각 부분들 간에 서로 연관이 없는 단순한 사물의 모임을 가리킨다.

예를 들면 주차장에 세워져 있는 자동차들이나 하나의 상자 안에 들어 있는 물건들은 함께 하나의 집합체를 이룬다. 그러나 상호관계나 상호작용을 발생하면서 어떤 총체적인 현상이나 기능을 나타내지 않으며 각 부분들이 가지고 있는 기능이나 존재 상태는 서로 간에 완전히 독립적이다. 집합체의 각 부분들은 단지 우연히 한 곳에 모였을 뿐으로 전체와 부분 간에 실질적인 관계가 존재하지 않는다. 그러므로 집합체에서 전체라는 것은 모든 부분을 총체적으로 지칭하는 용어에 불과하다.

기계적 통일체란 전체를 이루는 각 부분들 간에 기능적으로 상호 의존하는 관계를 가지고 있으면서 총체적인 현상이나 기능을 나타내나 각 부분들의 존재는 서로 간에 완전히 독립적인 결합체를 가리킨다.

---

1   Archie J. Bahm. "Whole and Parts." *Southwestern Journal of Philosophy*, Vol. Ⅲ, No. 1, Spring, 1972, pp. 17–19. 金吾倫, 『生成哲學』, 保定: 河北大學出版社, 2000, 91쪽에서 재인용.

기계식 시계는 기계적 통일체의 가장 대표적인 예라고 할 수 있다. 시계의 각 부분들이 시계를 구성하는 부품으로서의 자체 기능을 발휘하려면 반드시 통일적인 원리에 따라 총체적으로 서로 의존하는 관계를 형성해야 한다. 그러나 이런 서로 의존하는 관계를 형성하지 못하였다고 자체 존재를 상실하거나 존재 상황이 영향 받게 되는 것은 아니다. 각 부분들은 시계 안에서 기능을 발휘하든지 부품 박스에 비치되어 있든지를 막론하고 언제나 하나의 완전한 부품으로 존재한다. 다시 말하면 기계적 통일체는 집합체와 달리 전체와 부분 간에 실질적인 관계가 존재한다. 하지만 전체의 존재는 반드시 부분에 의존해야 하는 반면에 부분의 존재는 전체에 의존하지 않는다.

　유기적 통일체란 전체를 이루는 각 부분들 간에 기능적으로 상호 의존하는 관계를 가지고 있으면서 총체적인 현상이나 기능을 나타낼 뿐만 아니라 각 부분들의 존재 그 자체도 서로 간에 상호 의존하는 관계를 가지고 있는 결합체를 가리킨다.

　유기생명체는 유기적 통일체의 가장 대표적인 예라고 할 수 있다. 유기생명체에서 각 부분들이 유기생명체를 구성하는 요소로서의 자체 기능을 발휘하려면 반드시 통일적인 원리에 따라 총체적으로 서로 의존하는 관계를 형성해야 한다. 기계적 통일체와 다른 점은 유기적 통일체의 각 부분들은 서로 독립하여 존재할 수 없다는 것이다. 유기생명체를 구성하는 각 부분들이 존재하려면 반드시 모든 부분들이 서로 의존하는 총체적인 상호 의존관계를 유지해야 한다. 그러므로 유기적 통일체에서는 전체의 존재가 반드시 부분에 의존해야 할 뿐만 아니라 부분의 존재 역시 반드시 전체에 의존해야 한다. 다시 말하면 유기적 통일체에서 전체와 부분

　　　　　　　　　　　　　　　　　　　중국문화와 덕치사상

간에는 기능상으로나 존재상에서 모두 상호 의존하는 관계를 가지고 있다.

그러므로 유기적 통일체에서는 부분과 부분 간의 상호관계와 상호작용이 존재할 뿐만 아니라 전체와 부분 간의 상호관계와 상호작용도 존재한다. 즉 유기적 통일체에서는 부분만이 전체에 어떤 역할을 가할 수 있는 것이 아니라 전체도 부분에 자체 역할을 가할 수 있다. 전체와 부분 간의 상호작용에서 어떤 때는 전체가 주도적 역할을 발휘하는가 하면 어떤 때는 부분이 주도적 역할을 발휘하기도 한다. 즉 부분과 부분 간의 인과관계가 존재할 뿐만 아니라 전체와 부분 간의 인과관계도 존재하므로 유기적 통일체에는 같은 차원의 존재인 부분과 부분 간의 횡적인 상호작용이 존재할 뿐만 아니라 서로 다른 차원의 존재인 전체와 부분 간의 종적인 상호작용도 존재한다.

상술한 논술로부터 알 수 있듯이 전체론에서 말하는 부분에 선행하면서 부분이 존재하는 조건으로 된다고 하는 전체란 바로 밤(Archie J. Bahm)이 말하는 유기적 통일체이다. 유기적 통일체에는 부분과 부분 간의 상호작용으로 인한 인과관계가 존재할 뿐만 아니라 전체와 부분 간의 상호작용으로 인한 인과관계도 존재하므로 유기적 통일체에는 동일한 차원에서 전개되는 횡적인 인과관계가 존재할 뿐만 아니라 서로 다른 차원 간에 전개되는 종적인 인과관계도 존재한다.

그렇다면 전체와 부분 간의 종적인 상호작용이란 도대체 어떤 것인가? 전체와 부분 간의 종적인 인과관계는 부분과 부분 간의 횡적인 인과관계와 어떻게 다른가?

2. 근접작용과 원격작용

물리학에는 물체 간의 상호작용에 관하여 서로 대립되는 두 가지 입장이 존재하는데 하나는 자연계에는 오직 근접작용(action through medium, 近接作用)만 존재한다는 입장이고 다른 하나는 근접작용 외에도 원격작용(action at a distance, 遠隔作用)이란 것이 존재한다는 입장이다.

근접작용이란 서로 떨어져 있는 물체들 간에 어떤 중간 매질의 물리적 변화를 통하여 힘이 전달되면서 전달과정에 일정한 시간이 소요되는 상호작용을 말한다. 이와는 반대로 원격작용이란 서로 떨어져 있는 물체들 간에 어떤 중간 매질을 거치지 않고 순간적으로 서로 힘을 주고받는 상호작용을 말한다.

양자역학(quantum mechanics, 量子力學)에는 양자 얽힘(quantum entanglement) 현상이란 것이 있다. 양자 얽힘의 핵심은 멀리 떨어진 두 개체가 서로 간에 어떤 힘이나 에너지를 주고받지 않았는데도 즉각적으로 서로의 상태에 영향을 미치면서 두 개체의 존재가 서로 얽혀 있다는 것이다. 예를 들면 아원자 입자(subatomic particle, 亞元子 粒子)의 세계에서 한 근원에서 태어난 한 쌍의 입자는 아무리 거리가 멀리 떨어져 있다 하더라도, 심지어 수십억 광년 거리로 서로 떨어져 있다 하더라도 얽힌 상태는 풀어지지 않고 연결되어 있다. 즉, 둘 중의 어느 한 입자에 어떤 변화가 일어나면 수십억 광년 떨어져 있는 다른 입자에서도 대응되는 변화가 즉각적으로 나타난다.

아인슈타인(Albert Einstein)의 특수 상대성 이론(special theory of relativity)에 의하면 우주에는 빛보다 더 빠른 것이 없다. 그러므로 아인슈타인은 양자 얽힘을 '유령 같은 원격작용'이라며 끝까지 반대하는 입장을 취하였다. 하지만 2015년 네덜란드 물리학자 로날드 핸슨(Ronald Hanson)의 연구팀이 주도한 국제연구팀은 양자 얽힘 현상이 실제 존재한다는 것을 실험으로 입증했으며 과학저널『사이언스(Science)』지는 이 실험을 2015년 최고의 과학적 성과 중의 하나로 선정했다.

오늘날 물리학은 자연계에는 네 가지 기본적인 상호작용 즉 중력 상호작용, 전자기 상호작용, 강한 상호작용, 약한 상호작용이 존재하는데 이들은 모두 전달되는 속도가 빛의 속도보다 빠르지 않은 근접작용이라고 주장하면서 즉각적인 원격작용을 긍정하는 입장을 이단(異端)으로 본다.

하지만 우리는 양자 얽힘이 아인슈타인의 말대로 "유령 같은 원격작용"을 의미하는지 여부는 일단 제쳐두고 먼저 물리학의 발전과정에서 근접작용을 주장하는 입장과 원격작용을 주장하는 입장 간의 논쟁을 돌이켜 볼 필요가 있다.

근대 물리학의 창시자 뉴턴(Isaac Newton)은 근접작용과 원격작용에 관하여 분명한 입장을 취하지 않고 흔들리는 모습을 보였다. 하지만 뉴턴의 만유인력법칙이 우주 공간에서 서로 멀리 떨어져 있는 천체들의 운행에 관한 해석에서 지대한 성공을 취득한 반면에 우주에 충만하여 있는 매질이라고 여겼던 에테르(ether)의 존재에 대한 탐색은 아무런 실질적 진전을 이룩하지 못한 결과 18세기 전 기간과 19세기 전반기에 걸쳐 원격작용 관념이 물리학에서 통치적 지위를 차지하게 되었다.

원격작용 관념의 통치적 지위에 도전하면서 근접작용 관념의 흥기에 결정적인 공헌을 한 것은 영국 물리학자 패러데이(Michael Faraday)이다. 패러데이는 전기 혹은 자성을 띤 물체의 주위에는 전기력과 자기력을 가진 모종의 전자기 에테르 '장(場)'이 존재한다고 가정하였다. 이런 '장(場)'은 공간 전반에 가득 차 있고 실물과 같은 각종 속성을 갖고 있기에 전기나 자성을 띤 물체들 간에는 이런 '장(場)'을 통하여 상호작용을 전개한다고 주장하였다. 즉 전기 혹은 자성을 띤 물체들은 어떤 중간 매질을 거치지 않고 직접적으로 서로 간에 힘을 주고받는 것이 아니라 '장(場)'이라는 어떤 물리적 속성을 가진 중간 매질을 통하여 상호작용을 전개한다.

이리하여 19세기 말에 이르러 전자기 상호작용에 관한 원격작용 관념은 대다수 물리학자들에 의하여 포기되는 상황이 출현하게 되었다. 그럼에도 불구하고 패러데이를 비롯한 대다수 사람들은 의연히 만유인력, 즉 중력 상호작용은 전형적인 원격작용이라고 믿었다.

하지만 1905년 아인슈타인이 진공 속 빛의 속도는 일체 물리적 작용이 전달될 수 있는 최고의 극한 속도라고 주장하는 특수 상대성 이론을 발표하고, 1916년 만유인력장(萬有引力場)이란 것이 존재하며 인력파(引力波)도 빛의 속도로 전파된다고 주장하는 일반 상대성 이론(General Theory of Relativity)을 발표하면서 원격작용은 최후의 존재 영역을 상실하게 되었다.

비록 오늘날의 물리학에서 근접작용 관념이 통치적 지위를 차지하고 원격작용 관념은 이단으로 취급받고 있지만 양자 간의 논쟁이 완전히 끝난 것은 아니다. 특히 양자역학이 연구하는 미시세계에서 아원자 입자들 간의 상호작용이 어떤 특수성을 갖고 있는가 하는 것은 줄곧 논쟁이 그치지 않는 문제로 남아 있다.

우주에는 오직 근접작용만 존재하는가 아니면 원격작용도 존재하는가

하는 이런 사실의 존재 여부에 관한 논쟁과는 상관없이 여기에서 지적하고 싶은 것은 우주의 본체론 구조의 시각에서 근접작용과 원격작용이 가지는 심층 의미를 살펴 볼 필요가 있다는 것이다. 다시 말하면 철학적 본체론의 차원에서 오직 근접작용만 존재하는 우주란 어떤 우주이고 근접작용 외에 원격작용도 존재하는 우주란 어떤 우주인가 하는 문제를 깊이 살펴볼 필요가 있다.

만일 우주에 근접작용만 존재한다면 어떤 작용의 전달이든지 모두 일정한 시간이 소요되기에 물체들 간의 모든 상호작용은 선인후과(先因後果)의 시계열상에서 발생하게 된다. 이런 경우 수많은 물체들이 하나의 체계를 형성하여 아주 복잡한 상호작용을 펼친다고 할지라도 이론적인 시각에서 보면 아무리 복잡한 상호작용이라도 체계를 구성하는 각 부분들 간의 상호작용으로 환원하여 파악할 수 있다.

즉 체계를 구성하는 각 구성 요소들의 속성 및 서로 간의 관계와 작용을 파악하게 되면 이 체계에서 아무리 복잡한 상호작용을 펼친다고 해도 모두 이해할 수 있으며 재구성할 수 있다. 그러므로 이런 체계에는 근본적으로 오직 부분들 간의 상호작용만 존재하는 것으로 부분들 간의 상호작용을 초월한 총체적인 상호작용은 존재하지 않는다. 따라서 소위 말하는 총체적인 상호작용이란 부분들 간 상호작용의 총합에 불과할 뿐으로 전체는 단지 부분들의 합에 불과하다.

반대로 만일 하나의 체계를 구성하는 모든 물체들 간에 원격작용이 존재한다면 모든 부분들이 동시에 기타 부분들과 즉각적인 상호작용을 주고받는다는 것을 의미한다. 예를 들면 A, B, C······ N으로 구성된 하나의 체계가 있다고 하자. 만일 물체들 간에 원격작용이 존재한다고 하면 A

는 언제나 동시에 B, C······ N과 즉각적인 상호작용을 주고받게 된다. 마찬가지로 B, C······ N도 동시에 기타 부분들과 즉각적인 상호작용을 주고받게 된다. 그 결과 체계 내에서 모든 부분들이 함께 참여하는 동시성적(同時性的)인 총체적 상호작용이 출현하게 된다.

이런 총체적 상호작용은 선인후과(先因後果)의 시계열상 상호작용이 아니다. 이런 총체적 상호작용에서는 원인과 결과가 불가분리적으로 서로 얽혀 있으면서 언제나 그 어떤 부분이라도 모두 다른 모든 부분들의 원인으로 존재함과 동시에 또 다른 모든 부분들의 결과로 존재한다. 즉 이런 총체적 상호작용은 모든 부분들 간 언제나 동시에 원인과 결과로 되는 상호작용일 뿐만 아니라 모든 부분들 간의 상호작용이 언제나 불가분리적으로 결합되어 있는 상호작용이다.

그렇다면 이런 동시성적(同時性的)인 총체적 상호작용과 부분들 간에 근접작용만 존재하는 체계에서 나타나는 시계열상의 총체적 상호작용 간에는 어떤 차이가 있는가?

시계열상 선인후과(先因後果)의 총체적 상호작용은 하나의 체계를 형성하고 있는 각 부분들이 근본적으로 서로 분리되어 존재함을 의미한다. 그러므로 원칙적으로 복잡하게 얽혀 있는 상호작용들 중에서 개별적인 각 부분들 간의 상호작용을 분리해낼 수 있으며, 따라서 부분들 간의 순수한 개별적인 인과관계를 파악할 수 있다. 이와 반대로 동시성적(同時性的)인 총체적 상호작용은 하나의 체계를 형성하고 있는 각 부분들이 불가분리적인 관계를 가지고 있음을 의미한다.

다시 말하면 시계열상 선인후과(先因後果)의 총체적 상호작용은 각 부분들이 공간상에서 근본적으로 분리되어 있으면서 외적인 관계를 형성하고 있을 뿐임을 의미한다면, 동시성적(同時性的)인 총체적 상호작용은 각 부분들이 공간상에서 근본적으로 불가분리적으로 결합되어 있으면서 서로 간에 상호 의존하는 유기적 통일체를 형성하고 있음을 의미한다.

동시성적(同時性的)인 총체적 상호작용이 존재하는 유기적 통일체에서는 모든 부분들 간에 언제나 동시에 원인과 결과로 되는 상호작용을 주고받으면서 서로 의존할 뿐만 아니라 모든 부분들 간의 상호작용이 언제나 불가분리적으로 결합되어 하나의 통일적인 힘을 형성하게 된다.

모든 부분들 간 원격작용이 불가분리적으로 결합되어 이루어진 산물로써 이 통일적 힘은 모든 부분들과 분리될 수 없이 얽혀 있으면서 부분들 간 상호관계의 변화에 따라 변화하지만 부분들 간 상호작용의 간단한 총합은 아니다. 이 통일적 힘은 부분들 간의 상호작용으로 환원될 수 없는 통일체로서 자체 독립성을 가지고 있는 존재이다.

그러므로 이 통일적 힘은 체계를 구성하는 모든 부분들 간의 상호작용에 개입하는 하나의 통일적인 요소로 된다. 다시 말하면 이 통일적 힘은 한편으로는 모든 부분들과 분리될 수 없는 통일적인 요소로서 모든 부분들로 하여금 이를 중간 매질로 하여 소위 말하는 원격작용을 주고받게 한다. 즉 체계를 구성하는 물체들 간의 원격작용이란 바로 이 통일적인 힘을 중간 매질로 하여 전개되는 상호작용이다. 다른 한편으로는 자체 독립성을 가지고 있는 존재로서 이 통일적인 힘은 시시각각 모든 부분들에게 그 자체의 작용을 가한다.

그러므로 이 통일적 힘은 자체의 독립적인 속성, 존재방식과 작용방식을 가지고 있으면서 진실한 물리적 효과를 일으키는 진정한 물리적 실체이다. 이는 모든 부분들과 불가분리적으로 얽혀 있으나 그들의 배후에 숨어 보이지 않는 물리적 실체이다. 바로 체계 내의 이 보이지 않는 실체와 체계를 구성하는 부분들 간의 상호작용이 전체론에서 말하는 부분과 부분 간의 상호작용과 구별되는 전체와 부분 간의 상호작용이 존재하는 것으로 비쳐진다.

이 통일적인 힘은 모든 부분들과 분리될 수 없이 얽혀 있기에 모든 부분들 간에 동시에 즉각적인 원격작용을 전개하는 중간 매질의 역할을 담당하게 되며, 또 이 통일적인 힘은 독립적인 자체 속성을 가진 실체이기에 이 독립적인 힘과 부분들 간의 상호작용이 부분에 선행하면서 부분들의 동작을 결정하고 부분들이 존재하는 조건으로 되는 전체라는 것이 존재하는 것으로 비쳐진다. 그러므로 여기서 우리는 체계를 구성하는 모든 부분들과 분리될 수 없이 얽혀 있으면서 그 들의 배후에 숨어 하나의 통일체로 존재하는 이 물리적 실체를 잠시 '전체'라고 부르기로 하자.

그렇다면 전체론에서 말하는 이 '전체'는 도대체 어떤 특성을 가지고 있는가?

3. '전체'의 특성

상술한 바와 같이 하나의 체계를 구성하는 모든 구성 요소들 간에 원격작용이 존재하게 되면 이 체계에는 모든 부분들이 함께 참여하는 동시성적(同時性的)인 총체적 상호작용이 나타나게 되며 이러한 체계는 집합체나 기계적 통일체와 다른 유기적 통일체의 특성을 나타내게 된다.

유기적 통일체에는 집합체나 기계적 통일체에 존재하지 않는 '전체'라는 것이 존재하는데 이 '전체'는 체계를 구성하는 모든 부분들과 분리될 수 없이 얽혀 있으면서 그 들의 배후에 숨어 있는 하나의 통일체로서 부분들과 그 존재 양식과 상호작용의 전개 방식이 전혀 다른 존재이다. 하지만 이 '전체' 역시 부분과 마찬가지로 진실한 물리적 실체이다.

그러므로 유기적 통일체는 부분이라는 물리적 실체와 '전체'라는 물리적 실체로 구성된 복합체라고 할 수 있다. 비록 이 '전체' 역시 부분과 마찬가지로 진실한 물리적 실체라고 하지만 이는 그 존재 양식과 상호작용의 전개 방식이 부분과 전혀 다른 존재로서 '전체'와 부분은 서로 다른 차원에 속하는 존재들이다. 다시 말하면 유기적 통일체에는 '전체'라는 구성요소가 존재하는데 이 '전체'는 부분과 차원이 다른 존재이므로 유기적 통일체는 '전체'와 부분이라는 차원이 서로 다른 두 가지 존재로 구성된 복합체라고 할 수 있다.

부분과 전혀 다른 차원의 존재로서 '전체'는 아래와 같은 독특한 특성을 가지고 있다.

첫째, '전체'는 부분들이 존재하는 배경과 공간이다.

'전체'는 언제나 체계 내의 모든 부분들과 불가분리적으로 얽혀져 있으므로 모든 부분들이 존재하는 통일적인 배경으로 된다. 모든 부분들은 모두 이 '전체'라는 통일적인 배경 속에서 존재하고 모든 부분들의 상호작용은 모두 이 통일적인 배경 속에서 전개된다. 이렇듯 유기적 통일체를 구성하는 모든 부분들이 모두 이 '전체'라는 배경 속에서 존재하고 또 '전체'는 모종의 특성을 가진 물리적 실체이므로 '전체'는 모든 부분들이 그 속에서 존재하는 공통의 특정 공간으로 되고, 부분들은 어떤 공통의 특정 공간에서 존재하는 물체로 된다.

둘째, '전체'는 부분들이 존재하는 힘의 장(field of force, 力場)이다.

'전체'는 비록 모든 부분들의 배후에 숨어 있으면서 부분들이 존재하는 공간으로 나타나지만 모든 부분들과 불가분리적으로 얽혀 있으면서 시시각각 모든 부분들과 상호작용을 주고받는 물리적 실체이다. 그러므로 '전체'는 단순한 공간이 아니라 모든 부분들이 그 속에서 존재하는 공통의 힘의 장으로 되는 것이다.

셋째, '전체'는 모든 부분들이 원격작용을 주고받는 중간 매질이다.

앞에서 언급하였다시피 물리학의 발전과정에서 나타난 근접작용과 원격작용 간의 논쟁에서 말하는 원격작용이란 중간 매질을 통하지 않는 즉각적인 상호작용을 가리킨다. 이와는 달리 유기적 통일체에서 각 부분들 간 즉각적인 상호작용은 '전체'라는 중간 매질을 통하여 전개된다. 다시 말하면 원격작용이 근접작용과 근본적으로 다른 의미를 가지는 본질적인 원인은 중간 매질의 존재 여부에 있는 것이 아니라 시계열상 전인후과(前因後果)의 상호작용이냐 아니면 즉각적인 동시성적(同時性的) 상호작용이냐에 있다.

유기적 통일체에서 '전체'는 모든 부분들과 불가분리적으로 얽혀 있으면서 시시각각 모든 부분들과 상호작용을 전개한다. 비록 이 '전체' 역시 부분들과 마찬가지로 물리적 실체라고 하지만 '전체'는 부분들과 다른 차원의 존재로 분할 불가능한 통일체이다. 바로 이 분할 불가능한 통일체가 언제나 모든 부분들과 얽혀 있으면서 시시각각 모든 부분들과 상호작용을 주고받으므로 모든 부분들은 이 분할 불가능한 통일체를 중간 매질로 하여 즉각적인 상호작용을 주고받게 된다. 그 결과 모든 부분들이 함게 참여하는 동시성적(同時性的) 총체적 상호작용이 출현하게 되면서 '전체'와 부분으로 구성된 복합체는 유기적 통일체의 특성을 나타내게 된다.

넷째, '전체'는 모든 부분들의 상호작용에 개입하는 공통의 요소이다.

'전체'는 모든 부분들과 불가분리적으로 얽혀 있으면서 시시각각 모든 부분들과 상호작용을 주고받고, 모든 부분들은 또 이 '전체'를 중간 매질로 하여 서로 간에 즉각적인 상호작용 즉 원격작용을 주고받는다. 그러므로 '전체'는 언제나 모든 부분들 간의 즉각적인 상호작용에 개입하는 공통의 요소로 된다. 이리하여 '전체'는 모든 부분들 간의 원격작용에서 나타나는 하나의 상수(常數)로 된다.

다섯째, '전체'는 통일적인 방식으로 모든 부분들을 조직하는 조직자이다.

모든 부분들 간의 즉각적인 상호작용에 개입하는 공통의 요소로 되는 이 '전체'는 비록 부분들과 다른 차원의 존재라고 하지만 부분들과 마찬가지로 진실한 물리적 효과를 일으키는 진정한 물리적 실체이다. 부분들과 달리 이 '전체'는 하나의 분할 불가능한 통일체로서 언제나 부분들과 얽혀 있으면서 시시각각 부분들과 상호작용을 주고받는다.

바로 '전체'는 분할 불가능한 하나의 통일체이므로 '전체'는 모든 부분들 간의 즉각적인 상호작용에 개입하는 공통의 요소로 되면서 시시각각 모든 부분들 간의 상호작용을 통일적으로 규정하는 역할을 하게 된다. 그 결과 모든 부분들이 참여하는 동시성적(同時性的)인 총체적 상호작용은 통일적인 패턴을 형성하게 되어 유기적 통일체가 특정 구조를 가진 존재로 되면서 부분들과 구별되는 참신한 기능을 나타내게 된다.

즉 유기적 통일체의 구조와 기능은 '전체'가 모든 부분들 간의 즉각적인 상호작용을 통일적으로 규정한 결과이므로 '전체'는 부분들을 조직하는 조직자라고 할 수 있다.

여섯째, '전체'는 불가역적인 역사성을 가진 존재이다.

'전체'는 모든 부분들과 얽혀 있으면서 상호작용을 주고받는 물리적 실체이므로 '전체'와 부분들 간의 상호작용에서 부분들만 '전체'의 작용으로 인하여 변화를 일으키고 통일적으로 조직되는 것이 아니라 '전체'도 부분들의 작용으로 인하여 변화를 일으키게 된다.

부분들과 다른 것은 부분들이 '전체'와의 상호작용에서 존재 상태만 변화할 수 있는 것이 아니라 공간 운동에서도 변화를 나타낼 수 있다면, '전체'는 유기적 통일체에 충만하여 부분들이 운동 변화하는 공간으로 존재하기에 '전체'와 부분들 간의 상호작용에서 오직 자체의 존재 상태로 부분들이 그에 대한 작용을 반영할 수밖에 없다.

부분들의 상호작용을 자체의 존재 상태에 반영하는 과정에서 '전체'는 분할 불가능한 하나의 통일체이므로 모든 부분들이 그에 대한 작용을 하나로 융합하여 자체의 존재 상태에 반영하게 된다. 이렇게 '전체'는 언제나 모든 부분들이 그에 대한 작용을 자기의 독특한 방식으로 융합하여 자체 존재 상태에 반영하므로 '전체'는 언제나 기존에 누적한 모든 경험을 기초로 새로운 경험을 융합하여 자체 경험으로 전환시키는 존재라고 할 수 있다.

'전체'의 존재 상태가 기존에 누적한 모든 경험을 기초로 새로운 경험을 융합하여 자체 경험으로 전환시킨 결과라고 하는 것은 '전체'의 변화 과정은 계속하여 기존에 누적한 모든 경험을 기초로 새로운 경험을 융합하는 과정임을 의미하며, 이는 '전체'의 존재 상태가 필연적으로 불가역적

중국문화와 덕치사상

인 역사성을 나타내게 된다는 것을 의미한다.

즉 '전체'는 부분과 달리 공간에서의 운동은 전개하지 못하고 오직 시간의 차원에서 불가역적인 역사과정을 전개할 뿐이다. 그러므로 '전체'는 불가역적인 역사성을 가지고 있는 존재이다.

결론적으로 '전체'란 부분들과 존재의 차원이 다른 물리적 실체로서 자체의 독특한 특성을 갖고 있는 존재이다.

4. 아리스토텔레스의 실체와 4원인론

아리스토텔레스는 존재 전반에 걸친 근본원리, 즉 존재자로 하여금 존재하게 하는 근본원리를 연구하는 학문을 제1철학이라고 하면서 제1철학을 학문체계의 최고위에 두었다.

제1철학의 목적은 변화하는 사물의 배후에 있으면서 그 존재 근거로 되는 영원불멸의 실재를 탐구하는 것으로 그리스어로는 ousia라고 하고 영어로는 substance라고 하는 실체라는 개념을 핵심 개념으로 한다. 실체란 상황에 따라 여러 가지 형태와 성질을 나타내지만 사물의 근저(根底)에 항상 그대로 있으면서 사물의 근원을 이루는 본질적 존재를 가리킨다.

아리스토텔레스는 실체가 독립적인 실재로서 사물이 나타내는 모든 속성을 떠받드는 존재라고 생각하였다. 그는 실체의 독특한 특징은 계속하여 하나의 단일한 실재로 존재하면서도 특성상에서 상반되는 특성도 가질 수 있는 것이라고 하였다. 그러므로 실체는 자체 그 존재를 지속적으로 유지하면서도 자체 변화로 인하여 사물로 하여금 여러 가지 서로 다른 특성을 나타내게 할 수 있다. 예를 들면 사람이 어떤 때는 건강할 수도 있고 어떤 때는 병에 걸릴 수도 있지만 그는 여전히 동일한 사람으로 결코 다른 사람으로 변하지 않는다.

아리스토텔레스는 모든 사물이 존재할 수 있는 근본 원인은 바로 이런 실체라고 하면서 실체는 법칙의 차원에서나, 시간의 차원에서나, 또는 인식의 차원에서나 모두 우선적인 지위를 차지하는 존재라고 하였다.

아리스토텔레스는 사물의 존재 근거로 그 배후에 있는 실체를 제시함과 동시에 구체적인 사물의 존재 문제에 관하여 4원인론을 제시하였다. 4원인론에서 말하는 원인은 보통 말하는 인과관계에서 말하는 원인이 아니라 구체적인 사물이 존재하거나 생성되는데 필요한 전부의 조건을 가리킨다.

아리스토텔레스는 구체적인 사물이 존재하거나 생성되는 데는 반드시 네 가지 원인이 있는데 그것들은 바로 질료인(material cause, 質料因), 형상인(formal cause, 形相因), 동력인(efficient cause, 動力因), 목적인(final cause, 目的因)이라고 하였다.

질료란 사물을 구성하는 재료를 가리킨다. 조각상을 만드는데 쓰이는 대리석, 유기생명체를 구성하는 각종 원자와 분자들은 질료에 속한다.

형상인에서 말하는 형상은 두 가지 함의를 가지고 있다. 하나는 사물의 내적인 본질을 가리키는데 이는 아리스토텔레스의 학설에서 형상이 갖는 주요한 의미다. 다른 하나는 바깥에 드러나는 모양을 가리킨다. 한 덩이의 대리석은 질료이고 그것에 형상이 부과되면 하나의 조각상으로 된다. 여기서 형상은 바깥에 드러나는 모양을 가리킨다. 원자와 분자들은 질료이고 여기에 형상을 부과하면 하나의 유기생명체로 된다. 여기서 형상은 유기생명체의 본질을 가리킨다. 두 가지 경우 모두 질료에 형상이 부과됨으로 하여 특정 규정성을 가진 사물이 출현하게 된다. 그러므로 형상은 사물의 본질을 이룬다.

동력인은 사물의 생성, 변화, 운동을 일으키는 힘을 가리킨다. 대리석을 깎아서 조각상으로 만드는 조각가는 조각상의 동력인이다. 이는 사물을 생성되게 하거나 변화하게 하는 동력이 사물의 외부에 존재하는 경우다. 이와는 달리 유기생명체의 성장 과정에서 외부 환경은 단지 조건을 제공할 뿐으로 유기생명체가 특정 구조와 기능을 가진 생명체로 성장하여 가는 동력은 외부에 존재하는 것이 아니라 그 자체에 내재해 있다.

목적인은 사물의 생성, 변화, 운동이 지향하는 목적을 가리킨다. 아리스토텔레스는 모든 사물의 생성, 변화, 운동은 모두 어떤 목적을 실현하기 위한 것이라고 보았다. 목적인도 동력인과 마찬가지로 사물의 외부에 존재할 수도 있고 사물 자체에 내재해 있을 수도 있다. 대리석이 다듬어져 조각상으로 만들어지는 목적은 조각상 자체에 있는 것이 아니라 인간한테 있다. 이와는 반대로 유기생명체가 특정 구조와 기능을 가진 생명체로 성장하여 가는 목적은 그 자체에 내재해 있다.

아리스토텔레스는 비록 구체적인 사물이 생성되고 존재하는 데는 상술한 네 가지 원인이 있다고 하지만 대부분의 경우 형상인, 동력인과 목적인은 늘 하나로 합쳐져 있다고 보았다. 그는 사물의 본질을 이루는 것은 형상이고 사물이 지향하는 목적도 형상이므로 형상인과 목적인은 동일하며, 사물의 생성, 변화, 운동을 일으키는 동력인이란 바로 사물로 하여금 어떤 형상을 가지도록 하는 힘이므로 이 세 가지 원인을 총칭하여 형상인이라고 할 수 있다고 하였다. 그러므로 네 가지 원인은 결국 형상인과 질료인이라는 두 가지 원인으로 귀결될 수 있다.

네 가지 원인은 결국 질료인과 형상인이라는 두 가지 원인으로 귀결되므로 아리스토텔레스는 모든 사물은 질료와 형상이 결합되어 이루어진 복합체라고 주장하였다. 질료와 형상의 관계에서 질료에 형상이 부과되어야 특정 규정성을 가진 구체적인 사물이 생성되므로 질료는 사물이 생성되고 존재할 수 있는 가능성을 제공할 뿐이고 이 가능성을 현실성으로 전환시키는 것은 형상이다. 그러므로 질료는 수동적인 존재이고 형상은 능동적인 존재라고 할 수 있다. 형상은 질료를 그냥 쌓여 있는 집합체로부터 특정 모습을 갖춘 하나의 통일체로 되게 하는 능동적인 힘이다. 즉 형상은 질료에 모종의 통일성을 부여함으로써 특정 규정성이 생기게 하는 능동적인 힘이다.

모든 사물은 형상과 질료가 결합되어 이루어진 복합체이며 특정 사물에서 형상과 질료는 엄격히 구분되어 서로 전환될 수 없다. 그러나 특정 사물을 구성하는 형상은 그 사물을 초월한 영역에서 다른 사물의 질료로 될 수 있다. 예를 들면 세포는 세포를 구성하는 질료인 원자와 분자들에 세포의 형상이 부여되어 생성된 하나의 생명체이다. 세포 내에서 세포의 형상과 질료는 엄격하게 구분되어 서로 전환될 수 없다. 그러나 세포는 더 높은 차원의 존재인 유기생명체를 구성하는 질료로 되는데 유기생명체는 세포의 형상보다 더 높은 차원의 형상을 가지고 있는 존재이다. 따라서 세포의 형상은 유기생명체 형상의 질료로 된다.

즉 하위 차원의 형상은 상위 차원 형상의 질료로 전환될 수 있다. 이렇게 하위 차원의 형상이 상위 차원 형상의 질료로 되면서 끊임없이 더 높은 차원의 사물이 생성되는 과정은 질료가 가지고 있는 가능성이 끊임없이 더 높은 차원의 현실성으로 실현되는 과정이기도 하다. 이리하여 우주에는 복잡한 계층 구조를 가진 사물이 생성되고 존재하게 되면서 전체 우주도 계층 구조를 나타내게 된다.

결론적으로 사물은 모두 질료와 형상이 결합되어 이루어진 복합체이다. 그렇다면 이 복합체에서 근저(根底)에 항상 그대로 있으면서 사물의 근원을 이루는 본질적 존재는 어느 것인가? 즉 질료와 형상이 결합되어 이루어진 복합체에서 도대체 어느 것을 제1철학에서 말하는 실체라고 할 수 있는가?

아리스토텔레스는 모종 의미에서 질료와 형상이 결합되어 이루어진 복합체로서의 개체, 질료, 형상 모두 실체라고 할 수 있지만 실체가 응당 구비해야 할 요건에 따라 엄격하게 구분한다면 오직 형상만이 진정한 실체로 될 수 있다고 결론지었다. 다시 말하면 오직 형상만이 사물의 근저(根底)에 항상 그대로 있으면서 사물의 근원을 이루는 본질적 존재로 될 수 있다. 그러므로 사물이 형상과 질료의 복합체라는 말은 바로 사물은 실체와 질료의 복합체라는 의미로서 구체적인 사물은 모두 실체와 질료가 결합되어 이루어진 것이라고 할 수 있다.

아리스토텔레스의 이론에 의하면 모든 사물은 모두 실체와 질료가 결합되어 이루어진 복합체로서 유기생명체 역시 실체와 질료가 결합되어 이루어진 것이다. 상술한 논술로부터 우리는 유기생명체의 질료와 실체는 다음과 같은 특성과 관계를 가지고 있음을 알 수 있다.

유기생명체에서 질료가 보이는 존재라면 실체는 질료의 뒤에 숨어서 보이지 않는 존재이다. 질료가 서로 분리되어 있는 다수의 부분들로 존재한다면 실체는 하나의 통일체로 존재한다. 유기적 통일체에서 다수의 부분들로 구성된 질료와 하나의 통일체인 실체는 언제나 결합되어 존재한다. 질료는 유기생명체가 생성되고 존재할 수 있는 가능성을 제공하는 수동적인 존재라면 실체는 하나의 통일체로서 질료에 통일성을 부여하여 특정 구조와 기능을 가진 유기생명체가 생성되고 성장하게 하는 능동적인 힘이다. 그러므로 실체는 유기생명체의 모든 속성을 떠받드는 본질적인 존재이다. 이 유기생명체의 모든 속성을 떠받드는 실체는 유기생명체에서 하나의 통일체로서 지속적으로 존재하면서도 자체 변화로 하여 사물로 하여금 여러 가지 서로 다른 특성을 나타내게 할 수 있다.

이렇게 유기생명체에는 차원이 서로 다른 존재 간의 상호작용과 인과관계가 존재하는데 이러한 상호작용에서 실체는 질료를 조직하여 통일성을 부여하는 조직자로 기능하므로 법칙의 차원에서나 시간의 차원에서나 실체는 모두 질료보다 우선적인 지위를 차지한다. 그러므로 실체는 질료에 선행하면서 질료의 존재와 운동 변화를 결정하는 존재라고 할 수 있다.

이로부터 알 수 있듯이 질료와 결합하여 유기생명체를 이루는 이 실체란 다름 아니라 바로 전체론에서 말하는 '전체'이며, 질료란 다름 아니라 바로 '전체'론에서 말하는 부분들이다. 다시 말하면 유기적 통일체에서 부분들의 배후에 숨어서 보이지 않는 '전체'가 바로 근저에 항상 그대로 있으면서 사물의 근원을 이루는 본질적 존재이다. 이 '전체'는 진실로 존재하는 독립적인 실재로서 유기적 통일체의 모든 속성을 떠받드는 존재이다. 그러므로 유기적 통일체에 관한 인식은 근본적으로 '전체'에 대한 인식으로 귀결된다.

결론적으로 '전체' 혹은 실체는 유기적 통일체를 구성하는 모든 부분들과 시시각각 상호작용을 발생하면서 모든 부분들 간의 상호작용을 통일적으로 규정하여 유기적 통일체로 하여금 통일적인 구조와 기능을 갖도록 하는 진실한 물리적 존재이다. 그러므로 유기적 통일체의 속성을 떠받드는 것은 바로 유기적 통일체에 통일적인 구조와 기능을 부여한 이 실체이다.

이 실체는 유기적 통일체의 각 부분들의 운동변화에 따라 변화할 수 있을 뿐만 아니라 유기적 통일체와 외부 환경 간의 상호작용에 따라 변화할 수도 있기에 유기적 통일체는 천변만화하는 각종 특성을 나타내게 된다. 그러나 유기적 통일체에 존재하는 이 실체가 와해되지 않고 지속적으로 존재한다면 천변만화하는 유기적 통일체는 여전히 동일한 개체로 존재한다. 즉 실체는 유기적 통일체에 구조와 기능을 부여하면서 유기적 통일체의 모든 속성을 떠받드는 존재일 뿐만 아니라, 천변만화하는 유기적 통일체가 지속적으로 하나의 동일한 개체로 존재할 수 있는 기초이기도 하다. 그러므로 오직 이 실체를 인식해야만 진정으로 유기적 통일체를 인식할 수 있다.

그렇다면 어떻게 해야 이러한 실체를 인식할 수 있는가?

5. 실체를 인식하는 과정과 방법

가. 유기적 통일체에 관한 인식방법의 발전과정

앞에서 언급하였다시피 지난 4백여 년간 자연과학의 거대한 발전을 가능하게 한 방법론 기초는 환원론이다. 환원론은 어떤 사물이나 모두 일련의 기본적인 구성요소들로 환원될 수 있다고 본다. 각 기본 요소들은 근본적으로 서로 독립적이며 외부 환경과 무관한 자체 속성을 가지고 있다. 사물이란 바로 이러한 구성요소들로 결합되어 이루어진 복합체이므로 모든 구성요소들의 속성을 정확히 완벽하게 파악한다면 원칙적으로는 그것들로 구성된 어떤 사물도 모두 이해할 수 있다. 따라서 환원론은 사물을 부분들의 단순한 총합으로 본다.

20세기에 이르러 환원론의 한계를 극복하려는 노력으로 인하여 체계이론을 상징으로 하는 전체론 사상이 발전하기 시작하였다. 체계이론은 사물을 특정 구조를 기초로 각 부분들이 모종의 통일적인 방식으로 상호작용을 전개하는 유기적 통일체로 본다. 체계이론은 유기적 통일체가 나타내는 기능은 이를 구성하는 각 부분들이 고립 상태에서 가지고 있지 않는 참신한 특성이며 이런 기능은 유기적 통일체의 구조에서 비롯된다고 보면서 유기적 통일체는 각 부분들의 단순한 총합이 아니라고 주장한다. 그러므로 유기적 통일체를 이해하려면 각 구성요소들이 가지고 있는 속성보다 그 구조를 파악하는 데 주목해야 한다.

체계이론의 창시자 베르탈란피(Ludwig von Bertalanffy)는 생물학자로서

이 이론이 출현하게 된 매우 중요한 계기가 바로 유기생명체의 진화 현상이다. 하지만 체계이론에서 진화는 단지 하나의 공허한 개념에 불과할 뿐이다. 그것은 진화 현상을 이해하는 관건은 어떻게 되어 진화 과정이 전개될 수 있는가하는 문제를 해결하는 것인데 유기생명체의 구조로부터 출발하여 이 문제를 해결한다는 것은 불가능하다.

예를 들면 번데기가 변하여 나방으로 되므로 번데기와 나방은 하나의 생명체가 전체 생장 과정에서 나타내는 서로 다른 단계에 불과하다. 하지만 구조의 시각에서 보면 번데기와 나방은 완전히 서로 다른 생명체이다. 구조에 입각해서는 생물의 이러한 생장 과정을 이해할 수 없으므로 구조에 입각하여 생물의 진화 과정을 이해한다는 것은 불가능하다.

상술한 이유로 인하여 일부 학자들은 유기적 통일체의 성장 및 진화 과정을 이해하는 방법론으로 생성론 철학(生成論 哲學)을 주창하고 있다. 체계이론이 정태적(靜態的)인 공간 구조에 주목하는 것에 반하여 생성론은 동태적(動態的)인 변화 과정에 주목해야 한다고 주장한다. 더욱 중요한 것은 전체와 부분 및 양자 간의 관계에 관한 이해에서 생성론은 체계이론과 근본적으로 구별된다.

체계이론은 전체가 부분들의 단순한 총합이 아니라 그것 이상이라고 주장하지만 환원론과 마찬가지로 여전히 전체는 부분들로 구성되었다고 본다. 다만 체계이론은 환원론과 달리 구성 요소보다도 구조를 강조할 뿐이다.

이와 반대로 생성론은 기치선명하게 전체론 입장을 강조하면서 유기적 통일체에는 '전체'라는 것이 존재하는데 이는 부분들로 구성된 파생적인 존재가 아니라 부분들에 선행하는 능동적인 독립적 실재라고 주장한다. '전체'는 능동적인 존재로서 바로 이 '전체'가 물질과 에너지를 통일적으로 선택하고 조직함으로써 유기적 통일체를 구성하는 각 부분들이 생성되고 또 변화한다. 이리하여 유기적 통일체는 특정 구조와 기능을 나타낼 뿐만 아니라 구조와 기능이 점진적으로 변화하여 가는 성장 과정을 나타내게 된다. 이 과정에서 '전체'는 부분들의 뒤에 숨어 부분들의 생성과 변화를 결정하는 존재라고 하면 부분들의 생성과 변화는 그 배후에 숨어 있는 '전체'의 특성을 반영하는 표현 방식이라고 할 수 있다.

그러므로 생성론은 유기적 통일체를 구성하는 부분들의 생성 및 변화 과정을 총체적으로 파악하면 그 배후의 '전체'를 이해할 수 있다고 주장한다. 이런 방식으로 파악한 '전체'의 두드러진 특성이 바로 아리스토텔레스가 말하는 동력인과 목적인이다. 하지만 오늘날까지도 생성론은 유기적 통일체의 생성 변화를 결정하는 이 동력인과 목적인이 도대체 무엇인지 구체적인 설명을 제시하지 못하고 있다.

나. 실체를 인식하는 네 가지 단계

비록 유기적 통일체가 실체라는 '전체'와 질료라는 부분들이 결합되어 이루어진 복합체라고 하지만 실체는 질료의 배후에 숨어 있는 존재이므로 우리가 관찰할 수 있는 것은 오로지 보이는 존재인 질료 즉 유기적 통일체를 구성하는 각 부분들과 부분들 간의 상호작용일 뿐이다. 우리는 오직 부분들에 입각하여 그 배후의 실체를 인식하는 방식을 취할 수밖에 없다. 다시 말하면 반드시 부분들이 나타내는 현상으로부터 출발하여 실체라는 본질적인 존재에 관한 인식에 도달해야 하는 것이다.

중국문화와 덕치사상

그러므로 실체에 대한 인식은 직접적인 인식활동으로 실현되는 것이 아니라 일련의 과정을 통하여 진행될 수밖에 없는데 이 과정은 서로 연관되는 네 가지 단계를 포함하고 있다.

1) 첫 번째 단계

이 단계는 환원론의 분석방법으로 유기적 통일체를 구성하는 각 부분들과 각 부분들 간의 상호작용을 파악하는 단계라고 할 수 있다.

이 단계에서는 우선 유기적 통일체를 어떤 표준에 따라 기본적인 구성부분들로 나눈다. 그 다음 최대한 환경의 영향을 받지 않고 그 자체에 내재한 진정한 속성을 순수하게 드러낼 수 있게끔 할 수 있는 이상적인 조건에서 각 부분들을 연구한다. 이는 각 부분들의 속성을 정확하게 파악하는 효과적인 방식이다.

하지만 이런 방법은 각 부분들을 유기적 통일체와 분리하여 파악하므로 이런 방식으로 취득한 정보에는 유기적 통일체에서 존재하는 실체에 관한 정보가 결여되게 된다. 그러므로 모든 부분들에 관한 정확하고 완벽한 정보를 가졌다고 할지라도 그것들을 종합하여 유기적 통일체에 관한 인식에 도달할 수 없다. 이것이 바로 서로 독립적인 사물들의 특성 및 그들의 상호작용이나 기계적 통일체에 관한 연구에서 환원론 방법이 매우 효과적이지만 유기적 통일체에 관한 연구에서 환원론 방법이 곤경에 빠지게 되는 원인이다.

결론적으로 환원론의 분석방법은 정확하게 유기적 통일체를 구성하는 질료를 인식하는 효과적인 방법이지만 그 정확성은 유기적 통일체에 존재하는 실체에 관한 정보를 상실하는 것을 대가로 한다. 그러므로 분석하고 종합하는 환원론 방법으로 실체를 인식할 수 없으며 유기적 통일체를 이해할 수 없다.

2) 두 번째 단계

이 단계는 체계이론의 구조분석 방법으로 형상인으로서의 실체를 인식하는 단계라고 할 수 있다.

이 단계에서 우선 환원론의 분석방법으로 취득한 각 부분들 및 부분들 간의 상호작용에 관한 정보를 기초로 부분들 간에 상호작용을 전개하는 총체적인 방식, 즉 유기적 통일체의 구조와 기능을 파악한다.

유기적 통일체는 실체와 질료가 결합되어 이루어진 복합체이다. 실체는 질료와 다른 차원의 존재라고 하지만 언제나 모든 부분들과 얽혀 있으면서 부분들 간의 즉각적인 상호작용에 개입하는 공통의 요소로 될 뿐만 아니라 하나의 통일체로서 시시각각 모든 부분들 간의 즉각적인 상호작용을 통일적으로 규정함으로써 부분들 간의 상호작용이 총체적인 패턴을 형성하게 한다. 그 결과 유기적 통일체는 특정 구조를 가진 존재로 되면서 참신한 기능을 나타내게 된다.

그러므로 실체는 부분들의 배후에 숨어 유기적 통일체의 구조와 기능을 결정하는 존재이고 유기적 통일체의 구조와 기능은 배후에 숨어 있는 실체의 특성을 반영하는 구체적인 표현 방식이라고 할 수 있다. 이는 유기적 통일체의 구조와 기능을 총체적으로 통찰함으로써 이러한 구조와 기능을 부여한 실체를 인식할 수 있음을 의미하며 이런 방식으로 파악하게 되는 실체는 바로 유기적 통일체에 형상을 부여하는 형상인으로서의 실체임을 의미한다.

중국문화와 덕치사상

결론적으로 실체와 질료의 시각에서 보면 체계이론이 구조에 주목하여 유기적 통일체를 파악하려 한 것은 인식의 초점을 질료의 차원으로부터 실체의 차원으로 끌어올리려고 시도한 것이라고 할 수 있다.

3) 세 번째 단계

이 단계는 유기적 통일체가 생성 변화하는 전체 과정에 대한 총체적인 통찰을 통하여 동력인과 목적인으로서의 실체를 인식하는 단계라고 할 수 있다.

이 단계에서 우선 구조와 기능에 주목하여 유기적 통일체가 구조와 기능의 변화를 일으키면서 생성 변화하여 가는 전체 과정을 파악한다. 그 다음 이를 기초로 유기적 통일체가 생성 변화하는 전체 과정을 총체적으로 통찰함으로써 생성 변화 과정에 내재한 총체적인 방식을 파악한다.

유기적 통일체의 구조와 기능을 결정하는 존재가 실체라고 하는 것은 구조와 기능의 생성 변화 역시 실체에 의하여 결정됨을 의미한다. 그러므로 실체는 유기적 통일체의 생성 변화 과정을 결정하는 존재이고 유기적 통일체의 생성 변화 과정은 그 배후에 숨어 있는 실체의 특성을 반영하는 구체적인 표현 방식이라고 할 수 있다. 따라서 우리는 유기적 통일체의 생성 변화 과정에 내재한 총체적인 방식으로부터 실체가 유기적 통일체의 생성 변화 과정을 규정하는 원리 혹은 법칙을 인식할 수 있다.

하나의 세포로 구성된 단세포 생물(unicellular organism, 單細胞生物)이 성장하게 되면 분열하면서 두 개의 개체가 생성된다. 분열 후 나타난 두 개의 개체가 성장하게 되면 다시 분열하면서 4개의 개체가 생성된다. 이렇게 단세포 생물은 성장과 분열을 거듭하면서 증식한다. 그러므로 단세포 생물의 분열 과정은 바로 단세포 생물의 번식 과정이라고 할 수 있다.

분열에 의해 생겨난 단세포 생물이 일정 기간 동안 생장한 후 다시 세포 분열을 하여 새로운 딸세포를 만들기까지의 과정을 세포 주기라고 한다. 즉 단세포 생물에서 세포 주기란 특정 개체의 전체 생명 과정을 가리킨다. 세포 주기는 유전 물질이 복제되고 세포가 생장하는 간기와 복제된 유전 물질이 분배되고 세포질이 분리되는 분열기로 나뉜다. 세포 주기의 전 과정으로 보면 간기는 세포 분열을 위한 기초를 마련하는 준비기라고 할 수 있다. 그러므로 단세포 생물의 전체 생명 과정은 서로 다른 특징을 나타내는 생장 과정과 번식 과정으로 구성되었으며 생장 과정과 번식 과정은 교체적으로 진행되면서 서로 의존하는 관계라고 할 수 있다.

상술한 바와 같이 생명 과정은 특정 시점으로부터 시작하여 규칙적인 방식으로 전개되면서 확정적인 목표로 나아가는 과정으로서 어떤 총체적인 방식에 따라 전개되는 과정이다. 이렇게 생명 과정이 어떤 총체적인 방식으로 전개될 수 있는 것은 유기적 생명체가 가지고 있는 피드백(feedback) 기능과 갈라놓을 수 없다.

유기적 생명체는 외부 요소나 내부 요소로 인하여 정상적인 생명 과정이 교란 받게 되면 자연스럽게 피드백(feedback) 기능이 나타나면서 생명 과정으로 하여금 정상적인 궤도로 되돌아오게 한다. 이 경우 피드백 기능은 생명 활동을 교란으로 인하여 정상적인 궤도를 이탈한 그 시점으로 다시 되돌리는 것이 아니라 교란을 받지 않았을 경우 생명 활동이 응당 도달하게 되는 시점으로 교정되게 함으로써 생명 활동으로 하여금 언제나 어떤 확정적인 목표를 향하여 진행되게 한다.

생명 과정이 특정 시점으로부터 시작하여 각종 교란을 극복하면서 어떤 총체적인 방식으로 확정적인 목표를 향하여 진행된다는 것은 생명체에 내적인 동력이 존재함을 의미할 뿐만 아니라 이 내적인 동력은 모종의 확실한 성질을 가지고 있는 힘이라는 것을 의미한다.

단세포 생물의 생명 과정에 대한 총체적인 통찰로부터 우리는 단세포 생물이 가지고 있는 내적 동력에는 생장능력과 번식능력이라는 두 가지 성질의 힘이 내포되어 있음을 알 수 있다. 이 두 가지 힘은 성질은 서로 다르나 서로 의존하면서 하나의 통일체를 이룬다. 그리하여 단세포 생물의 생명 과정은 생장 과정과 번식 과정을 교체적으로 전개하는 방식으로 어떤 확정적인 목표를 향하여 진행되어 간다.

단세포 생물의 생명 과정에 대한 총체적인 통찰로부터 우리는 다음과 같은 결론을 얻을 수 있다. 공간의 차원에서 유기적 통일체의 구조와 기능을 통찰할 때 실체가 유기적 통일체의 구조를 결정하는 법칙은 기계적인 결정론 법칙으로 나타난다. 이와는 반대로 시간의 차원에서 유기적 통일체의 생성 변화 과정을 총체적으로 통찰할 때 실체가 유기적 통일체의 생성 변화 과정을 결정하는 법칙은 능동적인 목적론 법칙으로 나타난다. 그러므로 유기적 통일체의 생성 변화 과정에 대한 총체적인 통찰로부터 우리는 동력인과 목적인으로서의 실체에 관한 인식에 이르게 된다.

그러나 이렇게 파악한 동력인과 목적인은 유기적 통일체의 생성 변화 과정에 대한 총체적인 통찰로부터 얻은 인식의 결과일 뿐으로 객관적 존재로서의 동력인과 목적인을 찾아낸 것은 아니다.

진화사의 시각에서 볼 때 식물, 동물, 인간 모두 유기적 통일체로서 형상인, 동력인, 목적인 특성을 나타내는 실체를 갖고 있는 존재이다. 하지만 이들은 각자 차원이 다른 실체를 가지고 있는 생명체이다.

형상인, 동력인, 목적인의 시각에서 볼 때 식물은 단세포 생물과 마찬가지로 동력인과 목적인이 형상인에 내재해 있으면서 아리스토텔레스가 말한 바와 같이 형상인, 동력인, 목적인이 하나로 합쳐져 존재하는 생명체이다.

이와 달리 동물은 동력인이 형상인에서 분리되어 독립적인 요소로 존재하는 생명체인데 그것이 바로 내적인 심리 현상으로 나타나는 생리적 욕구이다. 즉 보이는 질료의 배후에 존재하는 실체가 가지고 있는 특성으로서 동력인은 바깥에 드러나는 외적 현상으로 나타나는 것이 아니라 의식 속에서 존재하는 심리 현상으로 나타난다.

그러나 동물의 단계에서 총체적으로 보면 목적인은 여전히 형상인에 내재하여 존재한다. 동물은 독립적인 동력인을 가지고 있는 존재로서 적극적인 생존 활동을 전개하는 생명체이다. 또한 구조, 기능, 생존 방식 등 각 방면에서 동물은 인간의 상상도 초월하는 합목적성 특징을 보여주기도 한다. 그럼에도 불구하고 동물의 생존 활동은 목적인의 지도를 받는 과정이 아니라 동력인에 의하여 추진되는 과정이다. 동물이 보여주는 합목적성 특징은 당면한 과제를 해결하려는 충동에서 비롯된 자발적인 활동으로 인하여 출현한 우연의 산물일 뿐으로 어떤 의식적인 목적에 따른 계획적인 결과물이 아니다.

인간은 의식적인 목적에 따라 행동하는 존재로서 인간은 목적인이 형상인에서 분리되어 독립적인 요소로 존재하는 생명체이다. 인간은 당면한 문제를 해결하기 위하여 어떤 목표를 설정할 뿐만 아니라 평생의 목표를 확립하기도 하며 심지어는 대대로 이어가면서 실현해야 할 목표를 위하여 분투하기도 한다.

인간의 생활에서 목적인은 늘 동력인보다 훨씬 더 중요한 역할을 하는데 중대한 사회활동일수록 목적인의 역할이 더욱 중요하게 나타난다. 하지만 목적인의 궁극적인 근거는 동력인으로 되는 인간의 욕구에 있으므로 정확한 인생 목표의 수립은 반드시 자체 욕구에 대한 정확하고 전면적인 이해를 기초로 해야 한다.

인간은 동물의 한 종류로서 생리적 욕구를 가지고 있을 뿐만 아니라 동물과 뚜렷하게 구별되는 사회적 욕구도 가지고 있다. 생리적 욕구는 확정적이고 분명한 내용을 가진 욕구로 감지된다면 사회적 욕구는 생리적 욕구와는 달리 점진적으로 전개되는 발전 과정을 나타낼 뿐만 아니라 초기 단계에는 상당히 분명한 내용을 가진 욕구로 감지되나 높은 단계로 갈수록 그 의미가 점점 더 모호하게 느껴진다.

그러므로 인간의 생활에서 초기 단계에는 동력인이 주도적인 역할을 하지만 높은 단계로 갈수록 목적인이 점점 더 중요한 역할을 하게 되면서 주도적인 지위를 차지하게 된다. 그 결과 욕구의 의미가 점점 더 모호해지는 고급 단계로 갈수록 인간은 자체 욕구에 대하여 정확하게 그리고 전면적으로 이해해야 할 필요성을 더욱 더 절감하게 된다.

매슬로우의 인본주의 심리학에 따르면 인간은 누구나 생리 욕구, 안전 욕구, 사랑과 소속 욕구, 존경 욕구, 자아실현 욕구, 자아초월 욕구 등 욕구들을 갖고 있으며 고급단계의 욕구는 저급단계의 욕구가 충족됨에 따라 점진적으로 나타나고 발전한다.

이렇게 인간의 욕구가 어떤 총체적인 방식으로 전개되면서 확정적인 목표를 향하여 발전하여 간다는 것은 이런 욕구들의 배후에 이런 욕구들의 근원으로 되는 더 근본적인 욕구 혹은 동력이 존재함을 의미할 뿐만 아니라 이 내적인 동력은 모종의 확실한 성질을 가지고 있는 힘이라는 것을 의미한다.

그렇다면 단세포 생물의 생명 과정에 대한 총체적인 통찰로부터 동력인과 목적인을 파악하듯이 욕구의 전개 과정에 대한 총체적인 통찰을 통하여 그 배후의 근본적인 욕구 혹은 동력과 그 동력이 추구하는 종국적인 목표를 이해할 수 있을 것이다.

그러므로 먼저 해결해야 할 과제는 인간의 욕구가 전개되는 전체 과정을 정확하게 그리고 전면적으로 파악하는 것이다. 그래야만 욕구가 전개되는 전체 과정에 대한 총체적인 통찰을 통하여 내적인 동력인과 목적인을 파악할 수 있다.

단세포 생물의 생명 과정을 파악할 때 여러 가지 실험과 관찰을 통하여 세포 각 부분들의 구조와 기능을 인식하고 이를 기초로 생명 과정을 전체적으로 파악하는 준비 과정이 필요하다. 그러나 필요한 지식과 경험을 구비했을 때 현미경을 이용하여 세포 주기를 처음부터 끝까지 관찰한다면 단세포 생물의 전체 생명 과정은 자연적으로 펼쳐진다. 만일 필요하다면 이런 과정을 거듭 반복하여 보완할 수 있다. 그다음 전체 생명 과정에 대한 총체적인 통찰을 통하여 총체적인 전개 방식을 파악함으로써 생명 과정이 전개되는 총체적인 방식이 의미하는 동력인과 목적인에 관한 이해에 이를 수 있게 된다.

그러나 인간의 욕구가 전개되는 전체 과정은 이렇게 자연적으로 펼쳐지지 않는다. 인간이 느끼는 것은 그때그때의 욕구이다. 비록 경험에 근거하여 욕구의 전개 과정을 다시 재구성할 수 있다고 하지만 인간의 사회적 욕구는 생리적 욕구와 달리 누구나 다 사회적 욕구의 전개 과정을 완전하게 경험하는 것이 아니다. 생리적 욕구의 시각에서 보면 인간은 일생에 하나의 완전한 주기를 경험한다고 할 수 있다. 하지만 사회적 욕구는 일생에 반드시 하나의 완전한 주기를 경험한다고 말할 수 없다.

인간은 오직 사회생활 속에서만이 사회적 욕구를 전개할 수 있으므로 개체의 구체적인 생활환경, 개체가 소속돼 있는 사회문화 등은 모두 사회적 욕구의 전개 수준에 중대한 영향을 미치게 된다. 또한 설령 일생 동안 하나의 완전한 주기를 경험한다고 할지라도 인간의 사회적 욕구는 고급 단계로 발전해 갈수록 점점 더 모호하게 나타날 뿐만 아니라 쉽게 모종의 암시, 모방, 착오적인 정보와 습관의 영향을 받아 왜곡될 수 있으며 더욱이 개체가 소속된 사회문화의 지대한 영향을 받는다. 그러므로 욕구에 대한 느낌이 아무리 민감하고 다채로운 인생 경험과 풍부한 지식을 겸비하여 의식적으로 깊이 반성한다고 할지라도 욕구의 의미를 충분히 이해하기란 참으로 쉬운 일이 아니다.

공자가 인을 인간이 추구하는 최고의 가치로 보았다면 매슬로우는 자아실현의 욕구를 최고 단계의 욕구로 보았다. 비록 만년에 매슬로우가 자아초월의 욕구를 최고 단계의 욕구라고 주장하였지만 자아초월이 곧바로 공자의 인에 대한 추구인지는 분명하지 않다.

이렇듯 인간이 자체 욕구의 의미와 전개 과정을 정확하게 파악하여 전체 전개 과정에 관한 완벽한 인식을 형성한다는 것은 참으로 쉬운 일이 아니다. 다시 말하면 단세포 생물의 경우 통찰하려고 하는 전체 전개 과정이 자연적으로 제공된다고 하면 인간의 욕구의 경우 통찰하려고 하는 전체 전개 과정은 자연적으로 제공되는 것이 아니라 인간 스스로 애타는 지적 노력을 통하여 인간의 욕구가 전개되는 전체 과정에 관한 모델을 건립해야 한다.

이 인간의 욕구가 전개되는 전체 과정을 반영하는 모델을 건립하는 그 자체가 이미 고도의 지적 활동이므로 이 모델은 지적인 창조물이라고 해야 할 것이다. 우리는 오직 이 지적인 창조물에 대한 총체적인 통찰을 통해서만 인간의 욕구의 근원, 혹은 근본적인 인간성을 파악할 수 있을 뿐이다.

이 의식 속에서 지적 능력으로 지적 대상에 대한 총체적인 통찰을 통하여 근본적인 인간성을 인식하는 방법이 바로 철학사에서 형이상학적인 존재를 인식하는 방법으로 담론되는 지적 직관(Intellektuelle Anschauung, 知的直觀)의 방법이다.

4) 네 번째 단계

이 단계는 지적 직관(Intellektuelle Anschauung, 知的直觀)의 방법으로 형이상학적인 인간성을 파악함으로써 인생과 인류역사의 궁극적인 동력인과 종국적인 목적인을 인식하는 단계라고 할 수 있다.

대만 학자 모종삼(牟宗三)은 중국의 유가, 도가, 불교는 모두 인간이 지적 직관의 능력을 가질 수 있다는 것을 긍정한다고 하면서 지적 직관은 중국문화와 서방문화 간의 구별을 나타내는 아주 중요한 개념이라고 하였다. 그는 중국 철학의 모든 심오한 도리는 모두 지적 직관의 개념으로 해석할 수 있다고 주장하면서 "만일 인류가 정말로 지적 직관의 능력을 가질 수 없다면 모든 중국 철학은 반드시 무너지고 말 것이며 이왕 몇 천 년간 쏟아 부은 심혈은 완전히 헛된 것으로 되어 단지 망상에 불과하게 된다."[2]고 지적하였다.

지적 직관이란 무엇인가 하는 문제에 관하여 모종삼은 지적 직관에는

중국문화와 덕치사상

근원적(根源的) 직관, 종관적(縱貫的) 직관, 무상적(無相的) 직관이라는 세 가지 의미가 내포되어 있다고 보았다.

첫째, 지적 직관이 파악하려는 것은 인간의 욕구가 전개되는 전체 과정에서 나타나는 총체적인 방식이 의미하는 근본적인 원인이다.

매슬로우의 욕구이론이 지적한 바와 같이 인간의 욕구는 단세포 생물의 생명 과정과 마찬가지로 어떤 총체적인 방식으로 전개된다. 다시 말하면 인간의 욕구는 단세포 생물과 마찬가지로 특정 시점으로부터 시작하여 규칙적인 방식으로 전개되면서 확정적인 종점을 향하여 나아가는 과정으로서 전체 전개 과정은 어떤 총체적인 방식으로 전개된다.

전체 전개 과정에 어떤 총체적인 방식이 존재한다는 것은 이러한 총체적인 방식을 전개하게끔 하는 동력, 법칙, 목표가 존재함을 의미한다. 지적 직관이 파악하려는 것은 바로 이 총체적인 방식이 의미하는 동력, 법칙, 목표이다. 그러므로 지적 직관은 본질적으로는 현상에 대한 직관이 아니라 현상의 근원에 대한 직관 즉 근원적(根源的) 직관이라고 할 수 있다.

둘째, 상술한 바와 같이 지적 직관은 인간의 욕구가 전개되는 전체 과정에 내재한 총체적인 방식에 대한 직관을 통하여 이 총체적인 방식이 의미하는 동력, 법칙, 목표를 파악하는 것을 목적으로 한다.

이 총체적인 방식은 과정 전체에 걸쳐 나타나므로 전체 전개 과정을 총체적으로 통찰하지 않는다면 그에 함축된 동력, 법칙, 목표를 파악할 수 없거나 정확하게 파악할 수 없다. 많은 경우 사람들은 늘 어느 특정 단

---

2   牟宗三, 『牟宗三先生全集21: 現象與物自身』, 台北: 聯経出版事業有限公司, 2003, 서론 5쪽.

계에 주목하여 인간의 근본적인 욕구 혹은 근본적인 인간성을 파악하려 한다. 이런 경우 만일 인생의 초기 단계에 주목하게 되면 애착 욕구를 인간의 가장 근본적인 욕구로 보게 되면서 성장의 욕구는 부차적인 욕구로 간주될 수 있고, 반대로 만일 인생의 성숙 단계에 주목하게 되면 자아실현의 욕구를 인간의 가장 근본적인 욕구로 보게 되면서 애착 욕구에서 비롯된 사랑과 소속의 욕구는 부차적인 욕구로 간주될 수 있다. 심지어 인간은 결국 자아실현의 욕구를 추구하는 존재로서 애착 욕구는 근근이 인생의 초기 자립 불가능한 유약한 존재가 나타내는 잠시적인 심리 현상에 불과하다고 생각할 수도 있다.

설령 어느 특정 단계에 국한되지 않고 전체 과정을 총체적으로 통찰한다고 할지라도 주목하는 초점이 다름에 따라 그 결과가 달라질 수 있다. 예를 들면 노자는 '어디로부터 왔는가'에 주목하여 우주와 인간의 근본적인 본성 혹은 궁극적인 근원을 파악하려 하였다면 공자는 '어디로 가는가'에 주목하여 인간이 추구하는 종국적인 목표를 파악하려 하였다. 그 결과 노자는 궁극적인 근원이 도(道)라는 무(無)의 존재라고 하면서 이로부터 출발하여 공자의 인을 부정하게 되었다면, 맹자는 종국적인 목표는 인이라고 하면서 이로부터 출발하여 비록 미미하기 짝이 없을지라도 인간은 태어날 때부터 인이라는 확실한 본성을 가지고 있다고 주장하게 되었다.

형이상학적인 인간성은 두 가지 서로 다른 성질을 가지고 있는 잠재능력으로서 전체 전개 과정은 부정의 부정이라는 변증법칙에 따라 진행되므로 최초의 근원으로부터 출발하여 종국적인 목표를 추론하거나, 역으로 종국적인 목표로부터 출발하여 최초의 근원을 추론하게 되면 정확한

중국문화와 덕치사상

결론을 얻을 수 없다.

형이상학적 인간성의 전개 과정이란 본질적으로는 잠재능력의 실현 과정이다. 바로 종자가 싹트고 자라서 열매를 맺듯이 잠재능력이 실현되면서 드러내는 내용은 바로 궁극적인 근원에 함축되어 있는 의미라면, 종국적인 목표에 함축되어 있는 의미란 바로 잠재능력이 실현되면서 결실로 맺어진 결과물이다. 시점으로부터 종점까지의 전체 과정은 잠재능력이 실현되면서 점진적으로 시점에 함축되어 있는 내용을 드러내는 과정이기도 하거니와 또한 잠재능력이 실현되면서 점진적으로 종점에 함축되어 있는 의미로 결실을 맺어가는 과정이기도 하다.

그러므로 오직 형이상학적 인간성이 실현되면서 점진적으로 전개되는 전체 과정에 대하여 총체적으로 파악해야만 궁극적인 근원에 함축되어 있는 의미와 종국적인 목표에 함축되어 있는 의미를 정확하게 전면적으로 이해할 수 있다.

바로 궁극적인 근원이나 종국적인 목표에 주목하여 통찰하는 방식의 한계로 하여 노자는 비록 궁극적인 근원이 도(道)라는 무(無)의 존재이고 도(道)에는 음양(陰陽)이라는 서로 대립하면서도 의존하는 두 가지 힘이 존재하므로 부정의 부정이라는 변증법칙을 근본 법칙으로 한다고 주장하였으나 음양(陰陽)의 의미나 변증법칙의 내용에 관하여 모호한 주장을 펼칠 수밖에 없었다면, 공자는 비록 종국적인 목표는 인이라고 주장하였으나 인에 함축되어 있는 대립 통일성을 파악하지 못함으로써 인의 의미에 관하여 분명한 해석을 제시할 수 없었다.

결론적으로 지적 직관은 반드시 전체 전개 과정에 대한 총체적인 직관이어야 하므로 모종삼의 말대로 지적 직관은 전체 과정을 세로 관통하는 종관적(縱貫的) 직관이라고 할 수 있다.

전체 전개 과정에 대한 종관적(縱貫的) 직관을 통하여 우리는 인간이 근본적으로 상호애착(相互愛着)의 잠재능력과 자주실현(自主實現)의 잠재능력이라는 두 가지 잠재능력을 가지고 있으며 인간의 사회적 욕구는 인간이 선천적으로 갖고 있는 이 두 가지 잠재능력에서 비롯된 것임을 알 수 있다.

상호 애착능력과 자주실현능력은 동전의 양면처럼 서로 분리될 수 없는 두 가지 잠재능력으로서 서로 대립하면서도 서로 의존하는 대립통일 운동을 전개하면서 부정의 부정이라는 방식으로 한 단계 한 단계 점진적인 발전을 이룩하여 양자 모두 충분하게 실현되면서도 완미한 조화를 이루는 방향으로 나아간다. 그 최고의 경지가 바로 인이다.

그러므로 인이란 다름 아니라 상호 애착능력과 자주실현능력 모두 충분하게 실현되면서도 완미한 조화를 이루는 경지이고 이러한 종국적인 목표로 나아가는 법칙이란 바로 변증법적 발전법칙이다. 바로 유기적 통일체의 저변에는 이 변증법적 발전법칙이 깔려있기에 현상의 차원에서 볼 때 유기적 통일체의 생성 발전 과정이 기계적 결정론 법칙과 다른 능동적인 목적론 법칙을 따르는 것으로 비쳐진다.

여기서 반드시 짚고 넘어가야 할 것은 공자와 노자가 드러낸 한계는 단순한 방법론 문제이거나 개인의 능력 문제가 아니라는 것이다. 인간의 사회적 욕구는 사회생활 중에서 전개되고 인간의 사회생활은 사회문화의 발전을 통하여 발전하므로 인간의 사회적 욕구는 근본적으로 사회문화의 충분한 발전을 통하여 서만이 충분히 전개될 수 있다. 또한 지적 직관의 기초로 되는 인간과 사회에 관한 지식 역시 사회문화의 발전에 의존하

중국문화와 덕치사상

므로 지적 직관은 근본적으로 사회문화의 전반적인 발전을 통해서만 제고될 수 있는 인식 능력이다. 그러므로 지적 직관의 한계는 오직 사회문화의 전반적인 충분한 발전을 통해서만 극복 가능하다.

셋째, 상술한 바와 같이 지적 직관이 파악하려는 것은 사회적 욕구의 배후에 있으면서 사회적 욕구의 근원으로 되는 형이상학적인 인간성이다.

이 형이상학적 인간성은 비록 인간의 욕구를 통하여 체현되고 실현되지만 그 자체는 형이상학적인 존재로서 특정 규정성을 가진 현상으로 나타나지 않는다. 그러므로 형이상학적인 인간성은 공간의 차원에서 자체 내용을 전개하는 존재가 아니라 오직 시간의 차원에서만 자체 내용을 전개하는 존재라고 할 수 있다.

즉 형이상학적인 인간성은 공간의 차원에서 특정 현상으로 존재하는 사물이 아니라 오직 시간의 차원에서 영원한 흐름으로 존재하는 유(流)로서 비록 사회적 욕구라는 현상으로 체현된다고 하지만 그것은 어디까지나 형이상학적 인간성의 표현 방식일 따름이다.

오직 시간의 차원에서 존재하는 흐름으로서 형이상학적인 인간성은 흐름의 동력, 흐름의 목표, 흐름의 법칙이라는 특성들을 갖고 있으나 현상으로 파악할 수 있는 어떤 상(相)도 가지고 있지 않다. 이 책에서 인간의 근본적인 본성은 형이상학적인 인간성이라고 하고 형이상학적인 인간성과 구체적인 충동으로 나타나는 욕구 간의 구분을 거듭 강조하는 이유도 바로 여기에 있다. 지적 직관이 파악하려는 것은 바로 이러한 형이상학적인 인간성이므로 지적 직관은 모종삼의 말대로 무상적(無相的) 직관이라고 할 수 있다.

시간의 차원에서 영원한 흐름으로 존재하는 형이상학적인 인간성이 추구하는 종국적인 목표 역시 본질적으로 형이상학적인 경지이지 공간의 차원에서 구체적인 형태로 표현되는 외적인 성공 같은 것이 아니다. 다시 말하면 형이상학적인 인간성이 추구하는 종국적인 목표인 상호 애착능력과 자주실현능력이 충분하게 실현되면서도 완미한 조화를 이루는 최고의 경지 역시 형이상학적인 경지이다.

사람들은 보통 노자의 도(道)는 형이상학적 개념이지만 공자의 인은 형이하학적 개념이라고 보는데 근본적인 의미로 말하면 공자의 인 역시 형이상학적 개념이다. 바로 인이 근본적으로는 형이상학적 경지를 의미하는 덕성이기에 인은 모계가족 공동체의 어머니로 나타나는가 하면 부계가족 공동체의 아버지로 나타나기도 하며, 부락사회의 빅맨으로 나타나는가 하면 추장사회의 요순(堯舜)과 같은 성왕으로 나타나기도 한다.

역사의 거인이라 하여 이 형이상학적 경지에 뭔가 보탬이 되는 것도 아니고, 오로지 자녀한테 모성애를 쏟아 붙는 어머니라 하여 이 형이상학적 경지에 뭔가 흠이 가는 것도 아니다. 인간이 진정으로 추구하는 것은 이 형이상학적 차원의 최고의 경지이다. 바로 인간이 진정으로 추구하는 것은 이런 형이상학적인 최고 경지이기에 인간의 자아실현이 궁극적으로는 자아초월의 욕구로 나타나게 된다. 다시 말하면 매슬로우가 지적했듯이 욕구의 최고 단계는 필연적으로 자아초월의 욕구로 나타날 수밖에 없다.

상술한 바와 같이 지적 직관에는 근원적(根源的) 직관, 종관적(縱貫的) 직관, 무상적(無相的) 직관이라는 세 가지 의미가 내포되어 있다. 그러므로 우리가 만일 모종삼의 용어로 지적 직관에 관하여 정의를 내린다면 지적 직관이란 종관적(縱貫的) 직관을 통하여 무상적(無相的) 직관을 실현함으로써 근원적(根源的) 직관에 이르는 인식방법이라고 할 수 있다.

중국문화와 덕치사상

결론적으로 선후로 이어지는 네 가지 단계를 통하여 우리는 형상인, 동력인, 목적인을 파악함으로써 실체에 관한 인식에 도달할 수 있다. 또한 이러한 인식과정을 통하여 우리는 형상인이란 실체의 존재 방식이고, 동력인이란 실체의 형이상학적 본성이며, 목적인이란 실체의 형이상학적 본성이 부정의 부정이라는 변증법칙에 따라 실현되는 최고의 경지로서 실체의 근본 법칙은 변증법칙이라는 것을 알 수 있다. 다시 말하면 변증법칙은 형이상학적 차원의 법칙이지 현상 차원의 법칙이 아니다.

6. 중국 전통사회의 본체론 구조

인간은 유기적 통일체의 한 유형이다. 비록 차원은 다르다고 하지만 인간으로 구성된 인류사회 역시 유기적 통일체의 한 유형이다. 그러므로 우리는 아리스토텔레스의 실체론과 4원인론에 따라 중국 전통사회의 본체론 구조를 다음과 같이 묘사할 수 있다.

〈표 2〉 중국 전통사회의 본체론 구조

목적인(目的因)	형이상학적 인(仁)	
형상인(形相因)	내적 형상인(形相因)	의(義)
	외적 형상인(形相因)	예의제도(禮義制度)
질료인(質料因)	종족 연합체 종족(宗族) 가족(家族) 핵가족 개체	
동력인(動力因)	형이상학적 인간성	

표면상에서 이 책은 체계적인 방법에 입각하여 문화관념, 정치제도, 사회구조의 차원에서 사회문화를 파악한 것으로 보인다. 사실 이 책은 상술한 본체론을 근본적인 기초로 하고 있다. 그러므로 이 책의 철학적 방법론은 아리스토텔레스의 실체론과 4원인론, 공자의 인과 노자의 도(道)를 유기적으로 통합한 것이라고 할 수 있다.

이러한 방법론의 시각에서 보면 인류역사를 포함한 우주의 진화과정은 점점 더 높은 차원의 실체를 가진 유기적 통일체가 출현하고 발전하는 과정이다. 새로운 차원의 유기적 통일체의 출현은 언제나 그것을 가능하게 하는 질료의 존재를 전제로 한다. 그러므로 새로운 차원의 유기적 통일체가 출현하고 발전하는 과정에서 초반에는 질료의 특성과 상호 관계에 의지하여 실체가 생성되고 발전한다면 후반에 갈수록 실체의 능력이 강화되면서 질료는 점점 실체에 의하여 좌우되는 양상을 나타낸다.

인류역사로 말하면 처음에는 질료의 특성이 주도적인 역할을 하므로 이 책에서는 수렵채집사회를 인간의 생물심리학적 특성인 애착욕구에 주목하여 파악하고 모계가족 공동체의 출현 원인과 발전 과정을 애착욕구와 모성애라는 생물심리학적 특성으로부터 출발하여 파악하였다.

그 다음 단계인 가족 공동체가 해체되어 출현한 부락사회에서는 질료의 특성보다는 질료 간의 상호관계 즉 사회구조가 주도적인 역할을 한다. 그러므로 이 책에서는 가족과 친척관계가 가지고 있는 차등적인 질서구조에 주목하여 부락사회가 추장사회로 통합되어 가는 과정을 파악하였다.

가족 본위주의가 팽배하면서 추장사회가 위기에 처함에 따라 제도적 수단으로 위기를 극복하려는 시도가 나타나고 그 결과 중국 역사에서 예의제도를 특징으로 하는 종법적인 봉건제도가 출현한다. 아리스토텔레스의 4원인론 시각에서 보면 구체적인 제도규범은 외적 형상인(形相因)이라고 할 수 있고 이를 뒷받침하는 원리는 내적 형상인(形相因)이라고 할 수 있다. 다시 말하면 아리스토텔레스의 실체론으로 보면 이때 역사는 이미 실체가 주도적인 역할을 하는 단계에 진입하였다고 할 수 있다.

종법적인 봉건제도가 위기에 처함에 따라 춘추전국 시대에 이르러 구체적인 제도적 차원을 초월하여 기존의 가치관에 대하여 반성하면서 인간이 추구하는 최고의 가치와 인간성에 관하여 탐구하게 된다. 아리스토텔레스의 4원인론 시각에서 보면 이는 종국적인 목적인과 궁극적인 동력인에 관한 탐구라고 할 수 있다. 즉 아리스토텔레스의 4원인론으로 보면 공자의 형이상학적 인은 최고의 선(善)이자 종국적인 목적인이라고 할 수 있고, 노자의 도(道)는 인간을 포함한 우주 만물의 궁극적인 근원이자 궁극적인 동력인이라고 할 수 있다. 따라서 이 단계는 아리스토텔레스의 4원인론으로 보면 목적인과 동력인이 주도적인 역할을 하는 단계라고 할 수 있다.

사회문화의 시각에서 보면 이 단계에서 종국적인 목적인과 궁극적인 동력인에 관한 가치관을 핵심으로 하는 추상적인 문화관념이 역사의 발전 과정을 주도하는 것으로 나타난다. 그러므로 이 책에서는 우선 덕치사상이 의미하는 사회문화 및 그 과제에 대하여 논리적으로 분석하고 이를 기초로 유가사상, 과거제도, 서민종족이 발전하는 과정을 고찰하였다.

중국문화와 덕치사상
–중국 사회는 어떤 방향으로 나아갈까?

발행일 1쇄 2020년 1월 30일

지은이 오석산

펴낸이 여국동

펴낸곳 도서출판 인간사랑

출판등록 1983. 1. 26. 제일 – 3호

주소 경기도 고양시 일산동구 백석로 108번길 60 – 5 2층

물류센타 경기도 고양시 일산동구 문원길 13 – 34(문봉동)

전화 031)901 – 8144(대표) | 031)907 – 2003(영업부)

팩스 031)905 – 5815

전자우편 igsr@naver.com

페이스북 http://www.facebook.com/igsrpub

블로그 http://blog.naver.com/igsr

인쇄 인성인쇄 **출력** 현대미디어 **종이** 세원지업사

ISBN 978 – 89 – 7418 – 784 – 2 93150

이 도서의 국립중앙도서관 출판시도서목록(CIP)은 서지정보유통지원시스템 홈페이지(http://seoji.nl.go.kr)와
국가자료공동목록시스템(http://www.nl.go.kr/kolisnet)에서 이용하실 수 있습니다.(CIP제어번호: CIP2020002007)